大学赤本シリーズ

492

関西学院大学

神学部・社会学部・経済学部・
国際学部・ 別日程

教学社

は　し　が　き

おかげさまで，大学入試の「赤本」は，今年で創刊70周年を迎えました。

これまで，入試問題や資料をご提供いただいた大学関係者各位，掲載許可をいただいた著作権者の皆様，各科目の解答や対策の執筆にあたられた先生方，そして，赤本を使用してくださったすべての読者の皆様に，厚く御礼を申し上げます。

以下に，創刊初期の「赤本」のはしがきを引用します。これからも引き続き，受験生の目標の達成や，夢の実現を応援してまいります。

本書を活用して，入試本番では持てる力を存分に発揮されることを心より願っています。

編者しるす

＊　＊　＊

学問の塔にあこがれのまなざしをもって，それぞれの志望する大学の門をたたかんとしている受験生諸君！　人間として生まれてきた私たちは，自己の欲するままに，美しく，強く，そして何よりも人間らしく生きることをねがっている。しかし，一朝一夕にして，この純粋なのぞみが達せられることはない。私たちの行く手には，絶えずさまざまな試練がまちかまえている。この試練を克服していくところに，私たちのねがう真に人間的な世界がはじめて開かれてくるのである。

人生最初の最大の試練として，諸君の眼前に大学入試がある。この大学入試は，精神的にも身体的にも，大きな苦痛を感ぜしめるであろう。あるスポーツに熟達するには，たゆみなき，はげしい練習を積み重ねることが必要であるように，私たちは，計画的・持続的な努力を払うことによって，この試練を克服し，次の一歩を踏みだすことができる。厳しい試練を経たのちに，はじめて満足すべき成果を獲得できるのである。

本書は最近の入学試験の問題に，それぞれ解答を付し，さらに問題をふかく分析することによって，その大学独特の傾向や対策をさぐろうとした。本書を一般の参考書とあわせて使用し，まとはずれのない，効果的な受験勉強をされるよう期待したい。

（昭和35年版「赤本」はしがきより）

挑む人の、いちばんの味方

1954年に大学入試の過去問題集を刊行してから70年。赤本は大学に入りたいと思う受験生を応援しつづけてきました。これからも，苦しいとき落ち込むときにそばで支える存在でいたいと思います。

そして，勉強をすること，自分で道を決めること，努力が実ること，これらの喜びを読者の皆さんが感じることができるよう，伴走をつづけます。

そもそも赤本とは…

受験生のための大学入試の過去問題集！

70年の歴史を誇る赤本は，500点を超える刊行点数で全都道府県の370大学以上を網羅しており，過去問の代名詞として受験生の必須アイテムとなっています。

なぜ受験に過去問が必要なのか？

大学入試は大学によって問題形式や頻出分野が大きく異なるからです。

赤本の掲載内容

傾向と対策

これまでの出題内容から，問題の「**傾向**」を分析し，来年度の入試に向けて具体的な「**対策**」の方法を紹介しています。

問題編・解答編

- 年度ごとに問題とその解答を掲載しています。
- 「**問題編**」ではその年度の試験概要を確認したうえで，実際に出題された過去問に取り組むことができます。
- 「**解答編**」には高校・予備校の先生方による解答が載っています。

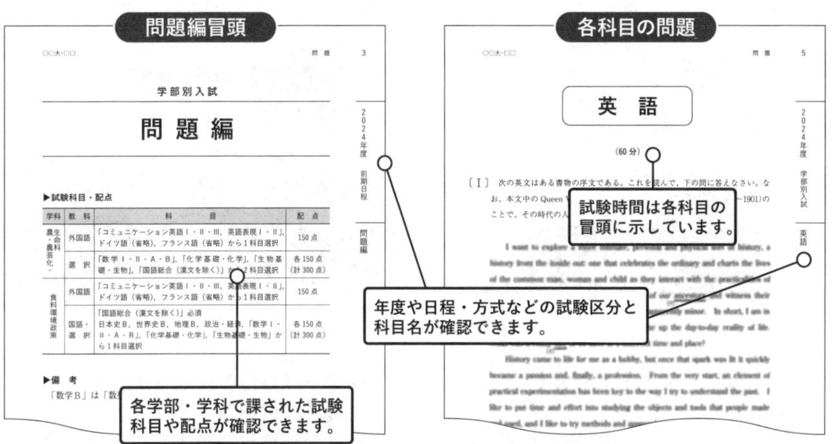

他にも，大学の基本情報や，先輩受験生の合格体験記，在学生からのメッセージなどが載っていることがあります。

掲載内容について

著作権上の理由やその他編集上の都合により問題や解答の一部を割愛している場合があります。なお，指定校推薦入試，社会人入試，編入学試験，帰国生入試などの特別入試，英語以外の外国語科目，商業・工業科目は，原則として掲載しておりません。また試験科目は変更される場合がありますので，あらかじめご了承ください。

受験勉強は

過去問に始まり，

STEP 1

なにはともあれ

まずは解いてみる

しずかに…
今，自分の心と
向き合ってるんだから
ムーーン
それは
問題を解いて
からだホン!

過去問は，**できるだけ早いうちに解く**のがオススメ！
実際に解くことで，**出題の傾向，問題のレベル，今の自分の実力**がつかめます。

STEP 2

じっくり具体的に

弱点を分析する

分析の結果だけど
英・数・国が苦手みたい
スリー
必須科目だホン
頑張るホン

間違いは自分の弱点を教えてくれる**貴重な情報源。**
弱点から自己分析することで，**今の自分に足りない力や苦手な分野**が見えてくるはず！

合格者があかす赤本の使い方

傾向と対策を熟読
（Fさん／国立大合格）

大学の出題傾向を調べるために，赤本に載っている「傾向と対策」を熟読しました。

繰り返し解く
（Tさん／国立大合格）

1周目は問題のレベル確認，2周目は苦手や頻出分野の確認に，3周目は合格点を目指して，と過去問は繰り返し解くことが大切です。

過去問に終わる。

STEP 3

志望校にあわせて

苦手分野の重点対策

明日からはみんなで頑張るよ！
参考書も！ 問題集も！
よろしくね！
呼んだ？
なにを!?
どこから!?
グッ
グッ

参考書や問題集を活用して，苦手分野の**重点対策**をしていきます。**過去問を指針**に，合格へ向けた具体的な学習計画を立てましょう！

STEP 1 ▶ 2 ▶ 3

サイクルが大事！

実践を繰り返す

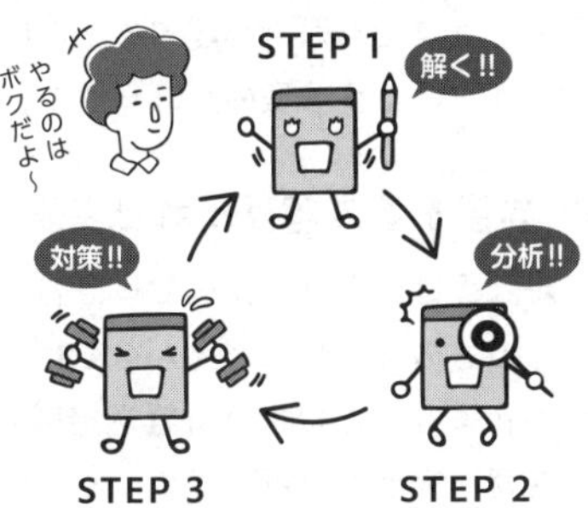

STEP 1～3を繰り返し，実力アップにつなげましょう！
出題形式に慣れることや，**時間配分を考えること**も大切です。

目標点を決める
(Yさん／私立大合格)
赤本によっては合格者最低点が載っているので，それを見て目標点を決めるのもよいです。

時間配分を確認
(Kさん／私立大学合格)
赤本は時間配分や解く順番を決めるために使いました。

添削してもらう
(Sさん／私立大学合格)
記述式の問題は先生に添削してもらうことで自分の弱点に気づけると思います。

新課程入試 Q&A

2022 年度から新しい学習指導要領（新課程）での授業が始まり，2025 年度の入試は，新課程に基づいて行われる最初の入試となります。ここでは，赤本での新課程入試の対策について，よくある疑問にお答えします。

Q1. 赤本は新課程入試の対策に使えますか？

A. もちろん使えます！

OK

旧課程入試の過去問が新課程入試の対策に役に立つのか疑問に思う人もいるかもしれませんが，心配することはありません。旧課程入試の過去問が役立つのには次のような理由があります。

● 学習する内容はそれほど変わらない

新課程は旧課程と比べて科目名を中心とした変更はありますが，学習する内容そのものはそれほど大きく変わっていません。また，多くの大学で，既卒生が不利にならないよう「経過措置」がとられます（Q３参照）。したがって，出題内容が大きく変更されることは少ないとみられます。

● 大学ごとに出題の特徴がある

これまでに課程が変わったときも，各大学の出題の特徴は大きく変わらないことがほとんどでした。入試問題は各大学のアドミッション・ポリシーに沿って出題されており，過去問にはその特徴がよく表れています。過去問を研究してその大学に特有の傾向をつかめば，最適な対策をとることができます。

出題の特徴の例	・英作文問題の出題の有無 ・論述問題の出題（字数制限の有無や長さ） ・計算過程の記述の有無

新課程入試の対策も，赤本で過去問に取り組むところから始めましょう。

Q2. 赤本を使う上での注意点はありますか？

A. 志望大学の入試科目を確認しましょう。

注意

過去問を解く前に，過去の出題科目（問題編冒頭の表）と 2025 年度の募集要項とを比べて，課される内容に変更がないかを確認しましょう。ポイントは以下のとおりです。科目名が変わっていても，実際は旧課程の内容とほとんど同様のものもあります。

英語・国語	科目名は変更されているが，実質的には変更なし。 **▶▶ ただし，リスニングや古文・漢文の有無は要確認。**
地歴	科目名が変更され，「歴史総合」「地理総合」が新設。 **▶▶ 新設科目の有無に注意。ただし，「経過措置」(Q3参照)により内容は大きく変わらないことも多い。**
公民	「現代社会」が廃止され，「公共」が新設。 **▶▶ 「公共」は実質的には「現代社会」と大きく変わらない。**
数学	科目が再編され，「数学 C」が新設。 **▶▶ 「数学」全体としての内容は大きく変わらないが，出題科目と単元の変更に注意。**
理科	科目名も学習内容も大きな変更なし。

数学については，科目名だけでなく，どの単元が含まれているかも確認が必要です。例えば，出題科目が次のように変わったとします。

旧課程	「数学Ⅰ・数学Ⅱ・数学 A・数学 B（数列・ベクトル）」
新課程	「数学Ⅰ・数学Ⅱ・数学 A・**数学 B（数列）・数学 C（ベクトル）**」

この場合，新課程では「数学C」が増えていますが，単元は「ベクトル」のみのため，実質的には旧課程とほぼ同じであり，過去問をそのまま役立てることができます。

Q3.「経過措置」とは何ですか？

A. 既卒の旧課程履修者への対応です。

多くの大学では，既卒の旧課程履修者が不利にならないように，出題において「経過措置」が実施されます。措置の有無や内容は大学によって異なるので，募集要項や大学のウェブサイトなどで確認しておきましょう。

○旧課程履修者への経過措置の例

- 旧課程履修者にも配慮した出題を行う。
- 新・旧課程の共通の範囲から出題する。
- 新課程と旧課程の共通の内容を出題し，共通範囲のみでの出題が困難な場合は，旧課程の範囲からの問題を用意し，選択解答とする。

例えば，地歴の出題科目が次のように変わったとします。

旧課程	「日本史 B」「世界史 B」から１科目選択
新課程	「**歴史総合**，日本史探究」「**歴史総合**，世界史探究」から１科目選択※ ※旧課程履修者に不利益が生じることのないように配慮する。

「歴史総合」は新課程で新設された科目で，旧課程履修者には見慣れないものですが，上記のような経過措置がとられた場合，新課程入試でも旧課程と同様の学習内容で受験することができます。

新課程の情報は WEB もチェック！
より詳しい解説が赤本ウェブサイトで見られます。
https://akahon.net/shinkatei/

科目名が変更される教科・科目

	旧課程	新課程
国語	国語総合 国語表現 現代文A 現代文B 古典A 古典B	現代の国語 言語文化 論理国語 文学国語 国語表現 古典探究
地歴	日本史A 日本史B 世界史A 世界史B 地理A 地理B	歴史総合 日本史探究 世界史探究 地理総合 地理探究
公民	現代社会 倫理 政治・経済	公共 倫理 政治・経済
数学	数学Ⅰ 数学Ⅱ 数学Ⅲ 数学A 数学B 数学活用	数学Ⅰ 数学Ⅱ 数学Ⅲ 数学A 数学B 数学C
外国語	コミュニケーション英語基礎 コミュニケーション英語Ⅰ コミュニケーション英語Ⅱ コミュニケーション英語Ⅲ 英語表現Ⅰ 英語表現Ⅱ 英語会話	英語コミュニケーションⅠ 英語コミュニケーションⅡ 英語コミュニケーションⅢ 論理・表現Ⅰ 論理・表現Ⅱ 論理・表現Ⅲ
情報	社会と情報 情報の科学	情報Ⅰ 情報Ⅱ

目　次

解答用紙は，赤本オンラインに掲載しています。

https://akahon.net/kkm/kgk/index.html

※掲載内容は，予告なしに変更・中止する場合があります。

掲載内容についてのお断り

- 本書には，学部個別日程のうち，2月4日実施分を掲載しています。
- 本書に掲載していない日程のうち，一部の問題を以下の書籍に収録しています。

  『関西学院大学（英語〈3日程×3カ年〉）』

  『関西学院大学（国語〈3日程×3カ年〉）』

  『関西学院大学（日本史・世界史・文系数学〈3日程×3カ年〉）』

基本情報

沿革

1889（明治 22）　神戸の東郊・原田の森に神学部と普通学部をもつ関西学院を創立
1908（明治 41）　神学部，専門学校令により関西学院神学校として認可を受ける
1912（明治 45）　専門学校令により高等学部（文科・商科）開設
後に第 4 代院長となる C.J.L. ベーツがスクールモットー“Mastery for Service”を提唱
1918（大正　7）　ハミル館開設
1921（大正 10）　高等学部を改め，文学部と高等商業学部となる
1932（昭和　7）　大学令により関西学院大学の設立認可
1934（昭和　9）　法文学部と商経学部開設
1946（昭和 21）　大学の機構を改め，法学部・文学部・経済学部の 3 学部となる
1948（昭和 23）　新学制により大学，高等部開設
1951（昭和 26）　商学部開設
1952（昭和 27）　神学部開設（文学部神学科より独立）

1960（昭和 35）	社会学部開設
1961（昭和 36）	理学部開設
1995（平成 7）	総合政策学部開設
2002（平成 14）	理学部が理工学部に名称変更
2008（平成 20）	人間福祉学部開設
2009（平成 21）	学校法人聖和大学と合併。教育学部開設
2010（平成 22）	学校法人千里国際学園と合併。国際学部開設
2017（平成 29）	複数分野専攻制（MS）特別プログラムとして国連・外交プログラムを，大学院副専攻に国連・外交コースを開設
2021（令和 3）	理工学部を理学部・工学部・生命環境学部・建築学部に再編し，総合政策学部と合わせて神戸三田キャンパスは 5 学部体制となる

校章

新月が満月へ刻々と変化するように，関西学院で学ぶ者すべてが日々進歩と成長の過程にあることを意味しています。

また，月が太陽の光を受けて暗い夜を照らすように，私たちが神の恵みを受けて世の中を明るくしてゆきたいとの思いを表しています。

学部・学科の構成

（注）学部・学科および大学院の情報は 2024 年 4 月時点のもので，改組・新設等により変更される場合があります。

大　学

●神学部　西宮上ケ原キャンパス

キリスト教伝道者コース

キリスト教思想・文化コース

●**文学部**　西宮上ケ原キャンパス

文化歴史学科（哲学倫理学専修，美学芸術学専修，地理学地域文化学専修，日本史学専修，アジア史学専修，西洋史学専修）

総合心理科学科（心理科学専修）

文学言語学科（日本文学日本語学専修，英米文学英語学専修，フランス文学フランス語学専修，ドイツ文学ドイツ語学専修）

●**社会学部**　西宮上ケ原キャンパス

社会学科（現代社会学専攻分野，データ社会学専攻分野，フィールド社会学専攻分野，フィールド文化学専攻分野，メディア・コミュニケーション学専攻分野，社会心理学専攻分野）

●**法学部**　西宮上ケ原キャンパス

法律学科（司法・ビジネスコース，特修コース〈選抜制〉，公共政策コース〈経済学部・法学部連携〉，グローバル法政コース，法政社会歴史コース）

政治学科（特修コース〈選抜制〉，公共政策コース〈経済学部・法学部連携〉，グローバル法政コース，法政社会歴史コース）

●**経済学部**　西宮上ケ原キャンパス

●**商学部**　西宮上ケ原キャンパス

経営コース

会計コース

マーケティングコース

ファイナンスコース

ビジネス情報コース

国際ビジネスコース

●**人間福祉学部**　西宮上ケ原キャンパス

社会福祉学科

社会起業学科

人間科学科

●**国際学部**　西宮上ケ原キャンパス

国際学科

●**教育学部**　西宮聖和キャンパス

教育学科（幼児教育学コース，初等教育学コース，教育科学コース）

●総合政策学部 神戸三田キャンパス

総合政策学科

メディア情報学科

都市政策学科

国際政策学科

●理学部 神戸三田キャンパス

数理科学科

物理・宇宙学科

化学科

●工学部 神戸三田キャンパス

物質工学課程

電気電子応用工学課程

情報工学課程

知能・機械工学課程

●生命環境学部 神戸三田キャンパス

生物科学科（植物昆虫科学専攻，応用微生物学専攻，計算生物学専攻）

生命医科学科（生命医科学専攻，発生再生医科学専攻，医工学専攻）

環境応用化学科

●建築学部 神戸三田キャンパス

建築学科

●国連・外交プログラム （複数分野専攻制（MS）特別プログラム）

※定員 20 名。全学部の 1 年次生が応募可能。書類選考の後，2 年次春学期よりプログラムが開始される。

（備考）学科・専修・コース等に分属する年次はそれぞれで異なる。

大学院

神学研究科 / 文学研究科 / 社会学研究科 / 法学研究科 / 経済学研究科 / 商学研究科 / 理工学研究科 / 総合政策研究科 / 人間福祉研究科 / 教育学研究科 / 国際学研究科 / 言語コミュニケーション文化研究科 / 司法研究科（ロースクール）/ 経営戦略研究科 / 国連・外交コース（副専攻）

大学所在地

神戸三田キャンパス

西宮上ケ原キャンパス

西宮聖和キャンパス

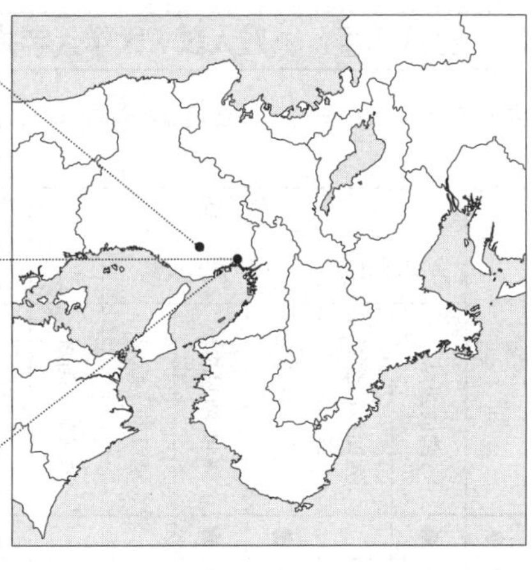

西宮上ケ原キャンパス	〒662-8501	兵庫県西宮市 上ケ原一番町1番155号
西宮聖和キャンパス	〒662-0827	兵庫県西宮市岡田山7番地54号
神戸三田キャンパス	〒669-1330	兵庫県三田市学園上ケ原1番

入試データ

○競争率は受験者数÷合格者数で算出。

○個別学力試験を課さない大学入学共通テスト利用入試は1カ年のみ掲載。

2024年度 一般入試・大学入学共通テスト利用入試実施一覧表

2025年度入試に関しては要項等の新資料でご確認ください。

●：実施

学部	一般入試						大学入学共通テストを利用する入試						
	全学部日程		学部個別日程			英数日程	共通テスト併用日程		1月出願			3月出願	
	3科目型	英語1科目型	傾斜配点型	均等配点型	英語・国語型	英語・数学型	英語	数学	7科目型 5科目型	3科目型	英語資格・検定試験利用	4科目型	3科目型
神	●		●	●			●		●	●	●	●	
文	●		●	●			●		●	●	●	●	
社会	●		●	●			●	●	●	●	●	●	●
法	●		●	●		●	●	●	●	●	●	●	●
経済	● 文系型 ● 理系型		● 文系型	● 文系型		●	●	●	●	●	●	●	● ● 英数型
商	●		●	●		●	●	●	●	●	●	●	● ● 英数型
人間福祉	●			●	●	●	●		●	●	●	●	●
国際	●	●	●			●	● ● 英語重視型	●	●	●	●	●	●
教育	● 文系型 ● 理系型		● 文系型	● 文系型			●	●	●	●	●	●	
総合政策	● 文系型 ● 理系型		● 文系型	● 文系型		●	●	●	●	● 英国型 ● 英数型	●	●	

●：実施

学部	一般入試			大学入学共通テストを利用する入試					
	全学部日程		英数日程	共通テスト併用日程	1月出願				3月出願
	均等配点型	数学・理科重視型	英語・数学型	数学	7科目型	5科目型（理科2科目）	5科目型（理科1科目）	英語資格・検定試験利用	4科目型
理	●	●	●	●	●	●	●	●	●
工	●	●	●	●	●	●	●	●	●
生命環境	●	●	●	●	●	●	●	●	●
建　築	●	●	●	●	●	●	●	●	●

（備考）理・工・生命環境・建築学部では，学部個別日程は実施されない。

 入試状況（志願者数・競争率など）

2024 年度 入試状況

○合格者数には補欠合格者を含む。

●一般入試：全学部日程

学部・学科等			募集人員	志願者数	受験者数	合格者数	競争率
神			7	82	79	18	4.4
文	文化歴史	哲学倫理学	12	104	104	39	2.7
		美学芸術学	12	134	130	26	5.0
		地理学地域文化学	12	149	147	48	3.1
		日本史学	12	171	171	38	4.5
		アジア史学	12	65	64	25	2.6
		西洋史学	12	213	207	66	3.1
	総合心理科学	心理科学	44	473	466	130	3.6
	文学言語	日本文学日本語学	18	264	258	65	4.0
		英米文学英語学	30	357	352	153	2.3
		フランス文学フランス語学	16	133	130	60	2.2
		ドイツ文学ドイツ語学	14	172	169	57	3.0
社会	社会		160	1,500	1,480	450	3.3
法	法律		110	1,007	979	491	2.0
	政治		35	434	426	172	2.5
経済	文系型		140	1,838	1,801	619	2.9
	理系型			178	175	51	3.4
商			135	1,499	1,479	466	3.2
人間福祉	社会福祉		22	215	214	80	2.7
	社会起業		21	162	162	66	2.5
	人間科学		20	195	194	80	2.4
国際	国際	3 科目型	30	347	346	56	6.2
		英語 1 科目型	20	144	141	21	6.7

（表つづく）

学部・学科等				募集人員	志願者数	受験者数	合格者数	競争率
教育	教育	幼児教育	文系型	29	316	311	107	2.9
			理系型		3	3	0	—
		初等教育	文系型	37	519	510	167	3.1
			理系型		34	32	17	1.9
		教育科学	文系型	17	379	370	144	2.6
			理系型		30	27	12	2.3
総合政策	文系型			100	885	869	443	2.0
	理系型				123	121	56	2.2
理	数理科学		均等配点型	26	198	192	102	1.9
			数学・理科重視型		264	261	151	1.7
	物理・宇宙		均等配点型	30	373	363	169	2.1
			数学・理科重視型		366	356	160	2.2
	化学		均等配点型	33	291	286	171	1.7
			数学・理科重視型		295	288	172	1.7
工	物質工学		均等配点型	26	237	232	128	1.8
			数学・理科重視型		231	224	108	2.1
	電気電子応用工学		均等配点型	30	314	304	155	2.0
			数学・理科重視型		311	303	162	1.9
	情報工学		均等配点型	47	451	439	179	2.5
			数学・理科重視型		435	424	154	2.8
	知能・機械工学		均等配点型	30	274	266	117	2.3
			数学・理科重視型		253	248	102	2.4
生命環境	生物科学		均等配点型	30	353	344	141	2.4
			数学・理科重視型		213	208	73	2.8
	生命医科学	生命医科学	均等配点型	13	233	223	90	2.5
			数学・理科重視型		176	169	58	2.9
		発生再生医科学	均等配点型	13	75	74	38	1.9
			数学・理科重視型		59	58	27	2.1
		医工学	均等配点型	13	70	68	34	2.0
			数学・理科重視型		56	56	31	1.8
	環境応用化学		均等配点型	42	420	410	247	1.7
			数学・理科重視型		332	321	200	1.6
建築	建築		均等配点型	60	661	645	269	2.4
			数学・理科重視型		561	551	212	2.6

●一般入試：学部個別日程

学部・学科等				募集人員	志願者数	受験者数	合格者数	競争率
神			傾斜配点型	6	70	66	18	3.7
			均等配点型		100	95	23	4.1
文	文化歴史	哲学倫理学	傾斜配点型	11	67	63	32	2.0
			均等配点型		43	42	19	2.2
		美学芸術学	傾斜配点型	11	59	55	15	3.7
			均等配点型		42	40	9	4.4
		地理学地域文化学	傾斜配点型	9	67	67	25	2.7
			均等配点型		52	49	19	2.6
		日本史学	傾斜配点型	9	74	73	18	4.1
			均等配点型		87	86	26	3.3
		アジア史学	傾斜配点型	9	35	34	12	2.8
			均等配点型		32	32	11	2.9
		西洋史学	傾斜配点型	9	81	78	36	2.2
			均等配点型		89	84	31	2.7
	総合心理科学	心理科学	傾斜配点型	38	203	196	60	3.3
			均等配点型		237	229	73	3.1
	文学言語	日本文学日本語学	傾斜配点型	18	152	151	42	3.6
			均等配点型		118	116	36	3.2
		英米文学英語学	傾斜配点型	30	132	131	66	2.0
			均等配点型		139	137	69	2.0
		フランス文学フランス語学	傾斜配点型	13	65	65	39	1.7
			均等配点型		66	65	35	1.9
		ドイツ文学ドイツ語学	傾斜配点型	11	70	69	29	2.4
			均等配点型		82	79	37	2.1
社会	社会		傾斜配点型	140	908	881	262	3.4
			均等配点型		955	935	218	4.3
法	法律		傾斜配点型	110	308	298	151	2.0
			均等配点型		530	517	264	2.0
	政治		傾斜配点型	35	202	196	96	2.0
			均等配点型		254	247	90	2.7
経済			傾斜配点型	120	581	554	223	2.5
			均等配点型		855	823	310	2.7
商			傾斜配点型	130	509	494	171	2.9
			均等配点型		774	744	181	4.1

（表つづく）

学部・学科等				募集人員	志願者数	受験者数	合格者数	競争率
人間福祉	社会福祉		英語・国語型	20	148	146	60	2.4
			均等配点型		143	142	59	2.4
	社会起業		英語・国語型	20	128	128	57	2.2
			均等配点型		112	110	56	2.0
	人間科学		英語・国語型	20	122	121	42	2.9
			均等配点型		113	113	45	2.5
国際	国際		傾斜配点型	35	203	200	58	3.4
			均等配点型		223	217	59	3.7
教育	教育	幼児教育	傾斜配点型	20	100	96	37	2.6
			均等配点型		162	158	57	2.8
		初等教育	傾斜配点型	27	156	155	50	3.1
			均等配点型		258	253	73	3.5
		教育科学	傾斜配点型	13	132	130	51	2.5
			均等配点型		212	206	62	3.3
総合政策			傾斜配点型	95	385	376	163	2.3
			均等配点型		602	584	207	2.8

●一般入試：英数日程

学部・学科等			志願者数	受験者数	合格者数	競争率
法	法律		77	75	30	2.5
	政治		37	30	11	2.7
経済			419	407	133	3.1
商			349	334	63	5.3
人間福祉	社会福祉		23	22	8	2.8
	社会起業		7	7	2	3.5
	人間科学		31	29	9	3.2
国際	国際		43	42	17	2.5
総合政策			279	268	115	2.3
理	数理科学		67	66	26	2.5
	物理・宇宙		64	63	18	3.5
	化学		55	53	20	2.7
工	物質工学		68	66	42	1.6
	電気電子応用工学		86	83	42	2.0
	情報工学		134	127	27	4.7
	知能・機械工学		74	73	15	4.9
生命環境	生物科学		74	73	24	3.0
	生命医科学	生命医科学	58	56	9	6.2
		発生再生医科学	29	29	13	2.2
		医工学	25	23	14	1.6
	環境応用化学		109	105	51	2.1
建築	建築		225	218	40	5.5

（備考）募集人員数は次表参照。

〈募集人員数〉

<table>
<tr><th colspan="2" rowspan="2">学部・学科等</th><th rowspan="2">英数日程</th><th colspan="2">共通テスト併用日程</th></tr>
<tr><th>数学</th><th>英語</th></tr>
<tr><td rowspan="2">法</td><td>法律</td><td colspan="3">35</td></tr>
<tr><td>政治</td><td colspan="3">15</td></tr>
<tr><td colspan="2">経済</td><td colspan="3">65</td></tr>
<tr><td colspan="2">商</td><td colspan="3">50</td></tr>
<tr><td rowspan="3">人間福祉</td><td>社会福祉</td><td>17※</td><td rowspan="3">—</td><td>17※</td></tr>
<tr><td>社会起業</td><td>8※</td><td>8※</td></tr>
<tr><td>人間科学</td><td>9※</td><td>9※</td></tr>
<tr><td>国際</td><td>国際</td><td colspan="3">25</td></tr>
<tr><td colspan="2">総合政策</td><td colspan="3">50</td></tr>
<tr><td rowspan="3">理</td><td>数理科学</td><td colspan="2">3</td><td rowspan="3">—</td></tr>
<tr><td>物理・宇宙</td><td colspan="2">3</td></tr>
<tr><td>化学</td><td colspan="2">3</td></tr>
</table>

<table>
<tr><th colspan="3" rowspan="2">学部・学科等</th><th rowspan="2">英数日程</th><th colspan="2">共通テスト併用日程</th></tr>
<tr><th>数学</th><th>英語</th></tr>
<tr><td rowspan="4">工</td><td colspan="2">物質工学</td><td colspan="2">3</td><td rowspan="4">—</td></tr>
<tr><td colspan="2">電気電子応用工学</td><td colspan="2">3</td></tr>
<tr><td colspan="2">情報工学</td><td colspan="2">4</td></tr>
<tr><td colspan="2">知能・機械工学</td><td colspan="2">3</td></tr>
<tr><td rowspan="5">生命環境</td><td colspan="2">生物科学</td><td colspan="2">4</td><td rowspan="5">—</td></tr>
<tr><td rowspan="3">生命医科学</td><td>生命医科学</td><td colspan="2">3</td></tr>
<tr><td>発生再生医科学</td><td colspan="2">3</td></tr>
<tr><td>医工学</td><td colspan="2">3</td></tr>
<tr><td colspan="2">環境応用化学</td><td colspan="2">4</td></tr>
<tr><td>建築</td><td colspan="2">建築</td><td colspan="2">10</td><td>—</td></tr>
</table>

※人間福祉学部の募集人員は，英数日程と共通テスト併用日程（英語）を合わせた人数。

●共通テスト併用日程（英語）

学部・学科等			志願者数	受験者数	合格者数	競争率
神			58	54	30	1.8
文	文化歴史	哲学倫理学	27	26	12	2.2
		美学芸術学	34	34	14	2.4
		地理学地域文化学	29	27	16	1.7
		日本史学	44	43	21	2.0
		アジア史学	14	14	7	2.0
		西洋史学	47	46	19	2.4
	総合心理科学	心理科学	150	145	53	2.7
	文学言語	日本文学日本語学	75	74	37	2.0
		英米文学英語学	105	103	65	1.6
		フランス文学フランス語学	32	32	19	1.7
		ドイツ文学ドイツ語学	37	37	25	1.5
社会	社会		472	462	133	3.5
法	法律		349	340	137	2.5
	政治		120	113	35	3.2
経済			404	390	140	2.8
商			495	481	97	5.0
人間福祉	社会福祉		88	88	48	1.8
	社会起業		74	73	36	2.0
	人間科学		68	68	27	2.5
国際	国際	英語	119	114	33	3.5
		英語重視型	110	107	30	3.6
教育	教育	幼児教育	93	93	35	2.7
		初等教育	167	164	53	3.1
		教育科学	167	163	56	2.9
総合政策			379	370	121	3.1

（備考）募集人員数は，次表参照。

〈募集人員数〉

<table>
<tr><th colspan="3" rowspan="2">学部・学科等</th><th colspan="2">共通テスト併用日程</th><th rowspan="2">英数日程</th></tr>
<tr><th>英語</th><th>数学</th></tr>
<tr><td colspan="3">神</td><td>3</td><td rowspan="12">—</td><td rowspan="12">—</td></tr>
<tr><td rowspan="11">文</td><td rowspan="6">文化歴史</td><td>哲学倫理学</td><td>3</td></tr>
<tr><td>美学芸術史</td><td>3</td></tr>
<tr><td>地理学地域文科学</td><td>2</td></tr>
<tr><td>日本史学</td><td>2</td></tr>
<tr><td>アジア史学</td><td>2</td></tr>
<tr><td>西洋史学</td><td>2</td></tr>
<tr><td colspan="2">総合心理科学</td><td>8</td></tr>
<tr><td rowspan="4">文学言語</td><td>日本文学日本語学</td><td>4</td></tr>
<tr><td>英米文学英語学</td><td>7</td></tr>
<tr><td>フランス文学フランス語学</td><td>3</td></tr>
<tr><td>ドイツ文学ドイツ語学</td><td>3</td></tr>
<tr><td>社会</td><td colspan="2">社会</td><td colspan="2">30</td><td>—</td></tr>
</table>

<table>
<tr><th colspan="3" rowspan="2">学部・学科等</th><th colspan="2">共通テスト併用日程</th><th rowspan="2">英数日程</th></tr>
<tr><th>英語</th><th>数学</th></tr>
<tr><td rowspan="2">法</td><td colspan="2">法律</td><td colspan="3">35</td></tr>
<tr><td colspan="2">政治</td><td colspan="3">15</td></tr>
<tr><td colspan="3">経済</td><td colspan="3">65</td></tr>
<tr><td colspan="3">商</td><td colspan="3">50</td></tr>
<tr><td rowspan="3">人間福祉</td><td colspan="2">社会福祉</td><td>17※</td><td rowspan="3">—</td><td>17※</td></tr>
<tr><td colspan="2">社会起業</td><td>8※</td><td>8※</td></tr>
<tr><td colspan="2">人間科学</td><td>9※</td><td>9※</td></tr>
<tr><td>国際</td><td colspan="2">国際</td><td colspan="3">25</td></tr>
<tr><td rowspan="3">教育</td><td rowspan="3">教育</td><td>幼児教育</td><td colspan="2">5</td><td rowspan="3">—</td></tr>
<tr><td>初等教育</td><td colspan="2">10</td></tr>
<tr><td>教育科学</td><td colspan="2">5</td></tr>
<tr><td colspan="3">総合政策</td><td colspan="3">50</td></tr>
</table>

※人間福祉学部の募集人員は，共通テスト併用日程（英語）と英数日程を合わせた人数。

●共通テスト併用日程（数学）

学部・学科等			志願者数	受験者数	合格者数	競争率
社会	社会		114	114	45	2.5
法	法律		116	114	47	2.4
	政治		32	31	9	3.4
経済			342	330	132	2.5
商			341	332	60	5.5
国際	国際		32	32	13	2.5
教育	教育	幼児教育	20	19	6	3.2
		初等教育	79	78	28	2.8
		教育科学	48	45	17	2.6
総合政策			235	231	117	2.0
理	数理科学		99	96	46	2.1
	物理・宇宙		97	97	32	3.0
	化学		71	67	29	2.3
工	物質工学		85	84	58	1.4
	電気電子応用工学		119	118	57	2.1
	情報工学		145	143	31	4.6
	知能・機械工学		75	74	24	3.1
生命環境	生物科学		104	103	32	3.2
	生命医科学	生命医科学	70	70	8	8.8
		発生再生医科学	38	38	12	3.2
		医工学	23	23	13	1.8
	環境応用化学		140	137	69	2.0
建築	建築		248	243	70	3.5

（備考）募集人員数は次表参照。

〈募集人員数〉

<table>
<tr><th colspan="3" rowspan="2">学部・学科等</th><th colspan="2">共通テスト併用日程</th><th rowspan="2">英数日程</th></tr>
<tr><th>数学</th><th>英語</th></tr>
<tr><td>社会</td><td colspan="2">社会</td><td colspan="2">30</td><td>—</td></tr>
<tr><td rowspan="2">法</td><td colspan="2">法律</td><td colspan="3">35</td></tr>
<tr><td colspan="2">政治</td><td colspan="3">15</td></tr>
<tr><td colspan="3">経済</td><td colspan="3">65</td></tr>
<tr><td colspan="3">商</td><td colspan="3">50</td></tr>
<tr><td>国際</td><td colspan="2">国際</td><td colspan="3">25</td></tr>
<tr><td rowspan="3">教育</td><td rowspan="3">教育</td><td>幼児教育</td><td colspan="2">5</td><td rowspan="3">—</td></tr>
<tr><td>初等教育</td><td colspan="2">10</td></tr>
<tr><td>教育科学</td><td colspan="2">5</td></tr>
<tr><td colspan="3">総合政策</td><td colspan="3">50</td></tr>
</table>

<table>
<tr><th colspan="3" rowspan="2">学部・学科等</th><th colspan="2">共通テスト併用日程</th><th rowspan="2">英数日程</th></tr>
<tr><th>数学</th><th>英語</th></tr>
<tr><td rowspan="3">理</td><td colspan="2">数理科学</td><td>3※</td><td rowspan="3">—</td><td>3※</td></tr>
<tr><td colspan="2">物理・宇宙</td><td>3※</td><td>3※</td></tr>
<tr><td colspan="2">化学</td><td>3※</td><td>3※</td></tr>
<tr><td rowspan="4">工</td><td colspan="2">物質工学</td><td>3※</td><td rowspan="4">—</td><td>3※</td></tr>
<tr><td colspan="2">電気電子応用工学</td><td>3※</td><td>3※</td></tr>
<tr><td colspan="2">情報工学</td><td>4※</td><td>4※</td></tr>
<tr><td colspan="2">知能・機械工学</td><td>3※</td><td>3※</td></tr>
<tr><td rowspan="5">生命環境</td><td colspan="2">生物科学</td><td>4※</td><td rowspan="5">—</td><td>4※</td></tr>
<tr><td rowspan="3">生命医科学</td><td>生命医科学</td><td>3※</td><td>3※</td></tr>
<tr><td>発生再生医科学</td><td>3※</td><td>3※</td></tr>
<tr><td>医工学</td><td>3※</td><td>3※</td></tr>
<tr><td colspan="2">環境応用化学</td><td>4※</td><td>4※</td></tr>
<tr><td>建築</td><td colspan="2">建築</td><td>10※</td><td>—</td><td>10※</td></tr>
</table>

※理・工・生命環境・建築学部の募集人員は，共通テスト併用日程（数学）と英数日程を合わせた人数。

●大学入学共通テスト利用入試：1月出願

○競争率は志願者数÷合格者数で算出。

○表中の「英語利用」は3科目型（英語資格・検定試験利用）を表す。

<table>
<tr><th colspan="4">学部・学科等</th><th>募集人員</th><th>志願者数</th><th>合格者数</th><th>競争率</th></tr>
<tr><td colspan="3" rowspan="4">神</td><td>7科目型</td><td rowspan="4">2</td><td rowspan="4">58</td><td rowspan="4">12</td><td rowspan="4">4.8</td></tr>
<tr><td>5科目型</td></tr>
<tr><td>3科目型</td></tr>
<tr><td>英語利用</td></tr>
<tr><td rowspan="28">文</td><td rowspan="24">文化歴史</td><td rowspan="4">哲学倫理学</td><td>7科目型</td><td rowspan="4">3</td><td rowspan="4">68</td><td rowspan="4">21</td><td rowspan="4">3.2</td></tr>
<tr><td>5科目型</td></tr>
<tr><td>3科目型</td></tr>
<tr><td>英語利用</td></tr>
<tr><td rowspan="4">美学芸術学</td><td>7科目型</td><td rowspan="4">3</td><td rowspan="4">102</td><td rowspan="4">33</td><td rowspan="4">3.1</td></tr>
<tr><td>5科目型</td></tr>
<tr><td>3科目型</td></tr>
<tr><td>英語利用</td></tr>
<tr><td rowspan="4">地理学地域文化学</td><td>7科目型</td><td rowspan="4">3</td><td rowspan="4">45</td><td rowspan="4">12</td><td rowspan="4">3.8</td></tr>
<tr><td>5科目型</td></tr>
<tr><td>3科目型</td></tr>
<tr><td>英語利用</td></tr>
<tr><td rowspan="4">日本史学</td><td>7科目型</td><td rowspan="4">3</td><td rowspan="4">117</td><td rowspan="4">18</td><td rowspan="4">6.5</td></tr>
<tr><td>5科目型</td></tr>
<tr><td>3科目型</td></tr>
<tr><td>英語利用</td></tr>
<tr><td rowspan="4">アジア史学</td><td>7科目型</td><td rowspan="4">3</td><td rowspan="4">19</td><td rowspan="4">5</td><td rowspan="4">3.8</td></tr>
<tr><td>5科目型</td></tr>
<tr><td>3科目型</td></tr>
<tr><td>英語利用</td></tr>
<tr><td rowspan="4">西洋史学</td><td>7科目型</td><td rowspan="4">3</td><td rowspan="4">106</td><td rowspan="4">49</td><td rowspan="4">2.2</td></tr>
<tr><td>5科目型</td></tr>
<tr><td>3科目型</td></tr>
<tr><td>英語利用</td></tr>
<tr><td rowspan="4">総合心理科学</td><td rowspan="4">心理科学</td><td>7科目型</td><td rowspan="4">15</td><td rowspan="4">268</td><td rowspan="4">69</td><td rowspan="4">3.9</td></tr>
<tr><td>5科目型</td></tr>
<tr><td>3科目型</td></tr>
<tr><td>英語利用</td></tr>
</table>

（表つづく）

学部・学科等				募集人員	志願者数	合格者数	競争率
文	文学言語	日本文学日本語学	7科目型	5	141	43	3.3
			5科目型				
			3科目型				
			英語利用				
		英米文学英語学	7科目型	9	136	37	3.7
			5科目型				
			3科目型				
			英語利用				
		フランス文学フランス語学	7科目型	5	27	9	3.0
			5科目型				
			3科目型				
			英語利用				
		ドイツ文学ドイツ語学	7科目型	3	42	10	4.2
			5科目型				
			3科目型				
			英語利用				
社会	社会		7科目型	60	872	317	2.8
			5科目型				
			3科目型				
			英語利用				
法	法律		7科目型	40	1,138	465	2.4
			5科目型				
			3科目型				
			英語利用				
	政治		7科目型	20	472	152	3.1
			5科目型				
			3科目型				
			英語利用				
経済			7科目型	40	1,175	379	3.1
			5科目型				
			3科目型				
			英語利用				
商			7科目型	45	1,096	372	2.9
			5科目型				
			3科目型				
			英語利用				

（表つづく）

学部・学科等				募集人員	志願者数	合格者数	競争率
人間福祉	社会福祉		7科目型 5科目型 3科目型 英語利用	15	115	26	4.4
	社会起業		7科目型 5科目型 3科目型 英語利用	10	91	28	3.3
	人間科学		7科目型 5科目型 3科目型 英語利用	9	122	36	3.4
国際	国際		7科目型 5科目型 3科目型 英語利用	20	335	79	4.2
教育	教育	幼児教育	7科目型 5科目型 3科目型 英語利用	10	137	55	2.5
		初等教育	7科目型 5科目型 3科目型 英語利用	20	357	102	3.5
		教育科学	7科目型 5科目型 3科目型 英語利用	9	375	123	3.0
総合政策			7科目型 5科目型 3科目英国型 3科目英数型 英語利用	35	570	167	3.4

（表つづく）

学部・学科等			募集人員	志願者数	合格者数	競争率
理	数理科学	7科目型	5	166	68	2.4
		5科目型理科2				
		5科目型理科1				
		英語利用				
	物理・宇宙	7科目型	5	315	148	2.1
		5科目型理科2				
		5科目型理科1				
		英語利用				
	化学	7科目型	5	205	95	2.2
		5科目型理科2				
		5科目型理科1				
		英語利用				
工	物質工学	7科目型	5	241	129	1.9
		5科目型理科2				
		5科目型理科1				
		英語利用				
	電気電子応用工学	7科目型	5	218	90	2.4
		5科目型理科2				
		5科目型理科1				
		英語利用				
	情報工学	7科目型	5	333	143	2.3
		5科目型理科2				
		5科目型理科1				
		英語利用				
	知能・機械工学	7科目型	5	265	117	2.3
		5科目型理科2				
		5科目型理科1				
		英語利用				

（表つづく）

学部・学科等				募集人員	志願者数	合格者数	競争率
生命環境		生物科学	7科目型	5	389	163	2.4
			5科目型理科2				
			5科目型理科1				
			英語利用				
	生命医科学	生命医科学	7科目型	2	216	88	2.5
			5科目型理科2				
			5科目型理科1				
			英語利用				
		発生再生医科学	7科目型	2	58	29	2.0
			5科目型理科2				
			5科目型理科1				
			英語利用				
		医工学	7科目型	2	63	29	2.2
			5科目型理科2				
			5科目型理科1				
			英語利用				
		環境応用化学	7科目型	5	425	231	1.8
			5科目型理科2				
			5科目型理科1				
			英語利用				
建築		建築	7科目型	10	592	264	2.2
			5科目型理科2				
			5科目型理科1				
			英語利用				

●大学入学共通テスト利用入試：3月出願

○競争率は志願者数÷合格者数で算出。

学部・学科等			募集人員	志願者数	合格者数	競争率
神			2	2	0	—
文	文化歴史	哲学倫理学	2	11	2	5.5
文	文化歴史	美学芸術学	2	15	2	7.5
文	文化歴史	地理学地域文化学	2	11	2	5.5
文	文化歴史	日本史学	2	15	2	7.5
文	文化歴史	アジア史学	2	22	2	11.0
文	文化歴史	西洋史学	2	24	2	12.0
文	総合心理科学	心理科学	3	38	4	9.5
文	文学言語	日本文学日本語学	2	7	2	3.5
文	文学言語	英米文学英語学	2	32	3	10.7
文	文学言語	フランス文学フランス語学	2	9	2	4.5
文	文学言語	ドイツ文学ドイツ語学	2	10	3	3.3
社会	社会	4科目型 3科目型	10	120	39	3.1
法	法律	4科目型 3科目型	15	133	29	4.6
法	政治	4科目型 3科目型	5	59	14	4.2
経済		4科目型 3科目型 3科目英数型	22	225	48	4.7
商		4科目型 3科目型 3科目英数型	10	98	50	2.0
人間福祉	社会福祉	4科目型 3科目型	3	11	3	3.7
人間福祉	社会起業	4科目型 3科目型	2	36	8	4.5
人間福祉	人間科学	4科目型 3科目型	2	25	5	5.0
国際	国際	4科目型 3科目型	5	90	44	2.0

（表つづく）

学部・学科等			募集人員	志願者数	合格者数	競争率
教育	教育	幼児教育	2	12	4	3.0
		初等教育	3	12	3	4.0
		教育科学	2	10	4	2.5
総合政策			5	73	27	2.7
理	数理科学		若干名	23	3	7.7
	物理・宇宙		若干名	17	7	2.4
	化学		若干名	15	2	7.5
工	物質工学		若干名	25	13	1.9
	電気電子応用工学		若干名	45	12	3.8
	情報工学		若干名	37	13	2.8
	知能・機械工学		若干名	20	8	2.5
生命環境	生物科学		若干名	31	12	2.6
	生命医科学	生命医科学	若干名	25	3	8.3
		発生再生医科学	若干名	32	4	8.0
		医工学	若干名	13	2	6.5
	環境応用化学		若干名	103	16	6.4
建築	建築		若干名	41	6	6.8

2023 年度 入試状況

○合格者数には補欠合格者を含む。

●一般入試：全学部日程

学部・学科等			募集人員	志願者数	受験者数	合格者数	競争率
神			7	49	48	19	2.5
文	文化歴史	哲学倫理学	12	91	88	38	2.3
		美学芸術学	12	128	124	28	4.4
		地理学地域文化学	12	134	132	52	2.5
		日本史学	12	199	196	75	2.6
		アジア史学	12	83	79	23	3.4
		西洋史学	12	128	124	69	1.8
	総合心理科学	心理科学	44	379	368	193	1.9
	文学言語	日本文学日本語学	18	226	219	82	2.7
		英米文学英語学	30	411	408	189	2.2
		フランス文学フランス語学	16	121	120	51	2.4
		ドイツ文学ドイツ語学	14	188	187	81	2.3
社会	社会		160	1,640	1,618	581	2.8
法	法律		110	1,175	1,146	464	2.5
	政治		35	269	262	132	2.0
経済	文系型		140	1,744	1,710	835	2.0
	理系型			215	205	102	2.0
商			135	1,476	1,462	513	2.8
人間福祉	社会福祉		22	176	175	77	2.3
	社会起業		21	202	201	66	3.0
	人間科学		20	237	232	74	3.1
国際	国際	3科目型	30	291	287	47	6.1
		英語1科目型	20	139	137	22	6.2
教育	教育 幼児教育	文系型	29	221	214	129	1.7
		理系型		6	5	3	1.7
	教育 初等教育	文系型	37	453	444	201	2.2
		理系型		35	33	16	2.1
	教育 教育科学	文系型	17	225	222	126	1.8
		理系型		21	21	13	1.6
総合政策	文系型		100	1,062	1,023	451	2.3
	理系型			123	121	58	2.1

（表つづく）

学部・学科等				募集人員	志願者数	受験者数	合格者数	競争率
理	数理科学		総合型	26	177	172	99	1.7
			数学・理科重視型		216	212	135	1.6
	物理・宇宙		総合型	30	346	336	154	2.2
			数学・理科重視型		339	330	136	2.4
	化学		総合型	33	329	325	174	1.9
			数学・理科重視型		291	288	156	1.8
工	物質工学		総合型	26	208	199	107	1.9
			数学・理科重視型		187	183	113	1.6
	電気電子応用工学		総合型	30	292	285	142	2.0
			数学・理科重視型		286	282	138	2.0
	情報工学		総合型	47	421	398	160	2.5
			数学・理科重視型		407	390	158	2.5
	知能・機械工学		総合型	30	328	323	114	2.8
			数学・理科重視型		317	311	88	3.5
生命環境	生物科学		総合型	30	374	364	145	2.5
			数学・理科重視型		204	198	72	2.8
	生命医科学	生命医科学	総合型	13	184	179	77	2.3
			数学・理科重視型		124	122	53	2.3
		発生再生医科学	総合型	13	53	51	31	1.6
			数学・理科重視型		47	46	28	1.6
		医工学	総合型	13	90	86	37	2.3
			数学・理科重視型		67	67	27	2.5
	環境応用化学		総合型	42	323	316	220	1.4
			数学・理科重視型		286	281	191	1.5
建築	建築		総合型	60	711	685	235	2.9
			数学・理科重視型		602	583	209	2.8

●一般入試：学部個別日程

学部・学科等			募集人員	志願者数	受験者数	合格者数	競争率
神			6	70	65	34	1.9
文	文化歴史	哲学倫理学	10	52	51	25	2.0
		美学芸術学	10	85	83	20	4.2
		地理学地域文化学	8	104	101	37	2.7
		日本史学	8	109	106	44	2.4
		アジア史学	8	59	55	26	2.1
		西洋史学	8	72	71	46	1.5
	総合心理科学	心理科学	32	200	192	110	1.7
	文学言語	日本文学日本語学	16	137	134	47	2.9
		英米文学英語学	26	236	234	126	1.9
		フランス文学フランス語学	12	81	79	50	1.6
		ドイツ文学ドイツ語学	10	137	134	63	2.1
社会	社会		130	1,116	1,088	433	2.5
法	法律		110	936	895	417	2.1
	政治		35	436	425	184	2.3
経済			120	1,024	986	426	2.3
商			125	960	931	372	2.5
人間福祉	社会福祉		18	171	164	83	2.0
	社会起業		17	257	255	96	2.7
	人間科学		16	212	209	83	2.5
国際	国際		30	364	353	98	3.6
教育	教育	幼児教育	19	131	129	76	1.7
		初等教育	25	242	233	143	1.6
		教育科学	12	145	141	94	1.5
総合政策			90	1,211	1,160	464	2.5

●英数日程／共通テスト併用日程

＊は英語・数学型，共通テスト併用型・英語，共通テスト併用型・数学を合わせた募集人員。

＊＊は英語・数学型と共通テスト併用型・英語を合わせた募集人員。

＊＊＊は英語・数学型と共通テスト併用型・数学を合わせた募集人員。

【英数日程：英語・数学型】

学部・学科等			募集人員	志願者数	受験者数	合格者数	競争率
法	法律		35*	23	20	7	2.9
	政治		15*	10	10	4	2.5
経済			65*	238	232	89	2.6
商			50*	112	101	44	2.3
人間福祉	社会福祉		15**	12	10	3	3.3
	社会起業		8**	6	6	1	6.0
	人間科学		9**	31	30	11	2.7
国際	国際		25**	35	34	13	2.6
総合政策			50*	167	156	61	2.6
理	数理科学		3***	20	19	10	1.9
	物理・宇宙		3***	46	43	14	3.1
	化学		3***	29	28	12	2.3
工	物質工学		3***	42	41	22	1.9
	電気電子応用工学		3***	38	35	15	2.3
	情報工学		4***	55	50	14	3.6
	知能・機械工学		3***	32	30	9	3.3
生命環境	生物科学		4***	31	30	14	2.1
	生命医科学	生命医科学	3***	16	14	5	2.8
		発生再生医科学	3***	10	10	4	2.5
		医工学	3***	12	12	6	2.0
	環境応用化学		4***	31	31	23	1.3
建築	建築		10***	124	117	40	2.9

【共通テスト併用日程：共通テスト併用型・英語】

学部・学科等			募集人員	志願者数	受験者数	合格者数	競争率
神			3	19	19	12	1.6
文	文化歴史	哲学倫理学	3	53	53	13	4.1
		美学芸術学	3	29	27	14	1.9
		地理学地域文化学	2	20	18	9	2.0
		日本史学	2	38	36	20	1.8
		アジア史学	2	12	12	5	2.4
		西洋史学	2	29	27	12	2.3
	総合心理科学	心理科学	8	98	94	47	2.0
	文学言語	日本文学日本語学	4	49	46	22	2.1
		英米文学英語学	7	117	111	52	2.1
		フランス文学フランス語学	3	22	22	15	1.5
		ドイツ文学ドイツ語学	3	26	26	18	1.4
社会	社会		30*	167	161	77	2.1
法	法律		35*	154	151	89	1.7
	政治		15*	41	39	24	1.6
経済			65*	132	125	55	2.3
商			50*	220	212	103	2.1
人間福祉	社会福祉		15**	52	52	20	2.6
	社会起業		8**	44	43	15	2.9
	人間科学		9**	30	26	8	3.3
国際	国際	併用型・英語	25**	50	49	14	3.5
		英語重視型		86	85	21	4.0
教育	教育	幼児教育	5	60	60	42	1.4
		初等教育	10	93	90	54	1.7
		教育科学	5	84	82	50	1.6
総合政策			50*	285	269	109	2.5

【共通テスト併用日程：共通テスト併用型・数学】

学部・学科等		募集人員	志願者数	受験者数	合格者数	競争率
社会	社会	30*	63	61	30	2.0
法	法律	35*	65	59	25	2.4
	政治	15*	11	11	4	2.8
経済		65*	212	206	99	2.1
商		50*	168	164	58	2.8

（表つづく）

学部・学科等			募集人員	志願者数	受験者数	合格者数	競争率
総	合政策		50*	125	123	48	2.6
理	数理科学		3***	74	73	34	2.1
	物理・宇宙		3***	104	102	26	3.9
	化学		3***	57	56	15	3.7
工	物質工学		3***	78	76	35	2.2
	電気電子応用工学		3***	88	87	42	2.1
	情報工学		4***	113	104	25	4.2
	知能・機械工学		3***	94	91	16	5.7
生命環境	生物科学		4***	68	68	21	3.2
	生命医科学	生命医科学	3***	39	37	11	3.4
		発生再生医科学	3***	18	17	13	1.3
		医工学	3***	24	24	12	2.0
	環境応用化学		4***	69	68	55	1.2
建築	建築		10***	187	175	60	2.9

2022 年度 入試状況

○合格者数には補欠合格者を含まない。

●一般入試：全学部日程

学部・学科等			募集人員	志願者数	受験者数	合格者数	競争率
神			7	45	43	19	2.3
文	文化歴史	哲学倫理学	12	92	87	36	2.4
		美学芸術学	12	131	121	39	3.1
		地理学地域文化学	12	71	68	35	1.9
		日本史学	12	117	115	46	2.5
		アジア史学	12	82	74	18	4.1
		西洋史学	12	141	133	40	3.3
	総合心理科学	心理科学	44	396	388	132	2.9
	文学言語	日本文学日本語学	18	243	240	80	3.0
		英米文学英語学	30	362	358	145	2.5
		フランス文学フランス語学	16	152	150	52	2.9
		ドイツ文学ドイツ語学	14	157	152	60	2.5
社会	社会		160	958	945	436	2.2
法	法律		110	1,045	1,008	354	2.8
	政治		35	220	217	73	3.0
経済	文系型		140	1,137	1,113	568	2.0
	理系型			130	127	64	2.0
商			135	1,572	1,536	560	2.7
人間福祉	社会福祉		22	238	231	82	2.8
	社会起業		21	166	164	66	2.5
	人間科学		20	262	258	100	2.6
国際	国際	3科目型	30	280	273	35	7.8
		英語1科目型	20	203	194	22	8.8
教育	教育 幼児教育	文系型	28※	207	206	53	3.9
		理系型		3	3	1	3.0
	教育 初等教育（主体性評価方式を含む）	文系型	36※	432	420	110	3.8
		理系型		38	37	11	3.4
	教育 教育科学	文系型	16※	173	166	55	3.0
		理系型		24	23	9	2.6
総合政策	文系型		100	934	919	340	2.7
	理系型			97	94	29	3.2

（表つづく）

学部・学科等				募集人員	志願者数	受験者数	合格者数	競争率
理	数理科学		総合型	26	228	222	83	2.7
			数学・理科重視型		271	266	104	2.6
	物理・宇宙		総合型	30	422	414	139	3.0
			数学・理科重視型		399	391	127	3.1
	化学		総合型	33	284	277	161	1.7
			数学・理科重視型		238	229	120	1.9
工	物質工学		総合型	26	203	197	100	2.0
			数学・理科重視型		170	166	68	2.4
	電気電子応用工学		総合型	30	255	245	92	2.7
			数学・理科重視型		281	277	116	2.4
	情報工学		総合型	47	446	433	139	3.1
			数学・理科重視型		444	427	136	3.1
	知能・機械工学		総合型	30	346	338	133	2.5
			数学・理科重視型		332	325	123	2.6
生命環境	生物科学		総合型	30	353	342	121	2.8
			数学・理科重視型		258	247	83	3.0
	生命医科学	生命医科学	総合型	13	150	145	60	2.4
			数学・理科重視型		92	89	34	2.6
		発生再生医科学	総合型	13	57	56	21	2.7
			数学・理科重視型		41	40	19	2.1
		医工学	総合型	13	38	37	20	1.9
			数学・理科重視型		36	35	20	1.8
	環境応用化学		総合型	42	340	330	161	2.0
			数学・理科重視型		262	253	124	2.0
建築	建築		総合型	60	602	578	282	2.0
			数学・理科重視型		553	528	264	2.0

（備考）教育学部の募集人員（※）は，理系型入試２日目の募集人員を含まない。

●一般入試：学部個別日程

学部・学科等			募集人員	志願者数	受験者数	合格者数	競争率
神			5	67	65	25	2.6
文	文化歴史	哲学倫理学	10	65	64	32	2.0
		美学芸術学	10	81	80	35	2.3
		地理学地域文化学	8	60	60	39	1.5
		日本史学	8	72	71	37	1.9
		アジア史学	8	67	62	14	4.4
		西洋史学	8	75	72	29	2.5
	総合心理科学	心理科学	32	234	229	80	2.9
	文学言語	日本文学日本語学	16	142	138	64	2.2
		英米文学英語学	26	252	247	124	2.0
		フランス文学フランス語学	12	94	91	33	2.8
		ドイツ文学ドイツ語学	10	118	114	58	2.0
社会	社会		130	891	869	368	2.4
法	法律		110	1,042	998	340	2.9
	政治		35	352	344	144	2.4
経済			120	858	826	429	1.9
商			125	975	946	386	2.5
人間福祉	社会福祉		18	184	177	83	2.1
	社会起業		17	170	167	73	2.3
	人間科学		16	159	158	71	2.2
国際	国際		30	367	355	79	4.5
教育	教育	幼児教育	20※	121	117	44	2.7
		初等教育（主体性評価方式を含む）	26※	212	209	80	2.6
		教育科学	13※	101	94	35	2.7
総合政策			90	898	881	408	2.2

（備考）教育学部の募集人員（※）は，全学部日程の理系型入試２日目の募集人員を含む。

●共通テスト併用／英数日程

＊は英語・数学型，共通テスト併用型・英語，共通テスト併用型・数学を合わせた募集人員。

＊＊は英語・数学型と共通テスト併用型・英語を合わせた募集人員。

＊＊＊は英語・数学型と共通テスト併用型・数学を合わせた募集人員。

【英語・数学型】

学部・学科等			募集人員	志願者数	受験者数	合格者数	競争率
社会	社会		30*	28	25	8	3.1
法	法律		35*	42	40	14	2.9
	政治		15*	19	15	4	3.8
経	済		65*	155	154	77	2.0
商			50*	123	120	52	2.3
人間福祉	社会福祉		15**	9	9	4	2.3
	社会起業		8**	6	5	1	5.0
	人間科学		9**	16	16	10	1.6
国際	国際		25**	32	32	13	2.5
総	合政策		50*	92	91	60	1.5
理	数理科学		3***	25	23	8	2.9
	物理・宇宙		3***	43	42	12	3.5
	化学		3***	22	21	7	3.0
工	物質工学		3***	17	17	8	2.1
	電気電子応用工学		3***	38	36	13	2.8
	情報工学		4***	50	46	12	3.8
	知能・機械工学		3***	28	27	7	3.9
生命環境	生物科学		4***	33	30	10	3.0
	生命医科学	生命医科学	3***	11	11	4	2.8
		発生再生医科学	3***	7	7	3	2.3
		医工学	3***	4	4	2	2.0
	環境応用化学		4***	32	30	19	1.6
建築	建築		10***	70	68	34	2.0

【共通テスト併用型・英語】

学部・学科等			募集人員	志願者数	受験者数	合格者数	競争率
神			4	9	9	8	1.1
文	文化歴史	哲学倫理学	3	21	19	17	1.1
		美学芸術学	3	22	21	12	1.8
		地理学地域文化学	2	8	8	4	2.0
		日本史学	2	19	17	12	1.4
		アジア史学	2	5	4	3	1.3
		西洋史学	2	15	14	11	1.3
	総合心理科学	心理科学	8	64	60	43	1.4
	文学言語	日本文学日本語学	4	34	31	21	1.5
		英米文学英語学	7	35	31	22	1.4
		フランス文学フランス語学	3	14	12	8	1.5
		ドイツ文学ドイツ語学	3	20	18	13	1.4
社会	社会		30*	124	123	40	3.1
法	法律		35*	128	123	25	4.9
	政治		15*	17	15	4	3.8
経済			65*	93	88	45	2.0
商			50*	143	137	62	2.2
人間福祉	社会福祉		15**	30	29	21	1.4
	社会起業		8**	22	22	12	1.8
	人間科学		9**	20	19	4	4.8
国際	国際	併用型・英語	25**	39	37	7	5.3
		英語重視型		86	82	16	5.1
教育	教育	幼児教育	5	34	34	14	2.4
		初等教育	10	84	76	32	2.4
		教育科学	5	30	28	10	2.8
総合政策			50*	105	103	68	1.5

【共通テスト併用型・数学】

学部・学科等		募集人員	志願者数	受験者数	合格者数	競争率
社会	社会	30*	77	76	38	2.0
法	法律	35*	42	40	18	2.2
	政治	15*	3	3	1	3.0
経済		65*	150	144	75	1.9
商		50*	117	113	58	1.9

（表つづく）

学部・学科等			募集人員	志願者数	受験者数	合格者数	競争率
総	合政策		50*	73	69	46	1.5
理	数理科学		3***	114	109	24	4.5
	物理・宇宙		3***	111	109	30	3.6
	化学		3***	68	65	23	2.8
工	物質工学		3***	59	59	29	2.0
	電気電子応用工学		3***	82	79	40	2.0
	情報工学		4***	162	157	20	7.9
	知能・機械工学		3***	106	102	18	5.7
生命環境	生物科学		4***	86	82	22	3.7
	生命医科学	生命医科学	3***	30	28	12	2.3
		発生再生医科学	3***	18	17	8	2.1
		医工学	3***	17	16	10	1.6
	環境応用化学		4***	89	84	38	2.2
建築	建築		10***	214	206	103	2.0

合格最低点（一般入試）

○全学部日程・学部個別日程では，試験日や選択科目間での有利・不利をなくすために，学部ごとに点数調整「中央値補正法」（p. 42 参照）が実施され，総合点で判定される。以下の合格最低点は補正後の点数である。

○補欠合格者・追加合格者の成績を含む。

○共通テスト併用日程の合格最低点は非公表。

●全学部日程

学部・学科等			2024年度 合格最低点	2024年度 満点	2023年度 合格最低点	2023年度 満点	2022年度 合格最低点	2022年度 満点
神			298.3	550	287.1	550	278.9	550
文	文化歴史	哲学倫理学	308.4	550	306.1	550	312.2	550
		美学芸術学	378.2	550	338.2	550	322.1	550
		地理学地域文化学	299.3	550	274.8	550	276.8	550
		日本史学	348.0	550	312.7	550	312.0	550
		アジア史学	296.9	550	275.9	550	300.3	550
		西洋史学	354.7	550	287.1	550	335.1	550
	総合心理科学	心理科学	322.8	550	287.0	550	315.4	550
	文学言語	日本文学日本語学	338.6	550	304.0	550	314.0	550
		英米文学英語学	300.9	550	302.4	550	291.3	550
		フランス文学フランス語学	275.1	550	275.0	550	310.2	550
		ドイツ文学ドイツ語学	279.8	550	279.9	550	276.2	550
社会	社会		314.9	550	306.4	550	278.3	550
法	法律		289.3	550	304.5	550	290.7	550
	政治		289.3	550	276.9	550	281.2	550
経済	文系型		309.0	550	284.2	550	275.5	550
	理系型		329.8	550	302.3	550	278.4	550
商			318.9	550	309.0	550	310.6	550
人間福祉	社会福祉		298.2	550	299.0	550	314.3	550
	社会起業		304.0	550	307.5	550	301.1	550
	人間科学		298.5	550	300.1	550	297.3	550
国際	国際	3科目型	351.8	550	361.6	550	365.0	550
		英語1科目型	335.0	400	334.0	400	313.0	400

（表つづく）

学部・学科等				2024年度 合格最低点	2024年度 満点	2023年度 合格最低点	2023年度 満点	2022年度 合格最低点	2022年度 満点
教育	教育	幼児教育	文系型	288.7	550	261.2	550	300.3	550
			理系型1日目	－	450	228.2	450	325.0	450
			理系型2日目					266.9	450
		初等教育	文系型	306.2	550	284.1	550	308.9	550
			理系型1日目	229.5	450	225.6	450	260.3	450
			理系型2日目					256.5	450
		教育科学	文系型	309.9	550	284.0	550	318.6	550
			理系型1日目	234.6	450	226.5	450	286.0	450
			理系型2日目					274.5	450
総合政策	文系型			277.0	550	286.1	550	285.0	550
	理系型			256.4	500	254.6	500	247.6	500
理	数理科学		均等配点型	214.3	450	215.8	450	244.9	450
			数学·理科重視型	210.6	450	215.5	450	244.2	450
	物理・宇宙		均等配点型	252.9	450	250.2	450	258.4	450
			数学·理科重視型	252.3	450	250.4	450	258.5	450
	化学		均等配点型	210.6	450	221.4	450	208.1	450
			数学·理科重視型	216.4	450	221.1	450	207.8	450
工	物質工学		均等配点型	206.8	450	207.1	450	220.8	450
			数学·理科重視型	207.3	450	205.9	450	220.0	450
	電気電子応用工学		均等配点型	223.4	450	222.8	450	220.2	450
			数学·理科重視型	220.8	450	222.3	450	230.0	450
	情報工学		均等配点型	247.2	450	253.5	450	263.3	450
			数学·理科重視型	247.4	450	253.6	450	263.0	450
	知能・機械工学		均等配点型	236.4	450	257.5	450	242.4	450
			数学·理科重視型	238.7	450	258.7	450	242.6	450
生命環境	生物科学		均等配点型	257.5	450	249.7	450	237.3	450
			数学·理科重視型	257.5	450	250.4	450	238.4	450
	生命医科学	生命医科学	均等配点型	252.7	450	252.7	450	249.6	450
			数学·理科重視型	252.8	450	251.6	450	250.4	450
		発生再生医科学	均等配点型	219.4	450	211.5	450	240.1	450
			数学·理科重視型	213.9	450	211.6	450	240.2	450
		医工学	均等配点型	224.7	450	221.2	450	220.9	450
			数学·理科重視型	223.7	450	223.0	450	213.4	450
	環境応用化学		均等配点型	206.5	450	198.3	450	208.1	450
			数学·理科重視型	205.2	450	199.4	450	205.8	450

（表つづく）

学部・学科等			2024年度 合格最低点	2024年度 満点	2023年度 合格最低点	2023年度 満点	2022年度 合格最低点	2022年度 満点
建築	建築	均等配点型	240.0	450	239.0	450	231.1	450
		数学・理科重視型	241.3	450	239.4	450	231.3	450

●学部個別日程

学部・学科等				2024年度 合格最低点	2024年度 満点	2023年度 合格最低点	2023年度 満点	2022年度 合格最低点	2022年度 満点
神			傾斜配点型	312.8	600	262.9	500	268.7	500
			均等配点型	313.3	600				
文	文化歴史	哲学倫理学	傾斜配点型	382.7	600	312.0	500	330.0	500
			均等配点型	344.1	600				
		美学芸術学	傾斜配点型	439.1	600	348.3	500	341.3	500
			均等配点型	409.4	600				
		地理学地域文化学	傾斜配点型	378.9	600	293.3	500	271.0	500
			均等配点型	348.1	600				
		日本史学	傾斜配点型	453.6	600	315.4	500	315.5	500
			均等配点型	391.4	600				
		アジア史学	傾斜配点型	399.3	600	277.0	500	301.9	500
			均等配点型	353.7	600				
		西洋史学	傾斜配点型	426.1	600	296.7	500	352.3	500
			均等配点型	383.5	600				
	総合心理科学	心理科学	傾斜配点型	407.1	600	280.3	500	349.7	500
			均等配点型	356.9	600				
	文学言語	日本文学日本語学	傾斜配点型	432.7	600	330.2	500	330.1	500
			均等配点型	383.2	600				
		英米文学英語学	傾斜配点型	395.8	600	300.0	500	306.6	500
			均等配点型	343.1	600				
		フランス文学フランス語学	傾斜配点型	349.5	600	268.0	500	321.2	500
			均等配点型	300.1	600				
		ドイツ文学ドイツ語学	傾斜配点型	379.9	600	284.0	500	272.0	500
			均等配点型	335.7	600				
社会	社会		傾斜配点型	349.5	600	321.0	500	308.5	500
			均等配点型	349.4	600				

（表つづく）

学部・学科等				2024年度 合格最低点	2024年度 満点	2023年度 合格最低点	2023年度 満点	2022年度 合格最低点	2022年度 満点
法	法律		傾斜配点型	312.5	600	269.8	500	287.5	500
			均等配点型	312.1	600				
	政治		傾斜配点型	312.9	600	259.6	500	262.0	500
			均等配点型	312.3	600				
経済			傾斜配点型	326.0	600	317.9	500	296.8	500
			均等配点型	326.1	600				
商			傾斜配点型	347.1	600	320.9	500	316.4	500
			均等配点型	346.9	600				
人間福祉	社会福祉		英語・国語型	245.0	350	236.0	350	219.0	350
			均等配点型	341.9	600				
	社会起業		英語・国語型	238.0	350	244.0	350	223.0	350
			均等配点型	345.4	600				
	人間科学		英語・国語型	242.0	350	235.0	350	216.0	350
			均等配点型	349.2	600				
国際	国際		傾斜配点型	355.3	600	329.3	550	332.0	550
			均等配点型	355.8	600				
教育	教育	幼児教育	傾斜配点型	307.0	600	270.2	500	285.0	500
			均等配点型	307.8	600				
		初等教育 3教科型	傾斜配点型	334.0	600	288.0	500	290.0	500
			均等配点型	333.4	600				
		初等教育	主体性評価方式					—	510
		教育科学	傾斜配点型	346.9	600	292.6	500	304.9	500
			均等配点型	346.0	600				
総合政策			傾斜配点型	325.1	600	216.3	400	207.2	400
			均等配点型	324.9	600				

※教育学部教育学科初等教育学コースの主体性評価方式については，合格最低点は非公表。

※理・工・生命環境・建築学部では学部個別日程は実施されない。

●英数日程

学部・学科等			2024年度 合格最低点	2024年度 満点	2023年度 合格最低点	2023年度 満点	2022年度 合格最低点	2022年度 満点
社会	社会						355.4	500
法	法律		246.0	400	243.0	400	289.3	400
	政治		245.3	400	211.7	400	261.3	400
経済			252.0	400	231.3	400	248.0	400
商			278.3	400	219.0	400	263.3	400
人間福祉	社会福祉		220.0	350	191.0	350	266.0	350
	社会起業		213.0	350	188.0	350	238.0	350
	人間科学		206.0	350	191.0	350	229.0	350
国際	国際		277.3	400	270.0	400	321.8	400
総合政策			205.3	400	201.0	400	222.3	400
理	数理科学		226.0	400	250.0	400	280.0	400
	物理・宇宙		232.0	400	248.0	400	273.0	400
	化学		214.0	400	221.0	400	252.0	400
工	物質工学		178.0	400	214.0	400	198.0	400
	電気電子応用工学		212.0	400	223.0	400	229.0	400
	情報工学		255.0	400	249.0	400	285.0	400
	知能・機械工学		258.0	400	259.0	400	279.0	400
生命環境	生物科学		244.0	400	244.0	400	263.0	400
	生命医科学	生命医科学	263.0	400	245.0	400	279.0	400
		発生再生医科学	201.0	400	208.0	400	245.0	400
		医工学	182.0	400	229.0	400	276.0	400
	環境応用化学		203.0	400	187.0	400	254.0	400
建築	建築		255.0	400	243.0	400	260.0	400

●中央値補正法とは

各試験科目の成績順で中央に位置する人の得点（中央値：1,001 人受験した場合は，501 番目の人の成績）を，その科目の満点の 5 割の点数となるように全体を補正するものである（ただし，満点と 0 点は動かさない）。平均点は，各科目の全受験者の点数を合計して，人数で割り出した点数のことをいい，中央値とは大きく異なる。

〈参考〉 中央値補正の数式について

中央値補正法による補正後の点（以下，補正点という）は，次の数式によって算出している。

①素点（元点）＜中央値の場合

$$\text{補正点} = \frac{\text{満点の 5 割の点}}{\text{中央値}} \times \text{素点}$$

②素点（元点）≧中央値の場合

$$\text{補正点} = \frac{\text{満点の 5 割の点}}{\text{満点} - \text{中央値}} \times (\text{素点} - \text{中央値}) + \text{満点の 5 割の点}$$

募集要項（出願書類）の入手方法

一般選抜入学試験要項は関西学院大学ホームページ（https://www.kwansei.ac.jp）から請求できるほか，FAX，テレメールからも請求できます。

発行時期・請求方法は大学ホームページなどでご確認ください。

問い合わせ先

〒662-8501　兵庫県西宮市上ケ原一番町1番155号
関西学院大学 入学センター
TEL　(0798) 54-6135（直通）
FAX　(0798) 51-0915

関西学院大学のテレメールによる資料請求方法

スマートフォンから	QRコードからアクセスしガイダンスに従ってご請求ください。
パソコンから	教学社 赤本ウェブサイト(akahon.net)から請求できます。

気になること、聞いてみました！

在学生メッセージ

大学ってどんなところ？ 大学生活ってどんな感じ？
ちょっと気になることを，在学生に聞いてみました。

以下の内容は 2020～2022 年度入学生のアンケート回答に基づくものです。ここで触れられている内容は今後変更となる場合もありますのでご注意ください。

メッセージを書いてくれた先輩　［社会学部］N.N. さん　［法学部］A.N. さん

大学生になったと実感！

自己責任で主体的に行動しなければいけないことです。授業の選択や出席欠席を自己責任で行わなければいけないのはもちろんのこと，休講の連絡や課題の提出，試験の日程などは自分でホームページを開いてお知らせを見なければ知ることができないのが，高校までと大きく違うところだと思います。（N.N. さん／社会）

大学生になったなと実感したことは，所属学部の学問を修めていることです。私は人文系の学部に所属しています。国語の現代文で扱われる文章を思い出してもらうとわかりやすいと思いますが，学問は基本的に，ある事象が存在していて，それらが論理的につなげられて，１つの理論として導かれるという流れがあります。人文系の学問の場合は，人間的な活動が言語化されたときの特有のおもしろさがあります。また，異なる考え同士が衝突したり，時代とともに主流である考えが変遷したりします。この興味深さに気づき，学び，自分の意見はどうかと考えるときに，大学生であることを実感します。（A.N. さん／法）

大学生活に必要なもの

パソコンが必要だったので，新たに用意しました。必ず購入しなければいけないということはないのですが，レポートやプレゼン資料の作成，オンライン授業の受講など，パソコンがないと不便なことが多いです。大学が推奨するパソコンのスペックを参考にして購入しました。（N.N. さん／社会）

この授業がおもしろい！

私は必修のキリスト教学が好きです。もともと倫理が好きだったことや，高校でお世話になった日本の神話に詳しい先生の影響を受けたこともあり，とても興味深い授業です。現代にもつながるキリスト教思想を学べたり，映画のワンシーンに織り込まれたキリスト教思想を知ることができたりします。高校で学んだ日本の神話と照らし合わせることで，キリスト教と日本の神話との類似点を見つけることもできて，とてもおもしろいです。（N.N. さん／社会）

大学の学びで困ったこと＆対処法

大学のポータルサイトを使いこなせず，困りました。テストを受けたり，レジュメをパソコンにダウンロードしたりと使用頻度が高いのですが，どのリンクをクリックすればよいのかわからないなど，慣れるまで大変でした。（N.N. さん／社会）

大学で学ぶために最低限必要な教養に不足があることです。私が受験した入試の科目数は 3 つでした。しかし，大学での学びは，高校までの教養を土台にして，発展的に行われています。ここに，受験対象科目以外の知識も必要であることを痛感しています。対処法としては，勉強しかありません。しかし，目的意識が不明瞭な勉強ではなく，必要に迫られた実感の

ある勉強であるため，モチベーションは高いです。（A.N. さん／法）

部活・サークル活動

私はよさこいのサークルに入っています。授業がある期間は週 3 回 3 時間，夏季休暇中は大きな大会があったので，週 4 回 8 時間ほど練習していました。サークルにしては練習時間が多いかもしれませんが，それだけの熱を入れる価値はあると思っています。（N.N. さん／社会）

交友関係は？

おもに少人数授業やサークルで交友関係を築きました。私の所属する社会学部は人数が多いため先輩と関わりをもつのが難しかったのですが，サークルに入ってから他学部の先輩とも関われるようになりました。また，他のキャンパスの友人もできました。（N.N. さん／社会）

いま「これ」を頑張っています

今はよさこいに熱中しています。練習量も多く，大変なことも多いのですが，夏にある大きな大会のキラキラしたステージで踊れたり，他学部の先輩や他大学の人など多くの人と交流をもてたりします。何よりも同じ目標に向かって頑張れる仲間ができてやりがいを感じています。（N.N. さん／社会）

普段の生活で気をつけていることや心掛けていること

普段の生活で心掛けていることは，なるべくゆとりをもった予定を立てることです。自分の周りには時間にルーズな人が多いので，周りに流されず基本的なことだけはしっかりしようと心掛けています。（N.N. さん／社会）

おススメ・お気に入りスポット

西宮上ケ原キャンパス前にある大学生のためのカフェです。アプリをインストールして設定をすれば，１時間に１杯無料で飲み物を飲むことができ，無料 Wi-Fi やコンセントの使用も自由なので，空きコマを使って課題をやるには最適な場所です。オシャレで落ち着くので，よくお世話になっています。（N.N. さん／社会）

入学してよかった！

歩いているだけで色々なところから色々な言語が聞こえてくることです。文化も出身も違う人たちが日本語で話していたり，英語や中国語で話していたりしておもしろいです。私は外国から来た友達や先輩と，文化の違いについての話で盛り上がっています。そして何より勉強になります。（N.N. さん／社会）

高校生のときに「これ」をやっておけばよかった

英語の勉強をもっとしておくべきだったと思います。受験英語だけではなく，人とコミュニケーションを取るための英語を勉強すればよかったと後悔しています。先生や学生同士のコミュニケーションが全て英語で行われる授業を取っているのですが，すぐに単語が出てこなくて困っているので，会話にも力を入れておけばよかったです。（N.N. さん／社会）

みごと合格を手にした先輩に，入試突破のためのカギを伺いました。
入試までの限られた時間を有効に活用するために，ぜひ役立ててください。

（注）ここでの内容は，先輩方が受験された当時のものです。2025 年度入試では当てはまらないこともありますのでご注意ください。

・アドバイスをお寄せいただいた先輩・

H.M. さん　文学部（文化歴史学科〈西洋史学専修〉）
全学部日程 2024 年度合格，愛媛県出身

「受験勉強は，過去問に始まり，過去問で終わる」というのは正しいと思います。そのため，合格のためには，過去問の復習・分析を怠らず，粘り強く取り組むことが大切です。模試の結果で一喜一憂せず，過去問の分析を徹底しましょう！

その他の合格大学　近畿大（文芸）

M.I. さん　法学部（法律学科）
全学部日程・学部個別日程・共通テスト併用日程
2024 年度合格，大阪府出身

関西学院大学は英語に力を入れているので，英語を頑張ったことです！　毎日，英語に触れることが大切だと思います。体調に気をつけて，最後まであきらめずに頑張ってください。

その他の合格大学　近畿大（法）

K.Y. さん　法学部（法律学科）
全学部日程・学部個別日程 2024 年度合格，大阪府出身

合格にとって最大のカギは，赤本の分析だと考えています。というのも，傾向をつかんで出題傾向を把握できると，勉強の道筋が開けてくるからです。たくさん勉学に励むのはもちろんのこと，効率を覚えることも大事です。これを踏まえて勉強すればきっと合格できます。頑張れ，未来の関学生！

その他の合格大学　近畿大（法）

N.N. さん　社会学部（社会学科）
全学部日程 2022 年度合格，愛知県出身

数多ある情報に惑わされないことです。情報が溢れている時代ですので，良いと思ったものを取捨選択して，自分に合っているかどうかを見極めることが大事だと思います。それがうまくできれば，志望校に合格できるはずです。

その他の合格大学　近畿大（総合社会〈推薦〉）

A.K. さん　商学部
学部個別日程 2022 年度合格，兵庫県出身

合格の最大のポイントは赤本をうまく活用することができたことでした。受験は最後までどうなるのかはわからないので，体調に気をつけて志望大学に向けて頑張ってください！！

その他の合格大学　関西学院大（経済）

K.W. さん　商学部
共通テスト併用／英数日程（共通テスト併用型・数学）2022 年度合格，沖縄県出身

少しでも可能性があるならばあきらめずに最後までやり抜くことです。やり始めはなかなか結果が出ず苦しいと思いますが，努力を積み重ねることで着実に力はついてきます。この大学に行きたいという気持ちを強くもち，あきらめずに最後までやり抜いてください！

その他の合格大学　甲南大（経営），武庫川女子大（経営），大阪経済法科大（経営）

入試なんでもQ&A

受験生のみなさんからよく寄せられる，
入試に関する疑問・質問に答えていただきました。

「赤本」の効果的な使い方を教えてください。

A 自分の受験する日程に合わせた対策を行うために購入しました。特に，英語と国語は日程によっては記述形式もあったので，学校や塾の先生に答案を添削してもらっていました。赤本を効果的に使うポイントは，問題を解いてみて思ったことや注意しておきたいことを，傾向と対策や解説のページにどんどん書き込んでいくことです。そうすると，自分のオリジナルの赤本ができて，試験当日の安心材料になると思います。

（M.I. さん／法）

A 赤本は，傾向を知ることに焦点を当てて使いました。というのも，傾向を知らずして学習をすると，必ず関学合格へは遠回りになるという確信があったからです。一番もったいないのが，実力はあるのに対策を怠り落ちてしまうパターンです。そうならないためにも，赤本は傾向を知る，すなわち自分の解き方を確立するために使いましょう。しっかり把握すると普段の勉強がやりやすくなります。 （K.Y. さん／法）

1年間のスケジュールはどのようなものでしたか？

A 私の場合，真剣に受験勉強を始めたのは4月からでした。まず4月～8月中旬にかけて，『システム英単語』（駿台文庫）や600語ある古文単語帳を1周でもいいので，しっかりと頭に染みつくように覚えました。その他に，英文法は『スクランブル英文法・語法』（旺文社）などを活用して各単元ずつ勉強し直したり，古典文法も『ステップアップノート』（河合出版）を活用して一からやり直したりしました。また，世界史は教科書を徹底的に読み込みました。そうすることにより基礎が固まります。そして8月中旬～9月下旬にかけては，固まった基礎を基に基礎レベルの英語長文や現代文，古文の問題を解きました。同時に，この時期から世界史の一問一答をやるのがおすすめです。なぜかというと，教科書で押さえた流れに用語を乗せて覚えることができるからです。10月からは自分の受験する大学の過去問を解いて，傾向をつかみました。このようにして積み重ねができると，あとは本番で普段通りにしていれば受かると思います。頑張ってください。　（K.Y. さん／法）

A　夏前までに単語と文法を固め，夏休みから共通テストの対策を始めました。共通テストやセンターの過去問を解いて苦手だと思った分野の問題集を解いて苦手を克服していました。10月頃からは受験する大学を明確に決め，過去問を解いていきました。できなかったところはできるまで繰り返しました。12～1月の直前期はできなかった問題を解き直したり，本番と同じ時間で過去問を解いて時間配分の感覚をつかんだりしていました。　（K.W. さん／商）

どのように受験勉強を進めていましたか？

A　1日ごとに科目を変えて勉強しました。全体のページ数から1日あたりのページ数を決めて苦手な分野には時間をかけるようにしていました。1日あたりの目標ページ数を決めることで毎日コツコツ続けることができ，参考書を何周も繰り返し学ぶことができました。赤本は一度解き始めたら中断したり解答を見ないようにして緊張感を出して解くようにしました。計画の立て方は人それぞれなので自分に合ったやり方を早く探すことをおすすめします。　（A.K. さん／商）

Q 時間をうまく使うためにしていた工夫を教えてください。

A 私は朝に早起きすることが得意だったので，冬休みに入ってからは3時半に起床して勉強を始めていました。朝早くに起きると周りも静かで勉強するのにとてもいい環境が整っていますし，ご飯を食べる時間などを除いても昼までには8時間以上勉強していることになるので，少し優越感もあり，勉強のモチベーションを保つのも容易でした。何より生活習慣が整うので，体調を崩すこともなく健康に試験当日を迎えることができました。（N.N. さん／社会）

Q 関西学院大学を攻略するうえで特に重要な科目は何ですか？

A 英語だと思います。時間が限られているなかで，問題量の多い長文をたくさん読んでいかなければいけません。単語や構文の復習と文法事項の再確認など，毎日英語の対策は欠かさないようにしていました。過去問を解いた後，いつも使っている単語帳や文法書に戻って復習をするというサイクルも大切にしていました。また復習の一環として，速読力をつけるために，解いた後の長文を音読しました。（M.I. さん／法）

A 私の場合は世界史でした。というのも，関学の世界史は少しクセがあり，細かい流れを問われることが多かったからです。その分，流れをしっかりつかめると，他の人と差をつけやすい科目であると思います。その意味で，私にとって世界史はとても重要な科目でした。受験の社会科目は教科書準拠で作られている性質上，一番の参考書は教科書そのものであると考えています。私が使っていたのは山川出版社のもので，これを使うことで流れをつかむことができました。しかし，中国の次はヨーロッパで，また中国に戻るといったように，縦の流れで覚えづらいものもありました。その場合は書き出して覚えるなどの工夫が大切だと思いました。（K.Y. さん／法）

苦手な科目はどのように克服しましたか？

A　苦手な科目は国語でした。特に，古文が苦手でしたが過去問を解くうちに大学の出題傾向などを無意識に分析し始め，得点が上昇しました。志望校の過去問を解いて傾向に慣れることが，苦手科目克服にもつながりました。また，古文の単語帳を 20 周近く周回したりして，基本的な古文単語や文法の知識を身につけたうえで，状況・背景をイメージしながら古文の文章を読むようにしました。古文は多く読んだほうがいいです。僕は共通テストの古文なども解いて，多くの古典常識を吸収していました。

（H.M. さん／文）

スランプに陥ったとき，どのように抜け出しましたか？

A　スランプのときはポジティブな音楽を聴きながら単語帳や日本史の教科書を読んでいました。特に有効なのは，学校に行って友達と話すことだと思います。友達の勉強状況などを聞くと自分も刺激されて頑張ろうという気になれました。体を動かしたり，自分の趣味に没頭することもスランプの時にはとても有効です。また僕は受験期には自分が満足するまで寝るようにしていました。そうすることで心のモヤモヤや不満が軽減した状態で勉強に取り組むことができました。

（A.K. さん／商）

模試の上手な活用法を教えてください。

A　自分の受験科目は特に集中して受けましょう。そして，模試終了後の復習は欠かせません。英語・国語ではなぜこのような答えになるのかと解答根拠を明確にしておくことが大切です。また，社会科目では，用語を間違った意味で覚えていないか，そもそもその用語を知らない知識抜けであったのかという分析も大切です。そういった復習が次の模試に良い影響を及ぼします。しかし，模試の復習に時間を取られすぎないようにすることも大切です。また，これは過去問を解いた後もそうでしたが，英語の場合，知らない単語は単語カードに単語と意味を書いたり，持っている単語帳の空欄に書き込んだりして，オリジナルの単語帳を作るようにしていました。いずれも反復して常々確認しておくことが大切だと思います。

(H.M. さん／文)

Q　併願をする大学を決めるうえで重視したことは何ですか？ また，注意すべき点があれば教えてください。

A　私が重視したことは，２つあります。１つ目は配点です。英語が重視されるもの，高得点の教科が重視されるものなど，たくさんの配点方式があります。自分が得意な教科が有利にはたらく配点の方式を見つけることが大切だと思いました。２つ目は日程です。あまり詰め込みすぎた受験スケジュールだと，自分の実力を出し切れなかったり，対策できなかったりするかもしれません。受験は思っているよりも疲れてしまうものなので，できるだけ連続した日程を避けて，余裕をもった受験スケジュールを立てることに気をつけていました。

(M.I. さん／法)

A　第１志望校より前の日程で，安全校など確実に合格できる大学を１つ以上受けておくのがいいと思います。試験の雰囲気に慣れておくことで第１志望校に落ち着いて臨むことができます。また，第１志望校の１つ下のレベルが安全校とは限りません。必ず過去問を解いて，確実に合格できる大学を受けることが重要です。似たような出題傾向の大学だとより対策がしやすいです。私は１つ下のレベルだからと選んだ大学に英作文があり，対策に時間がかかったうえ，本番も手応えを感じられずにとても不安でした。

(K.W. さん／商)

 **普段の生活の中で気をつけていたことを教えてください。**

A 眠い中やっていても身につかないので，1日のタスクが終わっていなくても，夜中の12時半を超えて勉強はしないようにしていました。また，特に夏は朝日が昇るのと同時に起きることで，涼しいうちに勉強を進めることができ，暑さでやる気が削がれることが少なかったです。早起きをできるようにしておくことで，受験の日も寝坊を心配せずに済みました。集中力が切れたらブドウ糖配合のラムネやタブレットを食べていました。甘いものを食べることでリフレッシュになりました。

（K.W. さん／商）

科目別攻略アドバイス

みごと入試を突破された先輩に，独自の攻略法や
おすすめの参考書・問題集を，科目ごとに紹介していただきました。

英　語

試験時間がタイトなので，文法・並べ替え問題を先に解き，長文問題を後に解くという順番がベストです。　（H.M. さん／文）

おすすめ参考書　『関西学院大学（大学赤本シリーズ）』（教学社）
『やっておきたい英語長文 500』（河合出版）
『THE GUIDE 関関同立の英語』（文英堂）

関西学院大学の英語の問題は限られた時間のなかで，多くの長文を読まなければなりません。単語や文法を復習するなど，毎日英語に触れることが攻略ポイントだと思います。過去問を解いた後に，使い慣れている参考書に戻って勉強しなおすことを大切にしていました。　（M.I. さん／法）

おすすめ参考書　『イチから鍛える英語長文 500』（Gakken）
『英語の構文 150』（美誠社）
『システム英単語』（駿台文庫）
『Bright Stage 英文法・語法問題』（桐原書店）

世界史

正誤問題が多いので，文章中の間違いを発見し，正確な内容に訂正できることが大切です。 （H.M. さん／文）

おすすめ参考書　『関西学院大学（大学赤本シリーズ）』（教学社）
『関関同立大世界史』（河合出版）
『共通テスト過去問レビュー世界史B』（河合塾）

関学の世界史は，特に流れをつかむことに焦点を当てるべきだと思いますが，同時にそれを理解するための専門用語の知識も必要です。ですので教科書をメインで使い，一問一答もやり込むことでたいていの問題に対応できる力はつくと思います。 （K.Y. さん／法）

おすすめ参考書　『世界史B一問一答』（ナガセ）
『タテから見る世界史』（Gakken）

数　学

まずは基本的な典型問題を繰り返し解いて慣れることです。何度も解くことで解くスピードはだんだん上がっていきます。二次関数や確率，微分積分はよく出題されるので，得点できるように演習を重ねるべきです。また，記述問題は私の字が大きすぎたのか，解答用紙が足りなくなりそうでした。字の大きさとバランスを考えて解答を書けるように練習しておくといいと思います。 （K.W. さん／商）

おすすめ参考書　『基礎問題精講』シリーズ（旺文社）

国　語

文学史が出題されることがあります。対策を忘れがちなので，少しだけでも教科書や参考書で確認しておいたほうがよいと思います。また，古文単語や現代文単語など基本的な知識をしっかりと押さえることも大切です。

（M.I. さん／法）

おすすめ参考書　『日々古文単語帳 365』（駿台文庫）
『読解を深める　現代文単語　評論・小説』（桐原書店）
『大学入試　頻出漢字 2500』（文英堂）

現代文は，学校の定期テストや模試などのレベルで十分に足りると思いますが，古文は単語帳や文法をしっかりやり込まないと，関学においては点数が稼ぎにくいです。基礎も怠らず固めましょう。　（K.Y. さん／法）

おすすめ参考書　『GROUP30 で覚える古文単語 600』（語学春秋社）
『岡本梨奈の古文ポラリス［3 発展レベル］』（KADOKAWA）

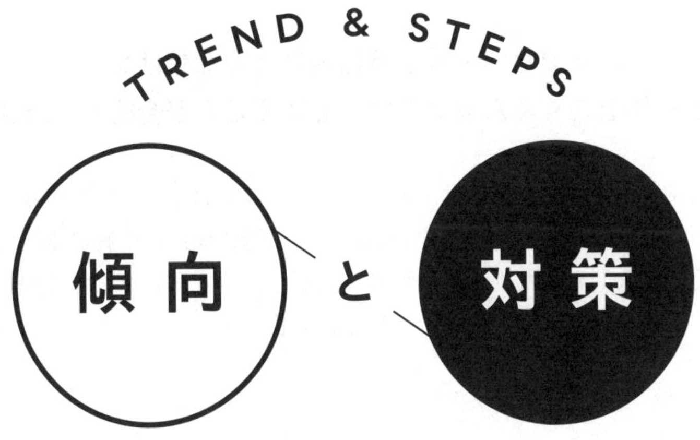

科目ごとに問題の「傾向」を分析し，具体的にどのような「対策」をすればよいか紹介しています。まずは出題内容をまとめた分析表を見て，試験の概要を把握しましょう。

注　意

「傾向と対策」で示している，出題科目・出題範囲・試験時間等については，2024 年度までに実施された入試の内容に基づいています。2025 年度入試の選抜方法については，各大学が発表する学生募集要項を必ずご確認ください。

掲載日程・方式・学部

〔2024 年度〕2 月 4 日実施分：神・社会・経済・国際・教育学部（傾斜配点型）

〔2022・2023 年度〕2 月 4 日実施分：経済・人間福祉・国際学部

試験日が異なっても出題傾向に大きな差はないから
過去問をたくさん解いて傾向を知ることが合格への近道

関西学院大学の一般選抜は，例年，方式・試験日が違っても出題形式・問題傾向に大きな差はみられないことから，過去問演習が特に重要です。

多くの過去問にあたり，苦手科目を克服し，得意科目を大きく伸ばすことが，関西学院大学の合格への近道と言えます。

英　語

『No. 496 関西学院大学（英語〈3 日程× 3 カ年〉）』に，本書に掲載していない日程の英語の問題・解答を 3 日程分掲載しています。関西学院大学の入試問題研究にあわせてご活用ください。

年度	番号	項　目	内　容
2024 ◑	〔1〕	読　解	空所補充，同意表現，内容真偽，英文和訳
	〔2〕	読　解	空所補充，同意表現，内容真偽，英文和訳
	〔3〕	読　解	空所補充，同意表現，内容真偽
	〔4〕	文法・語彙	空所補充
	〔5〕	A．文法・語彙 B．英作文	語句整序 和文英訳（後続節指定）
	〔6〕	会　話　文	空所補充
2023 ◑	〔1〕	読　解	空所補充，同意表現，内容真偽，英文和訳
	〔2〕	読　解	同意表現，内容真偽，英文和訳
	〔3〕	読　解	空所補充，同意表現，内容説明
	〔4〕	文法・語彙	空所補充
	〔5〕	A．文法・語彙 B．英作文	語句整序 和文英訳（書き出し指定）
	〔6〕	会　話　文	空所補充
2022 ◑	〔1〕	読　解	空所補充，同意表現，内容真偽，英文和訳
	〔2〕	読　解	空所補充，同意表現，内容真偽，英文和訳
	〔3〕	読　解	同意表現，内容説明，内容真偽
	〔4〕	文法・語彙	空所補充
	〔5〕	A．文法・語彙 B．英作文	語句整序 和文英訳（書き出し指定）
	〔6〕	会　話　文	空所補充

（注）●印は全問，◑印は一部マークセンス方式採用であることを表す。

読解英文の主題

年度	番号	主　題
2024	〔1〕	アメリカの移民の歴史
	〔2〕	大衆文化への学問的関心
	〔3〕	塩と風味の関係

2023	〔1〕	個人的な気晴らしについて
	〔2〕	限られた私たちの時間
	〔3〕	優れた教師とは
2022	〔1〕	アルミニウムという金属
	〔2〕	プロパガンダについて
	〔3〕	睡眠不足の影響

傾向　多様な出題形式で読解力，文法・構文力が不可欠

01 出題形式は？

例年大問6題で，選択式（マークセンス方式）と記述式が併用されている。試験時間は90分。

02 出題内容はどうか？

2024年度もレベル・分量ともに例年とほぼ同程度であった。文法と標準的な語彙，日常的に使用する表現に習熟していることが要求されている。

読解の英文量は年度により若干の増減がある。内容はエッセーや評論などで，取り上げられるテーマはバラエティーに富んでいる。設問は空所補充，同意表現，内容説明，内容真偽，英文和訳が出題されている。英文のレベルは標準的，あるいはやや難である。

文法・語彙は，例年空所補充と語句整序が出題されている。レベルは標準的。ただし，読解問題に含まれる同意表現の設問で語彙力を問う問題や，会話文の設問に含まれる空所補充で文法力を問う問題もある。

会話文は，空所補充形式。応答文や語句を選択する問題で，文脈を通して自然な表現を選択する力が問われている。

英作文は，記述式の和文英訳（書き出しあるいは後続節指定）が出題されている。

03 難易度は？

標準的な問題がほとんどである。したがって，地道に学習していれば余裕をもって設問に対処でき，力を発揮できるだろう。例年，文法・語彙・構文の問題は難度にややばらつきがみられるので，基本的な問題とやや難度の高い問題を見分ける判断力や，工夫を凝らした問題に物怖じせず対処する力を，できるだけ多くの問題をこなすことによって培いたい。それと同時に，基本的な問題でケアレスミスをしないように心がけることも大切である。記述問題においても，高いレベルの文法・語彙力が必要とされているわけではなく，基本的な英語力を最大限に運用する力があれば十分に対処できるので，落ち着いて取り組むこと。

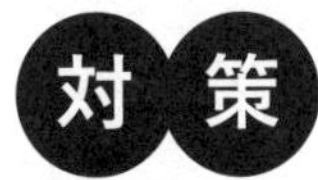

対策

01 読解力の養成

長文総合問題は，受験生の英語力を多角的に問うものである。もちろんその中核となるのが読解力であるということはいうまでもない。まずは語彙力・文法力の基礎を固めた上で，多様なテーマの英文（300～500 語程度の評論やエッセーなど）をできるだけ多く読み，パラグラフ単位で英文の内容を把握する練習をしておこう。

ただし，読み慣れないうちは丁寧に文構造を確認しながら読む，精読から始めよう。時間はかかるが，精読の訓練を積むことで正確に速く読む力が身につき，さらに英文和訳対策にもなる。『英文読解の透視図』（研究社）や『大学入試 ひと目でわかる英文読解』（教学社）などの，入試で頻出の構文を説明している英文解釈の参考書を 1 冊仕上げておくとよいだろう。

また，記述問題を含む読解問題集を使って，読解力とともに解答作成力（表現力）も身につけておこう。長文問題の形式は多岐にわたっており，近年は文法・構文力を問う問題の比重も大きくなっている。他学部や他日程の問題を含めさまざまな大学の過去問を解き，どんな形式の問題が出題されても実力が発揮できるように十分に演習を重ねておく必要がある。

02 語彙力の増強

語彙力は読解問題・英作文問題などを解く上で大きな支えとなってくれる。そのため語彙力の増強は不可欠である。次の3つのことを心がけるとよい。

①一度読んだ英文の中で意味・用法がわからなかった単語・熟語を，英文を読みながらその中で意味を把握し，覚え直す。
②未知の単語の意味を文脈から類推する力をつける。入試では，どれほど頑張って学習しても，未知の単語に出合わずにすむということはほとんどない。単語の意味を類推する力も，ある意味では大切な語彙力といえる。
③さらに確認のため，単語・熟語集を利用し，頻出語句をチェックして知識を補い，語彙力増強に万全を期そう。

03 会話表現に慣れる

会話文問題は必出なので，日常会話レベルの表現は必ず覚えておこう。会話表現に関しては，受験参考書にとどまらず，英検用（2級，準1級レベル）の問題集など多方面の教材を利用し，できるだけ多くの表現に触れておこう。

04 英作文力の養成

英作文力を培うのに欠かせないのが，文法のポイントを意識して文法書の基本例文を文単位で覚えることである。英作文の解答作成において，ことさら難解な英文を使う必要はない。設問の意図を的確につかみ，ふさわしい構文を当てはめて，平易でかつ英語らしい表現ができるかどうかがポイントになる。まずは，文法・構文・語彙の基本的な知識を固めた上で，基礎～応用程度の問題集で演習を重ねること。また，時制や名詞の単数複数の区別，冠詞などに気を配り，ケアレスミスをしないよう気をつけることが大切である。

関西学院大「英語」におすすめの参考書

Check!

✓『英文読解の透視図』（研究社）
✓『大学入試 ひと目でわかる英文読解』（教学社）
✓『関西学院大の英語』（教学社）

日本史

『No. 498 関西学院大学（日本史・世界史・文系数学〈3 日程× 3 カ年〉）』に，本書に掲載していない日程の日本史の問題・解答を 3 日程分掲載しています。関西学院大学の入試問題研究にあわせてご活用ください。

年度	番号	内　容	形　式
2024 ●	〔1〕	原始～近現代の小問集合	正　誤
	〔2〕	中世～近世の産業・経済	選択・正誤
	〔3〕	「日本書紀」「日本外交年表並主要文書」－壬申の乱，ポーツマス条約　⊘史料	選　択
	〔4〕	近現代の文化	選択・正誤
2023 ●	〔1〕	古代～近現代の小問集合	正　誤
	〔2〕	奈良～平安時代の政治	選択・正誤・配列
	〔3〕	「梅松論」「日本文化史研究」－古代・中世の仏教と近代の総合問題　⊘史料	選択・正誤
	〔4〕	戦後の経済と貿易	配列・選択・正誤
2022 ●	〔1〕	古代～近現代の小問集合	正　誤
	〔2〕	弥生時代～ヤマト政権，文治政治　⊘史料	選択・配列
	〔3〕	「神皇正統記」「保暦間記」－中世の争乱　⊘史料	正誤・選択
	〔4〕	近現代の教育と学問	配列・選択

（注）●印は全問，◑印は一部マークセンス方式採用であることを表す。

正誤判定と史料問題の攻略が重要
近現代史・文化史・経済史に注意

01　出題形式は？

2022 年度からは大問 4 題で解答個数が 40 個，試験時間は 60 分。全問マークセンス方式である。例年，〔1〕が 2 文の正誤判定問題。また，少なくとも大問 1 題は必ず史料問題が出題されている。正文・誤文選択問題が中心であるが，リード文や史料文の空所補充問題で 2 つ以上の空所に当てはまる語句の組み合わせを選択するものや，選択肢を「ア」～「ウ」の3つとし，該当するものがない場合は「エ」を選択するという形式の正誤問題もみられる。

なお，2025年度は出題科目が「日本史探究」となる予定である（本書編集時点）。

02 出題内容はどうか？

時代別では，例年幅広く出題されている。近現代は大きな比重を占めているが，特に現代史については外交・経済をテーマにしたものが多い。現代史は主だった内閣と出来事が関連して問われているので，内閣ごとに整理しておくこと。また，戦後の文化も問われることがあるので注意してほしい。近世からの出題も多く，特に江戸時代は史料問題やテーマ別問題などでもよく出題されている。また，〔1〕は例年，幅広い時代にわたって出題されているので，苦手な時代をつくらないように学習することが肝要である。

分野別でみると，政治を中心に経済・外交・文化など頻出テーマが満遍なく出題されている。文化史は2023年度は〔1〕〔2〕〔3〕の中に合計7問，2024年度は〔4〕がすべて近現代の文化史であった。経済史も出題が多く，2023年度は〔4〕で「戦後の経済と貿易」，2024年度は〔2〕で「中世～近世の産業・経済」が出題された。文化史とともに点差がつく分野と思われるだけにしっかり整理しておきたい。

史料問題は，ほとんどが教科書や史料集などに掲載されているものである。その一方で，2022年度の中先代の乱（『保暦間記』）のように，受験生にとってなじみの薄い史料も出題されている。また，2024年度の壬申の乱に関する『日本書紀』からの引用のように，基礎的知識だけでなく読解力が試されるものもあるので注意してほしい。

03 難易度は？

教科書の内容を中心に構成された標準的な問題ではあるが，〔1〕の2文の正誤判定問題には細かい知識や細心の注意が必要である。また，文章の

４択問題にも判断しにくいものが含まれ，その他の設問にも細かい知識を必要とするものがあるので，全体的にみて易しいとはいえない。しっかりとした基礎学習とともに綿密な受験対策をした上で，標準的な問題を確実に正答することが大切である。文章を読んで判断する問題が大半を占めるだけに，本番では時間配分にも注意して集中して臨みたい。

01 まずは教科書の熟読を

まずは，高校などで使用している教科書（山川出版社『日本史探究　詳説日本史』／実教出版『日本史探究』など）を中心として学習を進めよう。学習の際には，図説や『日本史用語集』（山川出版社）にも目を通しながら整理するようにしよう。また，正誤問題攻略のために欠かせないのは，問題を解いたあとの復習である。特に誤文のチェックは丁寧にすること。「なぜ，この文章が誤りなのか」というところを教科書に立ち返ってしっかり理解し，誤文のパターンを押さえておきたい。

02 史料の確認は丁寧に

例年，史料問題が大問で出題されており，さらに，史料が引用されていなくても史料文を熟知していないと解答できない問題もみられる。教科書や史料集に掲載されている重要史料では，空所に適語を補充するものがよく出題されている。また，初見史料であっても読解力を使って空所補充させるものもみられるので，普段から教科書学習と並行して史料の熟読を心がけたい。あとでまとめて史料問題集などに取り組んでも頭に入りにくいので，史料は時代の流れや背景とともに理解しておくこと。

03 近現代の学習は時間をかけて

近現代の出題は多く，その中でも学習が行き届かない戦後史も出題される。そこで，早めに原始～近世の学習を終わらせて，じっくりと近現代史の学習を進めていきたい。なお，現代史の整理は，内閣総理大臣ごとにどのようなことがあったかを確実に押さえていけば，多くの問題は解答可能である。

04 テーマ別学習を

経済史・外交史・土地制度史・教育史など，頻出テーマで構成される問題が多い。時代別の学習ができたら，ぜひテーマごとにまとめて整理してほしい。時代別の縦の流れと，テーマ別の横の流れを結びつけ，万全を期して本番に臨もう。

05 文化史の攻略

文化史は苦手意識をもっている受験生も多く，またどこをどれだけ学習したらよいかわかりにくい分野でもある。つい後回しにして，対策を怠ったまま本番に臨むことが多いだけに，しっかり対策さえすればライバルに大きな差をつけることができる。ぜひ早めに取り組むようにしたい。なお，過去には文化史の史料も出題されているので，文化史関連の史料も忘れずに学習しておこう。

06 過去問に取り組もう

過去の問題をみると，他学部や他日程も含めて類似した内容が取り上げられたり，共通した分野が繰り返し出題されることが多い。よって，他学部や他日程も含めて過去問に数多く取り組むことが良策といえよう。なお，「誤っているもの」「正しいもの」「該当するもの」など問われ方はさまざまで，特にその部分が太字などで強調されているわけでもない。正誤判定など集中力を必要とする問題が多いので，本番中に文章を読み間違うことのないように注意したい。過去問に取り組む際にもこの点に注意を払い，集中して臨むようにしよう。

世界史

『No. 498 関西学院大学（日本史・世界史・文系数学〈3日程×3カ年〉）』に，本書に掲載していない日程の世界史の問題・解答を3日程分掲載しています。関西学院大学の入試問題研究にあわせてご活用ください。

年度	番号	内　容	形　式
2024 ●	〔1〕	古代～近世のヨーロッパ文化	選　択
	〔2〕	第1次ロシア革命，二月革命，十月革命	選　択
	〔3〕	パルティア～ササン朝時代の西アジア	選　択
	〔4〕	ベトナムの歴史	選　択
	〔5〕	17世紀以降のオセアニアの歴史	選　択
2023 ●	〔1〕	ローマ教皇権の伸長	選　択
	〔2〕	フランス革命～二月革命期のヨーロッパ	選　択
	〔3〕	新石器時代～前漢時代の中国	選　択
	〔4〕	イギリスのインド・東南アジア進出	選　択
	〔5〕	現代アフリカ史	選　択
2022 ●	〔1〕	ルネサンス・宗教改革	選　択
	〔2〕	ソ連の歴史	選　択
	〔3〕	インダス文明～グプタ朝	選　択
	〔4〕	オランダのアジア進出	選　択
	〔5〕	毛沢東の生涯	選　択

（注）●印は全問，◑印は一部マークセンス方式採用であることを表す。

傾向　近現代と文化史，学習の及びにくい地域に注意

01 出題形式は？

2022年度から大問5題，解答個数40個となった。試験時間は60分。全問マークセンス方式で，空所補充と下線部に対する設問で構成されている。下線部に対する設問では，誤文選択問題が中心で，かなり詳細な内容

に言及している選択肢もあるため，正誤判定に時間をとられる可能性がある。また，過去には語句選択問題が出題されたこともある。

なお，2025 年度は出題科目が「世界史探究」となる予定である（本書編集時点）。

02 出題内容はどうか？

地域別では，年度によって多少の変動はあるが，欧米地域 3 題・アジア地域 2 題というパターンが多い。欧米地域ではイギリス・フランス・ドイツ・アメリカといった地域からの出題が中心であるが，小問で周辺地域に関する出題もある。アジア地域では中国史が出題されることが多い。その他では，2022 年度はインド史が，2023 年度はインド・東南アジア史とアフリカ史が，2024 年度は西アジア史とベトナム史がそれぞれ大問で出題されている。また，2024 年度は太平洋地域に関して大問で出題されており，学習の及びにくい地域や国家からの出題が特徴の一つとなっている。

時代別では，古代から現代まで幅広く出題されている。第二次世界大戦後の歴史も頻出で，2022 年度〔2〕「ソ連の歴史」，2023 年度〔5〕「現代アフリカ史」で扱われている。選択肢の中には 21 世紀に関する記述もあり，2000 年代まで確実に学習しておく必要がある。

分野別では，政治分野からの出題が多いが，文化史からの大問も見られ，2022 年度〔1〕では「ルネサンス」が，2024 年度〔1〕では「古代〜近世のヨーロッパ文化」が出題された。正文・誤文選択問題の判定において，かなり詳細な文化史の知識がポイントとなる場合もあるので，偏りのない学習が望まれる。

03 難易度は？

難問・奇問は少ないが，詳細な事項が問われることもあり，難度は高いといえる。特に正文・誤文選択問題では詳細かつ正確な知識が求められる。また，東欧・ラテンアメリカ・東南アジア・アフリカ・オセアニアなど受験生が苦手としがちな地域や，第二次世界大戦後〜現代からの出題があることも難度を高めている。

対策

01 地域的に偏りのない学習を

基本的には教科書中心の出題である。ただ，東欧・ラテンアメリカ・東南アジアなどからも幅広く出題されているので，西欧・アメリカ合衆国や中国中心の学習では高得点を取ることは難しい。そうした学習の及びにくい地域もくまなく学習することがポイントだが，こうした地域は教科書ではまとまった記述がなされていないことが多いので，市販されている各国別のサブノートや『体系世界史』（教学社）などの問題集を利用するとよい。あるいは教科書ではとびとびに記載されている内容を自分なりにノートにまとめてみるのも効果的である。最初は簡単な年表でもよいから，それぞれの国・地域が大まかにどのような歴史をもっているのか理解できれば，関連する詳細な知識も身につきやすいだろう。また，東欧やラテンアメリカ・東南アジア・アフリカ・オセアニアなどは地理的な知識が不足していることが多く，それがますます苦手意識を強める結果にもなっているので，まずは現在そこにどのような国があるのか，地図を見ることから始めてみよう。

02 用語集・資料集の活用

得点差のつきやすい正文・誤文選択問題については，歴史事項の名称だけでなく，その正確な意味や，それに付随する知識を身につけておく必要がある。この場合，教科書だけではややわかりづらいため，『世界史用語集』（山川出版社），『必携世界史用語』（実教出版），あるいは資料集などを利用して理解を深めておきたい。正文・誤文選択問題は，こういった用語集の説明文に準拠した形で文章が作成されている場合も多く見られる。また，資料集の地図や統計，解説なども知識を深めるのに利用してほしい。

03 現代史もしっかりと

現代史，特に第二次世界大戦後からの出題は受験では常識となっており，今後ますます増加すると思われる。ただ，学校の授業において現代史の分野は，時間的な制約からどうしても受験直前に学習することになる。その結果，学習量が不足して弱点となってしまうことが多い。できるだけゆとりをもって教科書を一通り通読し，できれば，「冷戦」「西欧の統合」「南北問題」「地域紛争」などのテーマごとに簡単な年表を作成して，国家間の関係を整理しておきたい。

04 文化史の完成度アップを

文化史の出題ははっきりしたテーマをもったものが多いので，学習の際には，やみくもに覚えるのではなく一つの枠内で知識を完結するようにしたい。そして，単に人名や作品名だけでなく，文学・芸術の傾向や思想の内容も理解することが必要である。また，欧米地域ならば古代文化・中世文化というような時代別の枠組みのほか，美術史・思想史・科学史といった分野ごとの縦の流れでも整理しておくと理解しやすいし，実際そうした形で出題されることも多い。文化史は学習の完成度次第で最も大きく点差がつく分野であり，例年出題も多いため，得意分野としておきたい。

05 過去問の研究

過去の問題にあたるとき，並行して教科書を参照すれば，問題がどれだけ教科書に準拠しているかが明らかになり，また教科書の学習の仕方を出題の特色に合わせることもできる。過去に出された問題の類題が出題されることも多いため，本シリーズを通じて，他学部や他日程の問題も含め，できるだけ多くの過去問を解いてみることが大切である。

数　学

『No. 498 関西学院大学（日本史・世界史・文系数学〈3日程×3カ年〉）』に，本書に掲載していない日程の数学の問題・解答を3日程分掲載しています。関西学院大学の入試問題研究にあわせてご活用ください。

年度	番号	項　目	内　容
2024	〔1〕	小 問 2 問	(1)2次関数　(2)整数の性質
	〔2〕	小 問 2 問	(1)対数関数　(2)ベクトル
	〔3〕	微・積分法	3次関数の極値，3次関数のグラフと接線で囲まれた部分の面積
2023	〔1〕	小 問 2 問	(1)図形と計量，図形の性質　(2)整数の性質
	〔2〕	小 問 2 問	(1)図形と方程式　(2)数列
	〔3〕	微・積分法	定積分で表された関数，3次関数のグラフと放物線で囲まれた部分の面積
2022	〔1〕	小 問 2 問	(1)データの分析　(2)整数の性質
	〔2〕	小 問 2 問	(1)三角関数　(2)ベクトル
	〔3〕	図形と方程式，積分法	折れ線のグラフと放物線で囲まれた図形の面積

出題範囲の変更

2025年度入試より，数学は新教育課程での実施となります。詳細については，大学から発表される募集要項等で必ずご確認ください（以下は本書編集時点の情報）。

2024年度（旧教育課程）	2025年度（新教育課程）
数学Ⅰ・Ⅱ・A・B（数列，ベクトル）	数学Ⅰ・Ⅱ・A（図形の性質，場合の数と確率）・B（数列）・C（ベクトル）

旧教育課程履修者への経過措置

2025年度に限り，旧教育課程履修者の学習内容に配慮した出題範囲とする。

微・積分法が頻出，確実な計算力が必須

01 出題形式は？

〔1〕〔2〕は答えだけを記す空所補充形式，〔3〕は途中の式も示す記述式である。試験時間は60分。解答用紙は問題用紙とは別で，記述式のスペースはA４判程度の大きさがあり十分である。ただし，下書きなどは問題用紙の余白を利用するよう指示されている。

02 出題内容はどうか？

例年，微・積分法は必出で，２次関数，図形と方程式，数列，ベクトル，整数の性質もよく出題されている。その他に図形と計量，三角関数，指数・対数関数が出題されている。なお，2022年度はデータの分析が出題された。これらの分野もきちんと対策を立てておこう。

03 難易度は？

基本的・標準的な良問が多く，高度な知識や応用力を必要とする問題はないが，年度によっては普段あまり見かけないような問題も出題されるので注意を払いたい。また，計算力が要求される問題もあり，試験時間からみても決して易しいとはいえないであろう。空所補充形式の２題を手際よく済ませ，記述式の問題に十分時間をとれるようにしたい。

対策

01 教科書の内容を徹底的に理解

基礎学力があれば十分に対応できる問題ばかりなので，まず教科書を中心に学習し，基本事項をしっかりと身につけること。特に，重要公式などはその証明方法も含めて十分に理解しておきたい。さらに，参考書でその公式のいろいろな使い方をマスターしていくとよい。おすすめの書籍として，『文系の数学　重要事項完全習得編』（河合出版）を紹介しておく。

02 計算力を養う

難問はないが，年度によっては計算量の多い問題もあるため，手際のよい，正確な計算力が必要となる。普段から基本・標準問題を中心に，できるだけ数多くの問題にあたるとともに，時間を決めて時間内に解く練習をするとよいだろう。その際，空所補充形式の問題であっても，記述式のつもりで要点を押さえた論理的な解答を作成することを心がけたい。これは数学の力を養う上で大切なことである。

03 図形的問題に親しむ

図形的内容の把握がポイントとなる問題も出題されているので，問題演習の際にはできるだけ正確な図を描くことを心がけるとよい。正確な図は解法のヒントが得られるだけでなく，出てきた解が正しいかどうかの判断材料にもなる。

国　語

『No. 497 関西学院大学（国語〈3日程×3カ年〉）』に，本書に掲載していない日程の国語の問題・解答を3日程分掲載しています。関西学院大学の入試問題研究にあわせてご活用ください。

年度	番号	種　類	類別	内　容	出　典
2024 ◑	〔1〕	現代文	評論	選択：欠文挿入箇所，語意，内容説明，四字熟語 記述：書き取り，箇所指摘，内容説明	「陰謀論」　秦正樹
	〔2〕	古　文	俳文	選択：語意，内容説明，空所補充，文学史，和歌解釈，口語訳，内容真偽 記述：口語訳，慣用表現	「鶉衣」　横井也有
2023 ◑	〔1〕	現代文	評論	選択：書き取り，欠文挿入箇所，空所補充，内容説明，語意，内容真偽 記述：読み，熟語，内容説明	「こわばる身体がほどけるとき」　板橋勇仁
	〔2〕	古　文	仮名法語	選択：口語訳，内容説明，文法，ことわざ，語意，空所補充，敬語 記述：口語訳，空所補充，内容説明（15字）	「夢中問答集」　夢窓国師
2022 ◑	〔1〕	現代文	評論	選択：書き取り，慣用表現，内容説明，空所補充，文学史，内容真偽 記述：書き取り，箇所指摘，読み，空所補充	「音楽の聴き方」　岡田暁生
	〔2〕	古　文	物語	選択：語意，口語訳，敬語，和歌解釈，文法，古典常識，内容真偽，文学史 記述：語意，箇所指摘，読み，口語訳	「源氏物語」　紫式部

（注）●印は全問，◑印は一部マークセンス方式採用であることを表す。

現代文：長文の抽象的な評論読解に注意
古文：文脈を踏まえた語意や口語訳に注意

01 出題形式は？

現代文1題，古文1題の計2題の出題。試験時間は75分。解答形式は，選択式と記述式の併用で，選択式が記述式より多く出題されている。選択式はマークセンス方式が採用されている。記述式では，字数制限つきの内容説明問題が出題されることがある。

02 出題内容はどうか？

現代文は，評論が出題される。文化論や思想・哲学分野や社会学系の文章など，抽象度の高いものが取り上げられる傾向がある。また，過去には随筆が出題されたこともある。

選択式設問では，書き取りや語意などの知識を問うものをはじめとして，空所補充や内容説明，内容真偽などが出題されている。文学史が出題されることもある。記述式設問では，書き取り，読み，箇所指摘などが多い。内容をまとめた文章が提示され，そこに設けられた空所を補充するというかたちの出題もある。

古文は，さまざまな時代の作品が出題されている。どのような時代やジャンルの文章が出題されたとしても，基本的な古語と文法の学習さえしておけば，いずれの文種にも対応できる。そういった文種の違いによって合否が左右されないような良問が出題されている。

設問は，選択式では語意，口語訳，文法，古典常識，内容説明などが出題されている。記述式では例年，口語訳が出題されている。語意や口語訳で，必ずしも重要語句でないものや，多少意訳的なものも出題されることがあるので，文脈を踏まえた理解が必要である。文法・語法では，品詞分解，動詞の活用の種類と活用形，助詞・助動詞の識別，敬語などがこれまでに出題されている。また，文学史も出題されている。

03 難易度は？

文章の難易度は年度によって異なるが，文章や設問の量などからみて，試験時間も考えあわせると標準〜やや難のレベルである。時間配分としては現代文 40 分，古文 30 分を目安として，残った時間で記述式問題などの仕上げをするとよい。

対策

01 現代文

硬質で論理的な文章に慣れておくこと。受験勉強期に平素の読書を敬遠しがちな受験生は多いが，特に評論は受験生の論理的読解力が試される。こういった力を培うには，やはり日々の読書の積み重ねが大切である。出題の多い思想・文化系の文章を中心に読んでいくとよい。また，社会的な話題に関わる文章が出題されることもあるので，新聞にも目を通しておこう。

もちろん読書だけではなく，１日に１，２題のペースで入試問題を解くという学習も必要である。本書だけでなく，他学部の赤本や，科目別赤本（『関西学院大学（国語〈３日程×３カ年〉）』を利用して，より多くの過去問に挑戦しよう。多くの入試問題に触れることによって，設問構成の意図や選択肢の判別方法がわかるようになる。記述式の内容説明が出題されることもあるので，記述演習も欠かせない。入試本番が近づいてきたら試験時間も考慮に入れて問題に取り組むこと。文章量が多いという点にも注意を払っておきたい。また，慣用句や語句の意味，修辞法の学習も忘れないように。誤った使い方をしやすい語句や，あまり用いる機会のないような慣用表現などは特に注意が必要である。なお，書き取りは例年出題されているので，漢字の問題集などを利用して対策しておきたい。

02 古 文

入試に必要な基本古語はできるだけ早い段階で一通りこなしておきたい。入試における重要度をみる上では市販の単語集を活用するとよいが，やはり文章を読む中で古語辞典を活用して重要語句を把握すること。単語そのものの意味だけでなく，文脈を踏まえた上で，ある程度の意訳をする力も要求されることを忘れないように。また，文法を単独で問う設問が出題されない場合でも，敬語（敬意の対象を答えるもの）が出題されたり，口語訳などの問題で文法的な理解が問われたりしている。文法・語法全般にわたって，基本的な点はしっかり押さえておくこと。正確な解釈を行うためにも，これらを習得しておくことが重要である。

全体の展開を理解するには，注やリード文に注意するのはもちろんのこと，国語便覧や『あさきゆめみし』（大和和紀著，講談社），『まろ、ん？大摑源氏物語』（小泉吉宏著，幻冬舎）といった漫画で，『源氏物語』をはじめとした有名作品のあらすじをあらかじめ知っておくとよい。さらに主旨要約の練習を通して表現力を養えば，内容説明の問題にも対応できる。実際に書くことが大切なので，問題演習にも積極的に取り組むこと。過去問の詳細な解説と予想問題も掲載する『関関同立大 古文』（河合出版）も教材として有効である。

関西学院大「国語」におすすめの参考書

- ✓『関西学院大（国語〈3日程×3カ年〉）』（教学社）
- ✓『関関同立大 古文』（河合出版）
- ✓『大学入試 知らなきゃ解けない古文常識・和歌』（教学社）
- ✓『あさきゆめみし』（講談社）
- ✓『まろ、ん？ 大摑源氏物語』（幻冬舎）

2024年度

問題と解答

学部個別日程：2月4日実施分

問題編

▶試験科目

教　科	科　目
外国語	コミュニケーション英語Ⅰ・Ⅱ・Ⅲ，英語表現Ⅰ・Ⅱ
選　択	日本史B，世界史B，「数学Ⅰ・Ⅱ・A・B（数列，ベクトル）」のうちいずれか1科目選択
国　語	国語総合，現代文B，古典B（いずれも漢文を除く）

▶配　点

〔傾斜配点型〕

区　分	神	社会	経済	国際	教育
外国語	250	200	300	300	250
選　択	150	300	200	150	250
国　語	200	100	100	150	100

〔均等配点型〕

外国語200点，選択200点，国語200点。

▶備　考

神・社会・経済・国際・教育学部の学部個別日程は，2月4日（傾斜配点型）と2月7日（均等配点型）に実施。本書には2月4日実施分を掲載している。

英語

(90分)

〔I〕次の英文を読み、下記の設問（A～D）に答えなさい。

The following passage is from a book published in America in the 1970s.

To *immigrate* and *immigration* are 17th century English words, first used to refer to those who came to the colonies. *Immigrant* itself is an American word of 1789. It is (1) that *immigrant* is American, because it was America's land, classless opportunity, and political and religious freedom that gave Europe's (ア)masses the idea of immigrating to improve their lot—and because all Americans, except the Native Americans, are immigrants or descendants* of immigrants.

To most of us today, *immigrant* does not (イ)call up images of those early English, Dutch, French, Germans, Scotch-Irish, and Spanish who crossed the Atlantic on sailing vessels to settle in the wilderness or to (2) religious persecution**, famines, or European revolutions. Our main image of *immigrants* is of the central, eastern, and southeastern Europeans on steamships between 1865 and 1920 because they were poor and hopeless in their native lands. Historians call them *the New Immigrants*. They had to wait until the competition between ship companies made passage from Europe cheap enough for them to come. Thus the steamship created the New Immigrants and a new America.

In general, the New Immigrants arrived at the port of New York and many stayed in the large northern cities, because the wilderness was almost (3) and the good free or cheap land had already been settled by the earlier arrivals—which is why the early arrivals are now called *settlers* and the later arrivals *immigrants*. By the time the New Immigrants arrived, the earlier settlers had already (4) most of the cities, towns, rivers, mountains, animals, and plants and made their culture, ideas, customs, and language the American norm. Thus the Italians, Poles, Slavs, and other New Immigrants had less influence on our language than the earlier immigrants.

Between 1900 and 1920 alone 14.5 million New Immigrants came to America, averaging about 1 million a year, 2,000 every day. The price of America was about $40: $15 for passage in the below-decks section of a ship plus the $25 required on entering the new country to prove (ウ)one wouldn't be a public charge. After 1892 most immigrants first (エ)set foot in America on *Ellis Island*. This island was the busiest of all U.S. immigration centers and was named for Samuel Ellis, a New Jersey merchant and one of its early owners. Since many were turned back at Ellis Island, separating families, it was known as *the isle of tears*.

By 1917 an immigrant was also called a *greenhorn*, which had meant an inexperienced person in English since 1785.

According to various naturalization*** acts and naturalization laws, an immigrant could become an American after a number of years, usually five, and (　5　) certain requirements for citizenship, including taking out naturalization papers, of which the *first papers* were to become the most important. Then if the immigrant had succeeded in the American melting pot, he or she would be (オ)identical to a native born American. With our talk of ethnic groups and minority groups this all seems far too simple. But amazingly enough it worked.

*descendant：子孫
**persecution：迫害
***naturalization：帰化

設　問

A．本文中の空所（1～5）に入れるのに最も適当なものを、それぞれ下記（a～d）の中から1つ選び、その記号をマークしなさい。

(1)　a．existing　b．fitting　c．replacing　d．worrying
(2)　a．escape　b．require　c．talk　d．wait
(3)　a．come　b．gone　c．put　d．used
(4)　a．abandoned　b．closed　c．given　d．named
(5)　a．coming　b．engaging　c．improving　d．meeting

B．本文中の下線部（ア～オ）の文中での意味に最も近いものを、それぞれ下記（a～d）の中から1つ選び、その記号をマークしなさい。

(ア)　masses
　a．districts　b．languages　c．standards　d．people

出典追記：I Hear America Talking: An Illustrated Treasury of American Words and Phrases by Stuart Berg Flexner, Van Nostrand Reinhold

（イ）call up images of

a．take a picture of　　b．learn by heart

c．remind us of　　d．talk with

（ウ）one wouldn't be a public charge

a．one wouldn't become a civil servant

b．one wouldn't depend on social welfare

c．one wouldn't pay electricity bills

d．one wouldn't use public transport

（エ）set foot in

a．created　　b．entered　　c．steered　　d．turned

（オ）identical to

a．careless with　　b．distinct from

c．the same as　　d．helpful to

C．次の英文（a～f）の中から本文の内容と一致するものを２つ選び、その記号を各段に１つずつマークしなさい。ただし、その順序は問いません。

a．All Americans, including the Native Americans, are descendants of settlers in the U.S.

b．Those who came from Europe between 1865 and 1920 were called the New Immigrants.

c．The earlier settlers like Italians had more impact on U.S. cultures than the New Immigrants.

d．*Ellis Island* was named after Samuel Ellis, a New York merchant.

e．The word *greenhorn* was invented to mean an inexperienced person in the early 20th century.

f．An immigrant could become an American citizen after going through certain legal procedures.

D．本文中の二重下線部 They had to wait until the competition between ship companies made passage from Europe cheap enough for them to come. を日本語に訳しなさい。答えは記述式解答用紙の所定欄に記入しなさい。

〔Ⅱ〕次の英文を読み、下記の設問（A～D）に答えなさい。

The study of popular culture has become increasingly important in the communication field. Although intercultural* communication scholars traditionally have (　1　) popular culture, we believe that it is a significant influence in intercultural interaction**.

The 19th-century essayist and poet Matthew Arnold, who expressed concern about protecting civilization, defined *culture* as "the best that has been thought and said in the world"—a definition that emphasizes quality. In this context, many Western societies (　2　) "high culture" from "low culture."

High culture refers to those cultural activities that are often the area of the ruling class or (ア)<u>the well-to-do</u>: ballet, symphony, opera, great literature, and fine art. These activities sometimes are framed as *international* because supposedly they can be appreciated by audiences in other places, from other cultures, in different time periods. Their cultural value is seen as extraordinary and timeless. To protect these cultural treasures, social groups build museums, symphony halls, and theaters. In fact, universities devote courses, programs, and even entire departments to the study of aspects of high culture.

(イ)<u>In opposition to high culture is low culture</u>, which refers to the activities of the non-elite***: music videos, game shows, professional wrestling, stock car racing, street art, TV talk shows, and so on. Traditionally, low-culture activities have been seen as unworthy of serious study—and so of little interest to museums or universities. The cultural values (　3　) in these activities were considered neither supreme nor permanent.

The elitism reflected in the distinction between high and low culture (ウ)<u>points to the tension</u> in Western social systems. In recent decades, however, this distinction has begun to break down. Rapid social changes drove universities to (　4　) their policies and also have affected how we study intercultural communication. For example, the wild 1960s brought to the university a powerful new interest in ethnic studies, including African American studies. These areas of study did not (　5　) on the earlier distinctions between high and low culture. Rather, <u>they contributed to a new framework by approving other cultural forms</u> that traditionally would have been classified as low culture but were now framed as popular culture. Because of this elitist view of culture, the distinction between "high culture" and "low culture" has led to low culture being called popular culture. Barry Brummett, a contemporary critic, offers the following definition: "Popular culture refers to those systems or objects that most people share and know about."

*intercultural：異文化間の

**interaction：相互作用、交流

出典追記：Intercultural Communication in Contexts by Judith Martin and Thomas Nakayama, McGraw-Hill Education

***non-elite：エリートでない

設問

A．本文中の空所（1～5）に入れるのに最も適当なものを、それぞれ下記（a～d）の中から1つ選び、その記号をマークしなさい。

	a	b	c	d
(1)	a．decorated	b．overlooked	c．permitted	d．returned
(2)	a．calculate	b．create	c．discover	d．distinguish
(3)	a．neutral	b．involved	c．separate	d．unrelated
(4)	a．alter	b．crawl	c．neglect	d．protect
(5)	a．analyze	b．jump	c．decide	d．rely

B．本文中の下線部（ア～ウ）が文中で表している内容に最も近いものを、それぞれ下記（a～d）の中から1つ選び、その記号をマークしなさい。

(ア) the well-to-do

a．ill-mannered animals　　b．polite behavior

c．wealthy people　　d．well-behaved kids

(イ) In opposition to high culture is low culture

a．High culture and low culture share similarities.

b．Low culture completes high culture.

c．Low culture is in contrast to high culture.

d．High culture is preceded by low culture.

(ウ) points to the tension

a．clashes the opposition　　b．emphasizes the harmony

c．ignores the equality　　d．underlines the conflict

C．次の英文（a～f）の中から本文の内容と一致するものを2つ選び、その記号を各段に1つずつマークしなさい。ただし、その順序は問いません。

a．Museums, symphony halls, and theaters are built for purposes such as maintaining activities of high culture including ballet, symphony, opera, and fine art.

b. Popular culture does not have a significant influence in international communication.

c. High culture and low culture have been recognized as separate, with the former being seen unworthy of serious study and the latter universally appreciated.

d. The similarity between high culture and low culture is ever so strong and widely accepted.

e. Ballet, symphony, and fine art used to be categorized as high culture, but they are at present classified as popular culture.

f. Music videos, game shows, professional wrestling, and TV talk shows are now considered to be popular culture.

D. 本文中の二重下線部 they contributed to a new framework by approving other cultural forms を、they が何を指すのかを明確にしながら日本語に訳しなさい。答えは記述式解答用紙の所定欄に記入しなさい。

〔Ⅲ〕次の英文を読み、下記の設問（A～C）に答えなさい。

To understand how salt affects flavor, we must first understand what flavor is. Our tongues can perceive five tastes: saltiness, sourness, bitterness, sweetness, and *umami**. On the other hand, aroma** involves our noses (　1　) any of thousands of various chemical compounds. The words often (　2　) to characterize the way a wine smells, such as earthy, fruity and floral, refer to aroma compounds.

Flavor (ア)lies at the crossroad of taste, aroma, and bodily elements including touch, sound, appearance, and temperature. Since aroma is a crucial element of flavor, the more aromas you perceive, (　3　) exciting your eating experience will be. This is why you take less pleasure in eating while you have a cold.

(イ)Remarkably, salt affects both taste and flavor. Our tongues can detect whether or not salt is present, and in what amount. But salt also unlocks many aromatic compounds in foods, making them more readily available as we eat. The simplest way to experience this is to taste an unsalted soup. Try it next time you make chicken soup. The unsalted soup will taste flat, but as you add salt, you'll detect new aromas that were previously (　4　). Keep salting, and tasting, and you'll start to sense the salt as well as more complex and delightful flavors: the *umami* of the chicken, the richness of the chicken fat, the earthiness of the celery and the thyme***. Keep adding salt and tasting, until you (　5　) for you.

This flavor "unlocking" is also one reason why professional cooks like to salt sliced tomatoes a few minutes before serving them—so that, as salt helps release the flavor molecules that are bound up within the tomato proteins, each bite will taste more intensely of tomato.

Salt also reduces our perception of bitterness, with the secondary effect of emphasizing other flavors present, in bitter dishes. Salt (ウ)adds to sweetness while reducing bitterness in foods that are both bitter and sweet, such as bittersweet chocolate, coffee ice cream, or burnt caramels. Though we typically turn to sugar to balance out bitter flavors in a sauce or soup, it turns out that salt (エ)masks bitterness much more effectively than sugar. (オ)See for yourself with a little grapefruit juice, which is bitter and sweet. Taste a spoonful then add a pinch of salt and taste again. You'll be surprised by how much bitterness decreases.

**umami*：うま味
**aroma：芳香、かおり
***thyme：タイム（食用ハーブの一種）

設 問

A．本文中の空所（1～5）に入れるのに最も適当なものを、それぞれ下記（a～d）の中から1つ選び、その記号をマークしなさい。

(1)	a. sensing	b. sensed	c. sense	d. be sensed
(2)	a. use	b. are used	c. used	d. are using
(3)	a. the best	b. the less	c. the few	d. the more
(4)	a. unavailable	b. unique	c. united	d. unfair
(5)	a. give way to	b. get it right	c. go wrong	d. are suitable

B．本文中の下線部（ア～オ）の文中での意味に最も近いものを、それぞれ下記（a～d）の中から1つ選び、その記号をマークしなさい。

（ア） lies
a. invents　b. deceives　c. longs　d. sits

（イ） Remarkably
a. Presently　b. Eventually　c. Shortly　d. Amazingly

出典追記：Salt, Fat, Acid, Heat by Samin Nosrat, Simon & Schuster

（ウ） adds to

a. gives away　b. pastes　c. increases　d. occurs with

（エ） masks

a. raises　b. hides　c. produces　d. tastes

（オ） See

a. Discover　b. Visit　c. Call　d. Break

C. 次の問い（i、ii）の答えとして最も適当なものを、それぞれ下記（a～d）の中から1つ選び、その記号をマークしなさい。

（i） According to the passage, which of the following is true about flavor?

a. It is important that your nose detects five aromas to understand flavors.

b. Your tongue and nose can conceal aromatic compounds which affect some flavors.

c. Flavors are led by what you sense, feel and smell when you eat.

d. You can enjoy flavor in foods when you have a high fever.

（ii） Which of the following is NOT mentioned in the passage regarding how salt influences what we taste?

a. Our tongues are able to identify how salty foods are.

b. Hidden flavors, tastes and aromas are freed when salt is added to foods.

c. Salt strengthens tomato's taste.

d. It is effective to add salt in sugar for balancing flavors.

〔Ⅳ〕次の英文（1～10）の空所に入れるのに最も適当なものを、それぞれ下記（a～d）の中から1つ選び、その記号をマークしなさい。

(1) (　　　) difficult it may be, we have to complete the project on time.

a. Whatever　b. However　c. Whichever　d. Whenever

(2) The product is (　　　) manufactured nor distributed by OX Corporation.

a. neither　b. either　c. every　d. both

(3) She came home (　　　) that one of the windows was broken.

a. to find　b. found　c. find　d. to have found

(4) We chose (　　　) of the two dogs.

a. bigger　b. the bigger　c. big　d. biggest

(5) All the employees (　　　) to read and follow our company's policies.

a. requested　b. request　c. are requested　d. requesting

(6) We (　　　) the work by the time you come back to Los Angeles.

a. have finished　b. finishing

c. finished　d. will have finished

(7) The road is currently under (　　　).

a. construction　b. construct　c. constructing　d. constructed

(8) (　　　) you have any questions, please do not hesitate to contact us.

a. Be　b. Were　c. Should　d. If only

(9) Your membership runs out (　　　) 30 days if not renewed.

a. on　b. to　c. in　d. from

(10) You should avoid (　　　) when you are tired.

a. drive　b. to drive　c. driven　d. driving

〔V〕次の設問（A、B）に答えなさい。

設　問

A．次の日本文（1、2）に相当する意味になるように、それぞれ下記（a～h）の語句を並べ替えて正しい英文を完成させたとき、並べ替えた語句の最初から2番目と7番目に来るものの記号をマークしなさい。

（1）人生の意味を悟ったときにはじめて、ほんとうの喜びを感じることができるのだ。

It is (　　　　　　　　) that we can feel true joy.

a. realize	b. of life	c. the	d. when
e. come to	f. meaning	g. we	h. only

（2）速めに歩くことほど身体運動として望ましいものはなく、走るよりも効果的らしい。

There (　　　　　　　　) walking at a faster pace, which seems to be more effective than running.

a. is	b. exercise	c. more	d. nothing
e. as	f. physical	g. than	h. desirable

B．次の日本文に相当する意味になるように英文の空所を埋めなさい。答えは、空所に入れる部分のみを記述式解答用紙の所定欄に記入しなさい。

地震というものはいつ起こるかわからないので、われわれは常にそれらに備えておかなければならない。

(　　　　　　　　), so we must always be prepared for them.

〔Ⅵ〕次の会話文を読み、空所（1～10）に入れるのに最も適当なものを、それぞれ下記（a～d）の中から1つ選び、その記号をマークしなさい。

Sakura is visiting a company for a job interview for a student part-time position.

Sakura: Hello, I'm here for the 10 o'clock interview.

Receptionist: (　1　)?

Sakura: My name is Sakura Hanai.

Receptionist: Let me see . . . yes. We are ready for you. You can go to Room 5 now.

Sakura: (　2　)?

Receptionist: Go straight and turn right. The room is on your left-hand side.

Sakura: Thank you.

(*In the room*)

Interviewer: Have a seat, please. Hello. I'm Reggie Bruno, the head of human resources.

Sakura: Nice to meet you. I'm Sakura Hanai.

Interviewer: OK, (　3　), why don't you tell me a little bit about yourself?

Sakura: Sure. I'm currently studying engineering at KG University, which I thoroughly enjoy. (　4　) that, I have 14 years of experience of playing *shogi*. I also like dancing in my spare time.

Interviewer: That's great. Your interests in various activities are fascinating. Can you tell me how you heard about this position?

Sakura: Of course. I saw the position on your company website. I was browsing the Internet and (　5　) your company's job advertisement for students. I read that you encourage and financially support employees to get various qualifications to further advance their careers. (　6　) I really appreciate.

Interviewer: You've certainly done your homework. Now, (　7　) your greatest strength?

Sakura: I would say my greatest strength is inner strength and fighting spirit, which I obtained through playing *shogi* and dancing.

Interviewer: I see. Inner strength and fighting spirit. You can never have enough of those, in my opinion. OK, (　8　) before we finish. Since you are a university student, I assume you attend lectures and classes during the week. Am I right? Our offices are closed on Sundays and holidays, so I am wondering how often you can (　9　) the office to work.

Sakura: I don't have any classes on Wednesdays this year. And there are some days I have classes in the morning only.

Interviewer: I see. OK, (10). Thank you for coming. We will get back to you with the result within a few days.

Sakura: Thank you for your time. I'm looking forward to hearing good news.

(1) a. Should I ask that　b. Could you take this
c. Would you help　d. May I have your name

(2) a. How do you do　b. Where did you come from
c. Where can I find it　d. How should I know

(3) a. to get started　b. happening now
c. let's leave　d. first and last

(4) a. Through　b. By　c. Besides　d. Among

(5) a. saw against　b. noticed
c. happened to　d. attached

(6) a. That's something　b. There isn't anything
c. It is something to do with　d. There is something wrong

(7) a. would you like to take　b. what would you say is
c. could I rather refuse　d. would someone please tell me

(8) a. why don't we say anything
b. could I suggest you some other thing
c. shall we dance once more
d. let me ask you one more thing

(9) a. take off　b. go ahead
c. come to　d. pay back

(10) a. that's all for now　b. it means everything to me
c. it's all or nothing　d. that's an entire day

日本史

（60分）

〔Ⅰ〕次の1～10の文章について、a・bとも正しい場合はアを、aが正しくbが誤っている場合はイを、aが誤りでbが正しい場合はウを、a・bともに誤っている場合はエをマークしなさい。

1．a．日本語はアジア大陸北方のアルタイ語系に属し、文法面で朝鮮語、モンゴル語等と共通点がみられる。また、語彙面等では、南方の言語とのつながりもあるとされる。

　b．縄文時代に呪術的儀礼が発達したことは、土偶や石棒等が示している。またこの時代には、動物、植物、岩石等の自然物に精霊が宿るとする信仰も存在したと言われている。

2．a．平城京は、南北に走る朱雀大路を挟んで東側を左京、西側を右京と呼び、中央北部に平城宮が位置した。平城宮内部には内裏や朝堂院、諸官庁があった。

　b．平安京は、長岡京造営を担った藤原種継の暗殺と早良親王の死去ののち、桓武天皇が遷都した都市である。平安宮の位置は、現在の京都御所の位置とほぼ一致する。

3．a．鎮護国家の思想を受けて、聖武天皇の時に国分寺や東大寺の造営の事業が進められた。唐招提寺金堂や法隆寺夢殿は天平文化を代表する建築である。

　b．天台宗・真言宗は、南都六宗の大寺院にならって、山中を修行の場とした。山林修行を重視する天台・真言の密教と旧来の山岳信仰とが結びつき、平安時代には修験道が成立した。

4．a．後白河法皇を幽閉した平清盛は、自分の孫の安徳天皇を即位させた。その後清盛は、都を福原に移したが、貴族や寺社の支持が得られず、数年後には都を京都に戻した。

　b．鎌倉に幕府を創設した源頼朝は、地方には守護と地頭をおいた。鎌倉時代初期の守護は、大番催促、謀反人の逮捕、刈田狼藉の取締りからなる大犯三カ条を職務の中心とした。

5．a．12世紀以降の琉球では、各地の豪族がグスクを拠点として互いに争った。15世紀前期には中山王の尚巴志が山北・中山・山南の三山を統一し、琉球王国を建てた。

　b．13世紀、津軽の安藤氏の支配下にあって、蝦夷ヶ島の南部に進出した按司と呼ばれる人びとは、志苔館・箱館等の道南十二館を拠点にして、勢力を広げた。

6．a．伊勢神宮の宇治・山田、信濃の善光寺等、室町・戦国時代には大寺社の参道周辺に門前町が興った。また、摂津の石山、河内の富田林、豊前の宇佐等は寺内町として発展した。

b．戦国時代には、堺・博多・敦賀・大湊等、遠隔地と交易を行う港町が栄えた。ガスパル＝ヴィレラは、堺を西方の海と深い堀に囲まれた安全な自治都市と報告している。

7．a．松平定信は、棄捐令により正業のない人びとに資金を与え、農村に帰ることを奨励した。また七分積金の制度を設け、町費の節約分の７割を積み立てさせ、困窮時に運用させた。

b．農村再建策として水野忠邦が発した人返しの法は、農村から江戸に転入していた家族を一斉に帰郷させたが、最近江戸に住み着いた単身者に対しては逗留の継続を容認した。

8．a．戊辰戦争後、新政府は薩摩・長州・土佐・肥前の４藩主に廃藩を上表させた。のちに多くの藩がこれにならったため、新政府は全国の支配権を手にすることとなった。

b．廃藩置県により、知藩事は罷免され、中央政府から府知事・県令が派遣された。明治20年代初めには市制・町村制が公布され、中央政府の強い統制を受ける地方自治制が確立した。

9．a．日清戦争後、高野房太郎・片山潜等は、アメリカ労働運動の影響を受けて労働組合期成会を結成した。その指導により、鉄工組合や日本鉄道矯正会等の労働組合が結成された。

b．第１次桂太郎内閣は、労働者の団結権・争議権を制限するために治安警察法を制定した。その一方で、政府は工場法を制定して、工場労働者の年齢・性別に応じた就業制限を設けた。

10．a．日本国憲法施行の年に教育基本法と学校教育法が公布され、六・三・三・四の新しい学校制度が発足した。男女共学が原則となり、女性の大学生も増加した。

b．1980年代に日本の貿易黒字は大幅に拡大した。開発途上国に対する政府開発援助（ODA）の供与額も1980年代中には世界最大規模となった。

〔Ⅱ〕次の文章A・Bを読んで設問に答えなさい。もっとも適切な答えを一つマークしなさい。

A.　中世では戦禍や飢饉が度々起こった一方、a農業の革新は生産力の向上をもたらした。農産物はもちろん、手工業による商品等、b各地で特産物がうまれた。これらの特産物は、c交通・物流およびd貨幣や為替による取引の発達により国内各地に運ばれ流通した。商品生産の促進、貨幣経済の浸透、交通の発展により、e市や店等がうまれ、商品流通が活性化し、人びとの暮らしは大きく変わった。

【設　問】

1．下線部aに関して、中世の農業の説明として正しいものを下記より選びなさい。

ア．技術的革新として、鉄製の鍬・鎌の使用、牛馬の使用、踏車の使用が挙げられる。

イ．肥料の革新として、刈敷、草木灰に加え、下肥や金肥の使用が広く普及した。

ウ．作付け（収穫）の革新として二毛作が普及したが、三毛作は江戸時代に入ってから始まった。

エ．稲の品種改良により、早稲・中稲・晩稲の作付けが普及した。

2．下線部bに関して、中世における特産品と特産地の組合せとして誤っているものを下記より選びなさい。

ア．醤油・下野　　イ．陶器・尾張　　ウ．杉原紙・播磨　　エ．絹織物・加賀

3．下線部cに関して、誤っているものを下記より選びなさい。なお、すべて正しい場合は「エ」をマークしなさい。

ア．馬借・車借等の運送業者が陸路での物資輸送に活躍した。

イ．中世の関所は、軍事的理由から設けられたため、もっぱら陸路の要衝に置かれた。

ウ．陸路や湊の要衝に登場した問丸は、物資の保管や委託販売を担い、問屋に発展した。

4．下線部dに関して、正しいものを下記より選びなさい。

ア．遠隔地間の取引では、替銭や割符による信用取引も行われた。

イ．撰銭令とは、取引において悪銭と良銭を区別せず、同等に扱うことを命じたものである。

ウ．輸入銭だけでなく、戦国大名が鋳造した私鋳銭も広く流通した。

エ．借上や社倉は高利貸し業者であり、幕府はそれらに課税を行った。

5．下線部eに関連して、正しいものを下記より選びなさい。なお、すべて誤っている場合は「エ」をマークしなさい。

ア．14世紀には月に6日開催される六斎市が定期市の主流となった。

イ．京都等の都市では、見世棚や振売と呼ばれる常設の小売店が現れた。

ウ．大山崎の麹座や北野社の油座等、独占販売が認められて発展する座が現れた。

B.　江戸時代における大坂、江戸、京都の三都の繁栄には、f商業の発展が大きく関わっている。商業は、幕府が行ったg陸路およびh海路の整備により、大きく発展した。商取引が円滑に行われるためには、質の良い貨幣の安定供給が重要である。そのため、徳川家康が将軍の時代には［ i ］等、徳川家光が将軍の時代には［ j ］、徳川家治が将軍の時代には南鐐二朱銀が鋳造されはじめた。また江戸時代には、商業だけでなくk手工業も大きく発展した。

【設　問】

6．下線部 f に関連して、正しいものを下記より選びなさい。

ア．問屋仲間の連合組織として大坂に二十四組問屋、江戸に十組問屋がつくられ、流通の独占と、おもに陸路での荷物運送の安全をめざした。

イ．18世紀後半には、小作人等を駆使した地主経営を行いつつ、商品生産や商売に積極的に乗り出す上層農民が各地に登場した。そうした有力百姓は豪農と呼ばれる。

ウ．三都や城下町では卸売市場が発達した。青物市場では大坂の天満や江戸の神田、魚市場では大坂の雑喉場や江戸の築地等がその代表である。

エ．19世紀には畿内を中心に、大坂の株仲間に対して綿や干鰯等の高価格取引を要求する、在郷商人や生産地百姓等による大規模な訴訟闘争が起こった。

7．下線部 g に関して、正しいものを下記より選びなさい。

ア．東海道、中山道、甲州道中、中国街道、奥州道中の五街道だけでなく、伊勢街道や北国街道等の脇街道も整備された。

イ．街道沿いの宿場には、幕府役人や大名が宿泊する本陣や、商人が宿泊する問屋場が整備された。

ウ．宿場周辺の村には、公用で使用される人馬を常に準備しておく助郷役が課され、不足する場合には伝馬役の提供が課された。

エ．陸路の通信制度として、幕府の継飛脚だけでなく、大名の大名飛脚、町人の町飛脚が発達した。飛脚は書状のほかに荷物や金銀の運送も請け負った。

8．下線部 h に関して、正しいものを下記より選びなさい。

ア．17世紀前半、菱垣廻船が酒田と江戸の間で運行を始め、東北の物産品を江戸にもたらした。

イ．17世紀後半、末吉孫左衛門は、東回り航路と西回り航路を整備した。

ウ．18世紀前半、樽廻船が上方と江戸の間で運行を始め、当初は酒樽を運んだが、のちに酒樽以外も運搬するようになった。

エ．17世紀前半、角倉了以は、安治川や富士川等の水運を開き、水路の発展に貢献した。

9．空欄 i・j に該当する語句の組合せとして正しいものを下記より選びなさい。

ア．i：慶長小判・j：永楽通宝　　イ．i：慶長小判・j：寛永通宝

ウ．i：元文小判・j：永楽通宝　　エ．i：元文小判・j：寛永通宝

10. 下線部kに関連して、誤っているものを下記より選びなさい。

ア. 西陣では高機を使った高級な絹織物が生産された。

イ. 佐賀（肥前）藩では、藩財政再建のために、有田焼の専売制を行った。

ウ. 問屋制家内工業とは、生産者が問屋から織機等の設備や生糸等の原料を購入し、製品を自由に販売する方式を指す。

エ. 工場制手工業とは、工場に集めた賃労働者を生産工程ごとに配置し、商品を製造する方式であり、尾張の綿織物業や桐生の絹織物業等で行われた。

〔Ⅲ〕次の史料A・Bを読んで設問に答えなさい。もっとも適切な答えを一つマークしなさい。なお史料は省略したり、書き改めたところがあります。

A.　天渟中原瀛真人天皇は［①］の同母弟なり。幼きときには［②］と曰す。……［①］の女(むすめ)③菟野皇女を納れて、正妃としたまふ。［①］の元年に、立ちて東宮となりたまふ。……四年冬十月の庚辰に、天皇*1、臥病したまひて痛みたまふこと甚し。……天皇、東宮に勅して鴻業*2を授く。乃(すなわ)ち辞譲びて曰はく、「臣が不幸、元より多の病有り。何ぞ能く社稷*3を保たむ。願はくは陛下、天下を挙げて皇后に附せたまへ。仍、［④］を立てて、儲君としたまへ。臣は今日出家して、陛下の為に、功徳を修(おこな)はむ」とまうしたまふ。天皇聴したまふ。即日に、出家して法服をきたまふ。因りて以て、私の兵器を収りて悉に司に納めたまふ。壬午に、吉野宮に入りたまふ。……或るひと曰はく、「虎に翼を着けて放てり」といふ。……十二月に、［①］崩りましぬ。……六月の辛酉の朔壬午に、村国連男依……に詔して、曰はく「今聞く、⑤近江朝庭の臣等、朕が為に害はむことを謀る。是を以て、汝等三人、急に美濃国に往りて、安八磨郡の湯沐令多臣品治に告げて、機要を宣ひ示して、先づ当郡の兵を発せ。仍、国司等に経れて、諸軍を差し発して、急に不破道を塞け。朕、今発路たむ」とのたまふ。

（『日本書紀』）

注：＊1　ここでの天皇は①の人物　＊2　鴻業…大きな事業　＊3　社稷…国家

【設　問】

1．空欄①に該当する人物として正しいものを下記より選びなさい。

ア. 孝徳天皇　イ. 天智天皇　ウ. 天武天皇　エ. 文武天皇

2．空欄②・④に該当する人物の組合せとして、正しいものを下記より選びなさい。

ア. ②大海人皇子・④大津皇子　イ. ②大海人皇子・④大友皇子

ウ. ②中大兄皇子・④大津皇子　エ. ②中大兄皇子・④大友皇子

3．下線部③の人物は後に天皇となる。この天皇の時代の説明として正しいものを下記より選びなさい。

ア．八色の姓が定められた。　イ．和同開珎の鋳造がなされた。

ウ．飛鳥浄御原令が施行された。　エ．藤原京の造営が始まった。

4．下線部⑤の時代の出来事として正しいものを下記より選びなさい。

ア．庚午年籍の作成　イ．白村江の戦い

ウ．渟足柵・磐舟柵の設置　エ．対馬・壱岐・筑紫への防人の設置

5．史料Aの内容の説明として誤っているものを下記より選びなさい。

ア．病に伏した「天皇」は、「東宮」に政権を託することを提案した。

イ．出家した元「東宮」は、「近江朝庭」が自分を殺そうとしていると主張した。

ウ．「東宮」は「天皇」の提案を辞退し、空欄④を天皇として即位させることを提案した。

エ．元「東宮」は、美濃国で挙兵することを命じた。

B．第二条　露西亜帝国政府ハ、日本国カ［⑥］ニ於テ政事上、軍事上及経済上ノ卓絶ナル利益ヲ有スルコトヲ承認シ、日本帝国政府カ［⑥］ニ於テ必要ト認ムル指導、保護及監理ノ措置ヲ執ルニ方（あた）リ之ヲ阻礙（そがい）シ又ハ之ニ干渉セサルコトヲ約ス……

第五条　露西亜帝国政府ハ、清国政府ノ承諾ヲ以テ、⑦旅順口、大連並其ノ付近ノ領土及領水ノ租借権及該租借権ニ関連シ又ハ其ノ一部ヲ組成スル一切ノ権利、特権及譲与ヲ日本帝国政府ニ移転譲渡ス……

第六条　露西亜帝国政府ハ、［⑧］（寛城子）旅順口間ノ鉄道及其ノ一切ノ支線並同地方ニ於テ之ニ付属スル一切ノ権利、特権及財産及同地方ニ於テ該鉄道ニ属シ又ハ其ノ利益ノ為メニ経営セラルル一切ノ炭坑ヲ、補償ヲ受クルコトナク且清国政府ノ承諾ヲ以テ日本帝国政府ニ移転譲渡スヘキコトヲ約ス……

第九条　露西亜帝国政府ハ、［⑨］南部及其ノ付近ニ於ケル一切ノ島嶼並該地方ニ於ケル一切ノ公共営造物及財産ヲ完全ナル主権ト共ニ永遠日本帝国政府ニ譲与ス……

【設　問】

6．空欄⑥に該当する語句として正しいものを下記より選びなさい。

ア．朝鮮　イ．韓国　ウ．台湾　エ．満洲

7．下線部⑦の地域に関する説明として誤っているものを下記より選びなさい。

ア．日本が租借権を得たこの地域は、関東州と呼ばれた。

イ．この地域の統治のため、関東総督府が旅順に設置された。

ウ．この地域の租借権は、二十一カ条要求により、さらに99年間延長された。

エ．この地域の統治機構は大正時代に改められ、関東軍が設けられた。

8．空欄⑧に該当する語句を下記より選びなさい。

ア．ハルビン　イ．吉林　ウ．奉天　エ．長春

9．空欄⑨に該当する語句として正しいものを下記より選びなさい。

ア．サハリン（樺太）島　イ．カムチャッカ半島　ウ．千島列島　エ．エトロフ島

10．Bの史料に関する説明として正しいものを下記より選びなさい。

ア．この条約がまとめられた会議を斡旋したのは、アメリカ大統領フランクリン＝ローズヴェルトであった。

イ．この条約は、日本の同盟国であったイギリスのポーツマスで調印された。

ウ．この条約に調印したロシア側全権はウィッテ、日本側全権は陸奥宗光であった。

エ．日本はこの条約により、沿海州とカムチャッカ半島沿岸における漁業権を獲得した。

〔Ⅳ〕次の文章A・Bを読んで設問に答えなさい。もっとも適切な答えを一つマークしなさい。

A．　近代の日本文化は、西洋文明の影響を受けながら急速に発展していった。思想界では、儒教・神道による考え方や慣習が時代遅れとされる一方、[a]西洋近代思想が流行した。[b]政府によって教育制度の整備が進められる一方で、私学も創設され、特色のある学風を育んだ。当初は、欧米留学や[c]外国人教師（お雇い外国人）を通じて近代的な学問が移植されたが、次第に日本人によって専門的な研究が行われるようになっていった。

自然科学の領域でも、19世紀中にまずは［　①　］のような新しい科学や技術の導入が進められ、次第に［　②　］のように国際的に寄与する成果が発表されるようになった。さらに大正期から昭和初期にかけて、[d]多様な学問や芸術が発達した。

【設　問】

1．下線部aに関して、正しいものを下記より選びなさい。

ア．福沢諭吉の『西洋紀聞』は新思想の啓蒙書として広く読まれた。

イ．王権神授説を支持する中江兆民は、『民約訳解』でルソーの社会契約説を日本に紹介した。

ウ．森有礼・福沢諭吉・西周・西村茂樹等は『明六雑誌』を発行して、近代思想の普及につとめた。

エ．加藤弘之が翻訳したスマイルズの『西国立志編』はベストセラーとなった。

2．下線部bに関して、近代の学校教育の説明として正しいものを下記より選びなさい。

ア．明治中期に大隈重信は東京早稲田に私立大学を創設した。

イ．原敬内閣の時に大学令が公布された。その後、大学令に基づいて関西学院も大学に昇格した。

ウ．明治初期の小学校教育では男子教育が先行して整備された。

エ．森有礼文部大臣の時に学校令が公布され、東京と京都の２箇所に帝国大学が設立された。

3．下線部ｃに関して、誤っているものを下記より選びなさい。
ア．クラークは札幌農学校の学生にキリスト教に基づく教育を行った。
イ．フランスからボアソナードが招かれて民法等の法典編纂にあたった。
ウ．フェノロサの影響によって、伝統美術を排した東京美術学校が設立された。
エ．ニコライ堂の設計等で知られるコンドルは、片山東熊等を指導した。

4．空欄①・②に該当する語句の組合せとして、正しいものを下記より選びなさい。
ア．①種痘の実施・②鈴木梅太郎による脚気の研究
イ．①種痘の実施・②北里柴三郎によるビタミンＢ１の抽出
ウ．①ラジオ放送の開始・②鈴木梅太郎による脚気の研究
エ．①ラジオ放送の開始・②北里柴三郎によるビタミンＢ１の抽出

5．下線部ｄに関して、正しいものを下記より選びなさい。
ア．賀川豊彦の自伝的小説『金色夜叉』が広範な読者を獲得した。
イ．西田幾多郎は仏教を研究し、『古寺巡礼』を著した。
ウ．労農派と講座派のあいだで日本社会主義論争が展開された。
エ．有島武郎や志賀直哉等は雑誌『白樺』で活動した。

B．　昭和期になると、満州事変を契機としてナショナリズムが高揚していく。e国家による思想・言論の取締りが強化され、学問・思想への弾圧事件が起こった。戦時下には、［　③　］のような大衆娯楽雑誌や映画・演劇・音楽も戦争協力へと動員され、［　④　］のような音楽は禁止された。

敗戦後には、占領改革によって思想や言論に対する国家の抑圧が取り除かれ、f学問の領域でも新たな動きが生じた。また、g歌謡曲や映画、小説や漫画のような大衆文化が娯楽として多くの人びとに受容された。科学技術が発達し、経済的に発展していく一方で、高度経済成長期にはhさまざまな弊害も生じた。

【設　問】

6．下線部ｅに関して、正しいものを下記より選びなさい。
ア．日本共産党の最高幹部である安部磯雄や徳田球一が転向を表明したことで、獄中の大半の共産党員が転向した。
イ．自由主義的刑法学説を唱えていた京都帝国大学の滝川幸辰は、貴族院議員の菊池武夫から非難を受けたことから休職処分を受けた。
ウ．政府の大陸政策を批判した矢内原忠雄が満州事変勃発の年に大学を追われた。

エ．東京帝国大学の大内兵衛らの教授グループが反ファッショ人民戦線の結成をはかったとして検挙された。

7．空欄③・④に該当する語句の組合せとして、正しいものを下記より選びなさい。

ア．③『キング』・④ロック　　イ．③『キング』・④ジャズ

ウ．③『明星』・④ロック　　エ．③『明星』・④ジャズ

8．下線部ｆに関して、誤っているものを下記より選びなさい。

ア．戦後には、科学者を代表する機関として理化学研究所が設立された。

イ．川島武宜の法社会学や大塚久雄の経済史学は知識人に大きな影響をおよぼした。

ウ．戦後社会科学では、西欧近代との比較で日本の後進性に注目する傾向がみられた。

エ．岩宿遺跡の調査によって、更新世に堆積した関東ローム層から打製石器が確認された。

9．下線部ｇに関して、正しいものを下記より選びなさい。なお、すべて誤っている場合は「エ」をマークしなさい。

ア．松本清張や司馬遼太郎は、自らの戦争体験を純文学的な手法で表現した。

イ．黒澤明や野間宏等が監督した映画作品は国際的に高く評価された。

ウ．歌手の美空ひばりが「リンゴの唄」を歌い、大流行した。

10．下線部ｈに関して、誤っているものを下記より選びなさい。

ア．農村では過疎化が進み、兼業農家割合の減少を意味する「三ちゃん農業」という言葉がうまれた。

イ．公害が社会問題化し、1960年代から70年代には多くの自治体で革新系の首長が誕生した。

ウ．高度経済成長期には交通事故が激増し、「交通戦争」という言葉もうまれた。

エ．部落差別に代表される人権問題が深刻となり、同和対策事業特別措置法が施行された。

世界史

（60分）

〔Ⅰ〕次の文中の［　　］に最も適当な語を語群から選び、また下線部に関する問いに答え、最も適当な記号1つをマークしなさい。

中世のヨーロッパではギリシアや①ローマの文化を復興する動きがいくつかみられた。8世紀にはカロリング朝の主たる宮廷があった［　イ　］を中心にラテン語や神学などの学芸がさかんになり、また12世紀にもビザンツ文明やイスラーム文明の影響を受けて古典文化や技術の復興の動きがみられる。なかでも歴史的に大きな影響を及ぼしたのは、14世紀頃からイタリアで始まるルネサンスであった。

当時、イタリアの諸都市は地中海貿易の成長を受けて繁栄していた。こうした経済力を背景として［　ロ　］で勃興した②メディチ家のように、文芸の復興を保護し奨励する富裕な人々が現れた。③芸術家たちは彼らから支援を受け、数多くの優れた作品を世に生み出した。これらの芸術作品には、教会中心の価値観から個人の理性や尊厳を重視する人間中心の価値観への転換もうかがえる。

15世紀に入るとルネサンスの動きはイタリアを越えて④ヨーロッパ各地に波及し、それぞれの地域で独自に展開されていった。また、文芸だけではなく⑤科学や技術などの分野でも様々な革新が起こった。これらは17世紀から18世紀にかけての⑥科学革命に受け継がれていく。

[語　群]

イ　a．アーヘン　b．レーゲンスブルク　c．ストラスブルク　d．メルセン

ロ　a．パレルモ　b．サレルノ　c．フィレンツェ　d．ボローニャ

[問　い]

①ローマの文化に関する記述として、誤りを含むものはどれか。

a．カエサルは『ガリア戦記』を著した。

b．ウェルギリウスは『ローマ建国史』を著した。

c．タキトゥスは『年代記』や『ゲルマニア』を著した。

d．キケロは哲学的著作『国家論』を著した。

②メディチ家に関する記述として、誤りを含むものはどれか。

a．金融業者として台頭した。

b．サンタ=マリア大聖堂のドームを設計したブルネレスキを後援した。

c．一族出身の教皇レオ9世が学芸のパトロンとなった。

d．ボッティチェリ「ヴィーナスの誕生」はメディチ家のために描かれたといわれる。

③イタリアの芸術家に関する記述として、誤りを含むものはどれか。

a．詩人ダンテは、トスカナ地方の口語で『神曲』を著した。

b．古典研究の先駆者ペトラルカは、『叙情詩集』で恋愛をうたった。

c．ボッカチオは『デカメロン』で黒死病が流行している社会を風刺した。

d．ミケランジェロは、ヴァチカンのシスティナ礼拝堂に「最後の晩餐」を描いた。

④ヨーロッパ各地のルネサンスに関する記述として、誤りを含むものはどれか。

a．イングランドでは、シェークスピアが架空の理想社会を『ユートピア』として著した。

b．フランドルのファン=アイク兄弟は「ヘント（ガン）の祭壇画」を描いた。

c．フランスではモンテーニュが『随想録』を著し、社会や人間について深く省察した。

d．スペインでは、セルバンテスが『ドン=キホーテ』で没落していく騎士を風刺した。

⑤中世から近世にかけての科学や技術に関する記述として、誤りを含むものはどれか。

a．グーテンベルクによって実用化された活版印刷術は、新しい思想の普及に貢献した。

b．スペインで発明された羅針盤は、ヨーロッパ人の海外進出を可能にした。

c．ジョルダーノ=ブルーノは、地動説を主張したことで異端として処刑された。

d．火薬や火器の改良により戦術が変化して騎士が没落し、軍事革命が起こった。

⑥科学革命に関する記述として、誤りを含むものはどれか。

a．イギリスのボイルは気体の体積と圧力の関係を明らかにした。

b．万有引力の法則を発見したニュートンは錬金術への関心も有していた。

c．フランスのライプニッツは微積分法を発見した。

d．スウェーデンのリンネが植物の分類学を確立した。

〔II〕次の文中の[　　]に最も適当な語を語群から選び、また下線部に関する問いに答え、最も適当な記号1つをマークしなさい。

ロシアにおける革命の波は、20世紀の戦争と深く関わっている。

①第1次ロシア革命と呼ばれる1905年の革命は、アジアで台頭著しい日本との戦争の最中に勃発した。この革命は体制転換にはいたらなかったが、かつて蔵相として資本主義経済の発展に貢献した首相[　イ　]のもとで数々の改革がはかられた。

その後のロシアは、②バルカン半島に介入して、地域戦争の原因をもたらした。その延長線上で生じた[　ロ　]でのオーストリア皇位継承者暗殺事件を契機とする③第一次世界大戦は、ロシア帝国を解体させて史上初の社会主義国家をもたらすきっかけとなった。

300年続いたロマノフ朝最後の皇帝ニコライ2世を退位に追い込んだ④二月革命は、労働者・兵士がつくる「ソヴィエト」の運動とエリート的な自由主義とが絡まりながら奇妙に並行する二重権力を生んだ。戦争継続を批判する勢力が武装蜂起に打って出ると、臨時政府はあっけなく崩壊し、ソヴィエト権力が誕生した。これを⑤十月革命という。革命政権は数々の斬新な政策を打ち出すが、内戦と列強による干渉戦争に苦しめられた。先進国を含む⑥諸外国における革命の続発への期待はかなわず、ソヴィエト=ロシアは孤立した困難のなかで国家形成をすすめることを余儀なくされた。

[語　群]

イ　a．ストルイピン　b．クルップ　c．ケレンスキー　d．ウィッテ

ロ　a．サライェヴォ　b．ベオグラード　c．ブカレスト　d．ソフィア

[問　い]

①第1次ロシア革命に関する記述として、誤りを含むものはどれか。

a．モスクワで発生した「血の日曜日事件」をきっかけに勃発した。
b．工場労働者たちが、選挙によるソヴィエト（評議会）を結成した。
c．十月勅令（宣言）が発出されて、ドゥーマ（国会）開設が約束された。
d．自由主義勢力が立憲民主党（カデット）を結成した。

②20世紀初頭のバルカン半島に関する記述として、誤りを含むものはどれか。

a．ロシアは、パン=スラヴ主義を掲げてバルカン半島への介入をすすめた。
b．ロシアは、バルカン同盟の後ろ盾として、オーストリアとの対立を深めた。
c．第1次バルカン戦争でオスマン帝国は、バルカン半島の領土の大半を失った。
d．第1次バルカン戦争で独立したブルガリアは、第2次バルカン戦争に敗北した。

③第一次世界大戦に関する記述として、誤りを含むものはどれか。

a．戦前、危機を感じたロシアの文豪トルストイらが平和運動を展開していた。

b．多くの交戦国の社会主義政党が戦争に協力し、第1インターナショナルは崩壊した。

c．ロシアなどがサイクス・ピコ協定を締結し、オスマン帝国領の分割が狙われた。

d．ロシアはイギリスとともにイランを分割占領した。

④二月革命から十月革命にいたる時期に関する記述として、誤りを含むものはどれか。

a．ウクライナやフィンランドなどの周辺地域では、自立を志向する動きが生まれた。

b．ボリシェヴィキの指導者レーニンが、亡命先のスイスから帰国した。

c．臨時政府とソヴィエトの協力を求める「四月テーゼ」が出された。

d．メンシェヴィキなどの穏健な社会主義者も臨時政府に加わった。

⑤十月革命で成立したソヴィエト政権に関する記述として、誤りを含むものはどれか。

a．武装蜂起を主導したボリシェヴィキが単独で樹立した。

b．「平和に関する布告」を発して、無併合・無賠償による和平を提唱した。

c．「土地に関する布告」を発して、土地を私有する権利の廃止を唱えた。

d．ブレスト=リトフスク条約を締結して、ドイツとの単独講和を行った。

⑥ロシア以外の諸外国における革命に関する記述として、誤りを含むものはどれか。

a．ドイツでは、水兵の反乱に続いて各地で労兵レーテが結成された。

b．ベルリン蜂起を起こしたスパルタクス団のカール=リープクネヒトらが殺害された。

c．ハンガリー共和国では、クン=ベラの指導する共産党政権が誕生した。

d．ムスタファ=ケマルの指導する青年トルコ革命で、オスマン帝国が崩壊した。

〔Ⅲ〕次の文中の［　　］に最も適当な語を語群から選び、また下線部に関する問いに答え、最も適当な記号1つをマークしなさい。

イラン東北部からトルクメニスタン西部にかけての地域に侵入したイラン系の族長、アルサケスが建てた①パルティアは、中国では［　イ　］という名前で知られている。パルティアは紀元前141年にミトラダテス1世のもとバビロニアを征服し、イラン、②メソポタミアを支配する大国に成長した。征服地の旧支配者であるセレウコス朝や、バビロニアで騒乱を起こす③アラブ人、さらに中央アジアから侵入してくる遊牧民の脅威を退けていった。しかし、前1世紀からはユーフラテス川西方に勢力を拡張した④ローマと戦うことになり、王朝内部での内紛も続いて、次第に衰退していく。紀元後224年、［　ロ　］はパルティアを滅ぼし、⑤ササン朝を建国した。ササン朝は⑥クシャーナ朝を属国として強固な支配を打ち立てたが、ビザンツ帝国と長期の戦争を行って疲弊し、7世紀にアラブ=イスラーム軍に敗れて滅亡した。

[語　群]

イ　a．大宛　b．于闐　c．安息　d．大秦

ロ　a．アルダシール1世　b．シャープール1世　c．ホスロー1世　d．ダレイオス1世

[問　い]

①パルティアに関する記述として、誤りを含むものはどれか。

a．漢帝国にいたる交易路の西半を押さえた。
b．建国当初からヘレニズム文化を排除した。
c．強力な騎馬軍を運用した。
d．クテシフォンを建設した。

②メソポタミアに関する記述として、誤りを含むものはどれか。

a．バビロン第1王朝以降、バビロンが中心地として繁栄した。
b．「肥沃な三日月地帯」の一角を占めた。
c．ティグリス川やユーフラテス川の流域で灌漑農法が行われるようになった。
d．シュメール人がメソポタミア北部に都市国家を建てた。

③イスラーム以前のアラブ人に関する記述として、誤りを含むものはどれか。

a．ラクダを使った商業活動を行った。
b．多くの集団に分かれ、国家は建設しなかった。
c．アラビア半島の南西部でインド洋交易を展開した。
d．石・木・泉などに精霊が宿ると信じていた。

④ローマに関する記述として、誤りを含むものはどれか。

a．ポンペイウスはパルティア遠征を行って戦死した。

b．トラヤヌス帝時代に版図が最大となった。

c．アントニウスはプトレマイオス朝の女王クレオパトラと結んだ。

d．カラカラ帝の時に全自由人にローマ市民権が与えられた。

⑤ササン朝に関する記述として、誤りを含むものはどれか。

a．善悪二元論を説くマニ教が創始された。

b．ゾロアスター教が国教とされた。

c．ササン朝の文物は日本にも伝えられた。

d．匈奴と結んで遊牧民エフタルの勢力を滅ぼした。

⑥クシャーナ朝に関する記述として、誤りを含むものはどれか。

a．大月氏から独立した遊牧民が西北インドに建国した。

b．カニシカ王が全盛期を築いた。

c．上座部仏教を保護し、ガンダーラ美術が発展した。

d．ローマからもたらされた金で金貨が発行された。

〔Ⅳ〕次の文中の［　　］に最も適当な語を語群から選び、また下線部に関する問いに答え、最も適当な記号1つをマークしなさい。

ベトナムは多様な民族的特色をもつ①文化を備えた多民族国家である。②北部ベトナムは地理的にも歴史的にも中国との関係が深く、中国歴代の王朝は事あるごとに影響力を行使してきた。他方、中部・南部ベトナムはインド文明の影響を受けつつ、海上交通の要衝として栄えてきた。

北部は唐の衰退を契機に国家としての自立の道を歩みだし、10世紀にはベトナム人王朝が成立した。その後、③陳朝を経て、黎朝は明の支配から脱却した。中部・南部にはチャム人が形成したチャンパーがあったが、15世紀後半には黎朝の属国となった。しかし黎朝の支配は次第に形式化し、北部では④ハノイを中心に鄭氏が勢力を伸ばす一方、中部・南部ではフエを中心に阮氏が［　イ　］を建てた。これを打ち破った西山党が樹立した西山朝は一時的にベトナム全土を統一したが、内部抗争により分裂した。阮氏生き残りの阮福暎はピニョーらの支援のもとに西山朝を滅ぼし、フエを都として清を宗主国とする阮朝を樹立した。

このころからベトナムはフランス帝国主義の影響下に置かれることとなる。宣教師殺害事件を口実に［　ロ　］がインドシナ出兵を強行したフランスは、その後、清仏戦争にも勝利し、⑤フランス領インドシナ連邦を樹立してベトナムの植民地化に成功した。フランス支配に反旗をひるがえした者のひとりが⑥ファン=ボイ=チャウである。彼の抵抗運動はベトナム=ナショナリズムの形成につながっていく。

[語　群]

イ　a．南越　　b．南詔　　c．広南国　　d．大越

ロ　a．シャルル10世　　b．ナポレオン３世　　c．ルイ＝フィリップ　　d．ルイ18世

[問　い]

①ベトナムの文化に関する記述として、誤りを含むものはどれか。

a．南部ベトナムに栄えた漁撈民の文化はサーフィン文化と呼ばれる。

b．北部ベトナムのドンソン文化は銅鼓で知られる。

c．ドンソン文化では鉄器は使用されなかった。

d．チャンパーではインド文化の影響を受けた寺院がつくられた。

②北部ベトナムに関する記述として、誤りを含むものはどれか。

a．秦の始皇帝により日南郡など９郡が設置された。

b．徴姉妹による反乱が後漢の光武帝により鎮圧された。

c．唐により安南都護府が設置された。

d．明の永楽帝により一時的に併合された。

③陳朝に関する記述として、誤りを含むものはどれか。

a．チンギス＝ハンの率いるモンゴル軍を撃退した。

b．科挙制度が定着し、東南アジア随一の中国的な国家となった。

c．漢字の影響を受けたチュノム（字喃）という文字が成立した。

d．治水事業の成功や官僚制の整備などにより、安定政権を築いた。

④ハノイに関する記述として、誤りを含むものはどれか。

a．紅河デルタの中心部に位置する。

b．前漢の武帝によって南海郡が置かれた。

c．李朝によって首都とされた。

d．第二次世界大戦後、ベトナム民主共和国の首都とされた。

⑤フランス領インドシナ連邦の成立とその前後に関する記述として、誤りを含むものはどれか。

a．第１次サイゴン条約によって、フランスはコーチシナ東部３省を獲得した。

b．ユエ（フエ）条約によって、ベトナムはフランスの保護国とされた。

c．フランスと、ベトナムの宗主権を主張する清との間で、清仏戦争が勃発した。

d．成立当初のフランス領インドシナ連邦は、カンボジアとラオスも含んだ。

⑥ファン=ボイ=チャウに関する記述として、誤りを含むものはどれか。

a．独立と立憲君主政の確立を目指し、維新会を組織した。

b．日本を訪れて大隈重信や梁啓超と交流した。

c．日本に留学生を送り出すドンズー（東遊）運動をすすめた。

d．第二次世界大戦後、ベトナム国の国家元首に就任した。

〔V〕次の文中の［　　］に最も適当な語を語群から選び、また下線部に関する問いに答え、最も適当な記号1つをマークしなさい。

オランダ東インド会社が派遣した［ イ ］の南太平洋探検以来、欧米諸国はオセアニア地域に進出し始め、19世紀末には「タヒチの女たち」などの作品を残した画家［ ロ ］のようにこの地に憧れて移住する文化人も現れた。同じころ英国の作家スティーヴンソンは、病気療養のためアメリカから①ハワイなどの島々を経てサモアに渡り、1894年に急逝するまでの5年間をそこで過ごした。

その間に彼が残した書簡などをもとに、その晩年の伝記を日記風に仕立てた小説が中島敦『光と風と夢』である。この作品のなかで、主人公は②欧米列強の圧力にさいなまれる先住民の側に立ちつつ、自らが無力な白人であることとの矛盾に悩む存在として描かれる。休暇で訪れた③ニュージーランドや④オーストラリアの「生気のない・薄れかかったような色」に絶望し、サモアの輝かしい陽光を懐かしむ一方で、脳裏には故郷エディンバラの霧の風景が去来する。そして作家としての彼も、人々が寄せる大衆的物語作者への期待と、自己が目指す芸術的創作者とのギャップに苦しむのである。

そうした内面の矛盾は、中島敦が短い生涯のなかで一貫して追い続けたモチーフでもあった。この作品の執筆後の太平洋戦争中、中島自身もスティーヴンソンにならうかのように、日本の委任統治領であったパラオなどを巡遊した。しかし南洋の風土は病弱な彼の体を一層痛め、間もなく帰国した彼は終戦を待たず、1942年に33歳で病没した。中島が夢をつむいだ島々は戦後、⑤国際連合の信託統治を経て独立したが、今日、太平洋の覇権をめぐり⑥アメリカと中国が対立する舞台のひとつとなっている。

[語　群]

イ　a．ドレーク　b．クック　c．タスマン　d．ホーキンズ

ロ　a．ゴーガン　b．クールベ　c．ミレー　d．ゴッホ

[問　い]

①ハワイに関する記述として、誤りを含むものはどれか。

a．カメハメハ1世は、ヨーロッパの火器を用いてハワイ王国を建設した。

b．明治天皇はハワイ国王と会見したことがある。

c．日本からの移民がサトウキビ栽培に従事した。

d．最後の女王リリウオカラニの退位と同時に、アメリカ合衆国に併合された。

②欧米列強によるオセアニア地域の分割に関する記述として、誤りを含むものはどれか。
a．アメリカ合衆国はスペインからミクロネシアを購入した。
b．フランスはニューカレドニアを支配した。
c．オランダはニューギニアの西部を支配した。
d．イギリスはフィジーを支配した。

③ニュージーランドに関する記述として、誤りを含むものはどれか。
a．ワイタンギ条約でイギリス植民地となった。
b．19世紀後半にイギリスの支配に抵抗するマオリ戦争が起こった。
c．20世紀初頭に共和国として独立した。
d．世界で初めて全国的に女性参政権が認められた。

④オーストラリアに関する記述として、誤りを含むものはどれか。
a．18世紀後半にイギリスはニューサウスウェールズを植民地とした。
b．19世紀半ばの金鉱発見で移民が急増した。
c．イギリスの植民地統治のもと、先住民アボリジニーの人口が激減した。
d．19世紀末に白豪主義政策が撤廃された。

⑤国際連合に関する記述として、誤りを含むものはどれか。
a．ダンバートン=オークス会議で、国際連合の具体案が協議された。
b．第二次世界大戦終結後、サンフランシスコ会議で国際連合憲章が採択された。
c．基本的人権の尊重を目的として、総会で世界人権宣言を採択した。
d．加盟国は総会で平等に投票権を行使できるものとされた。

⑥アメリカ合衆国と太平洋地域の関係に関する記述として、誤りを含むものはどれか。
a．アメリカ合衆国は、ニュージーランドなどと東南アジア条約機構を結成した。
b．アメリカ合衆国は、オーストラリア・ニュージーランドと太平洋安全保障条約を結んだ。
c．アメリカ合衆国はアジア太平洋経済協力会議の結成に参加した。
d．オバマ政権は環太平洋連携協定から離脱した。

数学

(60分)

〔1〕 次の文章中の $\boxed{}$ に適する式または数値を，解答用紙の同じ記号のついた $\boxed{}$ の中に記入せよ．途中の計算を書く必要はない．

(1) a を正の実数とし，2 次関数 $f(x)$ を $f(x)=-x^2+ax-a-1$ とする．

(i) $a=3$ のとき，$f(x)$ の最大値は $\boxed{ア}$ である．

(ii) 放物線 $y=f(x)$ が x 軸の正の部分と，異なる 2 点で交わるとき，a の取りうる値の範囲は $\boxed{イ}$ である．

(iii) $0 \leqq x \leqq 3$ における $f(x)$ の最大値が 3 となるとき，a の値は $\boxed{ウ}$ である．

(2) n を自然数とし，4^n, 7^n を 100 で割った余りをそれぞれ a_n, b_n とする．

(i) $a_5=\boxed{エ}$ である．また，k を 0 以上の整数とする．a_n+b_n は $n=\boxed{オ}k+\boxed{カ}$ のとき，最大値 $\boxed{キ}$ をとる．ただし，$\boxed{オ}$，$\boxed{カ}$ は自然数で答えよ．

(ii) a_n-b_n の最小値は $\boxed{ク}$ である．

〔2〕 次の文章中の $\boxed{}$ に適する式または数値を，解答用紙の同じ記号のついた $\boxed{}$ の中に記入せよ．途中の計算を書く必要はない．

(1) 関数 $y=\log_8(64x^3)+\log_{\sqrt{2x}}2 \quad \left(x>\dfrac{1}{2}\right)$ を考える．

(i) $x=2$ のとき，$y=\boxed{ア}$ である．

(ii) $t=\log_2 x$ とおく．y を t を用いて表すと，$y=\boxed{イ}$ である．

(iii) $x>\dfrac{1}{2}$ のとき，y の最小値は $\boxed{ウ}$ である．

(2) $\triangle$OAB において，OA $=5$，AB $=4\sqrt{2}$，BO $=7$ とする．また，辺 OA の中点を M とし，点 A から辺 OB に引いた垂線と辺 OB の交点を H とする．さらに，線分 BM，AH の交点を D とし，$\overrightarrow{\mathrm{OA}}=\vec{a}$，$\overrightarrow{\mathrm{OB}}=\vec{b}$ とおく．

(i) 内積 $\vec{a}\cdot\vec{b}=\boxed{エ}$ である．また，$\overrightarrow{\mathrm{OH}}=\boxed{オ}\,\vec{b}$ である．

(ii) $\overrightarrow{\mathrm{OD}}$ を $\vec{a}$，$\vec{b}$ を用いて表すと，$\overrightarrow{\mathrm{OD}}=\boxed{カ}$ である．また，$\triangle$ABD の面積は $\boxed{キ}$ である．

〔3〕 a を負の実数とし，関数 $f(x)$ を $f(x)=\frac{1}{3}x^3-\frac{1}{2}ax^2-2a^2x-6a^2-\frac{8}{3}$ とする．このとき，次の問いに答えよ．

(1) 関数 $f(x)$ の極小値と，そのときの x の値を求めよ．

(2) 曲線 $y=f(x)$ が x 軸に接するとき，a の値を求めよ．

(3) a を (2) で求めた値とする．このとき，点 $(1, f(1))$ における曲線 $y=f(x)$ の接線 ℓ と曲線 $y=f(x)$ で囲まれた部分の面積を求めよ．

イ いづれか　ロ されど　ハ されば　ニ しかも　ホ また

問九 傍線部F「十日なりとも足(た)んぬべし」を現代語訳しなさい。

問十 傍線部G「筆を拭(のご)ひぬ」とあるが、「筆を拭ふ」と同じ意味の現代語の慣用表現になるように、空欄甲に入る言葉をひらがなで記しなさい。

筆を[甲]

問十一 問題文の内容と合致するものを次のイ〜トから二つ選び、その符号をマークしなさい。

イ 俳諧師という仕事は思い通りに行かないことだらけだ。

ロ かつての名将や名優は年をとっても老いを気にすることはなかった。

ハ 年寄りが「昔のほうが良かった」と言うのは馬鹿げている。

ニ もし不老不死の薬があれば飲みたいものだ。

ホ 年をとって涙もろくなるのはとても気が滅入ることだ。

ヘ 自分が「何歳で死にたい」などと言ったら、他人にとってはきっと耳障りに違いない。

ト 芭蕉や西鶴は俳諧師の中でも別格の存在であった。

イ　おらが春　　ロ　東海道中膝栗毛　　ハ　鈴屋集
ニ　雨月物語　　ホ　野ざらし紀行

問五　傍線部C「いづくにか身をばよせまし」はある和歌の前半部分である。後半部分として最も適当なものを次のイ～ホから一つ選び、その符号をマークしなさい。

イ　このまより　花とみるまで　雪ぞふりける
ロ　わすれつつ　待たるる事の　まだもやまぬか
ハ　もみぢばも　主(ぬし)なき宿は　色なかりけり
ニ　ほととぎす　ここらの年を　あかずもあるかな
ホ　世の中に　老いをいとはぬ　人しなければ

問六　傍線部D「当時のはやり詞」の意味として最も適当なものを次のイ～ホから一つ選び、その符号をマークしなさい。

イ　芭蕉や西鶴の逸話　　ロ　為頼の逸話　　ハ　往時の流行歌
ニ　昨今の流行語　　ホ　かつての噂話

問七　傍線部E「何の忝き事かあらむ」とあるが、そう考えたのはなぜか。その理由として最も適当なものを次のイ～ホから一つ選び、その符号をマークしなさい。

イ　帰りたいとも言っていないのに「早く帰れ」と言われているようで不愉快だから
ロ　独りぼっちで意気消沈しているところを見られたから
ハ　老人に対して細やかな配慮をするのは当然のことだから
ニ　楽しく過ごしているのになぜ帰らなければならないのかわからないから
ホ　自分で迎えを呼んだのだから、他人にわざわざ礼を言う必要はないから

問八　空欄Ⅱに入る言葉として最も適当なものを次のイ～ホから一つ選び、その符号をマークしなさい。

ニ　財産　　ホ　係累

③「やや」

イ　ようやく　　ロ　しばらく　　ハ　ときどき

ニ　いくらか　　ホ　やむをえず

④「にげなき」

イ　逃げ場のない　　ロ　断り切れない　　ハ　年甲斐もない

ニ　はなはだしい　　ホ　二度とない

⑤「なべて」

イ　一部の人々　　ロ　一般の人々　　ハ　特別の人々　　ニ　常識的な人々　　ホ　健康的な人々

問二　傍線部A「月にも道のりを積りちがへて」とはどういうことか。最も適当なものを次のイ～ホから一つ選び、その符号をマークしなさい。

イ　日の入りの時間を測り間違って真っ暗になってしまい、進めなくなったこと

ロ　月の美しさに気を取られて、その日進むべき道程を間違ったこと

ハ　たったひと月のうちに何度も道に迷ってしまったこと

ニ　月の出てくる方角を何度も見誤ったこと

ホ　ひと月の間に進むべき距離を計算し損ねてしまったこと

問三　空欄Ⅰに入る言葉として最も適当なものを次のイ～ホから一つ選び、その符号をマークしなさい。

イ　故郷　　ロ　主人　　ハ　松茸　　ニ　現世　　ホ　旅路

問四　傍線部B「芭蕉」とは、松尾芭蕉のことである。松尾芭蕉の作品を次のイ～ホから一つ選び、その符号をマークしなさい。

歎かずやある。歌も浄るりも落とし咄も、昔は今のに増(まさ)りし物をと、老人毎に覚えたるは、おのが心の愚也。物は次第に面白けれども、今のは我が面白からぬにて、昔は我が面白かりし也。

しかれば、人にもうとまれず、我も心のたのしむべき身のおき所もやと思ひめぐらすに、わが身の老いを忘れざれば、しばらくも心たのしまず。わが身の老いを忘るれば、例の人にはいやがられて、あるは④にげなき酒色のうへに、あやまちをも取り出でん。［Ⅱ］、老いはわするべし、又老いは忘るべからず。二つの境まことに得がたしや。今もし蓬莱の店をさがさんに、「不老の薬はうり切れたり。不死の薬ばかり有り」といはば、たとへ一銭に十袋うるとも、不老を離れて何かせん。不死はなくとも不老あらば、F十日なりとも足(た)んぬべし。「神仙不死何事をかなす、只秋風に向つて感慨多からむ」と、薊子訓(けいしきん)をそしりしもさる事ぞかし。

願はくは、人はよきほどのしまひあらばや。兼好がいひし四十足らずの物ずきは、⑤なべてのうへには早過ぎたり。かの稀也といひし七十まではいかがあるべき。ここにいささかわが物ずきをいはば、あたり隣の耳にやかからん。とても願ひの届くまじきには、不用の長談義いはぬはいふに増らんをと、此(この)論ここにG筆を拭(のご)ひぬ。

（『鶉衣』より）

問一　傍線部①「ふつつかに」、②「ほだし」、③「やや」、④「にげなき」、⑤「なべて」の意味として最も適当なものを次のイ～ホからそれぞれ一つずつ選び、その符号をマークしなさい。

①「ふつつかに」

イ　重々しく　　ロ　慎重に　　ハ　二日に分けて

ニ　早々と　　ホ　軽々しく

②「ほだし」

イ　知人　　ロ　悟り　　ハ　あきらめ

次の文章を読んで、後の問に答えなさい。

只俳諧師のなる果のみぞ、棄恩入無為のしめしもまたず、①ふつつかにあたま丸めて、吉野・初瀬の春をゆかしみ、松嶋・象潟の浪にうかれ廻り、三文値切りて戻り馬にはぐれ、乗合なくてわたし舟も出さず、たが為ならぬ雨にもぬれ、A月にも道のりを積りちがへて、きのどくの山かげに一夜は一つ家の情をかりて、すすき折りたく囲炉裏ばたに、膝さらあぶりながら、虫歯やむ子にまじなひ教へて、稗団子のもてなしにあふ。あるはしるべの古寺を尋ぬれば、和尚は漢和も少しなりて、足のぬけたる碁盤になぐさみ、五六日の名残を惜しまれて、松茸に喰ひあきたるなど、水雲万里をうかれありきて、②ほだしなき身の安さながら、そこの下人を孫平とは、我伯母聟の名なる物をと、ふと［Ⅰ］の恋しき折もあるべし。

（中略）

B芭蕉翁は五十一にて世を去り給ひ、作文に名を得し難波の西鶴も、五十二にて一期を終わり、「見過しにけり末二年」の辞世を残せり。我が虚弱多病なる、それらの年もかぞへこして、今年は五十三の秋も立ちぬ。為頼の中納言の、若き人々の逃げかくれければ、「Cいづくにか身をばよせまし」とよみて歎かれけんも、③やや思ひしる身とは成れりけり。

さればうき世に立ち交らんとすれば、なきが多くも成りゆきて、松も昔の友にはあらず。たまたま一座につらなりて、若き人々にもいやがられじと、心かろく打ちふるまへども、耳うとくなれば咄も間違ひ、たとへ聞ゆるささやきも、D当時のはやり詞をしらねば、それは何事何ゆゑぞと、根問・葉問をむつかしがりて、枕相撲も挙酒も、さわぎは次へ遠ざかれば、奥の間に只一人、火燵蒲団の嶋守となりて、「お迎ひがまゐりました」と、とはぬに告ぐる人にも「忝し」と礼はいへども、E何の忝き事かあらむ。

六十の髭を墨にそめて、北国の軍にむかひ、五十の顔におしろいして、三ヶの津の舞台にまじはるも、いづれか老いを

なぜ「不毛」なのか。最も適当なものを次のイ～ホから一つ選び、その符号をマークしなさい。

イ　陰謀論の支持者は、議論を通じて自らの考えをかえりみようとはしないから
ロ　陰謀論の真偽を追求し過ぎると社会の分断が広がるから
ハ　陰謀論を振りまく政治家が許されない存在であることは、議論するまでもなく明らかだから
ニ　陰謀論は拡散することはあっても収束はせず、排除しようと努力しても意味がないから
ホ　陰謀論の内容は支離滅裂で多くの人々は信じていないから

問十二　傍線部⑨「「悪貨は良貨を駆逐する」現象」を、問題文に即して説明したものとして最も適当なものを次のイ～ホから一つ選び、その符号をマークしなさい。

イ　政治家が不適切な発信を行った結果、非科学的な事実や陰謀論的主張に一定の正当性を与えてしまうこと
ロ　陰謀論的主張の是非のような非本質的な議論に力点が置かれ、本来行うべき政策議論の深まりが失われてしまうこと
ハ　不適切な情報発信をする政治家の当選確率が高まった結果、本来なら当選すべきであった識見の高い候補者が落選してしまうこと
ニ　陰謀論的主張によって、政策の効果に関する冷静な議論ができず、政治不信が広まってしまうこと
ホ　ソーシャルメディアを通じた陰謀論的主張の広がりは、実際の影響力以上に支持が得られているという誤認を生じさせ、正しい言説が委縮してしまうこと

あるが、その理由として最も適当なものを次のイ〜ホから一つ選び、その符号をマークしなさい。

イ　陰謀論サイトやインフルエンサーと比べて、政治家や政党の発言は社会に受容されやすいから

ロ　政治家・政党の再選欲求が強いために生まれる問題発言は、市民の多くに伝播して世論を支配するようになるから

ハ　現代政治におけるマスメディアの影響力は依然としてそれなりに強く、政治家・政党の陰謀論的主張もニュースとして報道され、社会に伝播するから

ニ　陰謀論の支持者は僅かでも、陰謀論的主張で支持を集めて当選した政治家が市民の代表として影響力を持ってしまうから

ホ　選挙キャンペーンは熱狂しやすく、政治家・政党がデマやフェイクニュースなど真実でない発言を行うから

問七　空欄Iに入る言葉として最も適当なものを次のイ〜ホから一つ選び、その符号をマークしなさい。

イ　百家争鳴　　ロ　毀誉褒貶　　ハ　阿諛追従　　ニ　誹謗中傷　　ホ　抱腹絶倒

問八　傍線部⑤「インセンティブ」の言い換えとして最も適当なものを次のイ〜ホから一つ選び、その符号をマークしなさい。

イ　構造　　ロ　回路　　ハ　動機　　ニ　思想　　ホ　選好

問九　傍線部⑥「「ワクチンは……といった陰謀論」とあるが、それを言い換えた言葉を問題文から十字以内で抜き出して記しなさい(句読点、記号等も字数に含むものとする)。

問十　傍線部⑦「多くの人は、こうした主張をする政治家の資質を疑う」のに、そういう政治家が実際に当選するのはなぜか。それを説明した次の文の空欄甲に入る言葉を問題文から十五字以内で抜き出して記しなさい（句読点、記号等も字数に含むものとする)。

選挙制度によっては、［甲］だから

問十一　傍線部⑧「そもそも、陰謀論をめぐってその真偽を議論すること自体が不毛だとしか言いようがない」とあるが、

問四　傍線部②「あらゆる人がいつ陰謀論に引っかかってもおかしくない」とあるが、それはなぜか。最も適当なものを次のイ〜ホから一つ選び、その符号をマークしなさい。

イ　陰謀論の支持者がネット右翼やオンライン排外主義者だけではなく、リベラル左派など野党支持者にも広がっているから

ロ　強い再選欲求を持つ政治家が、選挙中に強い口撃を行うことで、一般有権者もまたそうした陰謀論的主張に接する機会が増すから

ハ　陰謀論的主張はタブーを恐れずはっきりモノを言っていると評価されることがあるように、一般有権者側に陰謀論を受け入れる土壌が存在しているから

ニ　意識の高い市民はむしろ少数であり、一般市民の多くは陰謀論か否かにそれほど興味を持たず、刺激的な発言内容を求めているから

ホ　人は、自分の信念や認識を肯定してくれるような主張であれば、その内容を十分に吟味することなく受け入れてしまう可能性があるから

問五　傍線部③「陰謀論から逃れる術」とあるが、陰謀論への望ましい対処として最も適当なものを次のイ〜ホから一つ選び、その符号をマークしなさい。

イ　政治的知識を増やし、強い政治的信念に基づいて推論を行うこと

ロ　自身が「普通」意識を持つ人間かどうかを絶えず検証すること

ハ　陰謀論と自分との距離を常に確認すること

ニ　政治や社会の出来事への関心からできるだけ離れて、日常生活をエンジョイするよう心がけること

ホ　自分の信念や認識の正しさを過信せず、柔軟な考え方を大切にすること

問六　傍線部④「私たちが最も気をつけるべき存在は、もっと公的な存在、すなわち政治家や政党ではないだろうか」と

（実際に、そうした言説はソーシャルメディア上で容易に発見できる）。こうした対立は、本来あるべき政治的な競争とは呼べないし、⑧そもそも、陰謀論をめぐってその真偽を議論すること自体が不毛だとしか言いようがない。政治家が陰謀論的な言説を振りまくことの恐ろしさはまさにこの点に集約できるだろう。陰謀論的主張は、本来行われるべき政策に関する議論そのものを奪ってしまうだけでなく、やがては、議題設定そのものを捻じ曲げていく。まさに、⑨「悪貨は良貨を駆逐する」現象が起きてしまいかねないのである。

（注）　＊大選挙区制…市議会議員選挙などのように、選挙区定数が大きい選挙制度を指す。

問一　傍線部Ａ「ヒソんで」、Ｂ「テイゲン」、Ｃ「ソジ」、Ｄ「レンサ」のカタカナの部分を漢字にし、送り仮名も含めて記しなさい。

問二　次の一文が入るべき箇所として最も適当なものを、問題文の【イ】～【ホ】から一つ選び、その符号をマークしなさい。

すなわち、政治について「そこそこ」の関心や知識を持ち、「そこそこ」の気持ちで支持政党を応援するという態度である。

問三　傍線部①「敷衍」の意味として最も適当なものを次のイ～ホから一つ選び、その符号をマークしなさい。

イ　内容や定義を明確にすること
ロ　意味や趣旨をおし広げて説明すること
ハ　他の事例と比較対照すること
ニ　内容を新たに作り上げること
ホ　多くの例を挙げて分かりやすくすること

こうした政治家が持つ再選欲求の高さを考慮すると、政治家の側は、常に陰謀論を発信する⑤インセンティブを持っていると考えることができる。実際に、政治家が、自らの政治的立場や政策の正当性や優位性を主張するために、陰謀論を主張する現象も見られる。たとえば、福井県のある県議は、議会報告の冊子の中で、⑥「ワクチンは殺人兵器」とか「バイデンはこの世にいない」「9・11テロはCGである」といった陰謀論を大々的に主張して話題となった。⑦多くの人は、こうした主張をする政治家の資質を疑うことであろうが、中には、「よく言った」「タブーを打ち破る素晴らしい政治家だ」と考える人々もいる。とりわけ、*大選挙区制を採る地方選挙では、極めて少ない票数でも当選可能である。そのため、選挙区内にそうした主張を受け入れる陰謀論者がごくわずかであったとしても、極端で荒唐無稽な主張を受け入れる一部の支持者によって、そのような候補者の当選確率を高めることにつながる。当然ながら、ひとたび議員に当選すれば、陰謀論的主張であっても、「市民の代表」として扱われるのだから、根本的に言えば、選挙制度も陰謀論の問題と無関係ではない。立場や知名度のある有名政治家であっても陰謀論を主張しうるということは、私たちの側もよく覚えておかなければならないことだろう。

残念ながら、こうした陰謀論を広めようとする者がごく少数でもいる限り、陰謀論は拡散し続け、DレンサがD収束することはない。また、本書が明らかにしてきたように、それが自分自身の支持する政党の政治家であれば、陰謀論的であっても受け入れてしまうことも、この問題の解決をさらに難しくしている。そのように考えると、政治家が陰謀論を振りまくことは、ソーシャルメディアで陰謀論が拡散するよりもずっと厄介である。まさにトランプが引き起こしたとも言われるアメリカの「社会の分断」も、「動機づけられた推論」を行う支持者たちの認知バイアスの行き着く果てに生じた現象であると解することもできよう。

良心的な市民は、こうした陰謀論を振りまく政治家の様子を見れば、それは政治の危機であると考えて決して許すことはないだろう。しかし、陰謀論を振りまく政治家の支持者は、まさに「動機づけられた推論」によって、「これは陰謀論ではない。陰謀論と主張する側は、○○から利益を得て、本当の意見を封殺しようとしている」と考えるかもしれない

ある。言い換えれば、何らかのきっかけで陰謀論を信じてしまった人がいたとしても、それがごく少数の人々のあいだだけで完結するのであれば、そこまで大きな問題にはならないだろう。日本で、陰謀論が、欧米圏のように大きな混乱を引き起こす事態とまでなっていないのは、現状では陰謀論を信じる人がそこまで大多数となっていないからだと考えられる。【ハ】

しかしながら、本書が明らかにしたように、日本でも、多くの人に陰謀論を信じる心理的Cソジがある。欧米圏のような大きな問題事となってもおかしくない状況と隣り合わせにあるとも言える。そうした状況を考えると、今後、陰謀論が日本の政治や社会全体に、何をもたらすのかについてもあらかじめ考察しておくことも重要であろう。【ニ】

この点を考える上で、陰謀論は誰が（何が）起点となって広まるのかについてあらためてもう少し考えてみたい。たとえば、ソーシャルメディア上で（強い政治的意見を持つ）一般人の発信から始まるかもしれないし、いわゆるインフルエンサー（とくにウェブ上で発言に大きな影響力を持つオピニオンリーダーのような人々のこと）や、特定の陰謀論サイトが発信源の場合もあるだろう。もちろん、こうした人々から発信される陰謀論にも警戒は必要である。しかし、④私たちが最も気をつけるべき存在は、もっと公的な存在、すなわち政治家や政党ではないだろうか。

政治家（議員）や政党を研究する政治学の分野では、合理的選択理論の観点から、政治家のさまざまな行動の原理を「再選欲求」に設定して分析することがある。つまり、政治家は、地元の選挙区にさまざまな政治的利益を誘導するなどして、次の選挙でも再び当選することを最重要課題としていると捉えるひとつの見方である。【ホ】

政治家の強い再選欲求は、ときに違法スレスレの選挙／政治活動を生じさせたり、対立候補に対する[I]に近い口撃を生み出したりする。とりわけ、選挙期間中になると、政治家や政党は、自陣営への幅広い支持を調達するためなら、手段を選ばない傾向にある。アメリカの大統領選や、イギリスのブレクジット（Brexit）、あるいは日本でも大阪都構想をめぐる住民投票などでは、互いの陣営からデマやフェイクニュースが流される様子が報じられたが、まさに「手段を選ばない」ことの好例であろう。

も、一定の政治的信念や「自分は政治に詳しい」という自己認識を持っているはずである。こうした信念や自己認識を持てば持つほど、自身の理解と同じ方向性の言説に飛びつきやすくなってしまうという性質を、我々はよく理解しておく必要がある。陰謀論が、自分の信念や認識の正しさを肯定してくれる「良き友人」となりうる点にこそ、大きな問題がヒソんでいると言えるだろう。

こうした知見を元に、陰謀論を信じるメカニズムを考えると、陰謀論のほうが人々にすり寄ってくるというよりも、むしろ、人々が好んで陰謀論にすり寄っていくという解釈のほうが妥当だとも言える。またそうであるからこそ、陰謀論から距離をとっていると思っている人でも、知らないあいだに陰謀論のほうへと近寄っている可能性が常にあると考えておいたほうがいいだろう。

「③陰謀論から逃れる術」を一言で言い表すことは非常に難しい。事実、これまで研究者や実務家などから提示されてきた解決策は、ほとんど抽象的なテイゲンに留まっているようにも思われる。それだけ、陰謀論と個々人の信念とは容易に結びつきやすい。【イ】

それでも、本書の分析結果は、解決策を模索する上で、いくつかのヒントを与えてくれている。たとえば、政治に関心があったり、知識を深めたりすることは、陰謀論の受容を妨げるどころか、むしろ吸い寄せる効果を発揮することがある。こうした研究成果に忠実にテイゲンをするならば、政治や社会の出来事に一切関心を持たないようにして、ひたすら日常生活をエンジョイしよう、ということになる。しかしながら、言うまでもなく、これがベストアンサーと思う人は少ないだろう。このテイゲンを実践する先に待っているのは、多くの人が選挙に行くことをやめ、政府のやることに無関心を貫くという社会である。そのような社会では、ごく一部の利益だけを守ろうとする政治家や政府による好き放題な行動が野放しになってしまう。そうしたことも鑑みた上で、より現実的な提案として言えることがあるとすれば、やはり「バランス感覚を持とう」ということに尽きる。【ロ】

そもそも、陰謀論が社会的に大きな問題となるのは、社会の構成員の相当数がそれに影響を受けて変化が起きたときで

国語

（七五分）

一　次の文章は政治学者・秦正樹の研究書『陰謀論』の一節である。これを読んで、後の問に答えなさい。

「なぜ」陰謀論を信じるかという問いと、「誰が」陰謀論を信じるかという問いは、質的に見てもやや異なる話題ではある。しかし、そうした問いへの答えは、両軸で行う分析の中から見出すしかない。本書の分析結果を①敷衍すると、ネット右翼やオンライン排外主義者に近い意見を持つ「普通」意識を持つ人、リベラル左派が多くを占める野党支持者、あるいは、政治に関心が高かったり知識が高かったりする人も、みな、「自分の信念に沿う」陰謀論を信じる傾向にある。こうした分析の結果から導かれる答えを整理するならば、「誰が」に対応する答えは「誰もが」ということになるだろうし、「なぜ」に対応する答えは「自分のモノの見方を支えてくれているから」ということになるだろう。

さらに言えば、こうした日本人における陰謀論受容のメカニズムを考えると、一律的に陰謀論に引っかかりやすい人など実は存在せず、（筆者を含めて）②あらゆる人がいつ陰謀論に引っかかってもおかしくないと考えるほうが適切であるように思われる。

そして、より重要なポイントは、「誰が信じるか」よりも、「自分の正しさを支えてくれるから信じる」という陰謀論受容のメカニズムのほうにあると考えている。右派でも左派でも、特定の政党を支持する人でも、政治的洗練性の高い人で

解答編

英語

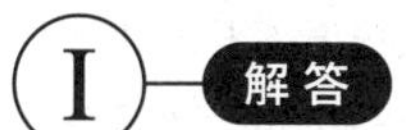

A. (1)—b　(2)—a　(3)—b　(4)—d　(5)—d
B. (ア)—d　(イ)—c　(ウ)—b　(エ)—b　(オ)—c

C. b・f

D. 彼らは，船舶会社間の競争によって，ヨーロッパからの船賃が，自分たちが渡航するのに十分に安くなるまで待たなければならなかった。

全訳

《アメリカの移民の歴史》

以下の文は，1970年代にアメリカで出版された本からの引用である。

1 「移住する」(*immigrate*) と「移住」(*immigration*) は17世紀のイギリスの言葉で，当初はその植民地にやって来た人々を指す言葉として使われた。「移民」(*immigrant*) という言葉自体は1789年のアメリカの言葉である。「移民」がアメリカの言葉であることはぴったりとくる。なぜなら，アメリカの土地や身分の差によらない機会の均等，政治的・宗教的な自由が，ヨーロッパの大衆に自分たちを取り巻く状況を改善させるために移住するという考えを与えたからであり，アメリカの先住民を除くすべてのアメリカ人は移民であるか，その子孫であるからだ。

2 現代の私たちの大半にとって，「移民」といっても，荒野に入植するため，あるいは宗教的迫害や飢饉，ヨーロッパの政変から逃れるために，帆船で大西洋を渡った初期のイギリス人やオランダ人，フランス人やドイツ人，スコットランド系アイルランド人やスペイン人のイメージは思い浮かばない。私たちが抱く「移民」の主なイメージは，本国では貧しく展望もないといった理由で1865年から1920年にかけて蒸気船に乗ってやって来た中央や東部，南東部のヨーロッパ人たちである。歴史家は彼らを「新移民」と呼ぶ。彼らは，船舶会社間の競争によって，ヨーロッパからの船賃が，自分たちが渡航するのに十分に安くなるまで待たなければならなかった。このようにして，蒸気船は新移民と新しいアメリカを生み出したのである。

3　一般的に，新移民はニューヨークの港に到着し，その多くは北部の大都市に留まった。それは，荒野はほとんどなくなり，無料，あるいは安い良い土地は，先に到着した人々によってすでに入植されていたからである。そういうわけで現在，初期に到着した人々は「入植者」（*settlers*）と呼ばれ，のちに到着した人々は「移民」（*immigrants*）と呼ばれるのである。新移民が到着するまでに，先に入植した人たちはすでにほとんどの都市や町，川や山，動物や植物に名前をつけ，自分たちの文化や思想，習慣や言語をアメリカの標準としていた。それゆえ，イタリア人やポーランド人，スラブ人やその他の新移民は，それ以前の移民に比べ，私たち（アメリカ）の言語に与える影響は少なかった。

4　1900年から1920年の間だけでも，1450万人の新移民がアメリカにやって来た。年平均で約100万人，日平均で2000人である。アメリカへの渡航費用は約40ドルであった。船底の船賃15ドルと，アメリカに入国する際に必要な，自分が国の厄介にならないことを証明するための25ドルである。1892年以降，ほとんどの移民はまず「エリス島」でアメリカに上陸した。この島はアメリカの移民局の中で最も混雑しており，ニュージャージー州の商人でその島の初期の所有者の一人であったサミュエル=エリスにちなんで名づけられた。多くの移民がエリス島で本国へ送還され，家族が離ればなれになったため，エリス島は「涙の島」として知られていた。

5　1917年には，移民は「グリーンホーン」（*greenhorn*）とも呼ばれたが，その言葉は，1785年以来，英語では未熟者を意味するものだった。

6　さまざまな帰化法に従って，移民は何年か（通常は5年）経って，その「第一書類」が最も重要なものとなる帰化証明書を取るなど市民権を得るための一定の条件を満たした後，アメリカ人になることができた。そして，もしその移民が人種のるつぼのようなアメリカ社会で成功していたなら，その人はアメリカ生まれのアメリカ人と全く同じということだろう。民族や少数派の話としては，これはあまりにも単純なことのように思われる。しかし，驚くほど十分に，これはうまく機能したのだ。

解説

A. **(1)** 空所を含む文の主語 it は形式主語で，真主語は that *immigrant* is American である。b．「ぴったりの」を選択して「*immigrant* がアメリカの言葉であることはぴったりとくる」とすれば，because 以降の *immigrant* がいかにアメリカに関係する言葉であるかが述べられている記述とも合致する。

(2) 初期の移民が大西洋を渡った理由が述べられている。目的語となる「宗教的迫害や飢饉，ヨーロッパの政変」に合うのは a．「～を避ける」。

(3) b．gone を選択して「荒野はほとんどなくなり」とすれば，直後の「無料，あるいは安い良い土地は，先に到着した人々によってすでに入植されていた」という記述と合致する。S was gone「S はもはやその場所になかった」

(4) 第３段は「新移民が到着する前に，先に到着した人々によってすでにアメリカは入植が進んでいた」という内容であり，d．named を選択して「先に入植した人たちはすでにほとんどの都市や町，…に名前をつけ」とすれば，直後の「自分たちの文化や思想，習慣や言語をアメリカの標準としていた」という記述とも合致する。

(5) 同じ文の前半（an immigrant could …）に「移民はアメリカ人になることができた」とあるので，d を選択して「市民権を得るための一定の条件を満たした（後に）」とすれば文意が通る。meet requirements「条件を満たす」

B. **(ア)** 下線部は「一般大衆」なので，d．「人々」が正答となる。

(イ) 下線部は「～のイメージを呼び覚ます」なので，c．「～を我々に思い出させる」が正答となる。なお，選択肢 a は「～の写真を撮る」，b は「暗記する」となり文意が通らない。

(ウ) 下線部は「自分が国の厄介にならない」なので，b．「社会福祉に頼らない」が正答となる。public charge は「公の負担」でやや難しい語だが，移民として入国する際に必要となる証明であることから消去法で解くとよい。他の選択肢は，a．「公務員にならない」，c．「電気料金を支払わない」，d．「公共交通機関を使用しない」で，どれも合わない。

(エ) 下線部は「～に足を踏み入れる」で，本文では移民の入国の説明である。b．「～に入る」が正答となる。選択肢 c は「（船など）を操縦する」。

㈿ 下線部は「～と一致する」なので，c.「～と同じである」が正答となる。選択肢bは「～と全く異なった」。

C. a.「アメリカ先住民を含むすべてのアメリカ人は，アメリカ入植者の子孫である」

第1段最終文後半（and because all …）に「アメリカの先住民を除くすべてのアメリカ人は」とあるので，本文の記述に反する。

b.「1865年から1920年の間にヨーロッパから来た人々は新移民と呼ばれた」

第2段第2・3文（Our main image … *the New Immigrants.*）の「1865年から1920年にかけて蒸気船に乗ってやって来たヨーロッパ人たちを，歴史家は『新移民』と呼ぶ」との記述に合致する。

c.「イタリア人のような初期の入植者は，新移民よりもアメリカの文化に大きな影響を与えた」

第3段最終文（Thus the Italians, …）に「イタリア人は新移民であり，それ以前の移民に比べ，アメリカの言語に与える影響は少なかった」とあり，本文の記述に反する。

d.「『エリス島』はニューヨークの商人サミュエル=エリスにちなんで名づけられた」

第4段第4文（This island was …）に「ニュージャージー州の商人であるサミュエル=エリス」とあるので「ニューヨークの商人」という部分が誤り。

e.「『グリーンホーン』という言葉は，20世紀初頭に未熟者を意味する言葉として作られた」

第5段（By 1917 an …）に「1785年以来，その言葉（グリーンホーン）は，英語では未熟者を意味していた」とあり，「20世紀」ではないので本文の記述に反する。

f.「移民は一定の法的手続きを経てアメリカ市民になることができた」

最終段第1文（According to various …）に「さまざまな帰化法に従って，移民は何年か経つと，市民権を得るための一定の条件を満たした後，アメリカ人になることができた」とあり，記述に合致する。

D. 訳出の指示はないが，they は「新移民」を指す。until 節は make O C「OをCにする」という形が使われているが，主語が無生物の場合は，

「SによってOがCになる」のように訳すと自然。Oはpassage from Europe，Cはcheap enough以下を指す。passage from Europeは直前の「船舶会社間の競争」という表現から「ヨーロッパからの渡航費」などの訳をつけるとよい。enough for them to comeは直前のcheapを修飾していて，themはto comeの意味上の主語なので，「自分たち（移民）が（ヨーロッパから）渡航するのに十分なくらい」の意味。以上をまとめて解答とする。

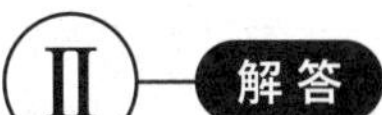

A. (1)― b　(2)― d　(3)― b　(4)― a　(5)― d
B. (ア)― c　(イ)― c　(ウ)― d
C. a・f
D. むしろ，アフリカ系アメリカ人研究などの民族研究は，他の文化形態の価値を認めることで，新たな枠組み（の創出）に貢献したのである。

全訳

《大衆文化への学問的関心》

1　大衆文化の研究は，コミュニケーション分野においてますます重要になってきている。異文化間コミュニケーションの研究者たちは伝統的に大衆文化に目を向けてこなかったが，我々は大衆文化が異文化間の相互作用に大きな影響を及ぼすと考えている。

2　19世紀のエッセイストで詩人のマシュー=アーノルドは，文明の保護に懸念を表明し，文化を「世界で考えられ，語られてきた最良のもの」と定義した。質を強調する定義である。この文脈に従って，多くの西洋社会は「ハイカルチャー」と「ローカルチャー」を区別している。

3　ハイカルチャーとは，バレエや交響曲，オペラや名著，美術など，支配階級や裕福な人々の領域であることが多い文化活動を指す。このような文化活動は，異なった場所や，他の文化，異なる時代の鑑賞者にもおそらくはその価値が理解され得るため，国際的な活動として扱われることもある。その文化的価値は並外れたものであり，時代を超越したものであると考えられている。このような文化財を保護するために，社会は，博物館やシンフォニーホール，劇場を建設する。実際，大学では，コースやプログラム，さらには学部全体が，ハイカルチャーの諸相の研究に充てられている。

4　ハイカルチャーと対立するのがローカルチャーで，ミュージックビデオやゲームショー，プロレスやカーレース，ストリートアートやテレビのトークショーなど，エリートではない人々の活動を指す。伝統的に，ローカルチャーの活動は真面目に研究する価値がないと見なされてきた。それゆえ，美術館や大学にとってほとんど興味の対象ではなかったのだ。これらの活動に関する文化的価値は，至高のものでも永続的なものでもないと考えられていた。

5　ハイカルチャーとローカルチャーの区別に反映されるエリート主義は，西洋の社会制度内の緊張状態を指し示している。しかし，ここ数十年，こういった区別は崩れ始めている。急激な社会的変化が大学に方針の変更を迫り，また異文化間コミュニケーションの研究方法にも影響を及ぼしてきた。例えば，1960年代の混乱期は，大学にアフリカ系アメリカ人研究などの民族研究に対する新たな強い関心をもたらした。これらの研究分野は，それまでのハイカルチャーとローカルチャーの区別に頼っていたわけではない。むしろ，それらは，伝統的にはローカルチャーと分類されてきたであろうが，今では大衆文化として括られている他の文化形態の価値を認めることで，新たな枠組みに貢献したのである。このようなエリート主義的な文化観のために，「ハイカルチャー」と「ローカルチャー」の区別は，ローカルチャーが大衆文化と呼ばれるようになったことにつながったのである。現代の批評家であるバリー=ブルメットは，「大衆文化とは，多くの人々が共有し，それについて知っているシステムや対象を指す」といった定義を示している。

解説

A. (1)　本文は，大衆文化の研究の重要性を説く文章であり，b.「～を見過ごす」を選択して「伝統的に，異文化間コミュニケーションの研究者たちは大衆文化に目を向けてこなかったが」とすれば，although と対比関係にある主節の「我々は大衆文化が異文化間の相互作用に大きな影響を及ぼすと考えている」とつながり，文意が通る。c は「～を許可する」。

(2)　空所の前提となる，in this context とはマシュー=アーノルドの文化を「世界で考えられ，語られてきた最良のもの」とする定義であり，大衆文化と対比されるものであることがわかる。よって，d を選択して「『ハイカルチャー』と『ローカルチャー』を区別している」とすればよい。distinguish *A* from *B*「*A* と *B* を区別する」　a は「～を計算する」。

(3) 空所直後の these activities は直前の文にある「ローカルチャーの活動」を指しており，b．involved を選択して「これらの活動に関する文化的価値は，至高のものでも永続的なものでもないと考えられていた」とすれば，直前の文の「伝統的に，ローカルチャーの活動は真面目に研究する価値がないと見なされてきた」という記述と合致する。involved in ～「～に関係する」　a．「中立の」　c．「別々の」　d．「関連しない」

(4) 空所の前文，第5段第2文（In recent decades, …）に「こういった（ハイカルチャーとローカルチャーの）区別は崩れ始めている」とあり，従来ハイカルチャーの担い手であった大学に変化がもたらされたことがわかる。よって，a．alter を選択して「急激な社会的変化が大学に方針の変更を迫り」とすれば，文意に沿う。drive *A* to *do*「～するよう *A* を駆り立てる」　b．「這う」　c．「～を怠る」

(5) 空所を含む文は，大学の変化の具体例であり，these areas of study とは，直前の「アフリカ系アメリカ人研究などの民族研究」を指し，従来の「ハイカルチャーとローカルチャーの区別」によらないものだとわかる。d．rely を選択して「ハイカルチャーとローカルチャーの区別に頼っていたわけではない」とすれば，文意に沿う。rely on ～「～に頼る」　a．「～を分析する」　c．「～を決定する」

B． (ア) 下線部は「富裕層」で，直前の ruling class「支配者層」と並列する選択肢 c．「裕福な人々」が正答となる。他の選択肢は，a．「行儀が悪い動物」，b．「礼儀正しいふるまい」，d．「行儀がよい子供」で，どれも合わない。

(イ) 下線部は「ローカルチャーはハイカルチャーと対立している」で，c．「ローカルチャーはハイカルチャーと対照をなす」が正答となる。なお，下線部は，low culture is in opposition to high culture の倒置構文となっている。他の選択肢は，a．「ハイカルチャーとローカルチャーは複数の類似点がある」，b．「ローカルチャーはハイカルチャーを完全なものにする」，d．「ハイカルチャーはローカルチャーに先行される」で，どれも合わない。

(ウ) 下線部は「緊張状態を指し示している」で，d．「対立状態をはっきりと示す」が正答となる。他の選択肢は，a．「反対派と衝突する」，b．「協調を強調する」，c．「平等を無視する」で，どれも合わない。

C. a.「博物館やシンフォニーホール，劇場は，バレエや交響曲，オペラや美術などハイカルチャーの活動を維持するなどの目的で建設される」

第3段第1文（High culture refers …）に，ハイカルチャーの具体例として「バレエや交響曲，オペラや名著，美術などの文化活動」が記述されており，同段第4文（To protect these …）で「このような文化財を保護するために，社会は，博物館やシンフォニーホール，劇場を建設する」とある。よって本文の記述と一致する。

b.「大衆文化は国際的なコミュニケーションに大きな影響を与えない」

第1段最終文後半（we believe that …）に「我々は大衆文化が異文化間の相互作用に大きな影響を及ぼすと考えている」との記述があるため，内容に合わない。よって誤りである。

c.「ハイカルチャーとローカルチャーは別物として認識され，前者は真剣に研究する価値がないとされ，後者は普遍的に評価されてきた」

第3段第3文（Their cultural value …）に「その文化的価値は並外れたものであり，時代を超越したものであると考えられている」，また，第4段第2文（Traditionally, low-culture activities …）に「ローカルチャーの活動は真面目に研究する価値がないと見なされてきた」との記述があり，内容が本文と真逆である。よって誤りである。

d.「ハイカルチャーとローカルチャーの類似性はかつてないほど強く，広く受け入れられている」

最終段第5文（These areas of …）に「これらの研究分野は，それまでのハイカルチャーとローカルチャーの区別に頼っていたわけではない」との記述はあるが，「類似性が，広く受け入れられている」とまでは言えない。また，他に本文に，このような記述はない。よって誤りである。

e.「バレエや交響曲，美術はかつてはハイカルチャーに分類されていたが，現在は大衆文化に分類されている」

本文にこのような記述はない。よって誤りである。

f.「ミュージックビデオやゲームショー，プロレスやテレビのトークショーは，今や大衆文化と見なされている」

第4段第1文（In opposition to …）に，ローカルチャーの例として「ミュージックビデオやゲームショー，プロレスやカーレース，ストリートアートやテレビのトークショー」が挙げられており，最終段第7文

(Because of this …) に「ローカルチャーが大衆文化と呼ばれるようになった」とある。よって本文の記述と一致する。

D. they は，直前文の These areas of study を指しており，具体的には，さらに 1 文前の ethnic studies, including African American studies を指している。contribute to ～ は「～に貢献する」，framework は「枠組み」，approve は「～を良いと認める」。以上をまとめて解答とする。

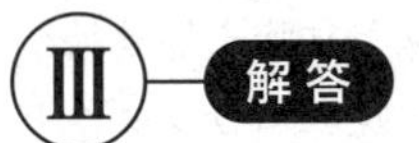

A. (1)— a　(2)— c　(3)— d　(4)— a　(5)— b

B. (ア)— d　(イ)— d　(ウ)— c　(エ)— b　(オ)— a

C. (i)— c　(ii)— d

全訳

《塩と風味の関係》

1　塩が風味に与える影響を理解するには，私たちは，まず風味とは何かを理解しなければならない。私たちの舌は，塩味，酸味，苦味，甘味，うま味の 5 つの味を感じることができる。一方，香りは，私たちの鼻が，何千種類ものさまざまな化学化合物を感じ取ることを必要とする。土っぽい，フルーティー，フローラルなど，ワインの香りを特徴づけるためによく使われる言葉は，香りの化合物を指している。

2　風味は，味覚と香り，そして触覚や聴覚，見た目や温度などの身体的要素の混ざったものである。香りは風味の重要な要素であるため，より多くの香りを感じれば感じるほど，あなたの食べるという体験はよりワクワクするものになる。風邪をひいているときに食事の楽しみが減るのはこのためだ。

3　驚くべきことに，塩は味と風味の両方に影響を与える。私たちの舌は，塩の有無や量を感知することができる。しかし，塩はまた，食品に含まれる多くの香りの化合物を解き放ち，私たちが食べるときにそれらをより感知しやすくする。このことを体験する最も簡単な方法は，塩が入っていないスープを味わうことだ。次にチキンスープを作るときに試せばよい。無塩のスープはつまらない味だが，塩を加えると，それまで感じられなかった新たな香りが感じられるようになる。塩を加えつつ，味見し続けると，塩味だけでなく，鶏肉のうま味，鶏の脂肪のコク，セロリやタイムの土っぽさなど，より複雑で豊かな風味も感じられるようになる。自分好みの味になるまで，塩を足し続け，味見し続ければよい。

4　プロの料理人が，スライスしたトマトを提供する数分前に塩を加えたがる理由のひとつも，このような風味の「解き放ち」にある。つまり，そうすることによって塩がトマトのタンパク質に結合した風味分子を解き放ちやすくなり，一口ごとにトマトの味がより強く感じられるようになるのだ。

5　また，塩には苦味を感じにくくし，苦い料理に含まれる他の風味を強調するという副次的な効果もある。塩は，ビタースウィートチョコレートや，コーヒーアイスクリーム，焦がしキャラメルなど，苦味と甘味を併せ持つ食品の苦味を抑え，甘味を増やす。ソースやスープの苦味のバランスをとるために，私たちは通常，砂糖を使うが，塩は砂糖よりもずっと効果的に苦味を隠すことがわかる。少量のグレープフルーツジュースを使ってどちらが苦くてどちらが甘いかを自分で確かめるとよい。スプーン一杯を味見し，塩をひとつまみ加えてもう一度味見してみよう。苦味がいかに減るかに驚くであろう。

解説

A. **(1)**　本動詞は involves「～を必ず含む，必要とする」なので，空所はその目的語に関連する部分だと考える。直前の our noses を意味上の主語とする動名詞である選択肢 a を選んで「私たちの鼻が，感じ取ること」とすると文意が通る。

(2)　直前の words を修飾する過去分詞である選択肢 c を選んで「しばしば使われる言葉」とすると文意が通る。なお，本動詞は refer である。

(3)　いわゆる the＋比較級＋S V, the＋比較級＋S' V' 構文で，選択肢 b と d が残るが，選択肢 d を選んで「より多くの香りを感じれば感じるほど，あなたの食べるという体験はよりワクワクするものになる」とすると直前の「香りは風味の重要な要素であるため」との記述とも合致する。

(4)　第3段第3文（But salt also …）に「塩はまた，食品に含まれる多くの香りの化合物を解き放ち，私たちが食べるときにそれらをより感知しやすくする」とあり，空所を含む関係代名詞節の先行詞が new aromas「新しい香り」なので，選択肢 a を選んで「塩を加えると，それまで感じられなかった新しい香りが感じられるようになる」とすると文意に合致する。

(5)　第3段は「無塩のチキンスープに塩を加え，風味の変化を体験しよう」という趣旨なので，選択肢 b を選んで「自分好みの味になるまで」とすると最終文として文意が通る。なお，get it right は直訳すると「それを正しい状態にする」であるが，直後に for you があることから，ここでは「それを好みの味にする」くらいで理解すればよい。

B. **(ア)** lies「ある，存在する」なので，d．sits「座っている」を選べば同様の意味になる。lie at the crossroad of ～ は直訳すると「～の交差点に存在する」，つまり「～が交わってできる，～が混ざっている」と解釈できる。a．「発明する」　b．「だます」　c．「思いこがれる」

(イ) Remarkably「驚くべきことに」なので，d．Amazingly「驚くべきことに」が正答となる。a．「間もなく」　b．「結局」　c．「間もなく」

(ウ) adds to ～「～を増やす」なので，c．increases「～を増やす」が正答となる。なお，add *A* to *B*「*A* を *B* に加える」との違いに注意。a．「無料であげる」

(エ) 本問の masks は動詞としての用法で「～をマスクする」すなわち「～を隠す」なのでb．hides「～を隠す」が正答となる。

(オ) 本問の See は後ろの which is bitter and sweet を目的語として「(どちらが苦くてどちらが甘いか) を確かめる」という意味で使われている。よって，a．Discover「～を発見する，悟る」が正答となる。

C. (i)「この文章によると，風味について正しいものはどれか」

a．「風味を理解するためには，鼻が5つの香りを感知することが重要である」

第2段第1文 (Flavor lies at …) に「風味は，味覚と香り，そして触覚や聴覚，見た目や温度などの身体的要素の混ざったものである」とあり，香りは風味の一部でしかないことがわかる。一方，第1段第3文 (On the other …) に「香りは，私たちの鼻が，何千種類ものさまざまな化学化合物を感じ取ることを必要とする」とあり，5つの香りとは書かれていない。よって，誤りである。

b．「舌と鼻は，風味に影響を与える香りの化合物を隠すことができる」

本文にこのような記述はない。

c．「風味は，食べたときに知覚し，感じ，嗅ぎとるものによって決まる」

第2段第1文 (Flavor lies at …) に「風味は，味覚と香り，そして触覚や聴覚，見た目や温度などの身体的要素の混ざったものである」とあり，正答である。

d.「高熱があるときでも，食べ物の風味を楽しむことができる」

第2段最終文（This is why …）に「風邪をひいているときに食事の楽しみが減るのはこの（風味を感じられない）ためだ」とある。よって，誤りである。

(ii)「塩が私たちの味覚にどのような影響を与えるかについて，この文章で述べられていないのはどれか」

a.「私たちの舌は食べ物の塩辛さを識別することができる」

第1段第2文（Our tongues can …）に「私たちの舌は，塩味を感じることができる」とある。

b.「食品に塩が加えられると，隠された風味，味，香りが解放される」

第3段第3文（But salt also …）に「塩はまた，食品に含まれる多くの香りの化合物を解き放ち，私たちが食べるときにそれらをより感知しやすくする」とある。

c.「塩はトマトの味を強くする」

第4段最終節（each bite will …）に，塩を加えた結果として「一口ごとにトマトの味がより強く感じられるようになる」とある。

d.「砂糖に塩を加えるのは，風味のバランスをとるために効果的である」

本文にはこのような記述はない。

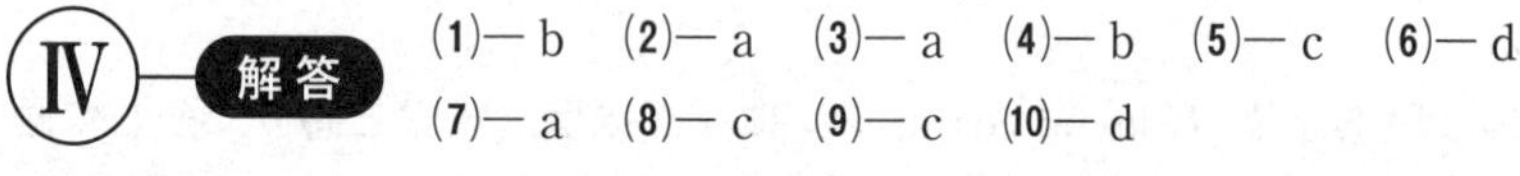

(1)— b　(2)— a　(3)— a　(4)— b　(5)— c　(6)— d
(7)— a　(8)— c　(9)— c　(10)— d

解説

(1)「どんなに困難であっても，期限内にそのプロジェクトを完了しなければならない」

複合関係詞の問題で，直後に形容詞があるのがポイント。ever をとって成立するものを考えるとわかりやすい。

(2)「その製品は OX 社では製造も販売もしていない」

neither *A* nor *B*「*A* も *B* も～ない」

(3)「彼女が家に帰ると，窓ガラスが1枚割れていた」

to find は，結果の不定詞である。

(4)「私たちは2匹の犬のうち大きい方を選んだ」

「2つのうちでより～」を表すには，比較級であっても直前に the をつける。なお，最上級は，対象物が3つ以上の場合しか用いることができない。

(5)「全従業員は当社の方針を読み，それに従うよう求められている」

request *A* to *do*「*A*に～するように求める」の受動態が本問では問われている。

(6)「あなたがロサンゼルスに戻るころには，私たちは仕事を終えているでしょう」

by the time は接続詞で，時と条件の副詞節を導いているため現在形 come が用いられているが，内容は未来のことを表している。よって主節は未来形にすべきで選択肢 d が正答となる。

(7)「道路は現在工事中です」

under construction「建設中で」

(8)「ご不明な点がございましたら，ご遠慮なくお問い合わせください」

If S should *do*「万一Sが～するなら」の If が省略されることで，Should S *do* という倒置構文が生じている。

(9)「更新しないと，あなたの会員資格は30日後に失効します」

in＋日数などで「(今から)～後に」の意。

(10)「疲れている時は，運転は避けるべきです」

avoid *doing*「～することを避ける」

V 解答 **A.** (2番目，7番目の順に) (1)―d，f (2)―d，b

B. 〈解答例1〉There is no telling when an earthquake will happen (, so we must always be prepared for them.)

〈解答例2〉Earthquakes can〔may〕occur at any time (, so we must always be prepared for them.)

〈解答例3〉We never know when earthquakes will occur (, so we must always be prepared for them.)

解説

A. (1) (It is) only when we come to realize the meaning of life (that we can feel true joy.)　強調構文 It is ～ that … で空所部分が強調されている。It is only when S V that S' V'「SがVしてはじめてS'がV'す

る」 come to *do*「～するようになる」

(2) (There) is nothing more desirable as physical exercise than (walking at a faster pace, which seems to be more effective than running.) 否定を使った比較で最上級の意味を表している。There is nothing more ～ than …「…より～なものはない，…が最も～だ」 as physical exercise の as は前置詞で「～として」。

B. 〈解答例 1〉は，there is no *doing*「～することはできない」という表現を用いた。「地震がいつ起こるか」という部分は間接疑問文を用いて表現できる。〈解答例 2〉は，和文を少し読み替えて解答した。〈解答例 3〉は，we never know ～ と人を主語にして表現した。和文英訳では，和文の一言一句にこだわらないほうが解答しやすくなることもあるので参考にしてほしい。なお，「(地震が) 起こる」は occur，happen の他には take place「起こる」，strike「襲う」なども考えられるだろう。

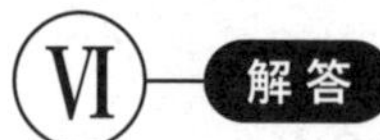

(1)—d　(2)—c　(3)—a　(4)—c　(5)—b　(6)—a
(7)—b　(8)—d　(9)—c　(10)—a

全訳

《アルバイトの面接》

サクラは，学生アルバイトの面接のため，ある会社を訪れている。

サクラ：こんにちは，10時の面接に伺いました。

受付係：お名前をお聞かせください。

サクラ：ハナイサクラと申します。

受付係：ちょっと調べてみます。はい。準備ができています。5号室へどうぞ。

サクラ：どちらでしょうか？

受付係：まっすぐ行って右に曲がってください。左手にございます。

サクラ：ありがとうございます。

(部屋の中で)

面接官：お座りください。こんにちは。人事部長のレジー=ブルーノです。

サクラ：はじめまして。ハナイサクラです。

面接官：では，早速ですが，ご自身のことを少し教えていただけますか？

サクラ：はい。現在，KG大学で工学を学んでいて，とても充実しています。それと，将棋を 14 年続けています。また，趣味はダンスです。

面接官：それは素晴らしい。いろいろなことに興味をお持ちで，とても魅力的です。この仕事の募集をどのように知ったか教えてくれますか？

サクラ：もちろんです。御社のホームページで募集を見ました。インターネットを見ていたら，御社の学生向け求人広告が目に留まりました。御社は，社員のさらなるキャリアアップのために，さまざまな資格取得を奨励し，経済的に支援していると書いてありました。そこに私はとても関心を持ちました。

面接官：しっかりと，面接の準備をしてきましたね。では，あなたの最大の強みは何だと思いますか？

サクラ：私の最大の強みは，将棋とダンスで培った精神的な強さと負けん気だと思います。

面接官：なるほど。精神的な強さと負けん気。これらはいくらあってもいいと私は思います。では，最後にもうひとつ聞かせてください。あなたは大学生ですから，平日は講義や授業に出席していると思います。そうですよね？　日曜日と祝日はオフィスが休みなので，どれくらいの頻度でオフィスに出勤できるでしょうか？

サクラ：今年度は水曜日に授業がありません。午前中だけ授業がある日もあります。

面接官：なるほど。本日は以上です。来てくださりありがとうございました。結果は数日中にご連絡いたします。

サクラ：ありがとうございました。良い知らせを楽しみにしています。

解説

(1) 会話文は最初の状況設定をよく読もう。本文は学生アルバイトの面接である。学生の訪問を受けての受付係の発言である。d．May I have your name?「お名前をお聞きできますか？」が正答となる。

(2) c．Where can I find it?「それはどこにありますか？」 it は直前の Room 5 を指す。

(3) a．to get started「早速ですが，初めに」 何かを始める際の決まり文句。d．first and last「終始一貫して」

(4) 大学生活について述べた後に付け加えているので，c．Besides「～に加えて」が正答。この Besides は前置詞。

(5) 直後に「御社の学生向け求人広告」とあるので，b．noticed「〜に気づいた」が正答である。a．saw against は「〜を背景にして見た」。c．happened to は happen to *do*「たまたま〜する」という形で使う。本文は直後に名詞がきており不適である。d は「〜を添付した」。

(6) a．That's something を選んで That's something I really appreciate.「それが私が本当に評価することです」とすると文意が通じる。That は直前の「資格取得の奨励や経済的支援」を指している。

(7) b．what would you say is (your greatest strength?) とすると「何をあなたは自分の強みであると言いますか」，つまり「あなたの最大の強みは何だと思いますか？」となり，文意が通じる。

(8) 次の文以降で最後の質問をしているので，d．let me ask you one more thing「もうひとつ聞かせてください」が文意に沿う。

(9) 前の how often，後ろの the office から出勤できる頻度を聞いているとわかるので，c．come to を選んで「どれくらいの頻度でオフィスに出勤できるでしょうか？」とすると文意に沿う。a．「〜を取り除く」

(10) a．that's all for now「本日は以上です」は締めの言葉として使われる決まり文句である。b．「私にはそれがすべてです」 c．「いちかばちかです」 d．「丸一日です」

講評

2024 年度も，大問 6 題の出題であった。読解，文法・語彙，語句整序，英作文，会話文で構成されている。読解の中にも文法・語彙・構文の知識を問うものが含まれている。

読解：Ⅰ〜Ⅲの英文は，全体としてほぼ例年通りの分量で，すべて受験生が興味を持って読める論旨明快な文章であった。設問は空所補充，同意表現，内容真偽，英文和訳が出題されている。内容真偽問題の選択肢は英文の出題のみ。英文和訳は，Ⅰでは無生物主語や第 5 文型，Ⅱでは指示語の内容説明が要求された。空所補充問題では単語の意味と語法の知識および文脈把握力がバランスよく問われている。標準的な語彙力・文法力はもちろん，該当段落や本文全体の要旨に気を配り大きく選択肢を見る力も必要である。また，消去法も解答の際の助けとなる。

文法・語彙：Ⅳは語句の空所補充。動詞の語法をはじめ文法の知識をまんべんなく問う出題である。Ⅴ－Aの語句整序は，(1)では，強調構文や come to *do*「～するようになる」といった表現が，(2)では，比較級の否定を用いた最上級表現が問われた。

英作文：Ⅴ－Bの和文英訳は基本的な英作文の力が問われた。

会話文：Ⅵの空所補充は，会話の流れに沿った応答文を選ぶ力と合わせて語彙・文法力も問われている。

全体として 2024 年度も，多様な問題構成の中で基本的な英語の運用能力を問う出題であった。設問は基本的なものが多く選択肢をしっかりと吟味したうえで確実に得点したい。基本的な知識を確実にものにしたうえで，柔軟に問題に対処する力を養うことが大切である。

日本史

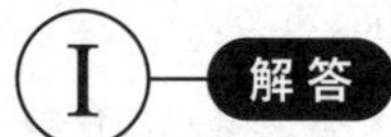

1―ア　2―イ　3―イ　4―エ　5―イ　6―ウ
7―エ　8―ウ　9―イ　10―ア

解説

《原始～近現代の小問集合》

2． a．正文。

b．誤文。現在の京都御所は，かつての平安京左京の北部に位置する。教科書掲載の地図で確認しておこう。

3． a．正文。唐招提寺金堂は，現存する唯一の天平期金堂といわれる。飛鳥仏の救世観音像で有名な法隆寺夢殿は，飛鳥文化ではないので注意が必要である。

b．誤文。南都六宗は平城京の周辺で栄えた。

4． a．誤文。福原遷都は，わずか半年ほどの期間であった。

b．誤文。刈田狼藉の取締りが守護に認められるのは南北朝動乱期である。大犯三カ条は大番催促，謀反人の逮捕，殺害人の逮捕。

5． a．正文。15 世紀前期の 1429 年，尚巴志によって三山が統一され琉球王国が建てられた。

b．誤文。按司は琉球各地にあらわれた豪族のことである。

6． a．誤文。宇佐は，道鏡を皇位につけよという神託で有名な八幡神社（宮）のあるところで，浄土真宗（一向宗）の門徒がつくりあげた寺内町ではない。

b．正文。イエズス会宣教師のガスパル=ヴィレラは『耶蘇会士日本通信』の中で，自治都市の堺をベニス（イタリアのヴェネチア）のようだと例えている。

7． a．誤文。棄捐令ではなく旧里帰農令。棄捐令は旗本・御家人救済のため，6 年以前という時期を設けて札差への負債を破棄させたもの。

b．誤文。家族と単身者の内容が逆である。

8． a．誤文。4 藩主が上表したのは廃藩ではなく版籍奉還。

b．正文。1888（明治 21）年，市制・町村制が公布され，政府の強い統制のもとではあるが，地域の有力者を担い手とする地方自治制度が確立した。

9. a．正文。

b．誤文。治安警察法の制定は第２次山県有朋内閣である。

10. a．正文。1918年の大学令では認められなかった女子大学も，戦後に認められるようになった。

b．正文。

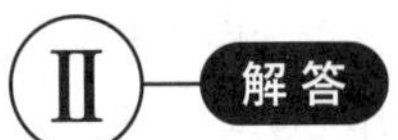

1―エ　**2**―ア　**3**―イ　**4**―ア　**5**―エ　**6**―イ
7―エ　**8**―ウ　**9**―イ　**10**―ウ

解説

《中世～近世の産業・経済》

1. エ．正文。室町時代には，収穫の時期に差をつける早稲・中稲・晩稲の作付けが普及した。

ア・イ．ともに誤文。踏車や金肥が使用されるようになるのは江戸時代である。

ウ．誤文。三毛作は室町時代に畿内でおこなわれるようになる。

2. ア．誤り。醤油の産地は京都・龍野（播磨）・湯浅（紀伊）。江戸時代には下総の野田・銚子でも生産が盛んになった。

3. イ．誤文。中世の関所は，おもに関銭を徴収するための経済的目的で設置されることが多かった。また，陸路だけでなく海路（港）にも置かれ，津料を取った。特に有名なのは，入船納帳が現存している兵庫（もとの大輪田泊）の北関だろう。ちなみに軍事的理由で関所を設けたのは古代，治安・警察的理由で設けたのは江戸時代である。

4. ア．正文。遠隔地間の取引に手形を用いる方法は鎌倉時代から見られ，使用する手形を替銭や割符という。

イ．誤文。撰銭令は，悪銭と良銭の交換比率を決め（例えば悪銭２枚＝良銭１枚），貨幣流通の円滑化をはかったもので，「区別せず，同等に扱う」は誤りである。室町幕府や戦国大名が発令したもので，朝廷からは出されていないことも押さえておこう。

ウ．誤文。私鋳銭は，戦国大名など権力側ではなく民間で鋳造された銭である。

エ．誤文。高利貸し業者に課税を行ったのは室町幕府であるが，室町時代の高利貸し業者は土倉や酒屋と呼ばれる。借上は鎌倉時代の高利貸し業者，社倉は江戸時代の農村に義倉とともに設けられた凶作対策の倉である。

5. すべて誤文。ア．誤文。六斎市が定着するのは，応仁の乱後の戦国時代で15世紀である。

イ．誤文。常設の小売店を見世棚（店棚）というが，振売は，商品を天秤棒にぶら下げて売り歩く行商人である。

ウ．誤文。大山崎を拠点としたのは，石清水八幡宮（離宮八幡宮）を本所とし，灯油に用いられた荏胡麻油の販売独占権を与えられた油座である。北野社（菅原道真を祀る北野天神）を本所としたのは麴座である。他にも，祇園社の綿座が有名である。

6. イ．正文。このような豪農が工場制手工業を営んだり，在郷商人へと成長したりしていった。

ア．誤文。陸路ではなく海路での安全をめざした。大坂～江戸を結ぶ南海路には菱垣廻船や樽廻船が就航していたが，一旦，海難事故が発生すると，積み荷はすべてダメになるため，そのための相互保険という意味合いで仲間同士の連合組織がつくられた。

ウ．誤文。江戸の魚市場は日本橋に置かれ，関東大震災での被災をきっかけに築地に移転した。

エ．誤文。在郷商人を中心に生産地百姓らが行った合法的集団訴訟を国訴という。1823年の摂津・河内のものが有名であるが，これは綿作・菜種をめぐるもので，干鰯ではない。

7. エ．正文。幕府公用の継飛脚から始まり，ついで大名飛脚，そして町飛脚という順で創設された。町飛脚は，三度飛脚（月に三度出発）や定六（東海道を六日で走破）などとも呼ばれた。

ア．誤文。中国街道ではなく，日光道中である。

イ．誤文。商人など庶民が宿泊したのは，旅籠や木賃宿である。問屋場は，各宿駅にある人馬や荷物の取継施設である。

ウ．誤文。人馬を常に準備しておくのは伝馬役で，人馬が不足した場合，それを補うのが助郷役である。百姓にとっては重い負担になるため，伝馬騒動や助郷役反対一揆の原因ともなった。

8. ウ．正文。1730年に運航を始めた樽廻船は，荷積みが迅速で早く到着するため，次第に菱垣廻船を凌駕して発展していった。

ア．誤文。菱垣廻船は，大坂と江戸の間を結んだ船である。

イ・エ．ともに誤文。東西航路や安治川を整備したのは，河村瑞賢（軒）である。

9． イが正解。徳川家康の江戸初期の元号（年号）は，豊臣秀吉以来の「慶長」が使われていた。この時鋳造された慶長小判は金の含有率（量）が高い質の良いものだったが，のちに５代将軍綱吉の時に，金の含有率（量）が低い元禄小判に改鋳された。３代将軍家光の時代を象徴する元号（年号）は「寛永」である。一般庶民が普段使用する銭貨である寛永通宝はこの時から発行が始まった。ちなみに元文小判は，８代将軍吉宗の時代，米価を上げる目的で発行した質の低い小判である。

10． ウ．誤文。問屋制家内工業とは，都市の問屋商人が，農村の家内工業者に器具や材料を貸し，出来上がった製品を買い取る生産形態である。製品を作った家内工業者が自由に販売するのではない。

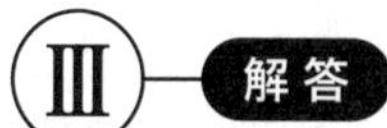

1―イ　**2**―イ　**3**―ウ　**4**―ア　**5**―ウ　**6**―イ
7―イ　**8**―エ　**9**―ア　**10**―エ

解説

《壬申の乱，ポーツマス条約》

1． 正解はイ。設問１・２・３を先に見て，大まかに壬申の乱であることがわかる。①の弟が②であり，②が①の娘である③菟野皇女を妃にしている。これらを総合して考えると．①はイ．天智天皇がふさわしい。

2． 正解はイ。出だしさえ慎重に設定ができれば，②は天智天皇の「同母弟」だから大海人皇子，④は大友皇子と想定できる。

3． 正解はウ。大海人皇子（天武天皇）の妃が天皇となったので持統天皇である。よって，ウ．「飛鳥浄御原令が施行された」を選ぶ。ア・エはともに天武天皇の時代，イは元明天皇の時代である。

4． 正解はア。近江朝庭の時代とは，近江大津宮の時代，つまり天智天皇の時であるから，ア．庚午年籍がふさわしい。

5． 正解はウ。史料文４行目から，「（大海人皇子は）天皇からの提案を辞して言った」「私は不幸にも多くの病を抱えており，国家を保つことはできません。…よって　④　（大友皇子）を立てて，儲君（＝皇太子）としてください」とある。よって「天皇として即位させることを提案した」わけではない。

ア．正文。史料文3行目の終わりから「天皇（天智天皇），東宮（大海人皇子）に勅して鴻業を授く」の部分が相当する。

イ．正文。史料文下から3行目に「近江朝庭の臣等，朕が為に害はむことを謀る」の部分が相当する。

エ．正文。史料文下から3行目に「美濃国に往りて…当郡の兵を発せ」とあり，美濃国で軍勢を徴発せよ，という命令が下されていることがわかる。

6．イが正しい。「露西亜」「日本」「旅順」「大連」などから，史料はポーツマス条約であるとわかる。1897年をもって，「朝鮮国」から「大韓帝国（韓国）」と国名が変わっているので，イの韓国が正解となる。史料問題を解く際，下関条約（1895年）までは「朝鮮国」，日英同盟協約（1902年）からは「韓国」と覚えておこう。

7．イが誤り。1905年，遼陽に置かれた関東総督府を，翌年，旅順に移し，名称も関東都督府と改めた。

ア．正文。旅順・大連を含む遼東半島の先端部を関東州と呼んだ。

ウ．正文。ポーツマス条約で得た旅順・大連の租借権と，南満州鉄道の経営権は，1915年の二十一カ条要求で99年間延長された。

エ．正文。関東都督府は1919年に廃され，行政担当の関東庁と，軍事（南満州鉄道の警備）を司る関東軍が置かれることになった。

8．エが正しい。ポーツマス条約で日本がロシアから譲り受けた東清鉄道の一部は，長春から旅順までである。

9．アが正しい。北緯50度以南の樺太（サハリン）が日本に割譲された。空欄の直後に「南部」とあるので，アが選べるだろう。

10．エが正しい。

ア．誤文。フランクリン=ローズヴェルトではなく，セオドア=ローズヴェルトである。

イ．誤文。ポーツマスはアメリカの港町である。

ウ．誤文。日本側の全権は小村寿太郎。

Ⅳ 解答

1―ウ　2―イ　3―ウ　4―ア　5―エ　6―エ
7―イ　8―ア　9―エ　10―ア

解説

《近現代の文化》

1. ウが正しい。1873年，明治6年に森有礼を社長として結成された啓蒙思想団体が明六社。機関誌の『明六雑誌』は讒謗律・新聞紙条例で廃刊となった。なお，中江兆民は参加していないので注意しよう。

ア．誤文。福沢諭吉の著書は『西洋事情』『学問のすゝめ』『文明論之概略』の3つを覚えよう。『西洋紀聞』は新井白石の著書である。

イ．誤文。王権神授説は，国王の権力は神から与えられたものだという考えであるのに対し，中江兆民らが唱えていたのは，すべての人は生まれながらに自由で平等であるという天賦人権説である。

エ．誤文。『西国立志編』は加藤弘之ではなく中村正直である。

2. イが正しい。原敬内閣時の1918年に大学令が公布され，それまでの官立帝国大学以外に，単科や公立・私立大学も認められるようになった。ただし，女子大学が認められるのは戦後であるから注意しよう。

ア．誤文。私立大学が認められるのは，大正時代の大学令である。

ウ．誤文。1872年に公布された学制の基本理念は国民皆学であり，男女に等しく小学校教育を施すことを目的としている。ただし初期においては，就学率は男子約40％，女子は約20％というのが現実であった。

エ．誤文。1886年公布の学校令（帝国大学令）によって，当時設立されたのは（東京）帝国大学のみであり，京都帝国大学の設立は，のちのことである。

3. ウが誤り。フェノロサと岡倉天心の尽力で設立された東京美術学校は，伝統的日本美術の復興を目的としていた。

ア．正文。札幌農学校の出身者には内村鑑三や新渡戸稲造がいる。

イ．正文。ボアソナードの民法に対しては論争が起き，穂積八束は「民法出でて忠孝亡ぶ」と非難した。

エ．正文。イギリス人コンドルは鹿鳴館の設計でも有名で，弟子には，日本銀行本館・東京駅を設計した辰野金吾もいる。

4. 正解はア。幕末に設立された種痘館（種痘所）を想起する，または，ラジオ放送開始が大正時代末の1925年（20世紀）であることがわかれば，ウ・エは消去できる。次に，脚気の研究とビタミンB1（オリザニン）の抽出はどちらも鈴木梅太郎であるので，イが誤り。よって，アが正解と導ける。

5．正解はエ。白樺派は，武者小路実篤を理論的指導者とした文学者グループで，人道主義・理想主義を追求した。雑誌『スバル』を中心に活動した耽美派の永井荷風・谷崎潤一郎と区別して覚えておこう。

ア．誤文。『金色夜叉』の著者は尾崎紅葉である。

イ．誤文。『古寺巡礼』の著者は和辻哲郎である。

ウ．誤文。日本社会主義論争ではなく，日本資本主義論争である。

6．正解はエ。人民戦線事件で検挙された人物としては，日本共産党の結成に関わった山川均，サンフランシスコ講和に際して全面講和を唱えた大内兵衛，傾斜生産方式を提唱した有沢広巳，革新首長として東京都知事となった美濃部亮吉を押さえておこう。

ア．誤文。獄中から転向声明を出した共産党幹部は，佐野学と鍋山貞親である。

イ．誤文。滝川幸辰の休職処分は，文部大臣であった鳩山一郎の要求によるものである。

ウ．誤文。矢内原忠雄が大学を追われたのは，日中戦争勃発の年に当たる1937年である。

7．正解はイ。空欄③は「大衆娯楽雑誌」から，容易に『キング』を選べるだろう。空欄④は教科書での扱いがほとんどないので，迷ったかもしれない。ジャズの流行は大正時代から，ロックは戦後からである。よって，戦時下に禁止されたのはジャズが正しい。

8．アが誤り。理化学研究所は第一次世界大戦中の1917年設立。のちに理研コンツェルンを形成することがわかれば「戦後」ではないと判断できる。ちなみに日本学術会議であれば正文となる。

9．すべて誤り。ア．誤文。松本清張は推理小説，司馬遼太郎は歴史小説で著名な作家であり，代表作はそれぞれ『点と線』，『竜馬がゆく』を押さえておこう。なお，このような純文学と大衆小説の要素をあわせ持つものを中間小説と総称する。

イ．誤文。映画監督として評価されたのは黒澤明と溝口健二であり，野間宏は『真空地帯』で著名な作家である。

ウ．誤文。美空ひばりは戦後を象徴する歌手であるが，「リンゴの唄」を歌ったのは並木路子である。

10. アが誤り。兼業農家割合は「減少」ではなく「増加」した。高度経済成長期を通じて専業農家の割合は減少し，1970年には，第2種兼業農家の割合が全農家の50％に達した。

講評

Ⅰ　例年通りの，2文の正誤判定問題である。範囲は原始から戦後まで幅広く網羅されており，分野も政治・社会・文化と満遍なく出題されている。1．aや7．bは詳細な知識が求められているので判断に迷ったかもしれない。また，10．bは戦後史をしっかり学習していないと対応できない問題だった。ただし大半は通常の学習で解けるので，取りこぼしなく得点を重ねていきたい。

Ⅱ　中世～近世の産業・経済を問うものが中心であった。ほとんどが正文・誤文選択問題で，中には「すべて正しい（誤っている）場合は」という設問条件もあるため，しっかりとした知識と集中力が求められる。Ⅰもそうであるが，正誤判定問題で正解するためには，単に歴史用語や人名を覚えるのではなく，その内容もセットにして理解しておく必要がある。

Ⅲ　典型的な史料問題である。設問5は，史料の内容を読み取ること，設問6は「朝鮮」と「韓国」で迷わないこと，設問7の選択肢イ・エは詳細な知識を押さえておくことが要求されており，差のつく部分であっただろう。

Ⅳ　近現代の文化史からの出題であった。文化史，特に近現代の部分は，学習が間に合わなかったという受験生が多い。よって，この10問で相当大きく差が開いたのではないだろうか。設問1のように，用語そのものが誤っている比較的簡単な問題もあれば，設問2・6・8・9・10のように，少しでも気を緩めると失点してしまう集中力が求められるものもある。正誤判定の出来不出来で合否が分かれるといっても過言ではない。平素から，歴史用語はその内容や時期まで含めて学習する意識を持ちたい。

世界史

イ－a　ロ－c
①－b　②－c　③－d　④－a　⑤－b　⑥－c

解説

《古代～近世のヨーロッパ文化》

①　b．誤文。『ローマ建国史』(『ローマ建国以来の歴史』) を著したのはリウィウス。ウェルギリウスは『アエネイス』の著者。

②　c．誤文。学芸のパトロンとなったメディチ家出身の教皇はレオ10世。彼がサン=ピエトロ大聖堂改築資金のために贖宥状販売を許可したことが，宗教改革を招いた。

③　d．誤文。ミラノの教会にある「最後の晩餐」を描いたのはレオナルド=ダ=ヴィンチ。ミケランジェロは，ヴァチカンのシスティナ礼拝堂正面祭壇画として「最後の審判」を，天井画として「天地創造」を描いた。

④　a．誤文。『ユートピア』を著したのはイギリスの人文主義者であるトマス=モア。シェークスピアはエリザベス1世時代に活躍した劇作家で，『ハムレット』や『ヴェニスの商人』などで知られる。

⑤　b．誤文。羅針盤は中国の宋代に実用化されたのち，イスラーム世界を経てヨーロッパに伝わり，イタリアで改良された。

⑥　c．誤文。ライプニッツはドイツの哲学者・数学者で，著書に『単子論』がある。

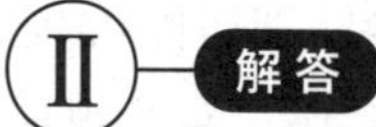

イ－d　ロ－a
①－a　②－d　③－b　④－c　⑤－a　⑥－d

解説

《第1次ロシア革命，二月革命，十月革命》

①　a．誤文。「血の日曜日事件」はモスクワではなくペテルブルクで発生した。

②　d．誤文。ブルガリアは青年トルコ革命に乗じて独立した（1908年）。その後バルカン同盟の一員となり，第1次バルカン戦争（1912～13年）

に勝利したが，第２次バルカン戦争（1913年）では敗北した。
③　b．誤文。第一次世界大戦に際して崩壊したのは第２インターナショナル。1863年のポーランド民族蜂起を機に結成された第１インターナショナルは，パリ=コミューン後に各国政府の弾圧が激しくなるなかで1872年に実質的に解散した。
④　c．誤文。レーニンが発表した「四月テーゼ」では，臨時政府を認めず，全権力をソヴィエトに移すことが主張された。
⑤　a．誤文。ソヴィエト政権はボリシェヴィキと社会革命党左派によって樹立された。
⑥　d．誤文。ムスタファ=ケマルはトルコ革命を指導してスルタン制を廃止し，1922年にオスマン帝国は崩壊した。青年トルコ革命は，1908年にミドハト憲法復活を目指した青年将校らが起こした革命。

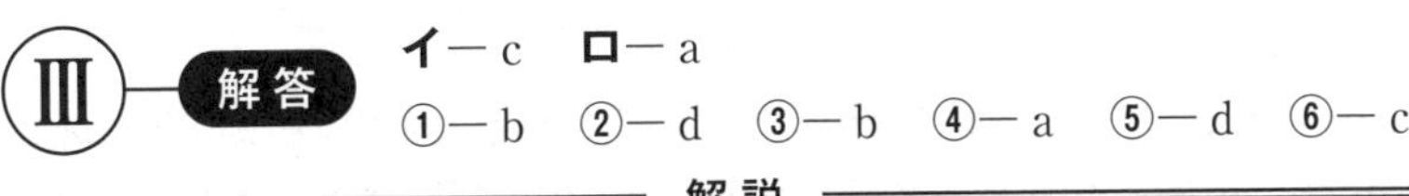

Ⅲ　解答　イ―c　ロ―a
①―b　②―d　③―b　④―a　⑤―d　⑥―c

解説

《パルティア～ササン朝時代の西アジア》

①　b．誤文。パルティアは建国当初はヘレニズム文化を継承したが，民族意識が強まると次第にペルシア文化の復興を図った。
②　d．誤文。シュメール人が建設した都市国家であるウル・ウルク・ラガシュなどは，いずれもメソポタミア南部に位置する。
③　やや難。b．誤文。アラブ人はイスラーム教成立以前から多くの国家を建設していた。
④　a．誤文。パルティア遠征で戦死したのは第１回三頭政治に参加したクラッスス。同じく第１回三頭政治に参加したポンペイウスは，カエサルとの内戦に敗れたのちエジプトで暗殺された。
⑤　d．誤文。ササン朝は，匈奴ではなく突厥と結んでエフタルを滅ぼした。
⑥　c．誤文。クシャーナ朝では上座部仏教ではなく大乗仏教が保護され，ヘレニズム文化の影響も受けてガンダーラ美術が発展した。

Ⅳ　解答

イ－c　ロ－b
①－c　②－a　③－a　④－b　⑤－d　⑥－d

解説

《ベトナムの歴史》

①　c．誤文。ドンソン文化では青銅器に加えて鉄器も使用された。

②　a．誤文。日南郡などの南海9郡を設置したのは，秦の始皇帝ではなく前漢の武帝。

③　a．誤文。陳朝が撃退したのは，チンギス=ハンではなくフビライ=ハンが率いた元軍。

④　やや難。b．誤文。南海郡は，ベトナム北部のハノイではなく，現在の中国広東省に置かれた。

⑤　d．誤文。フランス領インドシナ連邦は1887年にベトナム（コーチシナ・アンナン・トンキン）とカンボジアを併せて成立し，1899年にラオスも統合された。

⑥　d．誤文。ファン=ボイ=チャウは第二次世界大戦中の1940年に死亡している。戦後，フランスが建てたベトナム国の元首に擁立されたのは，阮朝最後の王であるバオダイ。

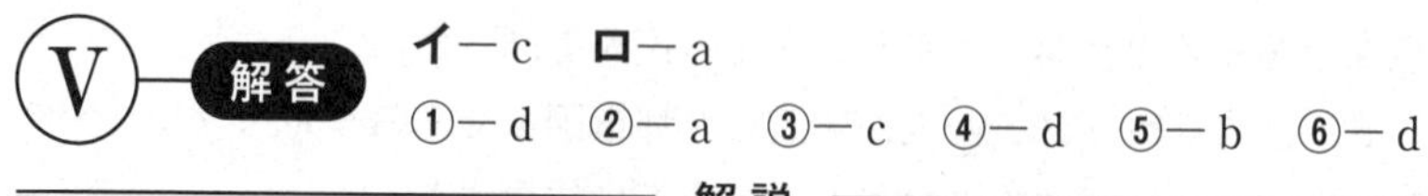

Ⅴ　解答

イ－c　ロ－a
①－d　②－a　③－c　④－d　⑤－b　⑥－d

解説

《17世紀以降のオセアニアの歴史》

①　難問。d．誤文。1893年，ハワイでアメリカ系市民が革命を起こして臨時政府を樹立した。これにより女王リリウオカラニは同年自ら退位し，ハワイは共和国となった。その後アメリカ=スペイン戦争中の1898年に，ハワイはアメリカ合衆国に併合された。

②　やや難。a．誤文。ミクロネシアは西太平洋の赤道以北に点在する島々の総称。スペインの支配下にあったが，マーシャル諸島・カロリン諸島・マリアナ諸島（グアム島を除く）などはアメリカ=スペイン戦争後の1899年にドイツに売却された。ドイツ領南洋諸島と呼ばれたこれらの地域は，第一次世界大戦後に日本の委任統治領となった。

③　やや難。c．誤文。1840年のワイタンギ条約でイギリス植民地とな

ったニュージーランドは，1907年に自治領となった。その後，1931年のウェストミンスター憲章でイギリス本国と対等な地位が認められ，1947年に独立した。

④　難問。d．誤文。オーストラリアでは19世紀半ばの金鉱発見後，中国人労働者や太平洋諸島民などが多数流入したことへの反発から白豪主義と呼ばれる移民制限策が取られ，イギリスの自治領となった1901年には白人以外の移民が禁止された。移民制限法が撤廃されて白豪主義が消滅したのは，第二次世界大戦後の1970年代のことである。

⑤　やや難。b．誤文。サンフランシスコ会議は，第二次世界大戦終結前の1945年4月から6月にかけて開かれた。

⑥　やや難。d．誤文。環太平洋連携協定（TPP）から離脱したのはオバマ政権ではなくトランプ政権。

講評

Ⅰ　古代～近世のヨーロッパ文化がテーマであった。空所補充問題，誤文選択問題ともに基礎的内容であった。④・⑥のような問題に対応するためにも，文化史は人物とその国籍，功績を必ず結び付けておきたい。

Ⅱ　第1次ロシア革命，二月革命，十月革命を題材として，ロシア以外の諸外国における革命についても問われた。空所補充問題は標準レベル。③・④は選択肢に詳細な内容が含まれているため正誤の判定で悩む可能性がある問題であった。

Ⅲ　パルティア～ササン朝時代の西アジアをテーマとした大問。空所補充問題，誤文選択問題ともに基礎的内容が問われたが，③のイスラーム以前のアラブ人に関する問題は詳細な知識が含まれ，やや難であった。

Ⅳ　ベトナムの通史を題材に，中国史やフランスの植民地支配についても出題された。ハノイに関する④がやや難であったが，他は基礎的内容が問われており，得点源としたい大問である。

Ⅴ　オセアニア地域をとりまく歴史から出題された。空所補充問題は2問とも見逃しやすい知識が問われた。①～⑥は年代などを含む詳細な知識が問われたため難度が高く，オセアニア地域であることを加味すると得点が伸びにくい大問であったと思われる。

数　学

1 **解答** (1)**ア.** $-\dfrac{7}{4}$　**イ.** $a>2\sqrt{2}+2$　**ウ.** $\dfrac{13}{2}$

(2)**エ.** 24　**オ.** 20　**カ.** 6　**キ.** 145　**ク.** -39

解説

《小問2問》

(1)　$f(x)=-x^2+ax-a-1\quad(a>0)$

(i)　$a=3$ のとき

$$f(x)=-x^2+3x-4$$
$$=-\left(x-\frac{3}{2}\right)^2-\frac{7}{4}$$

よって，$f(x)$ の最大値は　$-\dfrac{7}{4}$　→ア

(ii)　$f(x)=-\left(x-\dfrac{a}{2}\right)^2+\dfrac{a^2}{4}-a-1$

放物線 $y=f(x)$ が x 軸の正の部分と，異なる2点で交わる条件は

$$\begin{cases}(\text{頂点の } y \text{ 座標})=\dfrac{a^2}{4}-a-1>0 & \cdots\cdots①\\ \text{軸}：x=\dfrac{a}{2}>0 & \cdots\cdots②\\ f(0)=-a-1<0 & \cdots\cdots③\end{cases}$$

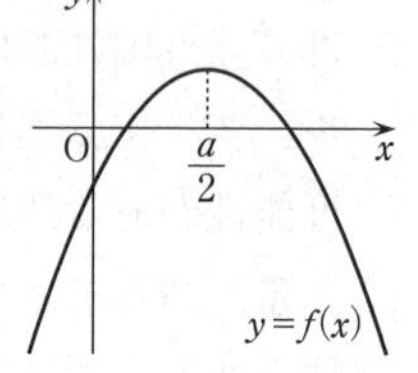

①より

$$a^2-4a-4>0$$
$$a<2-2\sqrt{2},\ 2+2\sqrt{2}<a\quad\cdots\cdots①'$$

②より

$$a>0\quad\cdots\cdots②'$$

③より

$$a>-1\quad\cdots\cdots③'$$

よって，a の取りうる値の範囲は，①′かつ②′かつ③′より

$$a>2\sqrt{2}+2\quad→イ$$

(iii)　軸：$x=\dfrac{a}{2}$（>0）が$0\leqq x\leqq 3$の範囲に含まれるときと含まれないときに場合分けして考える。

(Ⅰ)　$0<\dfrac{a}{2}\leqq 3$，すなわち，$0<a\leqq 6$のとき

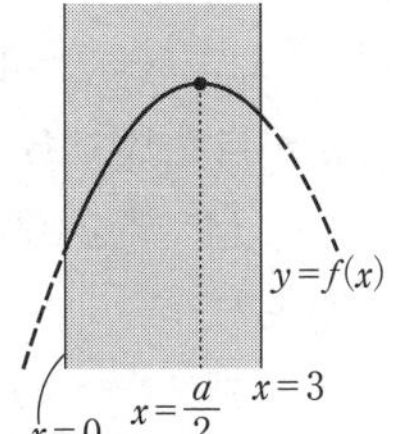

グラフより，$f(x)$の最大値は

$$f\left(\frac{a}{2}\right)=\frac{a^2}{4}-a-1$$

これが3となるaの値は

$$\frac{a^2}{4}-a-1=3 \quad \text{すなわち} \quad a^2-4a-16=0$$

より，$a=2\pm 2\sqrt{5}$となるが，$0<a\leqq 6$を満たさない。

(Ⅱ)　$3<\dfrac{a}{2}$，すなわち，$a>6$のとき

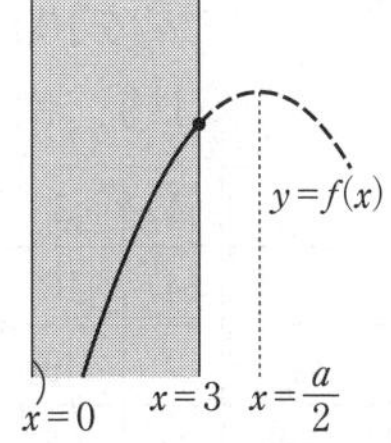

グラフより，$f(x)$の最大値は

$$f(3)=2a-10$$

これが3となるaの値は

$$2a-10=3 \quad \text{すなわち} \quad a=\frac{13}{2}$$

（$a>6$を満たす）

よって，(Ⅰ)，(Ⅱ)より，$0\leqq x\leqq 3$における$f(x)$の最大値が3となるときのaの値は

$$a=\frac{13}{2} \quad \to ウ$$

(2)　自然数nにおいて，a_nは4^nを100で割った余り，b_nは7^nを100で割った余りである。

(i)　$4^5=1024=100\times 10+24$より

$$a_5=24 \quad \to エ$$

また

$$\begin{aligned}4^{10}&=(4^5)^2=(100\times 10+24)^2\\&=100M+24^2 \quad (M=100\times 10^2+2\times 240 \text{とおいた})\\&=100(M+5)+76\\&=100N+76 \quad (N=M+5 \text{とおいた})\end{aligned}$$

であるから

$$4^{n+10}-4^n=4^n(4^{10}-1)$$
$$=4^n(100N+76-1)$$
$$=4^{n-1}\cdot 4(100N+75)$$
$$=4^{n-1}(100\cdot 4N+300)$$
$$=100(4N+3)\cdot 4^{n-1}$$

n が自然数であることより，$4^{n+10}-4^n$ は 100 の倍数であるから

　(4^{n+10} を100で割った余り)＝(4^n を100で割った余り)　……①

さらに

$$7^{n+4}-7^n=7^n(7^4-1)$$
$$=7^n\cdot 2400$$
$$=100(24\cdot 7^n)$$

n が自然数であることより，$7^{n+4}-7^n$ は 100 の倍数であるから

　(7^{n+4} を100で割った余り)＝(7^n を100で割った余り)　……②

①，②より，次の表を得る。(a_n は周期 10，b_n は周期 4 となる。)

n	1	2	3	4	5	6	7	8	9	10	11	12	13	14	15	16	17	18	19	20	21
a_n	4	16	64	56	24	96	84	36	44	76	4	16	64	56	24	96	84	36	44	76	4
b_n	7	49	43	1	7	49	43	1	7	49	43	1	7	49	43	1	7	49	43	1	7
a_n+b_n	11	65	107	57	31	145	127	37	51	125	47	17	71	105	67	97	91	85	87	77	11
a_n-b_n	−3	−33	21	55	17	47	41	35	37	27	−39	15	57	7	−19	95	77	−13	1	75	−3

よって，a_n+b_n は周期 20 であるから，k を 0 以上の整数とするとき，a_n+b_n は $n=20k+6$ のとき，最大値 145 をとる。　→オ～キ

(ii)　a_n-b_n も周期 20 であるから，k を 0 以上の整数とすると，a_n-b_n は $n=20k+11$ のとき，最小値 -39 をとる。　→ク

(注)　①が成り立つ理由を述べる。

4^{n+10} を 100 で割ったときの商を q_1，余りを r_1 とし，4^n を 100 で割った

ときの商を q_2，余りを r_2 とすると

$$4^{n+10}=100q_1+r_1 \quad (r_1=0,\ 1,\ 2,\ \cdots\cdots,\ 99)$$

$$4^n=100q_2+r_2 \quad (r_2=0,\ 1,\ 2,\ \cdots\cdots,\ 99)$$

辺々引くと

$$4^{n+10}-4^n=100(q_1-q_2)+(r_1-r_2)$$

となるから

$$r_1-r_2=(4^{n+10}-4^n)+100(q_2-q_1)$$

$4^{n+10}-4^n$ は100の倍数であるから

r_1-r_2 は100の倍数　……(＊)

ところで，r_1-r_2 の取りうる値は -99 以上99以下の整数であり，これらの整数のうち(＊)を満たす整数は0のみであるから

$r_1-r_2=0$　すなわち　$r_1=r_2$

となる。②も同様にして示すことができる。

2 解答

(1)**ア.** 4　**イ.** $2+t+\dfrac{2}{1+t}$　**ウ.** $2\sqrt{2}+1$

(2)**エ.** 21　**オ.** $\dfrac{3}{7}$　**カ.** $\dfrac{4}{11}\vec{a}+\dfrac{3}{11}\vec{b}$　**キ.** $\dfrac{56}{11}$

解説

《小問2問》

(1)　$y=\log_8(64x^3)+\log_{\sqrt{2x}}2 \quad \left(x>\dfrac{1}{2}\right)$

(i)　$x=2$ のとき

$$y=\log_8(64\cdot 8)+\log_{\sqrt{4}}2=\log_8 8^3+\log_2 2$$
$$=3+1=4 \quad \rightarrow ア$$

(ii)　$t=\log_2 x$ とおくとき，y を t を用いて表すと

$$y=\log_8 64+\log_8 x^3+\frac{\log_2 2}{\log_2\sqrt{2x}}$$

$$=\log_8 8^2+3\log_8 x+\frac{1}{\log_2(2x)^{\frac{1}{2}}}$$

$$=2+3\cdot\frac{\log_2 x}{\log_2 8}+\frac{1}{\frac{1}{2}\log_2 2x}$$

$$=2+3\cdot\frac{\log_2 x}{\log_2 2^3}+\frac{1}{\frac{1}{2}(\log_2 2+\log_2 x)}$$

$$=2+3\cdot\frac{\log_2 x}{3}+\frac{2}{\log_2 2+\log_2 x}$$

$$=2+t+\frac{2}{1+t}\quad\cdots\cdots①\quad\to イ$$

(iii)　$x>\frac{1}{2}$ のとき $\log_2 x>\log_2\frac{1}{2}$ であるから，t の取りうる値の範囲は

$$t>-1\quad\cdots\cdots②$$

であり，①は

$$y=(1+t)+\frac{2}{1+t}+1$$

と変形できる。

ここで②より，$1+t>0$，$\frac{2}{1+t}>0$ であるから，相加平均・相乗平均の大小関係を用いると

$$(1+t)+\frac{2}{1+t}\geqq 2\sqrt{(1+t)\times\frac{2}{1+t}}=2\sqrt{2}$$

$$(1+t)+\frac{2}{1+t}+1\geqq 2\sqrt{2}+1$$

すなわち　　$y\geqq 2\sqrt{2}+1$

等号成立は

$$1+t=\frac{2}{1+t}\quad かつ\quad t>-1$$

すなわち

$$t=\sqrt{2}-1\quad (x=2^{\sqrt{2}-1})$$

のときである。

よって，y の最小値は　　$2\sqrt{2}+1$　→ウ

(2)　△OAB において

$$OA=5,\ AB=4\sqrt{2},\ BO=7$$

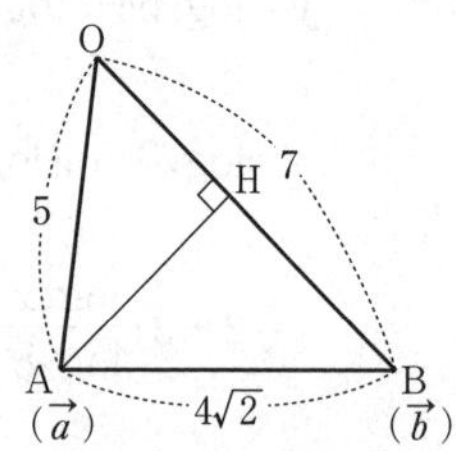

(i)　$|\overrightarrow{AB}|=4\sqrt{2}$ より

$$|\overrightarrow{OB}-\overrightarrow{OA}|=4\sqrt{2}$$

$$|\vec{b}-\vec{a}|^2=(4\sqrt{2})^2$$

$$|\vec{b}|^2-2\vec{b}\cdot\vec{a}+|\vec{a}|^2=32$$

$$7^2-2\vec{a}\cdot\vec{b}+5^2=32$$

となるから

$$\vec{a}\cdot\vec{b}=21 \quad \to エ$$

点Hは辺OB上にあるから

$$\overrightarrow{OH}=k\vec{b} \quad (0 \leqq k \leqq 1)$$

条件より，$\overrightarrow{AH}\perp\overrightarrow{OB}$ であるから，$\overrightarrow{AH}\cdot\overrightarrow{OB}=0$ である。

これより　$(\overrightarrow{OH}-\overrightarrow{OA})\cdot\overrightarrow{OB}=0$

すなわち　$(k\vec{b}-\vec{a})\cdot\vec{b}=0$

となるから

$$k|\vec{b}|^2-\vec{a}\cdot\vec{b}=0$$

$$k\times 7^2-21=0$$

$$k=\frac{3}{7} \quad (0 \leqq k \leqq 1 \text{ を満たす})$$

よって　$\overrightarrow{OH}=\frac{3}{7}\vec{b}$ 　→オ

(ii)　点Dは線分AH上にあるから

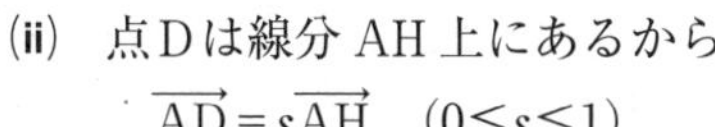

$$\overrightarrow{AD}=s\overrightarrow{AH} \quad (0 \leqq s \leqq 1)$$

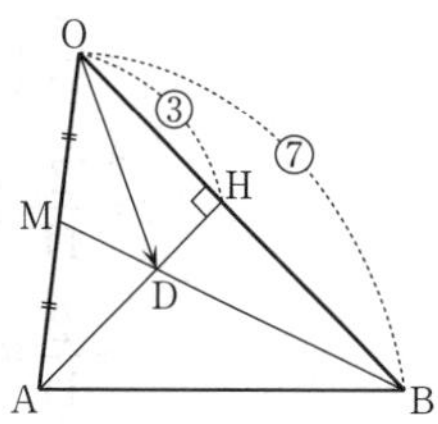

これより

$$\overrightarrow{OD}-\overrightarrow{OA}=s(\overrightarrow{OH}-\overrightarrow{OA})$$

$$\overrightarrow{OD}=(1-s)\overrightarrow{OA}+s\overrightarrow{OH}$$

(i)の結果より，$\overrightarrow{OH}=\frac{3}{7}\vec{b}$ であるから

$$\overrightarrow{OD}=(1-s)\vec{a}+\frac{3}{7}s\vec{b} \quad \cdots\cdots ①$$

点Dは線分BM上にあるから

$$\overrightarrow{BD}=t\overrightarrow{BM} \quad (0 \leqq t \leqq 1)$$

これより

$$\overrightarrow{OD}-\overrightarrow{OB}=t(\overrightarrow{OM}-\overrightarrow{OB})$$

$$\overrightarrow{OD}=t\overrightarrow{OM}+(1-t)\overrightarrow{OB}$$

点Mは辺OAの中点より

$$\overrightarrow{OD}=\frac{1}{2}t\vec{a}+(1-t)\vec{b} \quad \cdots\cdots ②$$

$\vec{a}\neq\vec{0}$, $\vec{b}\neq\vec{0}$, $\vec{a}\not\parallel\vec{b}$ であるから，①，②より

$$1-s=\frac{1}{2}t \quad かつ \quad \frac{3}{7}s=1-t$$

これを解いて

$$s=\frac{7}{11},\ t=\frac{8}{11}$$

よって

$$\overrightarrow{OD}=\frac{4}{11}\vec{a}+\frac{3}{11}\vec{b} \quad →カ$$

また，$\overrightarrow{BD}=\frac{8}{11}\overrightarrow{BM}$ より，BD：BM$=8：11$ であるから

$$\begin{aligned}\triangle ABD&=\frac{8}{11}\triangle ABM\\&=\frac{8}{11}\left(\frac{1}{2}\triangle OAB\right)\\&=\frac{4}{11}\triangle OAB\\&=\frac{4}{11}\left(\frac{1}{2}\sqrt{|\vec{a}|^2|\vec{b}|^2-(\vec{a}\cdot\vec{b})^2}\right)\\&=\frac{2}{11}\sqrt{5^2\times7^2-21^2}\\&=\frac{2}{11}\sqrt{(5\times7+21)(5\times7-21)}\\&=\frac{2}{11}\sqrt{56\times14}\\&=\frac{56}{11} \quad →キ\end{aligned}$$

(注)　△OABの面積は次のようにして求めてもよい。

$$\cos\angle AOB=\frac{\vec{a}\cdot\vec{b}}{|\vec{a}||\vec{b}|}=\frac{21}{5\times7}=\frac{3}{5}$$

であるから，$0<\angle AOB<\pi$ より $\sin\angle AOB>0$ なので

$$\sin\angle AOB=\sqrt{1-\cos^2\angle AOB}=\sqrt{1-\left(\frac{3}{5}\right)^2}=\frac{4}{5}$$

よって

$$\triangle OAB = \frac{1}{2}|\overrightarrow{OA}||\overrightarrow{OB}|\sin\angle AOB$$
$$= \frac{1}{2}\times 5\times 7\times \frac{4}{5}$$
$$= 14$$

3 解答　$f(x)=\frac{1}{3}x^3-\frac{1}{2}ax^2-2a^2x-6a^2-\frac{8}{3}\quad (a<0)$

(1)　$f'(x)=x^2-ax-2a^2=(x-2a)(x+a)$

$a<0$ より，$2a<-a$ であることに注意すると，$f(x)$ の増減は右のようになる。

x	$\cdots$	$2a$	$\cdots$	$-a$	$\cdots$
$f'(x)$	$+$	0	$-$	0	$+$
$f(x)$	↗	極大	↘	極小	↗

よって，$f(x)$ の極小値は

$$f(-a)=\frac{7}{6}a^3-6a^2-\frac{8}{3}\quad\cdots\cdots(答)$$

そのときの x の値は　$-a$　……(答)

(2)　曲線 $y=f(x)$ が x 軸に接するのは，極小値が 0 になるときか極大値が 0 になるときかのいずれかである。

さらに，$f(0)=-6a^2-\frac{8}{3}<0$ であること，x^3 の係数が正であること，極大値をとる $x=2a$ が負であること，極小値をとる $x=-a$ が正であることから，極小値 $f(-a)$ は必ず負になる。

そのため，曲線 $y=f(x)$ が x 軸に接するのは，極大値が 0 になるときに限られる。

そこで，極大値を計算すると

$$f(2a)=-\frac{10}{3}a^3-6a^2-\frac{8}{3}$$

であるから，$f(2a)=0$ を解くと

$$-\frac{10}{3}a^3-6a^2-\frac{8}{3}=0$$
$$5a^3+9a^2+4=0$$
$$(a+2)(5a^2-a+2)=0$$
$$a=-2,\ \frac{1\pm\sqrt{39}i}{10}$$

よって，曲線 $y=f(x)$ が x 軸に接するときの a の値は，$a<0$ より

$a=-2$ ……(答)

(3) (2)の結果より

$$f(x)=\frac{1}{3}x^3+x^2-8x-\frac{80}{3}$$

$$f'(x)=x^2+2x-8$$

であるから

$$f'(1)=-5,\ f(1)=-\frac{100}{3}$$

これより，点 $(1,\ f(1))$，すなわち，点 $\left(1,\ -\frac{100}{3}\right)$ における曲線 $y=f(x)$ の接線 l の方程式は

$$y+\frac{100}{3}=-5(x-1)$$

つまり　$y=-5x-\frac{85}{3}$

ここで，曲線 $y=f(x)$ と接線 l の交点の x 座標を求めると

$$\frac{1}{3}x^3+x^2-8x-\frac{80}{3}=-5x-\frac{85}{3}$$

$$\frac{1}{3}(x^3+3x^2-9x+5)=0$$

$$\frac{1}{3}(x-1)^2(x+5)=0$$

$$x=1,\ -5$$

また，曲線 $y=f(x)$ と接線 l の上下の位置関係は，$-5\leqq x\leqq 1$ において

$$f(x)-\left(-5x-\frac{85}{3}\right)=\frac{1}{3}(x^3+3x^2-9x+5)$$

$$=\frac{1}{3}(x-1)^2(x+5)\geqq 0$$

であるから

$$f(x)\geqq -5x-\frac{85}{3}$$

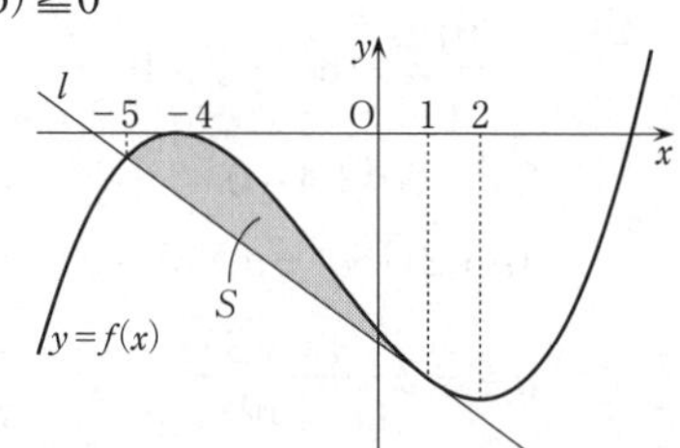

よって，接線 l と曲線 $y=f(x)$ で囲まれた部分の面積を S とすると

$$S=\int_{-5}^{1}\left\{f(x)-\left(-5x-\frac{85}{3}\right)\right\}dx$$
$$=\int_{-5}^{1}\frac{1}{3}(x-1)^2(x+5)\,dx$$
$$=\frac{1}{3}\int_{-5}^{1}(x-1)^2\{(x-1)+6\}\,dx$$
$$=\frac{1}{3}\int_{-5}^{1}\{(x-1)^3+6(x-1)^2\}\,dx$$
$$=\frac{1}{3}\left[\frac{1}{4}(x-1)^4+2(x-1)^3\right]_{-5}^{1}$$
$$=\frac{1}{3}\left\{0-\frac{1}{4}(-6)^4-2(-6)^3\right\}$$
$$=36\quad\cdots\cdots(答)$$

解説

《3次関数の極値，3次関数のグラフと接線で囲まれた部分の面積》

(1)　$f'(x)=(x-2a)(x+a)$ と因数分解できることに気づくと速く解けるが，$2a$ と $-a$ の大小関係を間違えないようにするところがポイント。

(2)　曲線 $y=f(x)$ のグラフをいくつか描いてみると $y=f(x)$ のグラフが x 軸に接する状況は2つある（極大値が0か極小値が0）ことにすぐ気づくが，2つ調べる必要がないことに気づいてほしい。y 切片に注目すると，$f(0)=-6a^2-\frac{8}{3}$ よりつねに負であるから，極小値が0になるようなグラフは描けないので，極大値が0になる場合のみを考えるとよい。

(3)　接線 l の方程式は，次の公式を用いて求めた。

点 $(t,\ f(t))$ における曲線 $y=f(x)$ の接線の方程式は

$$y-f(t)=f'(t)(x-t)$$

面積 S を定積分を用いて立式するとき，$y=f(x)$ のグラフと l のグラフの上下の位置関係をしっかり調べる必要があるので，$f(x)-\left(-5x-\frac{85}{3}\right)$ の正負を計算した。次の定積分の計算についてだが，特に

$$(x-1)^2(x+5)=(x-1)^2\{(x-1)+6\}\quad(=(x-1)^3+6(x-1)^2)$$

と式変形する部分については，下の公式が使えるように変形した。

$$\int(x-\alpha)^n dx=\frac{1}{n+1}(x-\alpha)^{n+1}+C\quad(n\text{ は自然数，}C\text{ は積分定数})$$

$$(x-\alpha)^n(x-\beta)=(x-\alpha)^n\{(x-\alpha)-(\beta-\alpha)\}$$

と式変形する問題はしばしば出題されるので必ずできるようにしておこう。

講評

それぞれ小問2問からなる空所補充形式1・2と，記述式の3の大問3題構成は例年通りである。3の解答スペースはA4用紙1枚分あり，余裕がある。

1 (1)は2次関数，(2)は整数の性質からの出題であった。(1)は解の配置の問題と軸の位置によって場合分けを行う最大値の問題で，頻出タイプであった。(2)は余りの問題であった。余りには周期性があるので実験を行うことによって周期を見抜き答えを導くという流れで解けるのだが，周期が20だったので難しかったかもしれない。

2 (1)は対数関数，(2)は平面ベクトルからの出題であった。(1)は対数関数の最小値の問題で相加平均・相乗平均の大小関係を用いるところがポイント。(2)の△ABDの面積は線分比を用いて△OABの面積の何倍になっているかを考えるとよい。

3 3次関数の極小値，グラフ，面積に関する微・積分法の問題であった。(3)の3次関数のグラフと接線で囲まれた部分の面積の問題は，定積分の計算の仕方によって大きく差がついたと思われる。〔解答〕にある計算のやり方は必ずマスターしておこう。

全体を通して，広い範囲からの出題であるが，基本事項を問う問題から思考力をみる問題まであり良問であった。

講評

現代文・古文一題ずつの大問計二題の出題である。現古ともに、文章量と設問量についてはほぼ例年どおりである。

一　現代文（評論）は、昨今話題となっている「陰謀論」を論じた文章。とりあげられた主題は二〇二三年度とまったく異なるものだが、問題文としての難易度はおおむね同程度である。設問としては、本文の論旨をたどって読み進めていけば、論の要所をていねいに問うた構成であり、さらに、各設問の選択肢は、問十一を除けば、正解と誤答で明確な差異が設けられているので、さほど難解なものがなく標準的である。内容に関する記述問題は、例年どおり箇所指摘と提示された説明文の空欄を抜き出しによって補充するもののみだった。全体的にとりくみやすい問題である。

二　古文（近世）は俳文。一般的に、近世文は語意や語法に現代語と近いものが多く、平安朝の中古文などとくらべると、読みやすくなるという特徴がある。ただし、本問のような俳文では、ふつうの表現でなく諧謔性をねらった言葉づかいがあったり、ある典拠に基づいた知的な遊びによる言いまわしがあったりする箇所が随所に見られて、読み解くのが難しい。しかも、前書きや注といった補助情報がいっさい示されていないので、細部まで読み取るのはかなり難しいだろう。ただ、設問としては、問二を除けば、そういった難解な点に直接かかわるところは避けられているので、古文問題として設問はおおむね標準的である。問二についても、慎重に文脈を検討すれば正解にたどり着けるだろう。知識分野としての重要語句も標準的。直接文法・語法を問う設問はなかったが、記述式の口語訳では、「ぬ」の識別など、文法の知識が必須である。他の設問も、基本的な重要語句や語法等に着眼点をおいたものとなっており、着実に学習を積みあげてきた受験生には解きやすかったと思われる。字数制限つきの記述説明は出題されなかった。

る。「足ん」はラ行四段活用動詞「足る」の連用形「足り」が撥音便化したもの。〝満足する〟などと訳出する。助動詞「ぬ」は完了・強意。推量などの意味をもつ「べし」とともに用いられる場合は強意で〝きっと～、～てしまう〟などと訳出する。推量・当然などの助動詞「べし」は、「不死はなくとも不老」があるならば、〝満足する〟「べし」、というつながりで用いられているので、推量か当然で訳出する。前者は〝～だろう〟、後者は〝～にちがいない、～はずだ〟。よって、「十日であるとしてもきっと満足するにちがいない／満足するだろう／満足するはずだ」のように訳出する。

問十 文章の最後の結びとして、〝ここで文章を終える〟という意味の慣用表現である。現代語なら「筆を擱く」という表現がある。「ひらがな」という指定なので「おく」が正解。

問十一 イ、俳諧師の生活は第一段落で描かれており、馬や渡し舟に乗り損なうといったエピソードもあるが、名所を堪能したり、人々と触れ合ったりといった良いエピソードもあるので「思い通りに行かないことだらけだ」は合致しない。

ロ、「名将や名優は年をとっても老いを気にすることはなかった」が第四段落に合致しない。

ハ、第四段落の「昔は今のに増りし物をと、老人毎に覚えたるは、おのが心の愚也」に合致する。

ニ、「不老不死の薬があれば飲みたい」が合致しない。第五段落に、不老がなく不死だけならいらない、不老ならば不死でなくても満足、という内容があるが、「不老不死」が両方揃った場合については何も書かれていない。

ホ、「涙もろくなる」という内容が本文になく、合致しない。

へ、最終段落の「わが物ずきをいはば、あたり隣の耳にやかからん」に合致する。

ト、「芭蕉や西鶴は……別格」が合致しない。第二段落では芭蕉と西鶴の享年が紹介されているだけである。

ためらいの意志として解し、この和歌全体は〝世の中に老いを疎ましく思わない人はいないので、（老いた私はいったい）どこに身を寄せようか〟と口語訳できる。

問六　「当時」には〝昔〟と〝現在〟の意味がある。ここは、年老いた作者が、誰かによって「ささや」かれる言葉も、「はやり詞」を知らないために、「それは何事何ゆゑぞ」と質問してうるさがられてしまう、という場面である。したがって、この「当時」は〝現在〟の意味である。よってニが正解。

問七　「若き人々」にうるさがられて「奥の間に只一人」でいたところ、「お迎ひがまゐりました」と、「とはぬに告ぐる人（＝尋ねてもいないのに告げる人）」に言われて、お礼を言ったが全然ありがたくない、という文脈である。「何の……か……（連体形）」は反語であり、「何の忝き事かあらむ」には不愉快な思いが含まれていると考えられる。そして、迎えが来た、ということは、つまり、もう帰る、ということである。こちらから「迎えはまだか」と尋ねたのなら、帰りたくて迎えを待っていたということになるが、尋ねてもいないのに、つまり、帰りたがっていたわけでもないのに、「お迎えが来ました」と言われて、まるで「どうぞお帰りください」と言われたような気分になったのである。よってイが正解。

問八　空欄Ⅱの直前に「わが身の老いを忘れざれば、しばらくも心たのしまず。わが身の老いを忘るれば、例の人にはいやがられて、……あやまちをも取り出でん」とある。老いを忘れないならば楽しくないし、忘れたら忘れたで嫌われて失敗する、どちらにしても良いことはない。これを受けて空欄Ⅱの直後には、「老いはわするべし、又老いは忘るべからず」と続く。「忘れざれば」楽しくないのだから、それを防ぐには「わするべし」であり、「忘るれば」嫌われて失敗するのだから、それを防ぐには「忘るべからず」ということである。したがって、空欄Ⅱに入るのは順接確定条件でつなぐ接続詞である。よってハ「されば」が正解。

問九　傍線部を品詞分解すると「十日／なり／とも／足ん／ぬ／べし」である。助動詞「なり」は名詞（体言）に接続しているので断定である。〝～である〟と訳出する。接続助詞「とも」は逆接仮定条件である。〝～としても〟と訳出す

〝やっとのことで（ようやく）〟の意味。よってイが正解。
④形容詞「にげなし」は「似げなし」で、〝似合わない、似つかわしくない〟の意味。ここは老いた身にとって〝似つかわしくない〟という意味だから、ハ「年甲斐もない」が正解。
⑤副詞「なべて」は〝総じて、一般的に〟の意味。ここは名詞的に用いられている。よってロ「一般の人々」が正解。

問二　傍線部Aの前には吉野・初瀬・松島・象潟といった名所に心ひかれるさまを描いており、「月」も同じように情趣あるものの一つだと考えられる。したがって、「月にも」は情趣ある月に心ひかれているうちにも、といった意味になる。続く部分は、そのように月にこだわっていることで、進むべき「道のり」をはかり間違ったという意味だと解される。よってロが正解。イは月ではなく「日の入り」なので不適。ハは「ひと月のうちに」、ニは「月の出てくる方角」、ホは「ひと月の間」が不適。この「月」が「ひと月」の意ならば、直後に「一夜は」とあることにつながらない。

問三　旅の途中、自分の「伯母聟の名」と同じ「孫平」という名を聞いて、伯母夫婦を思い出して里心がついたのである。したがって、「恋しき」と感じるものは、伯母らがいる故郷だと思われる。よってイが正解。伯母の夫は、「ほだし」というほどの近しい家族ではないが、故郷から遠く離れた旅の途中でその名を聞くことによって、故郷を思い出すきっかけとなったのである。

問四　ホが正解。イ、小林一茶の俳諧・俳文集、江戸時代後期。ロ、十返舎一九の滑稽本、江戸時代後期。ハ、国学者本居宣長の歌文集、江戸時代中期。ニ、上田秋成の読本、江戸時代中期。

問五　傍線部Cの為頼の中納言の和歌は、「若き人々」が自分から逃げ隠れたことに対する嘆きを詠んだものである。「若き人々」から逃げられる存在であることから、「老い」を詠んでいるホが正解。和歌の引用の前には、自分が芭蕉や西鶴の亡くなった年齢をこえ五十三歳になった、という感慨が述べられ、引用の後には、その嘆きを自分も思い知る身になった、と続けていることからも、「老い」がテーマだとわかる。なお、傍線部中に含まれる助動詞「まし」は

薬の店を（訪ねて不老不死の薬を）さがしたとして、（店主が）「不老の薬は売り切れた。不死の薬だけがある」と言うならば、たとえ一銭で十袋売るとしても（＝大安売りしていても）、不老を伴わずに（不死の薬だけ買って）どうしようか（、いや、どうにもならないから絶対に買わない）。（逆に）不死はなくとも不老があるならば、（不老の期間がたったの）十日であるとしてもきっと満足するにちがいない。（漢詩の一節に）「神仙は不死でも何ごとをなす（というの）か、ただ秋風に向かって感慨が多い（だけ）だろう」と、薊子訓（という仙人）を非難したのももっともなことだよ。

　願わくは、人はよいころあいの終わりがありたいものだ。兼好が言った四十歳足らず（で死ぬのがよい）の物好きは、（兼好のように物好きではない）一般の人々の身の上には早過ぎた。かの稀だと言った（＝漢詩で古来稀だと詠まれた）七十歳まではどうして生きよう（、いや、それは長すぎる）。ここでいささか自分の物好きを言うならば、隣近所の（人の）耳障りになるだろうか。（それもみっともないので、寿命の長短のような）どうせ願いの届くはずがないことには、不用の長談義を言わないのは言うにまさるだろうにと、この論はここで筆をおいた。

解説

問一　①形容動詞「ふつつかなり」は〝どっしりしているさま〟〝不格好なさま〟〝思慮が浅く軽々しいさま〟などの意味がある。ホ「軽々しく」が正解。直前の「棄恩入無為のしめしもまたず」の「棄恩入無為」は、〝恩愛を棄てて仏道に入る〟という意味で、得度をして出家する際に唱える文句である。この文句の「しめしもまたず」とは、師の僧侶による正式な得度式もせずに出家したことを意味する。

②名詞「ほだし」は〝束縛するもの〟という意味。人間関係について用いることが多く、その場合は、出家をしたり、自由気ままに生きたりするのを妨げる存在という意味になる。具体的には家族や恋人など、自分にとって大切であったり、扶養の義務があったりするために束縛となる存在を指す。よってホ「係累」が正解。「係累（けいるい）」は〝養わなければならない家族・親族〟のこと。

③副詞「やや」は、「やうやく」が音便化した「やうやう」が、さらに縮約されたもの。「やうやく」は〝しだいに〟

芭蕉翁は五十一歳で世をお去りになり、文章で名声を得た難波（＝大坂）の西鶴も、五十二歳で一生を終わり、「見過しにけり末二年」の辞世を残した。私の虚弱で多病である（身は）、それらの（人々の）年も数えこして、今年は五十三歳の秋にもなった。（年老いた）為頼の中納言が、（参内の折）若い人々が逃げ隠れたので、「いづくにか身をば寄せまし（＝どこに身を寄せようか）」と詠んで嘆きなさったとかいうのも、ようやく思い知る身とはなったなあ。

だから世間に交わろうとすると、（かつての知人たちもだんだん）故人が多くもなっていって、（古歌にあるように）松も昔の友ではない。たまたま集まりの座に参加して、若い人々にも嫌がられまいと、気軽にふるまうけれども、耳が遠くなったので話も（聞き）間違い、たとえ聞こえるささやき（があって）も、昨今の流行語を知らないから、それはどういうことでどういうわけだと、根掘り葉掘り聞くことを（若い人々が）煩わしがって、枕相撲も拳酒（といった遊び）も、（年寄りは相手にされず）賑やかさは次（の間）へと遠ざかるので、（自分は）奥の間にただ一人、炬燵布団の番人となって、「お迎えが参りました」と、（こちらから）尋ねてもいないのに告げる人にも「ありがとう」と礼は言うけれども、何のありがたいことがあろうか、いや、ありがたくなどない。

六十歳の（白くなった）髭を墨で染めて、北国の戦に向かい（戦った古人や）、五十歳の顔に白粉を塗って、（京・大坂・江戸の）三箇所の舞台にかかわった者（＝歌舞伎役者）も、誰が老いを嘆かないだろうか（、いや、みな嘆くはずである）。歌も浄瑠璃も落語も、昔は今のものよりよかったのにと、老人ごとに感じているのは、自分の心の愚かさである。ものごとは順に（＝時代が経つごとに）おもしろい（ものになってゆく）けれども、今のものは自分がおもしろくない（からおもしろくない）のであって、昔は自分がおもしろかった（からおもしろかった）のだ。

こういうわけだから、人にも疎まれず、自分も心が楽しむことができる身の置き所も（ないもの）かと思いめぐらすに、わが身の老いを忘れないと、少しの間も心は楽しまない。（一方で）わが身の老いを忘れると、いつものように人には嫌がられて、あるいは年甲斐もない酒色のうえで、あやまちをしでかすだろう。だから、老いは忘れるのがよい、（同時に）また老いは忘れてはならない。（この）二つの境地はまことに得難いことよ。今もし（不老不死の仙人が住むという）蓬

問五　ホ

問六　ニ

問七　イ

問八　ハ

問九　十日であるとしてもきっと満足するにちがいない

問十　おく

問十一　ハ・ヘ

全訳

ひたすら俳諧師のなれの果てばかりは、（出家する得度式の際に唱える）棄恩入無為の指示も待たず（＝正式な得度式をすることもなく）、軽々しく剃髪して、吉野・初瀬の春に心ひかれ、松島・象潟の浪に浮かれ廻り、三文値切って（人や荷物などを運び終えた帰りで、乗り賃の安い）戻り馬に乗りそこない、乗合い（の人）がいなくて渡し舟も出さず（＝舟に乗せてもらえず）、誰のためでもない（自分のせいで）雨にも濡れ、月（の美しさ）にも（気を取られて、その日のうちに進むべき）道のりを見積もりしそこなって（予定していたところまでたどり着けず）、困って山かげで一晩は一軒家の情にすがって（泊めてもらい）、すすきを折って焚く囲炉裏ばたで、膝をあぶりながら、虫歯の痛む子にまじないを教えて、稗団子のもてなしにあう。あるいは知りあいの古寺を訪ねると、和尚は漢句と和句をまじえて作る連句も少しできて（その相手をし）、足の抜けた碁盤で（碁を打って）心が慰められ、五、六日の名残を惜しまれて、松茸に食い飽きたなど、雲や水の流れるように遠方を浮かれ歩きまわって、係累のない身の心安さながら、どこそこの（家の）下男（の名）を孫平とは、自分の伯母の夫の名（と同じ）であるものだがと、ふと（親類のことを思い出して）故郷の恋しい折もあるだろう。

（中略）

述べられている。よって、字数からも「極めて……当選可能」が適当である。

問十一　「議論すること自体が不毛だ」とは、議論をしても実のある結果が得られない、ということである。よって、議論をしても陰謀論の支持者は何も変わらないとするイが適当である。傍線部⑧の前に「陰謀論を振りまく政治家の支持者」が「これは陰謀論ではない」と考える思考回路が示されている。ロは社会の分断を広げているのは真偽の追求ではないので不適。ハ・ホは議論する必要がないという趣旨なので、「議論すること自体が不毛」の理由にはならない。ニは「議論」ではなく「排除しようと努力」することが不毛だとしているので不適。

問十二　「悪貨は良貨を駆逐する」は〝悪質なものに人気が出てそれが普及すると、良質なものが失われていく〟という意味。したがって、説明としては〈悪Aが広まった（重視された）結果、良Bが失われる（減少する）〉という構成でなければならない。まず、この形式から外れるイ・ニは不適。また、「悪質なもの」は、やはりこの文章で主題としている「陰謀論」と考えるのが適当。ここからハも不適。ロ・ホが陰謀論の重視や広がりという視点から説明するが、傍線部前に、陰謀論は「本来行われるべき政策に関する議論」を「奪ってしまう」とある。よって、この内容を説明しているロが正解。ホは、ソーシャルメディアを通じた陰謀論からのみ説明している点と、「支持が得られているという誤認」が不適である。

二

出典　横井也有『鶉衣』〈旅賦〉〈歎老辞〉

解答

問一　①―ホ　②―ホ　③―イ　④―ハ　⑤―ロ

問二　ロ

問三　イ

問四　ホ

第一段落によれば「『普通』意識を持つ人」も陰謀論を信じる傾向にあり、第四段落によれば「陰謀論から距離をとっていると思っている人でも、知らないあいだに陰謀論のほうへと近寄っている可能性が常にある」のだから、ロ・ハはいずれも「陰謀論から逃れる術」にはならない。

問六　直後の三段落（「政治家（議員）や政党を……よく覚えておかなければならないことだろう」）で、政治家や政党が陰謀論を主張しうることが述べられている。傍線部⑦の後に、陰謀論を主張する政治家の支持者がごくわずかであっても、「ひとたび議員に当選すれば、陰謀論的主張であっても、『市民の代表』として扱われる」とある。よって、この主旨を説明するニが正解。イ・ロは「社会に」「世論を支配」が不適。陰謀論を受け入れるのは「一部の支持者」であって社会全体ではない。ハは「マスメディアの影響力」、ホは「選挙キャンペーンは熱狂しやすく」がそれぞれ本文と関係のない内容。

問七　直後に「口撃」とあるから、相手の悪口を言うという内容の語が入る。よって、ニ「誹謗中傷」が適当である。イ「百家争鳴」は〝さまざまな論者が自由に発言・主張すること〟。ロ「毀誉褒貶」は〝ほめたりけなしたりすること〟。ハ「阿諛追従」は〝こびへつらうこと〟。ホ「抱腹絶倒」は〝腹を抱えて倒れるくらい笑うこと〟。

問八　「インセンティブ」は〝incentive〟で、〝動機、誘因〟の意。

問九　傍線部⑥「……といった陰謀論」は、直後に「大々的に主張して話題となった」とあるように、「ある県議」による「主張」である。この「主張」は、その後で「こうした主張」「そうした主張」「極端で荒唐無稽な主張」「陰謀論的主張」と繰り返されている。「こうした」「そうした」は指示語なので除外し、最後の「陰謀論的主張」も傍線部⑥にある「陰謀論」がそのまま使われているので、「言い換えた言葉」としては、「極端で荒唐無稽な主張」が、字数も十字ちょうどで最も適切である。

問十　提示された文には「選挙制度によっては」とあるが、本文中で選挙制度への言及があるのは、傍線部⑦の後の「大選挙区制……」だけである。ここで、この大選挙区制であれば政治家は「極めて少ない票数でも当選可能である」と

い。強い再選欲求を抱く政治家は、自身の正当性や優位性を主張するために陰謀論を利用する。そういった政治家の支持者が少数であっても、選挙制度によっては当選可能なので、陰謀論を主張した政治家が市民の代表になってしまう。良心的な市民は、拡散し続ける陰謀論を許容せず、その真偽を議論しようとするだろうが、その議論自体が不毛であり、かつ、その議論のために本来行われるべき政策を議論する機会を奪ってしまう。

解説

問二　挿入文は「すなわち」で始まっているので、「政治について『そこそこ』の……態度」と言い換えられるような内容の直後に入るはずである。【ロ】直前の「『バランス感覚を持とう』ということ」が「そこそこ」に近い意味なので、正解はロ。

問三　「敷衍」は「ふえん」と読み、〝おし広げる〟という意味である。傍線部①の後では、具体例を用いて詳しく（＝おし広げて）分析結果を説明している。

問四　「あらゆる人がいつ陰謀論に引っかかってもおかしくないと考えるほうが適切である」根拠とされているのは、その前にある「こうした日本人における陰謀論受容のメカニズム」である。このメカニズムは、直前の段落で「みな、『自分の信念に沿う』陰謀論を信じる傾向にある」と説明されている。また、直後の段落でも「『自分の正しさを支えてくれるから信じる』という陰謀論受容のメカニズム」と繰り返されている。これを正しく説明しているのは、「自分の信念や認識を肯定してくれるような主張」を「受け入れてしまう」とするホである。

問五　直後の段落で解決策が模索されている。「政治に関心があったり、知識を深めたりすること」はむしろ逆効果になることがあり、逆に「無関心を貫く」のも「ベストアンサーと思う人は少ないだろう」とした後で、「より現実的な提案」として、「『バランス感覚を持とう』ということに尽きる」と述べられている。つまり、関心を持ちすぎるのも無関心になりすぎるのもよくない、ということである。選択肢では、イが関心を持つ態度、ニが無関心を貫く態度であり、この中間にあたるのがホの「正しさを過信せず、柔軟な考え方を大切にする」態度である。よって正解はホ。

国語

一

出典　秦正樹『陰謀論―民主主義を揺るがすメカニズム』〈終章　民主主義は「陰謀論」に耐えられるのか?〉(中公新書)

解答

問一　A、潜んで　B、提言　C、素地　D、連鎖
問二　ロ
問三　ロ
問四　ホ
問五　ホ
問六　ニ
問七　ニ
問八　ハ
問九　極端で荒唐無稽な主張
問十　極めて少ない票数でも当選可能
問十一　イ
問十二　ロ

要旨

自分の信念や認識の正しさを支えてくれる陰謀論を、人は誰でも信じてしまうものであり、陰謀論から逃れるのは難し

//////////////////// ·memo· ////////////////////

//////////////////// · memo · ////////////////////

//////////////////// · memo · ////////////////////

////////////////////// · memo · ////////////////////

////////////////// · memo · //////////////////

2023年度

問題と解答

■学部個別日程：2月4日実施分

問題編

▶試験科目・配点

学部	教　科	科　　　　　目	配　点
経済	外国語	コミュニケーション英語Ⅰ・Ⅱ・Ⅲ，英語表現Ⅰ・Ⅱ	200点
	選　択	日本史Ｂ，世界史Ｂ，「数学Ⅰ・Ⅱ・Ａ・Ｂ」のうちいずれか１科目選択	150点
	国　語	国語総合，現代文Ｂ，古典Ｂ（いずれも漢文を除く）	150点
人間福祉	外国語	コミュニケーション英語Ⅰ・Ⅱ・Ⅲ，英語表現Ⅰ・Ⅱ	200点
	国　語	国語総合，現代文Ｂ，古典Ｂ（いずれも漢文を除く）	150点
国際	外国語	コミュニケーション英語Ⅰ・Ⅱ・Ⅲ，英語表現Ⅰ・Ⅱ	250点*
	選　択	日本史Ｂ，世界史Ｂ，「数学Ⅰ・Ⅱ・Ａ・Ｂ」のうちいずれか１科目選択	150点
	国　語	国語総合，現代文Ｂ，古典Ｂ（いずれも漢文を除く）	150点

▶備　考

- 学部個別日程のうち，２月４日実施分（経済・人間福祉・国際学部）を掲載。
- 「数学Ｂ」は「数列，ベクトル」から出題する。

＊国際学部は，英語の基本配点200点を250点に換算する。

英語

(90分)

〔I〕次の英文を読み、下記の設問（A～D）に答えなさい。

Hobbies, home improvement, and other domestic recreations were voluntary activities undertaken in free time that became popular during the Industrial Age. Their popularity was at once a celebration of growing prosperity and a compensation for the boring means by which the increased income was often gained. Ferdynand Zweig, a Polish economist, observed of the post-war employee, 'Work is often simply something which (ア)gives him a living, something he dislikes and would not do (1) he is forced to it. But in his hobbies he regains his freedom.' In 1925, the *Manchester Guardian* published an article on the crossword popularity that was sweeping through the United States and beginning to reach Europe. It quoted the judgement of Ruth Hale, President of the newly formed National Crossword Puzzle Association. 'When life is entirely without satisfactions,' she explained, 'as it is most of the time even for the best of us, there is nothing to do but leave it—temporarily, of course, but completely. Now a game of cards will do a little and a ball game will do even better, but a crossword puzzle does best of all.' Tackling the daily puzzle was a defence against unfulfilled time or unproductive company.

Alongside the crossword, the jigsaw puzzle became a widespread entertainment between the wars. (イ)Unlike the new word game, the pastime had a long history in British culture. Its origin lay in the cut-up map invented by John Spilsbury in 1769, principally as an educational amusement for the children of prosperous families. During the nineteenth century it was embraced by upper-class women, including Queen Victoria, seeking a decent means of consuming the long and empty time with which they were faced. Hand-cut wooden puzzles remained an expensive toy, but technical advances in between the wars, particularly in the mass production of paperboard versions, made the recreation more broadly available just as the workers in the family found themselves with too much time on their hands. Thereafter it enjoyed a popularity (2) of age, class, or gender. It remained a toy for young children, but was widely attempted by all those in possession of a flat surface which could be left for a period of time. Although it continued to be enjoyed by royalty, including the Duke of Windsor, and Queen Elizabeth, it also appealed to many others due to the wide range of images from photographs of holiday views to reproductions of the best of the world's art constructed (　3　) thousands of pieces.

In common with other long-term projects, such as knitting, people sometimes chatted while they were assembling puzzles. Other members of the family might share the task, or even, to entertain themselves, (ウ)<u>engage in</u> competitive puzzle making. Essentially, however, it was a personal project, a form of concentrated withdrawal from company or the consumption of long periods when (エ)<u>no society was available</u>. When the author Margaret Drabble turned aside from fiction to the composition of a memoir*, she structured her account around her life-long passion for jigsaws. As with crosswords, their attraction lay partly in the finite quality of the task; there was a frame, a given picture and, with sufficient effort, a guarantee of completion. Where knitting might fail through some mistake, there was no reason why a puzzle once begun should not be (　4　). Although some professional writers embraced word games as a relaxation, Margaret Drabble found the non-verbal** nature of the task a relief from her working life. There was the additional pleasure afforded by reproductions of famous artworks. At the same time, the absorption in what she termed 'a personal time killer' had a deeper purpose. 'Doing jigsaws,' Drabble explained in her memoir, 'and writing about them has been one of my strategies to defeat depression and avoid sadness.' At a given moment, <u>personal relationships were as much a cause of as a solution to depression</u>. Drabble revived an earlier enthusiasm for puzzles at the death of her parents. To be by herself for hours on end, making frames and patterns without the immediate distraction of other people, was a necessary (　5　) for managing her spirits and maintaining her social identity.

Many other personal pastimes offered similar possibilities of healing absorption. Hunter Davies's lifelong passion for stamp collecting continued throughout his busy writing life. 'So far,' he wrote, 'I've had endless pleasure in collecting stamps, and (オ)<u>I can think of no other hobby</u> which is so harmless, so easy to organise, so neat and tidy, which upsets nobody else and doesn't frighten the horses.'

*memoir：回想録
**non-verbal：言葉を用いない

設　問

A．本文中の空所（1～5）に入れるのに最も適当なものを、それぞれ下記（a～d）の中から1つ選び、その記号をマークしなさい。

出典追記：A History of Solitude by David Vincent, Polity Press

（1） a．if b．since c．unless d．when

（2） a．because b．in spite c．instead d．regardless

（3） a．along with b．in company with
c．in need of d．out of

（4） a．broken b．finished c．played d．started

（5） a．crime b．machine c．method d．news

B．本文中の下線部（ア～オ）の文中での意味に最も近いものを、それぞれ下記（a～d）の中から1つ選び、その記号をマークしなさい。

（ア） gives him a living
a．costs him his life b．enables him to support himself
c．lets him go free d．makes his life uncomfortable

（イ） Unlike the new word game
a．Different from the crossword
b．In contrast to the jigsaw puzzle
c．In the same way as the crossword
d．Without the jigsaw puzzle

（ウ） engage in
a．avoid b．conduct
c．illustrate d．prevent

（エ） no society was available
a．one could not buy anything b．one managed a society
c．one was alone d．one's character was not social

（オ） I can think of no other hobby
a．I can recommend something to others
b．I have another example of relaxation
c．none will like my favourite pastime
d．there is no alternative

C．次の英文（a～f）の中から本文の内容と一致するものを2つ選び、その記号を各段に1つずつマークしなさい。ただし、その順序は問いません。

a．The crossword was born in Europe in the early 20th century.

b．Ruth Hale observed that neither a game of cards nor a ball game could match a crossword puzzle.

c．The first jigsaw puzzle was not enjoyed by children because it was too difficult for them to read maps.

d．With time, jigsaw puzzles became widespread as the prices of wooden puzzles declined because of technical advances.

e．Professional writers always prefer jigsaws to word games because the former can offer a relief from their verbal activities.

f．After losing her parents, Margaret Drabble took up her old hobby again, which helped her get over her intense sorrow.

D．本文中の二重下線部 personal relationships were as much a cause of as a solution to depression を日本語に訳しなさい。答えは記述式解答用紙の所定欄に記入しなさい。

〔Ⅱ〕次の英文を読み、下記の設問（A～C）に答えなさい。

Nobody these days needs telling that there isn't enough time. We're always worried about our unread e-mail messages and growing to-do lists, having the guilty feeling that we ought to be getting more done, or different things done. Surveys (ア)reliably show that we feel more pressed for time than ever before. So, how busy are people? In 2013, research by a team of Dutch academics raised the amusing possibility that such surveys may undervalue the scale of the busyness epidemic—because many people feel too busy to participate in surveys. Recently, busyness has been described not as a burden (イ)to be endured but as an active lifestyle choice. In reality, though, it's the same old problem pushed to an extreme: the pressure to fit ever-increasing quantities of activity into a non-increasing quantity of daily time.

And yet busyness is really only the beginning. Many other complaints are essentially complaints about our limited time. Take the daily battle against online disturbance, and the alarming sense that our attention spans have shrunk to such a degree that even those of us who loved to read as children now (ウ)struggle to make it through a paragraph without experiencing the desire to reach for our smartphones. What makes this so troubling is that it represents a failure to make the best use of a small supply of time. You're using up your limited time in a way (エ)you'd rather not. Even some of the worst aspects of our era can be explained by the same underlying facts concerning life's shortness. It's because our time and attention are so limited, and therefore valuable, that social media companies work so hard to grab as much of these two valuable resources as they can, by any means necessary—which is why users are shown material which is guaranteed to cause an emotional reaction, instead of shown more accurate but boring stuff.

Whereas our relationship to our limited time has always been a difficult one, recent events have made matters worse. In 2020, in lockdown during the coronavirus pandemic, with our normal routines suspended, many people reported feeling that time was breaking down completely, giving rise to the impression that their days were somehow simultaneously racing by and dragging on. People found themselves working at strange hours, cut off from the cycles of daylight and darkness. It felt as though the future had been put on hold, leaving many of us stuck in a new kind of everlasting present, where we could not make meaningful plans, or even clearly (オ)picture life beyond the end of next week.

All of which makes it especially annoying that so many of us are so bad at managing our limited time. Our efforts to (カ)make the most of it don't simply fail but regularly seem to make things worse.

出典追記：Four Thousand Weeks : Time Management for Mortals by Oliver Burkeman, Farrar, Straus and Giroux

設　問

A．本文中の下線部（ア～カ）が文中で表している内容に最も近いものを、それぞれ下記（a～d）の中から１つ選び、その記号をマークしなさい。

（ア）reliably
- a．in ways that are available to us
- b．in ways that are independent
- c．in ways that rely on local facts
- d．in ways that we can trust

（イ）to be endured
- a．that we are allowed to carry
- b．that we are found to be in
- c．that we have to bear
- d．that we tend to share with others

（ウ）struggle to
- a．consider it totally realistic to
- b．consider themselves as smart readers who
- c．find it pretty hard to
- d．find themselves having long attention spans which

（エ）you'd rather not
- a．as if you hadn't used it before
- b．as you should not have used it
- c．if you had no such time to use
- d．you would not like to use it

（オ）picture
- a．develop
- b．draw
- c．imagine
- d．photograph

（カ）make the most of it
- a．enable others to manage their lives most efficiently
- b．gain the greatest advantage from our time
- c．share the largest amount of quality time
- d．witness as many challenges as we possibly can

B．次の英文（a～h）の中から本文の内容と一致するものを３つ選び、その記号を各段に１つずつマークしなさい。ただし、その順序は問いません。

a. It is generally acknowledged that there is only a limited amount of time.
b. Busy people have always felt pressure to take part in academic surveys.
c. It has been suggested that we should decrease the amount of activity in order to stay fit.
d. Increased online use has improved our attention spans.
e. Adults who were active readers when younger tend to be more skilled users of smartphones.
f. Social media companies use users' feelings to attract them to their services.
g. During the coronavirus pandemic, the author experienced a complete change in lifestyle and started a new business, working day and night.
h. In 2020, many people found it difficult to predict what would happen in the near future.

C. 本文最終段落中の二重下線部itの指す内容が述べられている本文の箇所を日本語に訳しなさい。答えは記述式解答用紙の所定欄に記入しなさい。

〔Ⅲ〕次の英文を読み、下記の設問（A～C）に答えなさい。

Teaching is perhaps the most advanced of all human activity—all animals learn, few teach. An unquestionable point in educational research is that the teacher is the single most influential factor in student learning. We also know that the teacher as a personality and their skills as an instructor have more importance than the subject matter because learning to think can occur (1) all courses. Most factors in daily educational practices have merely a slight impact on student learning; only high-quality teaching has an important, long-term effect. This means that although the home and other community institutions support the educational experience, the greatest hope (2) cultivating good thinking skills and lifelong learning lies with teachers. But what does a great teacher look like?

Good teachers (ア)<u>push</u> students, maintain order, are willing to help, explain until everyone understands, vary classroom activities, and try to understand students. Jaime Escalante—whose story was portrayed in the film *Stand and Deliver*—is an example of an (イ)<u>outstanding</u> teacher. An immigrant who worked in the poorest parts of East Los Angeles, Escalante managed to elevate the level of his students' performance through pure hard work and enthusiasm. He communicated to his students the belief that intelligence is fluid, that hard work (3), and that brains are adaptable. He convinced all of them that they could learn—something they had never heard from a teacher before. Escalante unknowingly applied one of the fundamental rules of educational science: Believe in your students' ability to learn. A corresponding, more subtle premise of great teaching is that students' belief in their own ability to learn plays a great role in their actual level of achievement. Escalante succeeded (4) he elevated his students' own belief in their potential to be learners.

We know that there are students who believe firmly in themselves, and that this has an impact on their general success in the classroom. For example, on the first day of a new school year, Emily walks (5) the classroom and knows she is going to succeed. She has no reason to doubt her abilities—after all, her past teachers have told her she's smart, she's always gotten good grades, and her friends often call her for help. Sitting next to Emily is Sofia. Sofia dislikes school because she has frequently been made fun of for being slower than the others. Teachers rarely give her (ウ)praise and she (incorrectly) presumes she is at the bottom of the class. While Emily looks forward to the new school year, Sofia wishes she could run away and hide from an environment she has never felt comfortable in. There is no difference in these two students' IQs; there is only a difference in their perception of themselves (6) learners. What students think of their own ability to learn influences their actual ability to perform in school. Their (エ)self-perception influences their choice of activities, their effort, their persistence, and consequently, their achievement.

設　問

A. 本文中の空所（1～6）に入れるのに最も適当なものを、それぞれ下記（a～d）の中から1つ選び、その記号をマークしなさい。

	a	b	c	d
(1)	a. above	b. in	c. out	d. to
(2)	a. for	b. if	c. that	d. until
(3)	a. amounts to	b. cuts from	c. passes by	d. pays off
(4)	a. because	b. due to	c. however	d. indeed by
(5)	a. into	b. onto	c. straight	d. upward
(6)	a. as	b. by	c. through	d. toward

B. 本文中の下線部（ア～エ）の文中での意味に最も近いものを、それぞれ下記（a～d）の中から1つ選び、その記号をマークしなさい。

出典追記：Making Classrooms Better：50 Practical Applications of Mind, Brain, and Education Science by Tracey Tokuhama-Espinosa, W.W.Norton & Company Inc.

（ア） <u>push</u>

a．challenge　　b．offend

c．punish　　d．use physical force to move

（イ） <u>outstanding</u>

a．exceptionally strict　　b．extremely good

c．fairly serious　　d．fully curious

（ウ） <u>praise</u>

a．approval　　b．check　　c．criticism　　d．help

（エ） <u>self-perception</u>

a．self-care　　b．self-conscious

c．self-image　　d．self-merit

C．次の問い（ｉ、ⅱ）の答えとして最も適当なものを、それぞれ下記（ａ～ｄ）の中から１つ選び、その記号をマークしなさい。

（ｉ） Which of the following is NOT mentioned in the text regarding Jaime Escalante?

a．He believed that, with efforts, students could improve their performance.

b．He grew up in poverty and inspired his students by his own childhood experiences.

c．His attitude reflected one of the important concepts in educational science.

d．His story appeared in a movie called *Stand and Deliver*.

（ⅱ） Which of the following best explains why Emily and Sofia have such different attitudes toward their new school year?

a．Emily often makes fun of Sofia, causing her to feel miserable.

b．Emily believes in her own learning ability but Sofia does not.

c．Sofia does not know how to call Emily for help, nor how to run away from an uncomfortable situation.

d．Emily is at the top of the class while Sofia is at the bottom.

〔Ⅳ〕次の英文（1～10）の空所に入れるのに最も適当なものを、それぞれ下記（a～d）の中から1つ選び、その記号をマークしなさい。

（1）I wonder if I can be of any (　　　　) to those helpless people.
a. assist　　b. assistance　　c. assistant　　d. assisted

（2）They used the new equipment to check (　　　　) was left inside the building.
a. how　　b. what　　c. when　　d. where

（3）You have to choose one destination (　　　　) these five places on the list.
a. among　　b. during　　c. either　　d. out

（4）All things (　　　　), these financial problems will not be solved in the near future.
a. consideration　　b. considered　　c. considering　　d. to consider

（5）I (　　　　) him because I knew that he had not been well after the accident.
a. should have accompanied　　b. should have accompanied by
c. would be accompanied　　d. would have been accompanied by

（6）You (　　　　) about such minor details that no one will notice.
a. need not worry　　b. need worried not
c. not need worried　　d. not need worry

（7）Are you suggesting that I should (　　　　) to that impossible request?
a. give　　b. give down　　c. give in　　d. give up

（8）My friend was such an excellent (　　　　) that I left everything in her hands.
a. organization　　b. organize　　c. organizer　　d. organizing

（9）The new version of their product is visually (　　　　) but very difficult to use.
a. planning　　b. pleasing　　c. preferring　　d. purchasing

（10）At that point, I had no idea (　　　　) to find the right way to the station.
a. how difficult it would be　　b. if difficult it would be
c. it would be difficult how　　d. it would be difficult if

〔V〕次の設問（A、B）に答えなさい。

設　問

A. 次の日本文（1、2）に相当する意味になるように、それぞれ下記（a～h）の語句を並べ替えて正しい英文を完成させたとき、並べ替えた語句の最初から3番目と6番目に来るものの記号をマークしなさい。

（1） 彼らは自分たちの顧客にとって何が最良であるかに関心があった。

They (　　　　　　　　　　) customers.

a. about　　b. best　　c. concerned　　d. for
e. their　　f. was　　g. were　　h. what

（2） わたしたちは言語が思考に影響するのかどうかについての疑問に夢中になっている。

We are (　　　　　　　　　　) thought.

a. as　　b. by　　c. fascinated　　d. influences
e. language　　f. the question　　g. to　　h. whether

B. 次の日本文に相当する意味になるように英文の空所を埋めなさい。答えは、空所に入れる部分のみを記述式解答用紙の所定欄に記入しなさい。

世間一般の考えによると、成功者は3つのものを共通して持っている。

According (　　　　　　　　　　　　　　　　).

〔VI〕次の会話文を読み、空所（1～10）に入れるのに最も適当なものを、それぞれ下記（a～d）の中から1つ選び、その記号をマークしなさい。

Becky has some trouble with the Japanese language and asks her friend Shota for help.

Becky: Hey, Shota, do you think you could help me out with my Japanese?

Shota: (　1　) I'm not a Japanese teacher, but as a native speaker I guess I could help.

Becky: Thank you so much. I really appreciate it.

Shota: (　2　)

Becky: Actually, I'm a little frustrated. I can't master even the simplest Japanese word, like "*hai!*"

Shota: Seriously? But "*hai*" just means "yes." It's a pretty simple word.

Becky: I know. So, sure, the direct translation of "*hai*" is "yes." I get that much!

Shota: (　3　)

Becky: Well, you see, the more I listen to Japanese conversations, the more I notice that "*hai*" is used a lot and that it doesn't always seem to mean "yes."

Shota: I see. You know what? (　4　) Since Japanese is my native language, I haven't really thought about it before, but I can see what you're saying. The word "*hai*" in Japanese can be used in different situations to mean different things. For instance . . .

Becky: Well, why don't I give you one I've heard recently.

Shota: Oh, great! (　5　)

Becky: Well, I've noticed that sometimes "*hai*" is used like a question as in "*Hai?*"

Shota: Yes! That's a quick and easy way of asking for clarification or repetition in conversation.

Becky: I'm not sure I understand. (　6　)

Shota: Okay, so, if you're talking to someone and you didn't catch what they said, you can say "*Hai?*" and they will most likely repeat themselves.

Becky: Oh, I get it! Well, I almost get it. Can you (　7　) another example?

Shota: No problem. For example, if you repeat "*hai*" two or three times, very quickly like "*hai, hai*" or "*hai, hai, hai,*" you'll be showing that you're irritated or impatient. The person you're talking to might get offended.

Becky: Oh, really? (　8　) I'd better be careful not to do that. I'll also try to pay a little bit more attention to how Japanese native speakers use "*hai*" in different ways. Maybe you could think up some more examples that we can talk about next time we meet?

Shota: (9) It's kind of fun thinking about my own language in a new way.

Becky: Thanks, I really appreciate it.

Shota: (10)

(1) a. Give up! b. I can try.
c. No, sorry. d. Why should I?

(2) a. How about you? b. So, what's bothering you?
c. When do you say so? d. Why can you?

(3) a. I'm not sure. b. Do you care?
c. So, what's the problem? d. Tell me the truth about it.

(4) a. As you wish. b. Give me a break.
c. I would rather do it. d. You have a point.

(5) a. Drop it. b. Go ahead.
c. Never mind. d. You finish.

(6) a. Can you see it? b. Could you imagine it?
c. What do you mean? d. Why do you recommend it?

(7) a. come up with b. hide it from
c. plan it to d. talk down to

(8) a. Better not care much. b. Carry it along.
c. I wish I could. d. That's good to know.

(9) a. Be careful. b. I'd rather not.
c. Looks great! d. Sounds good!

(10) a. Be my new friend. b. I cannot help.
c. It's my pleasure. d. Try someone else.

日本史

(60分)

〔Ⅰ〕次の1～10の文章について、a・bとも正しい場合はアを、aが正しくbが誤っている場合はイを、aが誤りでbが正しい場合はウを、a・bともに誤っている場合はエをマークしなさい。

1. a.『後漢書』東夷伝には、倭国王が安帝に面会を求めたことが記されている。
   b.『宋書』倭国伝によると、倭王「武」は自ら百済・新羅を含む7カ国の諸軍事安東大将軍倭国王であると称していたという。

2. a. 藤原京で即位した天武天皇は、八色の姓を定めるなど官僚制の形成を推進し、富本銭の鋳造を行った。
   b. 天武天皇の時代には、大安寺や薬師寺が建立され、仏教の布教が国家的事業として推進された。

3. a. 奈良時代から行われてきた東北地方への進出は、桓武天皇に引き継がれ、征東大使として伊治呰麻呂が蝦夷制圧に向かった。
   b. 7世紀半ばから8世紀にかけて蝦夷に対する制圧政策がすすめられ、太平洋側には出羽国が、日本海側には陸奥国がおかれた。

4. a. 慈円の『愚管抄』は、武家政権成立に至る歴史を道理の点から解釈し、後醍醐天皇を中心とする討幕運動の理論的拠り所となった。
   b.『新古今和歌集』の編者であった藤原定家と藤原家隆は、平安時代の伝統文化に学びつつ、技巧を凝らした表現で観念の美の世界を生み出した。

5. a. 種子島時堯は、南西諸島に漂着したポルトガル船の乗組員から鉄砲を買い求め、家臣にその製造法を学ばせた。
   b. 徳川家康は、豊後に漂着したオランダ船の航海士ヤン=ヨーステンを外交の顧問とし、オランダとの交易を開始した。

6. a. 村請制がとられた江戸時代には村人は五人組に編成され、年貢納入や治安維持の連帯責任を負わされた。年貢の一部は貨幣で納めることも認められた。
   b. 天保の飢饉がきっかけとなって出された田畑永代売買の禁止令は、幕府が支配の基本単位としていた本百姓の救済が目的であった。

7．a．江戸幕府は、東海道、中山道、甲州道中、日光道中、伊勢街道を五街道として整備した。これらの街道には宿駅が置かれ、宿場町がつくられた。

b．五街道では幕府や大名などの通行が優先され、宿駅に置かれた問屋場には、伝馬役の差配や幕府の公用文書の継ぎ送りのための役人が置かれた。

8．a．日朝修好条規締結以後、日本へ不満を持つ兵士や民衆が起こした壬午軍乱によって、高宗の外戚である閔氏が政権を握った。

b．日清戦争後、朝鮮半島では大院君が親露政権を樹立し、19世紀末に国号を大韓帝国と改めた。

9．a．中国内戦で国民党を支援していたアメリカは、共産党の敗色が濃厚になったと判断すると、対日占領政策を転換させ、行政責任を日本政府に大幅に委譲した。

b．GHQから指令された経済安定九原則の実行のために、ドッジは吉田茂内閣に財政支出を大幅に削減した予算案を求めた。

10．a．「日米新時代」を唱えていた岸信介内閣は、条約改定に消極的だったアメリカと交渉し、日米相互協力及び安全保障条約に調印した。

b．60年安保闘争が激しく起こったが、日米相互協力及び安全保障条約は参議院で議決されなかったにもかかわらず、成立した。

〔Ⅱ〕次の文章Ａ・Ｂを読んで設問に答えなさい。もっとも適切な答えを一つマークしなさい。

Ａ．　藤原不比等は、娘の宮子を文武天皇の夫人とし、その間に生まれた首親王（後の聖武天皇）を皇位につけようとした。そのための中継ぎとして、ａ元明、元正の二人の女帝を立てたが、不比等自身は聖武天皇の即位を待たずに死去した。不比等の死後は、ｂ長屋王が政権を握り、班田収授制度の維持、改革を試みた。聖武天皇即位と相前後して、ｃ不比等の四子が政権の枢要な地位につくと、彼らは共謀して長屋王を陥れ自殺に追い込み、それまでの伝統に反して、ｄ光明子を皇后に立てた。しかしながら、四子は折から流行していた天然痘によって相次いで病死し、ｅ藤原氏の勢力伸長はしばらくの間、やむことになる。

【設　問】

1．下線部ａに関して、誤っているものを下記より選びなさい。

ア．元明天皇は、持統天皇と同じく、天智天皇の皇女である。

イ．長屋王に嫁いだ吉備内親王は、元正天皇と同じく、元明天皇の皇女である。

ウ．飛鳥浄御原宮から平城京に都が移ったのは元明天皇在位中である。

エ．養老律令が編さんされたのは元正天皇在位中である。

2．下線部ｂに関して、誤っているものを下記より選びなさい。なお、すべて正しい場合は「エ」をマークしなさい。

ア．顕著になってきた田地の不足は、自然災害による口分田の逸失が主な原因である。

イ．三世一身法では灌漑設備を新設するかどうかで保有期限が異なった。

ウ．墾田永年私財法は長屋王の治世下に施行されたものではない。

3．下線部ｃに関して、四子の名前とその子孫についての説明として誤っているものを下記より選びなさい。

ア．武智麻呂の子孫である藤原仲麻呂が養老律令を施行した。

イ．房前の子孫である藤原冬嗣が初代の蔵人頭となった。

ウ．宇合の子孫である藤原種継・薬子の兄妹は平城天皇の重祚を企て失敗した。

エ．麻呂の子孫である藤原興風は平安時代初期の代表的歌人で三十六歌仙の一人である。

4．下線部ｄの人物が皇太后の地位の時に行ったこととして正しいものを下記より選びなさい。なお、すべて皇后の時に行われたことであれば、「エ」をマークしなさい。

ア．貧窮者や孤児を救済するために悲田院を設けた。

イ．鑑真が東大寺に設けた戒壇において下線部ｄの人物らが戒を受けた。

ウ．貧しい病人に薬を与え治療を施す施設として施薬院を設けた。

5．下線部eに関して、甲群は四子死亡後の出来事を列挙したもの、乙群はそれを時代順に並べたものです。正しい順になっているものを乙群より選びなさい。

甲 い：『万葉集』に収録されている最後の歌が詠まれた。

ろ：石上宅嗣らの漢詩を収める『懐風藻』が成立した。

は：藤原広嗣が、九州で大規模な反乱を起こした。

に：すでに太政大臣禅師となっていた道鏡は法王となった。

乙

ア．は→ろ→い→に　イ．い→に→ろ→は　ウ．ろ→に→い→は　エ．ろ→い→に→は

B．　藤原頼通は、［ f ］に代わって摂政・関白となり、3代の天皇の下で$_g$50年にわたって権勢を振るったが、入内させた自身の娘には皇子が生まれなかった。その結果、時の摂関を外戚としない$_h$後三条天皇が即位することになり、頼通は関白の位を［ i ］に譲って引退した。後三条天皇は公領の増大をはかり、$_j$延久の荘園整理令を発し、また、それを徹底するために記録荘園券契所を設けた。後三条天皇の後、$_k$政治権力のあり方に変化が生じ藤原氏の実質的な権力は削がれていくことになる。

【設　問】

6．空欄f・iに該当する人名の組合せとして正しいものを下記より選びなさい。

ア．f：藤原兼家・i：藤原実頼　イ．f：藤原兼家・i：藤原伊周

ウ．f：藤原道長・i：藤原師輔　エ．f：藤原道長・i：藤原教通

7．下線部gに関して、頼通の事績として正しいものを下記より選びなさい。なお、すべて誤っている場合は「エ」をマークしなさい。

ア．権勢を極め、「此の世をば我が世とぞ思う……」と歌に詠んだ。

イ．刀伊が来寇した時には中央から兵を派遣してこれを撃退させた。

ウ．右大臣在任中に、『小右記』として知られる日記をつけ始めた。

8．下線部hに関して、正しいものを下記より選びなさい。なお、すべて誤っている場合は「エ」をマークしなさい。

ア．彼に登用された大江広元、源経長らの側近は、後に院の近臣を構成する層となる。

イ．幼くして即位したので、政権初期は藤原頼通が政務を補佐した。

ウ．彼が定めた宣旨枡は、太閤検地で京枡が用いられるまで、すべての領主により用いられた。

9．下線部jに関して、誤っているものを下記より選びなさい。なお、すべて正しい場合は「エ」をマークしなさい。

ア．券契が提出された荘園でも年代の古いものは原則として停止とされた。

イ．摂関家の荘園も整理の対象となるなど、この整理令は成果を上げた。

ウ．記録荘園券契所は券契の審査を行うために設けられた機関である。

10．下線部kに関して、次の語群の出来事の年代順として正しいものを下記より選びなさい。

い：藤原通憲が自殺に追い込まれた。　ろ：北面の武士が設けられた。

は：平忠盛が殿上人になった。　に：尊勝寺が建立された。

ア．ろ→は→い→に　イ．に→ろ→は→い　ウ．ろ→に→は→い　エ．は→ろ→い→に

〔Ⅲ〕次の史料A・Bを読んで設問に答えなさい。もっとも適切な答えを一つマークしなさい。なお史料は省略したり、書き改めたところがあります。

A．　a聖徳太子ハ四十九院を作り置、…b聖武天皇の東大寺・国分寺を建、淡海公のc興福寺を建立し給ひしハ、上古と云、皆応化の所変也、今の両将も…ことに仏法に帰し、夢窓国師を開山として［ d ］を造立し、…三条殿は六十六カ国に寺を一宇づつ建立し、各安国寺と号し、同塔婆一基を造立し給ひし。

【設　問】

1．下線部aの人物の時代の文化は飛鳥文化と呼ばれているが、この時期の彫刻作品として誤っているものを下記より選びなさい。

ア．法隆寺金堂釈迦三尊像

イ．法隆寺百済観音像

ウ．法隆寺夢殿救世観音像

エ．法隆寺夢違観音像

2．下線部bの天皇が在位中に起こった出来事として誤っているものを下記より選びなさい。なお、すべて正しい場合は「エ」をマークしなさい。

ア．橘諸兄が政権を掌握し、唐から帰国した吉備真備や玄昉が活躍した。

イ．近江国紫香楽宮で大仏造立の詔を出した。

ウ．インド僧を含む10,000人の僧侶が参列した大仏開眼供養の儀式を行った。

3．下線部cの説明として誤っているものを下記より選びなさい。

ア．朝廷や幕府に対して強訴する際に、日吉神社の神木が用いられた。

イ．中世社会では延暦寺と並ぶ宗教勢力として存在感を発揮し、両寺院は南都北嶺と称された。

ウ．室町時代に書かれた記録である『大乗院寺社雑事記』の大乗院は興福寺に所属する寺院である。

エ．世阿弥が出た観世座は興福寺を本所としていた。

4．空欄dに該当するものを下記より選びなさい。

ア．建仁寺　イ．法隆寺　ウ．天龍寺　エ．相国寺

5．史料Aの出典として正しいものを下記より選びなさい。

ア．『吾妻鏡』　イ．『上宮聖徳法王帝説』　ウ．『御堂関白記』　エ．『梅松論』

B．　元來日本の社會は、つい近頃まで、e地方に多數の貴族、即ち大名があつて、其の各々を中心として作られた集團から成立つて居たのであります。そこで今日多數のf華族の中、堂上華族即ち公卿華族を除いた外の大名華族の家といふものは、大部分此の應仁の亂以後に出て來たものであります。と同時に、應仁の亂以前にありました家の多數は、皆應仁以後元龜天正の間の爭亂のため悉く滅亡して居ると言つてもいゝのです。斯ういふことから考へると、應仁の亂といふものは全く日本を新しくしてしまつたのであります。近頃改造といふ言葉が流行りますが、應仁の亂ほど大きな改造はありませぬ。この節のg勞働爭議などは、あれが改造の緒論のやうに言つて居りますが、あんな事では到底駄目です、改造といふからには應仁の亂のやうに徹底した騷動がなければ問題になりませぬ。それでh改造といふ事が結構なら應仁の亂位徹底した騷動を起すがよからうと思ひます。さういふ風で兎に角是は非常に大事な時代であります。大體今日の日本を知る爲に日本の歴史を研究するには、i古代の歴史を研究する必要は殆どありませぬ、應仁の亂以後の歴史を知つて居つたらそれで澤山です。それ以前の事は外國の歴史と同じ位にしか感ぜられませぬが、應仁の亂以後は我々の眞の身體骨肉に直接觸れた歴史であつて、これを本當に知つて居れば、それで日本歴史は十分だと言つていゝのであります。

【設　問】

6．下線部eに関して、正しいものを下記より選びなさい。

ア．鎌倉時代に守護が設置されると、守護の勢力拡大を背景に国衙は消滅することになった。

イ．侍所長官と守護を兼任した赤松家に象徴されるように、室町時代の畿内・近国の守護の多くは領国だけではなく、京都にも拠点を置いていた。

ウ．江戸時代の藩主は江戸にいることが多かったので、国に残された家臣たちは、藩主から自立しており、下克上の温床となった。

エ．廃藩置県に際し、江戸にいた知藩事は、版籍奉還後も残されていた権限を剥奪された上、すべて帰国を命じられた。

7．下線部fに関して、誤っているものを下記より選びなさい。なお、すべて正しい場合は「エ」をマークしなさい。

ア．明治初期の段階で、華族は約3000人だった。

イ．明治初期の段階で、華族のみに与えられた秩禄は当時の国家予算の約30％を占めていた。

ウ．明治初期の段階で、華族も含めて戸籍に登録された人口は約3330万人だった。

8．下線部gを主題とした小説として正しいものを下記より選びなさい。

ア．『太陽のない街』　イ．『夜明け前』　ウ．『月に吠える』　エ．『大菩薩峠』

9．下線部hの指摘から7年後の1928年に普通選挙が実施され、近代国家の「改造」がなされた。その普通選挙の前後に起こった「騒動」として誤っているものを下記より選びなさい。なお、すべて正しい場合は「エ」をマークしなさい。

ア．合法的な無産政党である労働農民党が結成されたが、党内の対立から社会民衆党と日本労農党が分離・独立した。

イ．初めて行われた普通選挙では無産政党勢力から8名の当選者が誕生し、この状況を背景にして日本共産党が公然と活動を始めた。

ウ．最高刑を死刑とするなど、治安維持法の改正が図られたが、議会では法案が成立しなかったために、緊急勅令によって改正された。

10．下線部iの発言とは裏腹に、古代史研究は明治・大正時代を通じて進められた。古代史も含む人文学研究をめぐる近代以降の出来事として誤っているものを下記より選びなさい。なお、すべて正しい場合は「エ」をマークしなさい。

ア．久米邦武は神道の起源に関する論文が原因で職を追われることになった。

イ．柳田国男は民俗学を新しい学問領域として確立させた。

ウ．津田左右吉は『古事記』の科学的分析を行った。

〔Ⅳ〕次の文章を読んで設問に答えなさい。もっとも適切な答えを一つマークしなさい。

a高度経済成長の時代が終わり、1970年代に日本は低成長期に入った。「列島改造」を掲げたb田中角栄内閣は日本経済を安定成長の路線に舵を切ろうと試みたが、1974年には日本は戦後初めて経済成長の伸び率がマイナスとなった。世界経済も長期の不況におちいっていった。アメリカ・ドルの価値も下がり、c世界経済を支える体制や仕組みが変わっていった。こうした中で、世界経済の調整を日本も含めた先進国間で協議するd首脳会議（サミット）が1975年にフランスで開かれた。1970年代終わりの２度目の石油危機の衝撃を乗り切った日本は、この後、経済大国への道を進んでいくが、e1980年代に様々な国内問題に直面した。対外的には日本の輸出産業が大きく収支を伸ばしたことにより、とりわけ対米貿易黒字から日本からの輸出品などに対してf貿易摩擦問題が出てきた。

g「戦後政治の総決算」を掲げた中曽根康弘内閣は、官営事業の民営化を含む行財政改革に乗り出していった。この内閣は対米関係でレーガン大統領との緊密な関係を築いていったが、貿易黒字は解消しなかった。その一方で日本は世界経済における総生産の１割を占める経済大国になった。冷戦後にはh目に見える国際貢献も求められるようになった。しかし、その後の政権では政官財の汚職などにより、政治不信が次第に国民の間で高まっていき、1955年の保守合同から続いたi「55年体制」とよばれる政治体制は1993年に崩壊した。下野した自民党の総裁が再び首相となるのは、1996年のj橋本龍太郎内閣の時であった。

【設　問】

1．下線部ａに関して、正しい順に並べたものを下記より選びなさい。

ア．関税及び貿易に関する一般協定11条国に移行 → 三井三池炭鉱争議の始まり → 東海道新幹線の開通

イ．三井三池炭鉱争議の始まり → 東海道新幹線の開通 → 関税及び貿易に関する一般協定11条国に移行

ウ．三井三池炭鉱争議の始まり → 関税及び貿易に関する一般協定11条国に移行 → 東海道新幹線の開通

エ．関税及び貿易に関する一般協定11条国に移行 → 東海道新幹線の開通 → 三井三池炭鉱争議の始まり

2．下線部ｂの時に起こった出来事の説明として正しいものを下記より選びなさい。

ア．第４次中東戦争の勃発とともに、OPEC（石油輸出国機構）は日本に石油輸出制限を行った。

イ．首相自身がロッキード社からの収賄容疑で逮捕され、内閣は総辞職した。

ウ．これまでの中国政策を見直すことになった背景に、ニクソン米大統領訪中があった。

エ．狂乱物価など国民生活に影響を与えたため、自民党は総選挙で初めて衆議院の過半数を割った。

3．下線部ｃの説明として正しいものを下記より選びなさい。なお、すべて誤っている場合は「エ」をマークしなさい。

ア．日本が国際通貨基金と先進国クラブといわれる経済協力開発機構に加盟したのは池田勇人内閣の時である。

イ．日本円はアメリカ・ドルとの固定相場制が長く続いたが、スミソニアン体制のもとで主要国は変動為替相場制に完全に移行した。

ウ．日本、アメリカ、西ドイツなどの主要５カ国によるプラザ合意後は円高、ドル安傾向が続いた。

4．下線部ｄに出席した日本の内閣総理大臣として正しいものを下記より選びなさい。

ア．田中角栄　　イ．三木武夫　　ウ．福田赳夫　　エ．大平正芳

5．下線部ｅの説明として正しいものを下記より選びなさい。なお、すべて誤りの場合は「エ」をマークしなさい。

ア．美濃部亮吉が東京都知事に当選するなど、多くの革新首長が誕生した。

イ．公害問題が深刻になり環境庁が設立された。

ウ．公明党が結成されるなど、多党化現象が進んだ。

6．下線部ｆに関して出来事が起こった順番として正しい順に並べたものを下記より選びなさい。

ア．自動車輸出自主規制 → 牛肉オレンジ輸入自由化合意 → 日米構造協議 → コメ市場部分開放

イ．コメ市場部分開放 → 日米構造協議 → 牛肉オレンジ輸入自由化合意 → 自動車輸出自主規制

ウ．コメ市場部分開放 → 牛肉オレンジ輸入自由化合意 → 自動車輸出自主規制 → 日米構造協議

エ．自動車輸出自主規制 → コメ市場部分開放 → 牛肉オレンジ輸入自由化合意 → 日米構造協議

7．下線部ｇの説明として正しいものを下記より選びなさい。

ア．戦後の首相として初めて靖国神社公式参拝を行った。

イ．日本国有鉄道、日本郵政公社、日本専売公社の民営化を行った。

ウ．税制改革のために第２次臨時行政調査会を立ち上げた。

エ．財政赤字解消のために大規模な間接税を導入した。

8．下線部ｈの説明として正しいものを下記から選びなさい。なお、すべて誤っている場合は「エ」をマークしなさい。

ア．海部俊樹内閣の時に自衛隊の海外派遣を可能にするPKO協力法ができた。

イ．自衛隊の最初の海外派遣任務は、宮沢喜一内閣の時のカンボジアでのPKO活動であった。

ウ．湾岸戦争時に日本は憲法の制約から多国籍軍やクウェートへの支援を一切行えなかった。

9．下線部ｉの説明として正しいものを下記から選びなさい。

ア．55年体制が終わった時の内閣でリクルート事件、東京佐川急便事件が起こった。

イ. 55年体制が終わった時の内閣でアジアへの植民地支配などを反省し詫びる首相談話が出された。

ウ. 自民党は分裂し、一部の議員が新党さきがけ、新自由クラブをつくった。

エ. 日本新党、民社党、新生党など非自民党の８政党・会派がのちに連立政権をつくった。

10. 下線部ｊの説明として誤っているものを下記から選びなさい。

ア. この前の政権と同様に社会党、新党さきがけが連立与党を組んだ。

イ. 小選挙区比例代表並立制を導入する改革を実施し、総選挙で勝利した。

ウ. 周辺事態に対する日米防衛協力のための指針を策定した。

エ. 中央省庁の数を１府12省庁に再編する法律を策定した。

世界史

(60分)

〔Ｉ〕次の文中の［　　　］に最も適当な語を語群から選び、また下線部に関する問いに答え、最も適当な記号１つをマークしなさい。

ローマ教皇は中世のカトリック教会において最高権威となったが、西ローマ帝国が滅亡する頃にはキリスト教の①五本山のひとつローマ市の司教にすぎなかった。その地位は地道なゲルマン人への布教によって徐々に構築されていったのであり、聖歌でも有名なグレゴリウス１世は②イングランドへの布教に尽力した。

地理的にも遠く、教会の首位権をめぐって対立するコンスタンティノープルの③ビザンツ皇帝からの自立を目指して教皇が頼ったのが④フランク王国であった。８世紀中頃、教皇は王位を簒奪して成立した［　イ　］を承認し、その見返りにラヴェンナ地方などを新たに教皇領として獲得した。さらに800年のクリスマスには国王⑤カールに皇帝の帝冠を授け、両者の関係をいっそう密なものとした。

フランク王国が分裂して封建社会が進展すると、11世紀には教皇⑥グレゴリウス７世がクリュニー修道院に始まる教会の改革運動を推進した。これに続き1095年にはウルバヌス２世が［　ロ　］のクレルモンでの宗教会議の際に十字軍を提唱し、やがて教皇の権威は13世紀初頭のインノケンティウス３世の時期に頂点に達した。

[語　群]

イ　a．メロヴィング朝　b．カペー朝　c．カロリング朝　d．ヴァロワ朝

ロ　a．イタリア　b．フランス　c．ドイツ　d．イングランド

[問　い]

①五本山に含まれないものはどれか。

a．エフェソス　b．イェルサレム　c．アレクサンドリア　d．アンティオキア

②イングランドに関する記述として、誤りを含むものはどれか。

a．アングロ=サクソン人は七王国（ヘプターキー）を建てた。

b．アルフレッド大王はデーン人の侵入を撃退した。

c．ヘースティングズの戦いの結果、ノルマン朝が成立した。

d．デンマークのクヌート王はイングランドとアイルランドの王を兼ねた。

③ビザンツ皇帝ユスティニアヌス１世に関する記述として、誤りを含むものはどれか。

a．ササン朝のシャープール１世に敗北した。

b．ヴァンダル王国や東ゴート王国を征服した。

c．トリボニアヌスらに『ローマ法大全』を編纂させた。

d．ハギア=ソフィア聖堂を再建した。

④フランク王国に関する記述として、誤りを含むものはどれか。

a．分割相続制のため分裂と統合を繰り返し、宮宰が実権を握るようになった。

b．カール=マルテルはトゥール・ポワティエ間の戦いでイスラーム軍に勝利した。

c．ヴェルダン条約によって王国は３分割された。

d．メルセン条約によって東フランク王国でザクセン朝が創始された。

⑤カール大帝に関する記述として、誤りを含むものはどれか。

a．小ピピンの子である。

b．ランゴバルド王国を滅ぼした。

c．アヴァール人やマジャール人の侵入を撃退した。

d．各地の有力豪族たちを伯に任命して統治した。

⑥グレゴリウス７世に関する記述として、誤りを含むものはどれか。

a．カノッサ事件ではハインリヒ４世の破門を解いた。

b．聖職者の妻帯を禁じた。

c．聖職売買を禁じた。

d．聖職者の叙任権をめぐりヴォルムス協約を結んだ。

〔Ⅱ〕次の文中の［　　　］に最も適当な語を語群から選び、また下線部に関する問いに答え、最も適当な記号1つをマークしなさい。

18世紀末以降、「国民」の一体性を求めるナショナリズムがヨーロッパ各地の政治や文化のありかたに影響を及ぼしていった。①革命下のフランスでは愛国主義的な動きが見られ、政府によって国民国家形成にかかわる様々な政策が打ち出された。②ナポレオン1世の大陸制圧は、ヨーロッパの各地でナショナリズムを呼び起こした。ナポレオンが没落するとウィーン体制が成立したが、その直後から③ナショナリズムの運動が高まりを見せた。その後七月革命や④二月革命が起こり、⑤「諸国民の春」がもたらされた。ナショナリズムの影響は文化にも及び、七月革命を題材とした［　イ　］の「民衆を導く自由の女神」や、ポーランド民族運動弾圧を機にポーランド出身の［　ロ　］が作曲した「革命」など、⑥ロマン主義の芸術作品にもそれが見出される。

[語　群]

イ　a．ドラクロワ　　b．ゴヤ　　c．ダヴィド　　d．レンブラント

ロ　a．ベートーヴェン　　b．ヴェルディ　　c．スメタナ　　d．ショパン

[問　い]

①フランス革命に関する記述として、誤りを含むものはどれか。

a．国民議会期にヴァレンヌ逃亡事件が起こり、国民の国王への信頼が失墜した。

b．立法議会期に徴兵制が導入された。

c．国民公会期にグレゴリウス暦に代えて革命暦が採用された。

d．統領政府期にメートル法が正式に採用された。

②ナポレオン1世の大陸制圧に関する記述として、誤りを含むものはどれか。

a．ナポレオン1世はスペインに侵攻し兄を王としたが、民衆の反乱にあった。

b．哲学者フィヒテがドイツ国民としての愛国心を鼓舞する講演を行った。

c．ライプツィヒの戦いに敗れたプロイセンでは、農民解放などの改革が実施された。

d．ロシアは大陸封鎖令に反してイギリスに穀物を輸出した。

③当時のナショナリズムに関する記述として、誤りを含むものはどれか。

a．ドイツでは、憲法制定と国家統一を求めるブルシェンシャフト運動が起こった。

b．スペインでは、立憲革命によってカディス憲法が復活された。

c．イタリアでは、カルボナリが反乱を起こした。

d．オーストリアの支配下にあったギリシアが、ロシアなどの支援によって独立した。

④二月革命に関する記述として、誤りを含むものはどれか。

a．改革宴会禁止令に反対した民衆が蜂起して起こった。

b．当時の首相はギゾーだった。

c．国王ルイ18世が退位した。

d．共和派を中心に組織された臨時政府には、ルイ=ブランも加わった。

⑤「諸国民の春」に関する記述として、誤りを含むものはどれか。

a．オーストリアでは、反政府の蜂起によってメッテルニヒが失脚した。

b．自由主義者らが集ったフランクフルト国民議会では、ドイツ統一の方法が議論された。

c．コシュートによるハンガリー独立運動は、ロシアの支援するオーストリア軍に鎮圧された。

d．「青年イタリア」の支持するヴィットーリオ=エマヌエーレ２世がイタリア王となった。

⑥文学・芸術上のロマン主義に関する記述として、誤りを含むものはどれか。

a．ワーズワースが『チャイルド=ハロルドの遍歴』を著した。

b．ヴィクトル=ユゴーは長編小説『レ=ミゼラブル』を著した。

c．言語学者であるグリム兄弟は民話の収集をすすめ、童話集を出版した。

d．ゲーテとシラーによる「疾風怒濤」運動は、ロマン主義の先駆けとなった。

〔Ⅲ〕次の文中の［　　］に最も適当な語を語群から選び、また下線部に関する問いに答え、最も適当な記号１つをマークしなさい。

①新石器時代、中国各地に生まれた文化は相互に影響を深めていき、やがてそれらを統合する王権が形成され始めた。紀元前２千年紀、黄河中流域に成立した②殷は、祭政一致の神権政治によって周辺の大小の都市を支配下に置いた。その勢力圏から台頭した③周は、殷を倒すと王族や有力部族の長に諸侯の地位を与え、各地を世襲的に支配させた。次第に諸侯の一部が勢力を強める一方で王権は衰退し、春秋時代には周王を推戴して諸侯国の同盟を主催する有力諸侯「覇者」が相次いで出現した。しかし［　イ　］の国を中心とする覇者の力が衰えると、同盟体制下で安定していた諸侯国の中でも下克上の気運が起こり、貴族が没落するとともに君主を中心とする中央集権体制が形成され始めた。こうして戦国時代には７つの列強（戦国七雄）がそれぞれ富国強兵の改革をすすめつつ他国と激しく争った。政治・社会の大きな変動の中で、将来の国家・社会の理想像を諸国の為政者に説いて回る④諸子百家が活躍したのもこの時代である。

戦国七雄の死闘は⑤秦の天下統一によって終わりを告げたが、その急進的な統一政策は全土の反感をもたらし、始皇帝の死後に起きた［　ロ　］の乱をきっかけに秦帝国は急速に崩壊、滅亡に向かった。秦滅亡後に中国を再統一した漢は、前２世紀中葉の武帝時代に最盛期を迎え、周辺諸地域に侵攻して領土を拡大し、また内政面では儒学を官学化して後世に大きな影響を残した。しかし対外戦争による財政悪化や、それを補うための⑥経済政策は社会の停滞と混乱をもたらし、武帝の死後、王朝は次第に衰退に向かった。

[語　群]

イ　a．韓　　b．魏　　c．晋　　d．趙

ロ　a．呉楚七国　　b．陳勝・呉広　　c．八王　　d．赤眉

[問　い]

①中国の新石器文化に関する記述として、誤りを含むものはどれか。

a．湖南省の彭頭山遺跡からは、稲作の痕跡が発見された。

b．浙江省の河姆渡遺跡からは、骨製農具が発見された。

c．黄河中流の良渚文化では、精巧な玉器がつくられた。

d．陝西省の姜寨遺跡は、仰韶文化を代表する遺跡である。

②殷に関する記述として、誤りを含むものはどれか。

a．河南省の鄭州からは、殷中期の宮殿遺構が発見された。

b．青銅器は、主に農具に用いられた。

c．甲骨文字は、殷王が天帝の神意を占った記録に用いられた。

d．河南省の殷墟からは、殉葬者をともなった大型墓が発見された。

③周に関する記述として、誤りを含むものはどれか。

a．武王は放伐によって桀王を倒したとされる。

b．王は天命を受けた天子を称した。

c．諸侯の家臣に封土が分与された。

d．都の鎬京を犬戎に攻略され、東の洛邑に都を移したとされる。

④諸子百家に関する記述として、誤りを含むものはどれか。

a．孔子は魯の年代記『春秋』を編纂したとされる。

b．孟子は性善説に立ち、王道政治を批判した。

c．荀子は性悪説に立ち、礼による人民の指導を主張した。

d．墨子は博愛と非攻を説いた。

⑤中国統一後の秦に関する記述として、誤りを含むものはどれか。

a．華南に進出して南海郡などを設置した。

b．農民には収穫高に応じた田租が課された。

c．秦国内で施行されていた郡国制を全土に適用した。

d．占いに関する書は焚書の対象から除外された。

⑥前漢武帝時代の経済政策に関する記述として、誤りを含むものはどれか。

a．青銅製の五銖銭を発行した。

b．均輸により、地方の特産物を他地方に転売した。

c．平準により、物資を価格低落時に買い付け高騰時に売却した。

d．塩や茶の専売を行った。

〔Ⅳ〕次の文中の［　　］に最も適当な語を語群から選び、また下線部に関する問いに答え、最も適当な記号１つをマークしなさい。

①重商主義政策を背景として、②イギリス東インド会社はインド南東部の［　イ　］を皮切りに、インドに複数の拠点を築いた。18世紀半ばにはフランスとの覇権争いに勝利し、並行して③ムガル帝国から独立したインド各地の勢力間の紛争に介入し、支配領域を拡大した。この頃のイギリス東インド会社の重要な収益源となったのが地税であった。重い課税に対するインドの人々の不満は、シパーヒーの反乱をきっかけとして拡大した④インド大反乱という形で現れた。この反乱は鎮圧されたが、それはイギリスによる⑤インド統治のあり方に変化をもたらした。

モルッカ諸島での［　ロ　］との紛争以後、東南アジアからの撤退を余儀なくされていたイギリスであったが、19世紀以降には再び東南アジアでも植民地を広げていった。1826年に海峡植民地を成立させ、1895年にはマレー連合州を結成し、⑥マレー半島での支配を強めたのである。

[語　群]

イ	a．カルカッタ	b．マドラス	c．デリー	d．ボンベイ
ロ	a．オランダ	b．スペイン	c．フランス	d．ポルトガル

[問　い]

①重商主義に関する記述として、誤りを含むものはどれか。

a．官僚制や常備軍を維持するための財源確保が目指された。

b．自国製品販売のための市場として、植民地の獲得が必要とされた。

c．ルイ14世に登用されたケネーが王立マニュファクチュアを創設した。

d．重金主義から貿易差額主義へと移行した。

②イギリス東インド会社とフランスとの戦いに関する記述として、誤りを含むものはどれか。

a．カーナティック戦争は、３度にわたり行われた。

b．カーナティック戦争に勝ったイギリス東インド会社はインド北西部の支配を確立した。

c．プラッシーの戦いは、フランスと結んだベンガル太守との間で戦われた。

d．プラッシーの戦いに勝ったイギリス東インド会社はその後、ベンガルの徴税権を認められた。

③ムガル帝国に関する記述として、誤りを含むものはどれか。

a．アウラングゼーブはタージ=マハルを造営した。

b．アブル=ファズルはアクバルの治世について歴史書を著した。

c．ラージプート諸侯の下でムガル絵画の影響を受けた細密画がさかんに描かれた。

d．17世紀後半以降、パンジャーブ地方でシク教徒が反乱を起こした。

④インド大反乱に関する記述として、誤りを含むものはどれか。

a．反乱は北インド中心に広まった。

b．シパーヒーには上層カーストのヒンドゥー教徒や上層のムスリムが多かった。

c．反乱の鎮圧後、藩王国は全てとりつぶされた。

d．反乱が起こると、イギリス東インド会社は解散させられた。

⑤イギリスによるインド統治に関する記述として、誤りを含むものはどれか。

a．ヴィクトリア女王を皇帝とするインド帝国が成立した。

b．インド総督を長とするインド省が設置された。

c．東北インドで茶のプランテーションが経営された。

d．インド内部の対立を利用する分割統治が推しすすめられた。

⑥イギリスによるマレー半島とその周辺の支配に関する記述として、誤りを含むものはどれか。

a．インドと中国をむすぶ航路の中継点としてペナンを獲得した。

b．ラッフルズが獲得したシンガポールは、自由港として発展した。

c．錫鉱山の労働力として、大量のインド人労働者が移住した。

d．20世紀には自動車産業の発展を背景に、ゴム園の開発がすすんだ。

〔V〕次の文中の［　　］に最も適当な語を語群から選び、また下線部に関する問いに答え、最も適当な記号1つをマークしなさい。

第二次世界大戦を経て、ヨーロッパの宗主国の弱体ぶりがあらわになると、アフリカ各地では独立を求める運動が強まり、1950年代までに、①リビア、②モロッコ、チュニジア、スーダン、③ガーナなどが独立を達成した。④フランスの植民地を中心に17カ国が独立を果たした1960年は「アフリカの年」と呼ばれるようになった。1960年代には、ケニアなどの⑤イギリスの植民地も相次いで独立した。

しかし、アフリカのすべての国々が順調に独立を勝ち取ったわけではない。アルジェリアのフランスからの独立は7年以上におよぶ独立戦争の成果であったし、［　イ　］領のアンゴラも独立までに10年以上の戦争を経なければならなかった。

独立した国々の歩みも、多くの場合、平坦なものではなかった。特定の地下資源や農作物の輸出に依存した経済、社会インフラの未整備といった問題が、発展の足かせとなった。コンゴやナイジェリアでは激しい内戦で多数の死者が生じた。こうした問題の解決には、［　ロ　］でのアフリカ諸国首脳会議により結成された⑥アフリカ統一機構や、これを引き継いだアフリカ連合などが取り組んできたが、残された課題はなお多い。

[語　群]

イ　a．ドイツ　　b．スペイン　　c．オランダ　　d．ポルトガル

ロ　a．アジスアベバ　　b．アガディール　　c．キガリ　　d．トリポリ

[問　い]

①リビアに関する記述として、誤りを含むものはどれか。

a．サヌーシー教団が本拠地を置いた。
b．アドワの戦いの結果、イタリア領となった。
c．第二次世界大戦後、一時、英仏の共同統治下に置かれた。
d．「アラブの春」の影響で、独裁政権に終止符がうたれた。

②モロッコに関する記述として、誤りを含むものはどれか。

a．英仏協商により、この地におけるフランスの優越的権利が認められた。
b．第2次モロッコ事件解決のため、アルヘシラス国際会議が開かれた。
c．フランコ将軍はモロッコで反乱を起こし、スペイン政府を転覆させた。
d．フランスとスペインから独立し、王国となった。

③アフリカの統一を唱えたガーナの初代大統領は誰か。

a．エンクルマ（ンクルマ）　　b．セク=トゥーレ　　c．ムガベ　　d．ルムンバ

④フランスのアフリカ進出に関する記述として、誤りを含むものはどれか。

a．サモリ帝国と戦い、西アフリカに勢力を広げた。

b．メリナ王国を滅ぼし、マダガスカルを植民地とした。

c．アフリカ横断政策をとり、ジブチをその東の拠点とした。

d．ファショダ事件後、エリトリアを植民地化した。

⑤イギリスのアフリカ進出に関する記述として、誤りを含むものはどれか。

a．エジプトで起こったウラービー運動を武力で鎮圧した。

b．ネヴィル=チェンバレンは南アフリカ戦争を起こした。

c．ゴードン指揮下のイギリス軍はマフディー派に敗北した。

d．ローデシアの名称は、ケープ植民地首相を務めたセシル=ローズに由来する。

⑥アフリカ統一機構とアフリカ連合に関する記述として、誤りを含むものはどれか。

a．アフリカ統一機構はパン=アフリカニズムを掲げて結成された。

b．アフリカ統一機構は植民地主義の根絶を目指した。

c．アフリカ連合は経済統合の推進を結成目的のひとつとする。

d．アフリカ連合は、ASEANをモデルにアフリカ統一機構を改組したものである。

数学

(60 分)

〔1〕 次の文章中の $\boxed{}$ に適する式または数値を，解答用紙の同じ記号のついた $\boxed{}$ の中に記入せよ．途中の計算を書く必要はない．

(1) $\triangle$ABC において，AB $=6$, BC $=5$, CA $=7$ とする．$\cos\angle$ABC $=\boxed{\text{ア}}$ である．また，辺 AB の中点を M とすると，CM $=\boxed{\text{イ}}$ であり，3 点 M, B, C を通る円の半径を R とすると，$R=\boxed{\text{ウ}}$ である．また，この円と辺 AC の交点のうち，C でない方の点を P とすると，AP $=\boxed{\text{エ}}$ である．

(2)

(i) 2 つの自然数 a, b $(a<b)$ について，a と b の和は 312 で，最大公約数は 12 であるとする．このとき，a, b の組 (a,b) は全部で $\boxed{\text{オ}}$ 組である．

(ii) 2 つの自然数 c, d $(c<d)$ について，最大公約数は 23 で，最小公倍数は 1380 であるとする．このとき，c, d の組 (c,d) は全部で $\boxed{\text{カ}}$ 組であり，$c+d$ の最小値は $\boxed{\text{キ}}$ である．

〔2〕 次の文章中の $\boxed{}$ に適する式または数値を，解答用紙の同じ記号のついた $\boxed{}$ の中に記入せよ．途中の計算を書く必要はない．

(1) 座標平面上の直線 $y=x+5$ を ℓ，放物線 $y=(x-3)(x-4)$ を C とする．ℓ と C の共有点の x 座標を a, b $(a<b)$ とするとき，$a=\boxed{\text{ア}}$ である．また，連立不等式 $\begin{cases} y \leqq x+5 \\ y \geqq (x-3)(x-4) \end{cases}$ で表される領域を D とする．点 (x,y) が領域 D を動くとき，$\dfrac{y-3}{x}$ の最大値は $\boxed{\text{イ}}$ であり，最小値は $\boxed{\text{ウ}}$ である．

(2) 数列 $\{a_n\}$ は，$a_1=-1$，$a_{n+1}=-a_n+2n^2$ $(n=1,2,3,\ldots)$ を満たすとする．

(i) α, β, γ を定数とし，$f(n)=\alpha n^2+\beta n+\gamma$ とおく．このとき，$a_{n+1}-f(n+1)=-\{a_n-f(n)\}$ がすべての自然数 n について成り立つように α, β, γ の値を定めると，$f(n)=\boxed{\text{エ}}$ である．

(ii) (i) で求めた $f(n)$ について，$b_n=a_n-f(n)$ とおく．このとき，数列 $\{b_n\}$ の一般項は $b_n=\boxed{\text{オ}}$ である．

(iii) 数列 $\{a_n\}$ の一般項は $a_n=\boxed{\text{カ}}$ である．また，$\displaystyle\sum_{k=1}^{n} a_k=\boxed{\text{キ}}$ である．

〔3〕　2 つの関数 $f(x)$，$g(x)$ について，

$$f(x) = 2x^2 + \int_1^x g(t)dt$$
$$g(x) = 2x + \int_0^2 f(t)dt$$

が成り立つとする．このとき，次の問いに答えよ．

（1）　定積分 $\int_0^2 f(t)dt$ の値を求めよ．

（2）　関数 $h(x)$ を，$h(x) = \int_1^x f(t)dt - g(x) + 2$ によって定める．

（i）$h(x)$ を x の式で表せ．

（ii）$h(x)$ の極値を求めよ．

（3）　（2）で求めた $h(x)$ に対して，曲線 $y = h(x)$ と曲線 $y = f(x) + g(x)$ で囲まれた 2 つの部分の面積の和 S を求めよ．

のとする)。

仏菩薩に対しては、俗世の名誉や富を授けてほしいと願うのではなく、[X]べきだという道理を理解していないから

ニ　「老尼公」から「かたはらに聞く人」への敬意

ホ　「かたはらに聞く人」から清水寺の「観音」への敬意

へ　「かたはらに聞く人」から「老尼公」への敬意

問九　傍線部⑧「をかしくはかなきことに語り伝へたり」とあるが、それはなぜか。その理由を説明した文として最も適当なものを次のイ～ホから一つ選び、その符号をマークしなさい。

イ　枇杷の種がなくなってしまったら、その後は新しく植え育てて枇杷の実を取ることができなくなるということに、老尼公が気づいていなかったから

ロ　観音菩薩が世間の人々の願いを叶えてくれるというのは迷信にすぎないのに、老尼公がそれを知らず、毎年飽きることなく同じ祈願を繰り返していたから

ハ　枇杷の種をなくしたいという願いを観音菩薩に叶えてもらうためには、大勢の人々の祈りが必要であり、老尼公一人の祈りだけで足りるはずがないから

ニ　枇杷の種が多いというのは偏屈な老尼公の勝手な思い込みであって、実際のところ、誰もがどうにかしてほしいと感じるような煩わしさではないから

ホ　ふつうの人にとって枇杷の種の煩わしさは切実な問題ではないが、老尼公は観音菩薩の助けを願うほど、それを大げさに考えていたから

問十　傍線部⑩「長者ならぬ人にも乞ひぬべし」を現代語訳しなさい（「長者」という語はそのまま用いてよい）。

問十一　空欄Ⅱに入る熟語を問題文から二字で抜き出して記しなさい。

問十二　傍線部⑪「仏神に参りて、ただ世事をのみ祈る人は、長者の家に行きてわづかなる軽物を乞ふ人よりも、なほ愚かなりと申しぬべし」とあるが、「仏神に参りて、ただ世事をのみ祈る人」が「愚か」であるのはなぜか。その理由を説明する文を完成させるために、左の空欄Xに入る言葉を十字以上十五字以内で記しなさい（句読点等も字数に含むも

⑦　つらつら
イ　ざっとかいつまんで
ロ　よくよく念入りに
ハ　原点に立ち戻って
ニ　恐る恐る遠慮がちに
ホ　今さらながら

⑨　よも
イ　いつも
ロ　まさか
ハ　結局のところ
ニ　意外と
ホ　ほとんど

問六　傍線部⑥「修行の人をして退屈することなからしめむ」の解釈として最も適当なものを次のイ〜ホから一つ選び、その符号をマークしなさい。

イ　修行している人を甘やかさないようにするのがよい。
ロ　修行している人に我慢させないようにするのがよい。
ハ　修行している人がくじけないように仕向けよう。
ニ　修行している人に心身を休める時間を与えてやろう。
ホ　修行している人をうんざりさせてしまうだろう。

問七　空欄Ⅰに入る語句として最も適当なものを次のイ〜ホから一つ選び、その符号をマークしなさい。

イ　あやしきことなり　ロ　をこがましきことなり　ハ　かりそめなり
ニ　ことわりなり　ホ　そらごとなり

問八　傍線部ⓐ「詣で」、ⓑ「給ふ」、ⓒ「侍る」は誰から誰に対する敬意を表しているか。最も適当なものを次のイ〜ヘからそれぞれ一つずつ選び、その符号をマークしなさい（同じ符号を何回用いてもよい）。

イ　回答者（乙）から質問者（甲）への敬意
ロ　回答者（乙）から清水寺の「観音」への敬意
ハ　「老尼公」から清水寺の「観音」への敬意

問三　傍線部A・Bの「けれ」と文法上の分類や用法が最も近いものを次のイ～ホの傍線部からそれぞれ一つずつ選び、その符号をマークしなさい（同じ符号を二回用いてもよい）。

イ　いとなつかしげなる御かたちを見けるより、思ひつけて、ほのめかし給ひけり。（『狭衣物語』）

ロ　岩にくだけて清く流るる水のけしきこそ、時をも分かずめでたけれ。（『徒然草』）

ハ　六波羅の北に、代々将軍の御料とて造りおける檜皮屋一つあるに、両院・春宮入らせ給ふ。（『増鏡』）

ニ　いざいざ笑はんなど、あざけるを、いらへもせで、算をさらさらと置きゐたりけり。（『宇治拾遺物語』）

ホ　あはれに罪深く心憂きものは、かかる身にもありけるかな。この御有様を見捨て奉ることのいみじきこと。（『栄花物語』）

問四　傍線部③「苦き薬」を用いた治療法に由来することわざとして「良薬口に苦し」があるが、これと同様の意味を表す成句として最も適当なものを次のイ～ホから一つ選び、その符号をマークしなさい。

イ　酸鼻を極める　　ロ　恨み骨髄に入る　　ハ　真綿で首をしめる

ニ　寸鉄人を刺す　　ホ　忠言耳に逆らう

問五　傍線部④・⑤・⑦・⑨の意味として最も適当なものを次のイ～ホからそれぞれ一つずつ選び、その符号をマークしなさい。

④　ひがめる
イ　弱っている
ロ　あせっている
ハ　ゆがんでいる
ニ　うらやんでいる
ホ　劣っている

⑤　もろもろの
イ　多くの
ロ　突然の
ハ　些細な
ニ　深刻な
ホ　延々と続く

＊生欲…生きてゆくための欲望。
＊流通分…それぞれの経典を世間に広く流布させることについて述べた部分。
＊清水…清水寺。観音菩薩を本尊とする。
＊経陀羅尼…経典や密教の呪文。
＊無上道…最上級の教え。仏道をさす。

問一　傍線部①「かやうの願ひを満つるを聖賢の慈悲といはむや」と同じ趣旨を表している文として最も適当なものを次のイ〜ホから一つ選び、その符号をマークしなさい。

イ　おぼろけの願ひを満つるを聖賢の慈悲といひてむ。
ロ　いふかひなき願ひを満つるを聖賢の慈悲といはまし。
ハ　あながちなる願ひを満つるを聖賢の慈悲といへり。
ニ　よしなき願ひを満つるを聖賢の慈悲といふべからず。
ホ　せめての願ひを満つるを聖賢の慈悲といはざめり。

問二　傍線部②「しるし」はどのような意味を表しているか。最も適当なものを次のイ〜ホから一つ選び、その符号をマークしなさい。

イ　仏菩薩が衆生を救おうとしている証拠
ロ　仏菩薩が強欲な人間を見限っている証拠
ハ　強欲な人間が世間にあふれている証拠
ニ　人々が仏菩薩の慈悲に気づいていない証拠
ホ　悟りの境地に至るのが困難である証拠

与へ、病苦を救ふべし」と云々。その趣きを見れば、「仏法修行の人、もし前世の業因によりて、⑤もろもろの苦厄にあうて、行道の障りとならば、我らその苦厄を除きて、⑥修行の人をして退屈することなからしめむ」となり。邪見放逸の人の、仏法をば行ぜず、ただ世間の名利を求め、災難をいとふ者のために、この誓ひをおこし給へるにはあらず。⑦つらつらこれを思へば、末代の人の祈ることのしるしなきは、［Ⅰ］。

中頃、一人の老尼公ありき。＊清水にⓐ詣で、ねんごろに礼拝をいたして、「願はくは、大悲観世音、尼が心にいとはしき物を早く失うてたび候へ」と、くり返し申しけり。かたはらに聞く人、これを怪しみて、「何事を祈り申しⓑ給ふ」と問ひ[B]ければ、「尼が若かりし時より、枇杷を好みⓒ侍るに、あまりに核の多きことのいとはしく覚ゆるほどに、年ごとに五月の頃は、これへ参りて、この枇杷の核を失うてたび候へと申せども、いまだしるしもなし」と答へけり。誰も誰も枇杷を食する時は、核のうるさきことはあれども、観音に祈り申すまでのことにはあらずとて、⑧をかしくはかなきことに語り伝へたり。世間を見れば、仏神に参り＊経陀羅尼を読みて身を祈る人も、⑨よも＊無上道のためにはあらじ。ただ世間の福寿を保ち、災厄を免れむためにこそと覚えたり。もしその分ならば、枇杷の核祈りける尼公をはかなしと思はむや。

たとへば人の長者の家に至りて、わづかなる軽物を求むるがごとし。それほどの所望ならば、⑩長者ならぬ人にも乞ひぬべし。されども、世間の長者は慳貪の心あるが故に、重宝なむどを求めむには、たやすく与ふべからざる故に、せめての所望に軽物を乞ふともいひぬべし。仏菩薩は、世間の長者には変はりて、［Ⅱ］広大にましまます故に、世間有為の寿福を祈ることをば嫌うて、無上道を願ふことをすすめ給へり。しかるを⑪仏神に参りて、ただ世事をのみ祈る人は、長者の家に行きてわづかなる軽物を乞ふ人よりも、なほ愚かなりと申しぬべし。

（『夢中問答集』より）

（注）＊無始輪廻の迷衢…いつまでも六道という迷いの世界をめぐり続ける境遇。

＊本有清浄の覚岸…本来そなわっているはずの清らかな悟りの境地。

ホ　社会生活に適合して安定した生活を送るためには、他者に積極的に話しかけてリードしていかなければならない。

二

次の二つの文章は、質問者（甲）の問いかけに対して回答者（乙）が返答したものである。これを読んで、後の問に答えなさい。

〔甲の質問〕

仏菩薩は皆一切衆生の願を満たし給はむといふ誓ひあり。たとひ衆生の方より祈り求めずとも、苦しみある者をば、これを抜きて、楽を与へ給ふべし。しかるに、末代のやうを見れば、心を尽くして祈れども、かなふことのまれなることは何ぞや。

〔乙の回答〕

仏菩薩の誓願さまざまなりといへども、その本意を尋ぬれば、ただ*無始輪廻の迷衢（めいく）を出でて、*本有清浄（ほんぬしやうじやう）の覚岸（かくがん）に到らしめむためなり。しかるに、凡夫の願ふことは、皆これ輪廻の基（もとゐ）なり。①かやうの願ひを満つるを聖賢の慈悲といはむや。しかれども、まづ衆生の*生欲にしたがつて、やうやく誘引せむために、かりに所願をかなふることあり。もし人、世間の所願の満足せるに誇りて、いよいよ執着を生じて、放逸無慚愧（むざんき）の心をおこすべき者には、その所願をかなふることあるべからず。されば末代の凡夫の祈ることのしるしなきこそ、②しるしなり[A]けれ。

たとへば医師の病者を療治する時、あるいは③苦き薬を飲ましめ、あるいは熱き灸を焼けと言ふ。病者愚癡（ぐち）にして、その意を知らず。「我が療治を求むることは、身心の苦をやめむがためなり。しかるを、今また療治によりていよいよ苦を添へたり。この医師は慈悲なき人なり」と言はむがごとし。医師の慈悲なきにはあらず。病者の心の④ひがめるなり。諸経の終はりの*流通分（るづうぶん）に至りて、諸天善神、願をおこしていはく、「我らこの持経の人を守護して、災難を除き、財宝を

イ　他人の意識は自己に経験ができず、自己の意識であっても、過去についての想起、現前であっても、これを判断した時は已に純粋の経験ではない。真の純粋経験は何らの意味もない、事実其儘の現在意識あるのみである。

ロ　直接経験より見れば同一内容の意識は直に同一の意識である、真理は何人が何時代に考えても同一である様に、我々の昨日の意識と今日の意識とは同一の体系に属し同一の内容を有するが故に、直に結合せられて一意識と成るのである。

ハ　自己の真人格を実現するということは、客観に対して主観を立し、外物を自己に従えるという意味ではない。自己の主観的空想を消磨し尽して全然物と一致したる処に、かえって自己の真要求を満足し真の自己を見る事ができるのである。

ニ　我々の純粋経験は体系的発展であるから、その根柢に働きつつある統一力は直に概念の一般性其者でなければならぬ、経験の発展は直に思惟の進行となる、即ち純粋経験の事実とはいわゆる一般なる者が己自身を実現するのである。

ホ　個人の最大幸福よりも多人数の最大幸福が快楽説の原則よりして道理上一層大なる快楽と考えねばならぬから、最大多数の最大幸福というのが最上の善である。

問十二　問題文の内容と合致するものを次のイ～ホから一つ選び、その符号をマークしなさい。

イ　生に固執するかぎり、満たされない欲望に苦しめられるので、苦悩から解放されるためには生きる意志を否定しなければならない。

ロ　作為的に自己と他者をコントロールしようとすると、身体に無理がかかって体調が崩れることがあるが、これは不自然な生き方を乗り越えるきっかけとなりうる。

ハ　竹内は、演劇の訓練において役者の身体が生理学的に変化することが不可欠であり、身体が適切に変容してこそ素晴らしい演技ができると考えている。

ニ　腹痛を和らげるためには「話しかけのレッスン」によるリラクゼーションが有効であると竹内は主張している。

できた」と考えているか。最も適当なものを次のイ～ホから一つ選び、その符号をマークしなさい。

イ　強圧的な他者の態度に恐怖感を抱いていた人物が、はじめて対等な立場から自由に意見を交換できた点
ロ　恥ずかしがり屋の人物がはじめて他者と言葉を交わして、自分の気持ちを伝えることができた点
ハ　自分の気持ちをうまく表現できない不器用な人物が、はじめて正確な表現で他者に感情を伝えられた点
ニ　他者にたいして自然体で向き合うことができなかった人物が、はじめて直接相手に向き合うことができた点
ホ　人間の全てに嫌悪感を抱いてどんな相手でも心を閉ざしていた人物が、はじめて他者に心を開いて自分の思いを打ち明けられた点

問十　傍線部E「そこにどのように現代の生きづらさをほどく力が現れるのかについて、一般的・普遍的に考察しなければならない」とあるが、「一般的・普遍的」な考察が必要である理由を筆者はどのように考えているか。最も適当なものを次のイ～ホから一つ選び、その符号をマークしなさい。

イ　竹内が記述したものはあくまで個別の事例にすぎず、他のさまざまな状況を説明できる論理が必要となるから
ロ　学問的な真理とは個別的なものでなく、自然法則がそうであるように、時代を超えて常に通用するものでなければならないから
ハ　人間の真理は、時代状況に関わりなく、理性をもつ全ての人間にとって平等に正しいものでなければならないから
ニ　「力」の概念は世界を貫く基本原理であるから、竹内個人の体験談を超えて、人間の生活全てを説明できなければならないから
ホ　普遍的な道徳観を取り出すためには、竹内の体験談だけでなく、他のさまざまな論者の体験談も考察しなければならないから

問十一　傍線部F「西田の『善の研究』」とあるが、以下の選択肢は『善の研究』からの引用である。問題文における『善の研究』の理解と最も近いものを次のイ～ホから一つ選び、その符号をマークしなさい。

イ　その学生が、呼びかけを成功させようとして不自然に力んでしまっていたから
ロ　その学生が、西田幾多郎が主張した過信の放棄を学んでいなかったため、呼びかけが相手がいる位置よりも遠くに向かってしまったから
ハ　その学生が眼前の他者に向かって真剣に呼びかけておらず、日常会話と変わらない脱力状態で発声していただけだから
ニ　その学生が既存の社会秩序に固執していたため、異なる価値観をもつ相手にとって遠い世界の人のように感じられたから
ホ　その学生が他者の身体を肯定せず、自分の身体だけを信じているため、心から相手に向かって呼びかけていなかったから

問七　傍線部B「かなり意味のある下痢だった」とあるが、筆者はその理由をどのように考えているか。それを説明した次の文の空欄Ⅰに入る言葉を問題文から十字で抜き出して記しなさい。

下痢によってこわばる身体がほどけ、学生は［Ⅰ］から解放されたから

問八　傍線部C「よそゆきではない」の意味として最も適当なものを次のイ〜ホから一つ選び、その符号をマークしなさい。

イ　乱れていて外出にふさわしくない
ロ　図々しくて遠慮がない
ハ　見知らぬ人に安心感を与えない
ニ　あらたまった態度をとらない
ホ　気が抜けていて、しっかりしていない

問九　傍線部D「ある意味では「はじめて他人と話ができた」のである」とあるが、筆者はどのような点で「他人と話が

身体の転換がこうした生きづらさの転換であることを我々に理解させる。

（板橋勇仁『こわばる身体がほどけるとき』より）

（注）＊西田…西田幾多郎。京都学派の創始者として近代日本を代表する哲学者。

問一　傍線部ⓐ、ⓑのカタカナの部分を漢字で書いたとき、傍線部に同一の漢字を使うものを次のイ～ホからそれぞれ一つずつ選び、その符号をマークしなさい。

ⓐ　コウ直
- イ　自然環境のコウ廃
- ロ　平和へのコウ献
- ハ　コウ世への遺産
- ニ　牢屋のコウ子
- ホ　ローマのコウ貨

ⓑ　契キ
- イ　キ球を飛ばす
- ロ　キ嫌が悪い
- ハ　綱キが乱れる
- ニ　キ憶を失う
- ホ　キ物を損壊する

問二　傍線部①「肩肘」、②「憑きもの」の読みを、送り仮名も含めてそれぞれひらがなで記しなさい。

問三　次の一文が入る箇所として最も適当なものを問題文の【イ】～【ホ】から一つ選び、その符号をマークしなさい。

この身体は他者と交わる活力が戻ってきた身体である。

問四　空欄甲に入る言葉として最も適当なものを次のイ～ホから一つ選び、その符号をマークしなさい。

イ　それでいて　　ロ　それゆえ　　ハ　それこそ　　ニ　そうすると　　ホ　それから

問五　空欄乙は熟語の一部である。これに入る漢字一字を記しなさい。

問六　傍線部A「三日目もうまくいかない」とあるが、筆者はその理由をどのように考えているか。最も適当なものを次のイ～ホから一つ選び、その符号をマークしなさい。

「まるで力がない」中で「コンニチハ」と「スッと言った」時には、もはや口やのどで（あるいはお腹で）声を工夫案配するという意識はどこかへ行ってしまっているのではないか。たとえ力がなくても、ただ素直に身体全身で話しかけている。そしてこの時に相手は「アタシに言われた」と言った。つまり、他者に話しかけが届き響いたのである。このことは、まさに内にⓐコウ直した身体がほどけて外に開かれ、身体全体と身体全体とがぶつかりあい響き通じあうことではないだろうか。そしてこうした身体が働くことで、ずっと他者が怖くて（したがって自分のことを何らか肯定できずその意味で好きになれなかった）、生きづらかったこの学生が、Dある意味では「はじめて他人と話ができた」のである。このような出来事には、こわばる身体がほどける時に生きづらさをほどく力が現れるという、その一つの例を見て取ることができるのではないか。

もちろんこうした事例は「話しかけのレッスン」という場を設定することで生じている特殊な出来事であるとも言える。「話しかけのレッスン」についてのいままでの考察が、もっと一般的な状況においても妥当するのかどうか検討しなければならない。というよりも、そもそも統御・管理・監視によってこわばる身体がほどけるということはどのようなことなのか、ゆるみや弾力のある身体とは何か、Eそこにどのように現代の生きづらさをほどく力が現れるのかについて、一般的・普遍的に考察しなければならない。そしてむしろその成果からいままでの考察が裏づけられなければならない。【ホ】

しかもそのためには、そもそも我々が〈生きる〉とはどのようなことかを普遍的に考えることから始めなければならないであろう。我々の自己が生きるとは、どのような仕方で成り立っているのか、その中で身体とはどのような働きをしているのか。また、生きることには、生きづらさを生じさせるどのような要因ないしⓑ契キがあるのか、そして生きづらさはどのようにほどかれるのか。その際には自己と他者とはどのように交わりながら生きるのか。こういったことについて考察することから始めなければいけないであろう。

この考察は、まさに*F西田の『善の研究』が取り組んだものである。この書で西田は、過剰に統御された身体の生きづらさとは、自己が自分の意志に基づいて身体を統御できるとする過信と執着によるものであること、そして統御された

然にないし内的に下痢を起こしたということであろう。この下痢は、身体が内的に自分の緊張やこわばりをゆるめほどいた現象なのである。ゆえに竹内は、この下痢で、ふっと②憑きものが落ちたように余分な力みが一気に抜け落ちて、はからずも飾らない話しかけができたと評価するのである。竹内自身、「からだをときほぐすとは、肉体の緊張だけでなく、内なる身がまえをとくこと」であるとも述べる。下痢という身体の内的反応によって力みがほどけることと、意気込んだ生き方がほどけることとは同じことなのである。

竹内は、「あるところまで相手のからだに近づいて、声でも肉体でも、近づいて行くにもかかわらず最後のところで相手にふれない、スッとそこのところで壁作って、自分にひっこんでしまう」ことがあり、しかもそれが本人に自覚できないことが多いと述べている。そしてこの学生はこの一例であると考えている。いままで述べてきたことからもわかるように、竹内は、この学生は他者と向きあうのが実は怖くて、それを隠そうと無理に力んで積極的に周りをリードしていたと考えている。このことは、おそらく既存の社会秩序にうまく適合できない自分を持てあましたためにそれを隠し、適合するように自分に対して過剰な自己統御・自己演出を行っていたことを意味するのではないか。そこには他者と向きあう自分の身体に不安や恐れを感じて絶えず身体を他者に対して統御・演出しようと緊張することの生きづらさがあったはずである。そしてにもかかわらず、根本には自己の意志に基づいて身体を統御しうるしそれによって社会や他者をある程度リードしていけるという過信と執着がある。【ハ】

しかし、このレッスンによって、実際には身体統御がうまくいっていないという現実にいやというほど直面し、もはや統御が続けられなくなった時、統御によって緊張してかたくこわばった身体が自らほどけた。ここでの下痢という生理的変化はこのことを意味する。そうした身体の変化・転換によって、この学生は過剰な自己統御と過信から放たれたのである。もはや学生の身体は「まるで力がない」ように見えて、実は、自己統御のために緊張して身構えたり壁を作ったりするのではなく、Ｃよそゆきではないこの自分の等身大の身体で他者と向きあい、他者に話しかけを届けることができる。

【ニ】

そこで、竹内は学生に対して、「さん」の言葉を、「相手のからだにちゃんと、からだというかこころというかわからないけども、入るように、ふれるようにしゃべってみろ」と言ってみる。学生ははじめは何のことかわからず、話しかける相手を変えても、相手からは同じような感想が返ってくる。そのうちこの学生が「さん」を真剣に言おうとすると、今度は「〇〇さん」の「ん」が小さく引っ込んでしまう。相手の女の人は引っ込んで自分の方へ来ないと言う。それでもうちょっと強く言おうとして、「〇〇さーん」と言うと、今度はまた相手の向こうへ通り過ぎていってしまう。【ロ】

その日、次の日とレッスンに参加して繰り返してもうまくいかず、学生からは本当にあぶら［乙］がたれていた。[A]三日目もうまくいかない。四日目になったらレッスンに出てこない。しかし昼過ぎになったらフラフラしてやってきた。その様子について書いた、竹内の言葉をそのまま引用する。

〔竹内が学生に〕どうしたんだって言ったら、「下痢しちゃった」って言うんだ。で、下痢しちゃったんじゃそれじゃダメか、見学してるかって言ったら、「いや、やります」って言うの。その声は、下痢しちゃったからまるで力がないんですよ。それで一人相手の女の人に立ってもらって、言ってごらんって。「コンニチハ」って、スッと言ったと思ったら、女の人が、「アタシに言われた」って言うわけです。その下痢っていうのは、わたしは、かなり意味のある下痢だったと思うんですけれども、自分の中で無理に[①]肩肘はっていろんなふうに意気ごんでたものが、くずれたときに、初めて他人と話ができたということであるわけです。

まず注目すべきなのは、竹内が「[B]かなり意味のある下痢だった」と述べていることである。下痢をしたので、おなかに力が入らない。それを竹内は「まるで力がない」と言っているが、同時に「無理に肩肘はっていろんなふうに意気ごんでいたものが、「くずれた」というように、積極的な変化・転換とみなしている。この下痢は、もちろん何か悪いものを食べたとか、ウィルスに感染したとかいった外的な原因による現象ではない。話しかけに思い悩み疲労した末に、身体が自

国語

（七五分）

一　次の文章は、演出家竹内敏晴があみだした「話しかけのレッスン」を題材とする哲学的エッセイである。「話しかけのレッスン」では、参加者同士が離れたところから目を合わせずに呼びかける。これを読んで、後の問に答えなさい。

竹内は対談で、あるエピソードについて語っているが、それはこわばる身体がほどけることについて重要な示唆を与えてくれる。以下、それをまとめてみよう。

とても元気が良く、仲間と相談してどんどんいろいろなことを企画してやる大学生がいたという。逆に教員がアドバイスしようにも、おかまいなしにどんどん進めるので、教員も少し困っているような学生だった。ある時、竹内のところにやってきて話しかけのレッスンを行ったが、どうもおかしい。ある人に向けて「○○さん！」と名前を呼んだが、「さん」という言葉の部分が話しかけているというより、投げ飛ばすように言う。竹内が、あなたはとても元気よくしゃべっているけれど、本当は相手が怖いのではないかと指摘すると、学生は憤然と怒ってそんなことはないと言う。そこでもっと丁寧にやろうということで、話しかけのレッスンを一対一に変えて、ある女の人に立って聞いてもらった。［甲］女の人は、おかしい、ずいぶん元気よくバーンとからだに声が来るみたいだけれど、全部通り過ぎて行っちゃって、自分に話しかけられているような気がしないと言う。【イ】

解答編

英語

I　**解答**　A. (1)—c　(2)—d　(3)—d　(4)—b　(5)—c
B. (ア)—b　(イ)—a　(ウ)—b　(エ)—c　(オ)—d
C. b・f
D. 人間関係は，うつ病の解決策であると同時に，その原因ともなっていたのだ

◆全　訳◆

≪個人的な気晴らしについて≫

趣味や家の修繕などの家庭内でのレクリエーションは，産業革命の時代に一般化した余暇になされる自発的な活動だ。その人気は，すなわち，豊かになっていくことへの祝福であり，収入を増やすための退屈な生業に対する代償でもあった。ポーランドの経済学者であるフェルディナンド=ツヴァイクは，戦後の従業員について，「仕事とは，たんに生活の糧を得るためのものであり，本人が嫌いで，強制されなければやらないようなものであることが多い。しかし，趣味の世界で，彼は自由を取り戻すことができる」と述べている。1925 年に，マンチェスター・ガーディアン紙は，米国を席巻し，ヨーロッパにも浸透し始めたクロスワードの人気についての記事を掲載した。そこには，新しく結成された全米クロスワードパズル協会の会長であるルース=ヘイルの考察が掲載されていた。「人生が全く思い通りにいかない時には」と，彼女は説明をした。「どんなに優秀な人でも，ほとんどの時間はそうであるが，もちろん一時的ではあるが，完全にそこから抜け出すしかないのだ。カードゲームでもよいし，球技ならもっとよいが，クロスワードパズルが一番よい」 毎日のパズルに取り組むことは，満たされない時間や非生産的な人づきあいに対する防衛策であった。

クロスワードと並んで，ジグソーパズルは2つの大戦の間に広く普及した娯楽である。新たな言葉の遊びとは異なり，この気晴らしは英国文化の

中で長い歴史を持っていた。その起源は，1769 年にジョン=スピルスベリーが考案した切り分けた地図にあり，主に裕福な家庭の子どもたちの教育的な娯楽として楽しまれた。19 世紀には，ヴィクトリア女王をはじめとする上流階級の女性たちが，彼女たちが直面した長く空虚な時間をやり過ごす分相応な手段として，パズルを取り入れるようになった。ハンドメイドの木製パズルは高価な玩具だったが，2つの大戦の間の技術革新，特に紙製ジグソーパズルの大量生産により，家庭の労働者階級の人々が時間を持て余すようになったのとちょうど同じ時期に，その娯楽は広く浸透していった。その後，それは，年齢や階級，性別に関係なく人気を博した。小さい子どもたちのおもちゃであることに変わりはなかったが，一定時間確保できる平らな場所があれば，誰にでも楽しまれた。ウィンザー公やエリザベス女王などの王族に楽しまれ続けたが，数千ピースからなる休日の風景写真から世界の名画の複製までさまざまな絵柄で多くの人々も魅了したのである。

編み物などの他の長期的な作業と同様，パズルを組み立てる間に，人々はおしゃべりをすることもあった。家族の他の誰かが作業を分担したり，自分たちが楽しむためにパズル作りを競い合ったりすることもあった。しかし，それは基本的には個人的な取り組みであり，人づきあいからの一種の集中的な引きこもりであり，仲間がいない時に長い時間を消費するものであった。作家のマーガレット=ドラブルは，小説から回顧録の執筆に転じた際，ジグソーパズルへの生涯にわたる情熱を軸に話を展開した。クロスワードと同様，ジグソーパズルの魅力は課題の有限的な性質，つまり，枠があり，特定の絵柄があり，十分な努力をすれば完成が保証されているということにもある。編み物は何かの間違いで失敗してしまうが，パズルは一度始めたら完成しないわけがないのである。プロの作家の中には，言葉遊びを息抜きとして取り入れる人もいたが，マーガレット=ドラブルは，この言葉を使わない性質の作業に，仕事から解放される喜びを感じていた。また，有名な美術品の複製がもたらす，さらなる楽しみを得ることができた。同時に，彼女が「個人的な時間つぶし」と呼ぶものに没頭することには，より深い目的があった。「ジグソーパズルをすること，そしてそれについて書くことは，うつ病を克服し，悲しみを避けるための私の戦略の1つだった」とドラブルは回顧録で説明している。ある時期に，人間関係は，うつ病の解決策であると同時に，その原因ともなっていたのだ。ドラブルは，両親の死後，以前から持っていたパズルへの熱意を取り戻した。何時間も１人で，他人に邪魔をされずに，枠やパズルの絵柄を作ることは，彼女の精神を保ち，社会的アイデンティティを維持するために必要な方法であった。

その他の多くの個人的な時間つぶしは，没頭することによる癒しと同様の可能性があった。ハンター=デイヴィスの生涯にわたる切手収集への情熱は，多忙な作家生活の中でも続いた。「これまでのところ，切手収集には限りない喜びがある。これほど無害で，整理しやすく，整然としていて，誰の気分も害さず，馬も怖がらせない趣味は他に思い当たらない」と彼は書いている。

◀解　説▶

A．(1)前の something は「仕事」を表し，c を選択して「本人が嫌いで，強制されなければやらないようなもの」とすれば，同じく「仕事」の説明で同格関係にある直前の「たんに生活の糧を得るためのもの」との記述とも合致する。

(2)第２段にはジグソーパズルの普及の過程が述べられており，d を選択して「年齢や階級，性別に関係なく人気を博した」とすればよい。regardless of ～「～にかかわらず」

(3) be constructed (out) of ～「～で構成される」なので d が正答となる。

(4)第３段第５文（As with crosswords, …）に「ジグソーパズルは十分な努力をすれば完成が保証される性質がある」との記述があり，b を選択して「パズルは一度始めたら完成しないわけがないのである」とすれば文意が通る。

(5)空所の前述部（To be by herself …）の記述内容が，for 以降の箇所（managing her spirits …）に記述されている「精神状態を管理し，社会的アイデンティティを維持する」ために「必要な」ものであるので，c を選択して「精神を保ち，社会的アイデンティティを維持するために必要な方法」とすれば文意が通る。

B．(ア)下線部訳は「彼に生計を立てさせる」で b．「彼が自活することを可能にする」が正答となる。

(イ)下線部の the new word game はクロスワードパズルを指し，a．「クロスワードとは異なり」が正答となる。

(ウ) engage in ～で「～に従事する，～を営む」で b．conduct「～を行う」が正答となる。

(エ)下線部の society は「人と共にいること」を表し，全体で「仲間がいない」の意になる。また，直前の「それは基本的には個人的な取り組み」との記述も参考になる。よって c．「1人でいる」が正答となる。

(オ)下線部訳は「私は他の趣味が思いつかない」で d．「他に選択肢がない」が正答となる。

C．a．「クロスワードは 20 世紀初頭にヨーロッパで生まれた」

第1段第5文（In 1925, …）に「米国を席巻し，ヨーロッパにも浸透し始めたクロスワードの人気」とあるので，「ヨーロッパで生まれた」との部分が，本文の記述に反する。

b．「ルース=ヘイルは，カードゲームも球技も，クロスワードパズルにはかなわないという見解を示した」

第1段第8文の「カードゲームでもよいし，球技ならもっとよいが，クロスワードパズルが一番よい」との記述に合致する。

c．「最初のジグソーパズルは，子どもにとって地図を読むのが難しすぎて，子どもたちには楽しめなかった」

第2段第3文（Its origin lay in …）の記述内容に反する。

d．「やがて，技術の進歩により木製パズルの価格が下がり，ジグソーパズルが普及するようになった」

技術の進歩によりもたらされたのは木製パズルの価格の下落ではなく，第2段第5文（Hand-cut wooden puzzles …）にある「紙製ジグソーパズルの大量生産」であるので，本文の記述に反する。

e．「プロの作家は，常に言葉遊びよりもジグソーパズルを好む。というのも，ジグソーパズルによって言語活動から解放されるからだ」

第3段第7文（Although some professional writers …）に「プロの作家の中には，言葉遊びを息抜きとして取り入れる人もいる」とあり，「常に」ではない。よって，本文の記述に反する。

f．「両親を亡くした後，マーガレット=ドラブルは，かつての趣味を再び始め，それが彼女の深い悲しみを乗り越える助けとなった」

第3段最終2文（Drabble revived an … her social identity.）と，第4

段第1文（Many other personal …）の記述内容に合致する。

D．二重下線部は personal relationships were much a cause of depression と personal relationships were much a solution to depression という2つの文が元になっている。as much *A* as *B* で「*B* であり，かつ同じくらいに *A* である」。以上を考慮して和訳を完成させる。

II 解答

A．(ア)— d　(イ)— c　(ウ)— c　(エ)— d　(オ)— c　(カ)— b

B．a・f・h

C．私たちのうちのとても多くが限られた時間をやりくりするのが非常に苦手であるということ

◆全　訳◆

≪限られた私たちの時間≫

時間が足りないなんて，今どき誰も言う必要はない。私たちはいつも，未読のメールや増え続ける To Do リストを気にし，より多くのことをするべきではないか，他のことをするべきではないかという罪悪感に苛まれている。私たちはかつてないほど時間に追われていると感じていると，調査がはっきりと示している。では，人々はどれくらい忙しいのであろうか。2013 年にオランダの学術団体の研究が，多くの人が調査に参加できないほど忙しいと感じているため，このような調査は忙しさの蔓延規模を過小評価しているかもしれないという興味深い可能性を提起した。最近では，忙しさは耐えるべき負担ではなく，積極的な生き方の選択であると説明されるようになった。しかし，実際には，それは極限まで突き詰められた，今までと変わらぬ問題であり，増え続ける活動量を，増加しない日々の時間に合わせなければならないという重圧なのだ。

しかし，忙しさは実際には始まりに過ぎない。多くの他の不満は，基本的に私たちの限られた時間に対する不満だ。例えばネット上の気をそらすものとの日々の闘いや，私たちの注意力が低下し，子どもの頃本を読むのが好きだった人たちでさえ，スマートフォンに手を伸ばすことなく1段落を読むのに苦労する，というレベルにまで縮小していることへの憂慮だ。これが厄介なのは，それが限られた時間を有効に活用できていないことを意味するということだ。限られた時間を不本意に使っているのだ。私たちの時代の最悪の事態のいくつかでさえ，人生の短さに関する同じ根本的な

事実によって説明することができる。それゆえに価値があるのだが，私たちの時間と注意が非常に限られているからこそ，ソーシャルメディア企業は，必要な手段を何でも使って，これら2つの貴重な資源をできるだけ多く奪おうと懸命に取り組むのだ。そのため，利用者は，より的確だがつまらないものを見せられる代わりに，確実に感情的反応を引き起こすようなものを見せられるのだ。

限られた時間と私たちの関係は常に難しいものだったが，最近の出来事で問題はさらに深刻になっている。2020年，コロナウイルスの世界的流行により，私たちの日常生活は停止してしまい，多くの人は時間が完全に崩壊していくような感覚，そして毎日があっという間に過ぎていくような，そして同時に長引くような印象を受けたと報告している。人々は，気づくと昼と夜のサイクルから切り離され，慣れない時間帯で働くことになっていた。まるで未来が止まってしまったかのように，多くの人が新しいずっと続く現在にはまり込んでしまって，有意義な計画を立てることも，再来週以降の生活を明確に思い描くこともできなかったのだ。

以上のすべてが，私たちの多くが限られた時間を管理するのが非常に苦手であるということを特に苛立たしいものにしている。時間を有効に使うための私たちの努力は，上手くいかないだけでなく，きまって事態を悪化させるようである。

◀解　説▶

A．(ア)「信頼できるような」という意味の副詞でｄ．「私たちが信頼に足る形（方法）で」が正答となる。

(イ)「耐え忍ぶべき」でｃ．「私たちが耐えるべき」が正答となる。なお，選択肢のbearは多義語で「～を産む，耐える，運ぶ」という意味がある。

(ウ)「～しようと苦労する」でｃ．「～するのがとても困難だとわかる」が正答となる。他の選択肢は，ａ．「～をすることをとても現実的と考える」，ｂ．「自らを～な利口な読者であると考える」，ｄ．「自らが～な長時間の集中を持続できるとわかる」で，どれも合致しない。

(エ)「あなたがむしろしたくない」で，直後にuse up your limited timeが省略されている。ｄ．「あなたがそれを使いたくない」が正答となり前述部とつなげると「あなたがそのように時間を使いたくない」という意味となる。

(オ) picture が動詞として「～を描く」という意味で使われている。ただし，b．「絵を描く」ではなく，c．「～を思い描く」が正答となる。

(カ)「それを最大限活用する」で「それ」は直前の our limited time を指す。よってb．「私たちの時間から最大限利益を得る」が正答となる。

B． a．「時間は限られた量しかないと一般的に認識されている」

第1段第1文（Nobody these days …）に「時間が足りないなんて，今どき誰も言わない」とあり，第1段全体でも同様のことが述べられている。よって本文の記述と一致する。

b．「忙しい人々は，常に学術的な調査に参加する重圧を感じてきた」

第1段第5文（In 2013, research by a team …）に「多くの人が調査に参加できないほど忙しいと感じている」との記述はあるが重圧を感じているとは記述されていない。よって誤りである。

c．「私たちは健康を維持するためには，活動量を減らすべきと示されてきた」

本文にこのような記述はない。よって誤りである。

d．「ネット利用が増えたことで，私たちの注意力は向上している」

第2段第3文（Take the daily battle …）に「ネット上の気をそらすものとの日々の闘い」とあり，同段落の記述からもネット利用は集中力の低下を招くことがわかる。よって誤りである。

e．「若い頃に積極的に読書をしていた大人は，スマートフォンの使い方が上手な傾向がある」

本文にこのような記述はない。よって誤りである。

f．「ソーシャルメディア各社は，利用者の感情を利用して，彼らを自社のサービスに引き込んでいる」

ソーシャルメディア各社の顧客獲得の取り組みの例として，第2段最終文（It's because our time …）後半（which is why …）に「利用者は確実に感情的反応を引き起こすようなものを見せられる」とある。よって本文の記述と一致する。

g．「コロナウイルスが大流行した際，著者はライフスタイルを一変させ，新しいビジネスをスタートさせ，昼夜を問わず働いた」

本文にこのような記述はない。よって誤りである。

h．「2020 年，多くの人が近い未来に起こることを予測するのは難しいと感じていた」

第3段最終文（It felt as though …）に「有意義な計画を立てることも，再来週以降の生活を明確に思い描くこともできなかった」とあり本文の記述と一致する。

C．it は直後の that 以降の so many of us are so bad at managing our limited time を指し，この部分を訳す。be bad at ～は「～が下手である」，manage は「～をやりくりする」で，以上を使用して和訳すればよい。

III　解答

A．(1)— b　(2)— a　(3)— d　(4)— a　(5)— a　(6)— a

B．(ア)— a　(イ)— b　(ウ)— a　(エ)— c

C．(i)— b　(ii)— b

◆全　訳◆

≪優れた教師とは≫

教えることは，おそらくすべての人間の活動の中で最も高度なものだ。すべての動物は学ぶが，教えるものはほとんどいない。教育研究において異論のない点は，教師が生徒の学習に最も影響力のある唯一の要因であるということだ。また，考えることを身につけることはすべての課程において可能であるので，1人の人格としての教師や指導者としての技術が題材より重要であることも私たちにはわかっている。日常的な教育現場でのほとんどの要因は，生徒の学習にわずかな影響を与えるに過ぎず，質の高い教育だけが重要かつ長期的な影響を与えるのである。これはつまり，家庭をはじめとする地域社会が教育を支えてはいるが，優れた思考力や生涯学習の育成を最も期待できるのは教師だということだ。では，優れた教師とはどのようなものだろうか。

優れた教師は，生徒の背中を押し，規律を保ち，進んで助力し，全員が理解できるまで説明し，教室での活動に変化を持たせ，生徒を理解しようとする。映画『スタンド・アンド・デリバー』でその生涯が描かれた，ジェイミー=エスカランテは，優れた教師の一例だ。ロサンゼルス東部の最も貧しい地域で勤務する移民であったエスカランテは，あくなき努力と熱意で生徒の成績を向上させることに成功した。彼は，知性は変化しやすいもので，努力は報われ，そして頭脳は順応性があるという信念を生徒たちに伝えた。彼は，自分は学べるという確信を生徒全員に与え，それは，生徒たちが教師からそれまでに聞いたことのないようなものであった。エスカランテは知らず知らずのうちに，教育学の基本原則の１つを用いていたのだ。つまり，生徒の学ぶ力を信じるということだ。優れた教育に対応する，より微妙な前提となるのは，生徒が自分自身の学習能力を信じることが，彼らの実際の達成度に大きな役割を果たすということだ。自らの学習者としての可能性に対する生徒たちの信念を高めたことで，エスカランテは成功したのだ。

私たちは，自分自身を固く信じている生徒がいること，そして，それが教室での全般的な成功に影響を与えていることがわかる。例えば，新学期の初日に，エミリーは教室に足を踏み入れ，自分が成功することがわかっている。彼女は自分の能力を疑う理由がないのだ。なぜなら，彼女は頭がいいと過去の教師たちは言い，彼女はいつもいい成績をとっていて，彼女の友達はよく彼女に助けを求めるからだ。エミリーの隣に座るのは，ソフィアだ。ソフィアは学校が嫌いで，それは他の子より鈍いことをよくからかわれたからだ。教師は彼女をほとんど褒めないし，彼女は自分がクラスの最底辺だと（間違って）思い込んでいる。エミリーが新学期を楽しみにしているのに対し，ソフィアは自分が心地よいと思ったことのない環境から逃げて隠れたいと思っている。この２人の生徒の知能指数に差はない。あるのは，学習者としての自己認識の違いだけである。生徒が自分の学習能力についてどのように考えているかが，学校での実際の能力の発揮に影響を与えるのだ。彼らの自己認識が，活動の選択や努力，粘り強さや，結果的に，成果に影響を与えるのだ。

◀解　説▶

A．(1) b を選んで in all courses「すべての科目（講座）において」とすると文意が通る。

(2)直後に cultivating という動名詞が続くので，前置詞である a．for が正答となる。

(3) pay off「割に合う，報われる」で d が正答となる。

(4)直後に文（節）が続くので，接続詞である a を選ぶ。

(5) walk into ～「～へ歩いて入る」で a が正答となる。

(6) a を選んで their perception of themselves as learners「学習者としての自己認識」とすると文意が通る。

B．(ア)文中での push は「(背中を) 押す」という意味で a．challenge「～に挑む，～を刺激する」が正答となる。

(イ) outstanding「際立った」で，第2段は「優れた教師像」についての段落でエスカランテはその具体例である。よって b が正答となる。

(ウ) praise「賞賛」で，a．approval「是認」以外は全く異なる意味となる。

(エ) self-perception「自己認識」で c．「自己像」が正答となる。なお，b は「自意識の強い」という意味の形容詞であるが，日本語の「意識が高い」とは違い英語では「自分に自信がない」というニュアンスが強い。

C．(1)「ジェイミー=エスカランテについて，本文中で述べられていないものはどれか」

第2段第3文（An immigrant who worked …）に「ロサンゼルス東部の最も貧しい地域で勤務する移民であった」との記述はあるが，彼が幼少期に貧困であったとの記述は本文にはない。よって b．「彼は貧困の中で育ち，自身の幼少期の体験から生徒たちを励ました」が正答となる。

(2)「以下のどれが，エミリーとソフィアの新学期に対する態度がこれほど違うことを，最も良く説明するか」

第3段第8文（There is no difference …）に「この2人の生徒の知能指数に差はない。あるのは，学習者としての自己認識の違いだけである」とあり，b．「エミリーは自分の学習能力を信じているが，ソフィアは信じていない」が正答となる。

Ⅳ　解答

(1)— b　(2)— b　(3)— a　(4)— b　(5)— a
(6)— a　(7)— c　(8)— c　(9)— b　(10)— a

◀解　説▶

(1)「私は，そのような寄る辺ない人たちに，何かお役に立てるのだろうか」

「of＋抽象名詞」で形容詞の働きをする。of assistance「役立つ」

(2)「彼らは，建物内に残っているものを確認するために新しい装置を使った」

直後に動詞が続くので，先行詞を含んだ関係代名詞 what を選ぶと「残されたもの」となり文が成立する。

(3)「あなたは，リストの5つの場所の中から1つ目的地を選ばなければならない」

among「～(3つ以上) の中で」

(4)「すべてを考慮すると，これらの財務上の問題は，近い将来に解消されることはないだろう」

分詞構文でAll things considered「すべてのことが考慮されて」となる。

(5)「私は事故後，彼の具合が悪いのを知っていたので，彼に同行すればよかった」

should have *done*「～すべきだったのに」

(6)「そんな誰も気づかないような些細なことを気にする必要はない」

本問ではneedが助動詞として用いられており，否定形はneed not＋動詞原形となる。

(7)「その無理難題に応えろとあなたは言っているのか」

give in to ～「～に従う」

(8)「私の友人はとても優秀なまとめ役だったので，すべてを彼女に任せた」

直前に冠詞anがあるので空所には名詞が入る。My friendが主語なのでorganizer「世話人，まとめ役」が入る。

(9)「彼らの新しいバージョンの製品は，見た目はよいが，非常に使いにくい」

pleasing「愉快な，心地よい」

(10)「その時点では，駅までの正しい道を探すのがこんなに大変だとは思ってもいなかった」

how difficult it would be … は間接疑問文となっている。

V 解答

A．(1) 3番目：a　6番目：b

(2) 3番目：f　6番目：h

B．〈解答1〉(According) to popular belief, successful people have three things in common(.)

〈解答2〉(According) to what ordinary people believe, people who have succeeded have three things in common(.)

◀解　説▶

A．(1) (They) were concerned about what was best for their (customers.)

what was best for … の部分は間接疑問文である。be concerned about ～「～に関心がある」

(2) (We are) fascinated by the question as to whether language influences (thought.)

be fascinated by ～「～に夢中である」 as to ～「～について」

B．文頭にAccordingが指定されているので，toを補ってAccording to ～「～によると」で始める。〈解答2〉は，節を中心に表現した。試験本番で単語が思いつかなくても落ち着いて節で対応すればよい。「共通して」はin commonである。なお，「もの」をその人の資質や性質として表現したい場合は，attributesやcharacteristicsを使うとよい。

Ⅵ 解答

(1)―b　(2)―b　(3)―c　(4)―d　(5)―b
(6)―c　(7)―a　(8)―d　(9)―d　(10)―c

◆全　訳◆

≪友達同士の会話≫

ベッキーは日本語に問題があり，友達のショウタに手伝いを頼んでいる。

ベッキー：こんにちは，ショウタ。私の日本語手伝ってくれるかしら？

ショウタ：やってみるよ。僕は日本語の先生じゃないけど，日本語話者として手伝えると思うよ。

ベッキー：本当にありがとう。感謝するわ。

ショウタ：それで何に困っているの？

ベッキー：実は少しいらついているのよ。「はい」のようなとても簡単な日本語さえもきちんと理解できないのよ。

ショウタ：本当に？　でも「はい」はただたんに「イエス」の意味だよ。それはとても簡単な言葉だよ。

ベッキー：そうね。確かに「はい」の直訳は「イエス」よね。それだけはわかるわ。

ショウタ：それなら何が問題なんだい？

ベッキー：ご存じの通り，日本語の会話を聞けば聞くほど，「はい」がたくさん使われていて，それが必ずしもいつも「イエス」の意味ではないことに気づくの。

ショウタ：なるほど。ええっとね，君は正しいかも。日本語は僕の母国語だから今までそんなこと考えたこともなかったけど，君が言っていることはわかるよ。日本語の「はい」は違った状況では違った意味になるな。例えば…

ベッキー：えーと，最近聞いたのを１つ言うわね。

ショウタ：ああ，いいね。言ってみて。

ベッキー：えーと，時々「はい」が「はい？」といったような疑問の言葉として使われることに気づいたのよ。

ショウタ：そうだね。それは会話の中で説明や繰り返しを求める短くて簡単な方法だね。

ベッキー：あまりよくわからないわ。どういう意味？

ショウタ：オーケー，そうだね，もし君が誰かと話をしていて，言ったことがわからなかったら，君は「はい？」と言えばいい。すると相手はほとんどの場合言ったことを繰り返してくれるよ。

ベッキー：まぁ，わかったわ。じゃあ，ほとんどわかったかもしれない。他に例はないかしら？

ショウタ：了解。例えば，もし「はい」を２回か３回，とても速く「はいはい」や「はいはいはい」のように繰り返して言ったら，イライラしていたり，我慢できない様子を表すので，相手の人は少し気分を害するかもしれないね。

ベッキー：あら，本当？　それは知ってよかったわ。そういうことをしないように気をつけなければいけないわね。それに日本語のネイティブスピーカーがいろいろな方法で使う「はい」にもう少し注意をしようと思うわ。もしかしたら次に会って話をするときにはあなたはもう少し例を思いついているかもしれないわね。

ショウタ：いいね。自分の言葉を新しい方法で考えるのは楽しいよ。

ベッキー：ありがとう。本当に感謝しているわ。

ショウタ：どういたしまして。

◀解　説▶

(1) I can try.「やってみるよ」

(2) So, what's bothering you?「それで何に困っているの？」　話の流れから，ベッキーの依頼の内容にこの選択肢が最も合致する。

(3) So, what's the problem?「それで何が問題なの？」

⑷ You have a point.「君は正しいよ」 頻出の定型表現だが，特に「理にかなっている」と言う場合に使用される。

⑸ Go ahead.「続けて」という意になり当てはまる。

⑹ What do you mean?「どういう意味？」の意。

⑺ come up with ～で「～を思いつく」の意。Can you come up with another example?「何か別の例が思いつく？」となり当てはまる。

⑻ That's good to know.「それは知ってよかったわ」となり文意に合致する。

⑼ Sounds good!「いいね！」の意。It's kind of fun … が続くので合致する。

⑽ It's my pleasure. は直訳すると「それは私の喜びです」だが，Thank you. と言われた際の返答としてよく使われる定型表現である。

❖講　評

2023年度も，大問6題の出題であった。読解，文法・語彙，英作文，会話文で構成されている。読解の中にも文法・語彙・構文の知識を問うものが含まれている。

読解：Ⅰ～Ⅲの英文は，全体としてほぼ例年通りの分量で，すべて受験生が興味を持って読める論旨明快な文章であった。設問は空所補充，同意表現，内容真偽，内容説明，英文和訳が出題されている。内容真偽問題の選択肢は英文の出題のみで，本文中の内容に合致する選択肢を選ぶ能力が試される。英文和訳は，Ⅰでは比較の理解，Ⅱでは指示語の内容説明が要求された。空所補充問題では単語の意味と語法の知識及び文脈把握力がバランスよく問われている。標準的な語彙力・文法力はもちろん，該当段落や文全体の要旨を把握して選択肢を見分ける力も必要である。また，消去法も解答の際の助けとなる。

文法・語彙：Ⅳは語句の空所補充。動詞の語法をはじめ文法の知識をまんべんなく問う出題である。Ⅴ－Aの語句整序は，⑴動詞 concern の語法や関係詞 what の理解，⑵動詞 fascinate の語法や群前置詞 as to の知識が問われた。

英作文：Ⅴ－Bの和文英訳は基本的な英作文の力が問われた。

会話文：Ⅵの空所補充は，会話の流れに沿った応答文を選ぶ力と合わせて語彙・文法力も問われている。

全体として 2023 年度も，多様な問題構成の中で基本的な英語の運用能力を問う出題であった。設問は基本的なものが多く選択肢をしっかり読み込んだ上で確実に得点したい。基本的な文法，語彙知識を確実にものにした上で，柔軟に問題に対処する応用力を養うことが大切である。

日本史

I 解答

1－ア　2－エ　3－エ　4－ウ　5－ウ　6－イ
7－ウ　8－エ　9－ウ　10－ア

◀解　説▶

≪古代～近現代の小問集合≫

2．a．誤文。天武天皇が即位したのは，藤原京ではなく飛鳥浄御原宮である。b．誤文。大安寺は舒明天皇（在位629～41年）の創建と伝えられる百済大寺が起源なので，天武天皇（在位673～86年）の時代に建立された寺院ではない。天武天皇の時代に高市大寺，ついで大官大寺と改称し，平城遷都で平城京に移転して「大安寺」と称した。

3．a．誤文。征東大使として蝦夷制圧に向かったのは紀古佐美で，伊治呰麻呂は桓武天皇よりも前の時代に反乱を起こした蝦夷の豪族である。b．誤文。出羽国は日本海側，陸奥国は太平洋側に置かれた。

4．a．誤文。『愚管抄』は鎌倉幕府打倒を企てる後鳥羽上皇をいさめる目的で書かれた。後醍醐天皇による討幕運動の理論的拠り所となったのは，大義名分論を掲げる朱子学（宋学）である。b．正文。

5．a．誤文。南西諸島（種子島）に漂着したのは，ポルトガル船ではなく中国船である。船の所有者は後期倭寇の頭目である王直であったとされる。b．正文。

6．a．正文。b．誤文。田畑永代売買の禁止令は，1643年，3代将軍徳川家光の時に発令されたが，そのきっかけは江戸時代最初の飢饉といわれる寛永の飢饉（1641～42年）である。

7．a．誤文。五街道に伊勢街道は含まれず，奥州道中の誤りである。b．正文。

8．a．誤文。壬午軍乱は，国王高宗の外戚で開化路線をとる外戚閔氏一族に対し，不満をもつ兵士や民衆が起こした事件で，高宗の実父である大院君の政権が一時成立したがすぐに打倒された。b．誤文。日清戦争後，親露派として政権を掌握したのは閔妃である。

9．a．誤文。中国内戦で国民党の敗色が濃厚になった1948年以降，アメリカは対日占領政策を転換し，経済復興と再軍備によって日本を反共の防壁とする方針がとられるようになった。b．正文。

Ⅱ　解答

1―ウ　2―ア　3―ウ　4―イ　5―ア　6―エ
7―エ　8―エ　9―ア　10―ウ

◀解　説▶

≪奈良～平安時代の政治≫

1．ウ．誤文。「藤原京から平城京」が正しい。

2．ア．誤文。田地不足の主な原因は，人口増加や貴族・大寺社などによる土地占有である。イ．正文。新たに灌漑施設を設けて開墾した場合は3世代，既存の灌漑施設を利用して開墾した場合は1世代の私有が認められた。ウ．正文。墾田永年私財法は橘諸兄政権の土地政策，長屋王政権の土地政策は三世一身法である。

3．ウ．誤文。藤原種継・薬子は兄妹ではなく父娘で，藤原仲成・薬子の兄妹が平城太上天皇の重祚を企てて失敗した。

4．正解はイ。鑑真は聖武上皇・光明皇太后・孝謙天皇に授戒した。ア・ウの悲田院・施薬院の設置は皇后の時である。

5．正解はア。は（740年)→ろ（751年)→い（759年)→に（765年）となる。配列問題は，通史の出来事に文化史が絡むと難度が上がるので，通史と文化史の時期合わせ（西暦年代）を意識しておきたい。

6．正解はエ。藤原頼通は父道長に続いて権勢を振るったが，自身の娘には皇子が生まれず，摂関家を外戚としない後三条天皇の即位が確実となった状況で関白を弟の教通に譲り，宇治の別荘に退いた。

7．正解はエ。ア．誤文。藤原道長の説明文である。イ．誤文。中央から兵を派遣したのではなく，大宰権帥藤原隆家が九州の武士を統率して撃退した。ウ．誤文。『小右記』は藤原実資の日記である。

8．正解はエ。ア．誤文。大江広元ではなく大江匡房である。大江広元は鎌倉幕府において初代の政所（はじめ公文所）別当となった人物である。イ．誤文。後三条天皇は成年で即位し，藤原頼通は後三条天皇の即位前に関白を辞職している。ウ．誤文。宣旨枡は鎌倉時代を通じて権威を保ったが，室町時代になると衰えた。

9．ア．誤文。1045年以降の新立荘園が停止とされた。イ．正文。延久の荘園整理令は，摂関家の荘園も整理対象となった。ウ．正文。延久の荘園整理令では，それまで国司に委ねていた券契の確認を太政官に設置した記録荘園券契所で厳密に行った。

10．正解はウ。ろ（11世紀末，白河上皇のもとに設置）→に（12世紀初頭，白河天皇が位を譲った堀河天皇の創建）→は（平忠盛は鳥羽院政期に活躍）→い（後白河院政期の1159年，平治の乱）。

Ⅲ　解答

1－エ　2－ウ　3－ア　4－ウ　5－エ　6－イ
7－イ　8－ア　9－エ　10－エ

◀解　説▶

≪古代・中世の仏教と近代の総合問題≫

1．正解はエ。法隆寺であっても，夢違観音像や阿弥陀三尊像（橘夫人念持仏），金堂壁画は白鳳文化に属する。

2．ウ．誤文。大仏開眼供養が行われたのは孝謙天皇のとき。

3．ア．誤文。強訴で日吉神社の神輿を用いたのは延暦寺。興福寺は春日神社の神木を用いた。

4．正解はウ。「夢窓国師」（夢窓疎石）が開山となった寺院は天龍寺である。足利尊氏が帰依した臨済僧で，西芳寺（苔寺）庭園の作庭にも携わった。ア．建仁寺は臨済宗の開祖である栄西が鎌倉時代に開いた寺院。イ．法隆寺は7世紀に聖徳太子が建立した寺院。エ．相国寺は足利義満が創建した臨済宗の寺院。

5．正解はエ。史料Aの出典は南北朝期に成立した戦記の『梅松論』である。「夢窓国師」（夢窓疎石）や「安国寺」など，南北朝期の人名・用語をヒントに正解を導きたい。なお，「三条殿」は足利直義のことである。ア．『吾妻鏡』は鎌倉時代に成立した鎌倉幕府の記録，イ．『上宮聖徳法王帝説』は平安中期に成立した聖徳太子の伝記，ウ．『御堂関白記』は平安中期の藤原道長の自筆日記で，いずれも南北朝期よりも前に成立したものである。

6．イ．正文。室町幕府を支えた有力守護は原則的に在京し，現地（領国）には守護代を派遣して統治していたが，応仁の乱を機にこの原則は崩れ，多くの守護が領国に下るようになった。ア．誤文。守護は国衙の機能を吸収したが，国衙は完全に消滅したわけではない。ウ．誤文。各藩では，武士を城下町に集住させ，家臣団に編成して役職を与え，土地の知行を認める地方知行制から俸禄を与える俸禄制に移行し，大名権力が確立されていった。エ．誤文。廃藩置県を機に，もと藩主であった知藩事は罷免され，東京に集住することが命じられた。

7．イ．誤文。国の総支出の約 30％を占めていた秩禄は，華族だけでなく士族にも支給されていた。ア・ウ．ともに正文。

8．正解はア。プロレタリア文学の代表作で，徳永直が共同印刷での労働争議を扱った著書。プロレタリア文学はほかに小林多喜二の『蟹工船』，葉山嘉樹の『海に生くる人々』を覚えておきたい。

9．正解はエ。ア．正文。労働農民党の左傾化が強まると，中間派の日本労農党と右派の社会民衆党が分離した。イ．正文。最初の普通選挙に際して，非合法の日本共産党が公然と活動したことに衝撃を受けた田中義一内閣は，総選挙のおよそ 1 カ月後に共産党員の一斉検挙に踏み切り（三・一五事件），翌 1929 年にも共産党員の大規模検挙を行った（四・一六事件）。ウ．正文。従来の治安維持法は最高刑が 10 年以下の懲役・禁固であったのに対し，改正された治安維持法では，「国体の変革」を目的とした場合に死刑・無期を科すことができるようになり，協力者も処罰対象となった。

10．正解はエ。ア．正文。久米邦武の論文「神道は祭天の古俗」が保守派から非難を受け，帝国大学教授の職を追われた。イ．正文。農商務省の職員であった柳田国男は，民間伝承をもつ無名の民衆（これを常民という）の生活史を明らかにする民俗学を確立した。ウ．正文。津田左右吉は，『古事記』『日本書紀』の文献学的批判を行い，国粋主義者から非難されて『神代史の研究』などの著書が発禁処分となった。

Ⅳ　解答

1－ウ　2－ウ　3－ウ　4－イ　5－エ　6－ア
7－ア　8－エ　9－エ　10－イ

◀解　説▶

≪戦後の経済と貿易≫

1．正解はウ。三井三池炭鉱争議の始まり（1960 年）→関税及び貿易に関する一般協定 11 条国に移行（1963 年）→東海道新幹線の開通（1964 年）。

2．ウ．正文。1971 年に国際連合の中国代表権が中華民国（台湾）から中華人民共和国へ移ったことに加え，中国との関係改善を通じて長期化するベトナム戦争を打開したいという思惑から，アメリカは対中政策を転換し，1972年2月にニクソン米大統領の訪中が実現した。このような国際関係の変化を背景として，田中角栄首相が1972年9月に訪中し，日中共同声明を発表して日中国交正常化が実現した。ア．誤文。OPECではなくOAPEC（アラブ石油輸出国機構）が正しい。イ．誤文。ロッキード事件が発覚したのは三木武夫内閣の1976年である。エ．誤文。自民党が結党以来はじめて衆議院の過半数を割ったのは三木武夫内閣のときである。

3．ウ．正文。1985年，ニューヨークのプラザホテルにおける米・英・日・仏・西ドイツの5カ国の蔵相（財務相）・中央銀行総裁会議で，ドル高是正（ドル安）が合意されると（プラザ合意），急速に円高・ドル安が進み，日本は円高不況に陥った。ア．誤文。日本が国際通貨基金（IMF）に加盟したのは第3次吉田茂内閣の1952年である。第3次池田勇人内閣の1964年にIMF 8条国に移行し，経済協力開発機構（OECD）にも加盟した。イ．誤文。スミソニアン体制とは，1971年の金・ドル交換停止を受けて，ドルと各国通貨との為替レートを調整し（日本の場合は1ドル＝360円から308円に）固定相場制の維持を図った体制をさす。変動為替相場制に移行するのは2年後の1973年である。

4．正解はイ。石油危機に端を発した世界的不況に対応するため，1975年，米・英・日・仏・伊・西ドイツの6カ国首脳による先進国首脳会議（サミット）がフランスで開催された。日本から参加したのは三木武夫首相である。

5．正解はエ。ア．誤文。1960年代後半〜1970年代前半の出来事。イ．誤文。環境庁の設置は1971年。ウ．誤文。多党化現象は1960年代以降にみられる。

6．正解はア。やや難。自動車輸出自主規制（1981年）→牛肉オレンジ輸入自由化合意（1988年）→日米構造協議（1989年開始）→コメ市場部分開放（1993年）。

7．正解はア。以前にも首相が靖国神社を参拝したことはあったが，中曽根首相がはじめて「公式」参拝と明言したことで中国・韓国が反発した。イ．誤文。日本郵政公社ではなく電電（電信電話）公社が正しい。日本郵政公社は，2000年代初頭の小泉純一郎内閣で進められた郵政民営化の流れの中で2003年に発足（のちに解散）した法人である。ウ．誤文。第2

次臨時行政調査会は鈴木善幸内閣の 1981 年に設置された。会長の土光敏夫も覚えておきたい。エ．誤文。「大規模な間接税」とは消費税のことで，竹下登内閣の 1989 年に導入された。

8．正解はエ。ア～ウ．誤文。海部俊樹内閣の 1991 年，日本は湾岸戦争で巨額の戦費を負担し，また，ペルシア湾に海上自衛隊の掃海艇を派遣した。その後，宮沢喜一内閣の 1992 年に PKO 協力法が成立した。

9．エ．正文。自民党の宮沢喜一内閣に代わって成立した日本新党の細川護熙内閣は，社会党・新生党・公明党・日本新党・民社党・新党さきがけ・社会民主連合の 7 党に，参議院の会派である民主改革連合の 1 会派を加えた非自民 8 党派の連立政権だった。ア．誤文。55 年体制が終わった時の内閣で東京佐川急便事件が起こったのは宮沢喜一内閣だが，リクルート事件は竹下登内閣のときである。イ．誤文。アジアへの植民地支配などを反省し詫びる首相談話は「村山談話」で，村山富市内閣のときである。ウ．誤文。55 年体制の末期に自民党から分裂したのは，新党さきがけと新生党で，新自由クラブはロッキード事件のときに自民党から分裂した政党である。

10．イ．誤文。小選挙区比例代表並立制の導入は細川護熙内閣の 1994 年である。橋本龍太郎内閣の 1996 年に小選挙区比例代表制による最初の総選挙が実施された。ア．正文。社会党の村山富市を首班とする自民・社会・さきがけの連立政権を，自民党の橋本龍太郎が引き継いだ。ウ．正文。橋本龍太郎内閣の 1997 年，日米防衛協力のための指針（新ガイドライン）を策定し，日本に対する武力攻撃だけでなく，安全保障上のさまざまな「周辺事態」に対しても日米防衛協力を進めることが明確化された。つぎの小渕恵三内閣で新ガイドラインの実行を保障するための新ガイドライン関連法が制定された。エ．正文。中央省庁の数を 1 府 12 省庁とする行政改革会議の提案にもとづき，橋本龍太郎内閣の 1998 年に中央省庁等改革基本法が成立し，小渕恵三内閣で制定された中央省庁等改革関連法を経て，森喜朗内閣の 2001 年に 1 府 12 省庁へ移行した。

❖講　評

2022 年度に引き続いて，2023 年度も大問 4 題（解答個数 40 個）の構成となった。

Ⅰ　例年通り，２文の正誤判定問題が出題された。政治・外交・経済・文化など，あらゆる分野から出題されているが，基礎的な知識で判断できるものが大半なので取りこぼしがないようにしたい。１．ｂ．倭王武は標準レベルの知識だが，その上表文の内容まで問われており，やや詳しい知識が必要な問題である。４．文化史からの出題だが，判断しやすい問題なので落とすことがないようにしたい。10．ａ.「条約改定に消極的だった」という部分は判断に迷うかもしれないが，日頃から注意深く教科書の文章を読んで対策を立てておきたい。

Ⅱ　奈良時代の藤原氏に関する説明をリード文とする問題。４.「皇后」と「皇太后」の時期を正確に区別しなければ正解できない問題で，やや難度が高い。５．文化史分野（い・ろ）と政治史分野（は・に）を組み合わせなければ正解できず，とくに文化史分野の２つは西暦年代の知識を必要とするので，やや難しい。10．尊勝寺が堀河天皇の御願寺であったことを知っているかどうかが，正解の可否につながる問題である。２・４・７・８・９は，とくに正確な知識を必要とする問題である。このあたりの設問によって得点差がつくだろう。

Ⅲ　史料を題材にした問題だが，内容はオーソドックスである。とくに詳細な知識を必要とする７以外はできるだけ正解したい。また，10のような近代の文化史に関する設問も正解できるよう，十分な対策を立てておきたい。

Ⅳ　10問すべてが戦後史からの出題であった。学習が後回しにされやすい時代なので，十分な対策を立てられたかどうかで，結果に大きな差がついたのではないだろうか。１・５・６は西暦年代の知識が決め手になるが，６はとくに難度が高いので，せめて１・５はなんとしても正解したい。３・４・７・８・９・10は，歴史的出来事と内閣の組み合わせに関する正確な知識が求められる問題である。戦後史まできちんと対策を立てられるよう，早めに計画性を持って学習にとりかかってほしい。

世界史

I　解答

イ－c　ロ－b

①－a　②－d　③－a　④－d　⑤－c　⑥－d

◀解　説▶

≪ローマ教皇権の伸長≫

①キリスト教の五本山は，イェルサレム・アレクサンドリア・アンティオキア・コンスタンティノープル・ローマ。

②d．誤文。クヌート王は，デンマーク・イングランド・ノルウェーの王を兼ねたが，アイルランド王とはなっていない。

③a．誤文。ユスティニアヌス1世が敵対したササン朝の王はシャープール1世ではなくホスロー1世で，両者の戦いに明確な決着はついていない。

④d．誤文。870年のメルセン条約でフランク王国が再分割された後，919年に東フランク王国でザクセン朝が創始された。

⑤c．誤文。カール大帝が撃退したのはアヴァール人。マジャール人を撃退したのはザクセン朝第2代のオットー1世。

⑥d．誤文。ヴォルムス協約は，教皇グレゴリウス7世ではなく教皇カリクストゥス2世が，神聖ローマ皇帝ハインリヒ5世との間に結んだ。

II　解答

イ－a　ロ－d

①－b　②－c　③－d　④－c　⑤－d　⑥－a

◀解　説▶

≪フランス革命～二月革命期のヨーロッパ≫

①b．誤文。徴兵制が導入されたのは，立法議会期ではなく国民公会期の1793年。

②c．誤文。プロイセンでは，1807年のティルジット条約締結を機に諸改革が進められた。ライプツィヒの戦い（諸国民戦争：1813年）は，プロイセン・ロシア・オーストリア連合軍がナポレオン軍を破った戦いである。

③d．誤文。ギリシアは，ウィーン体制成立時はオーストリアではなくオ

スマン帝国支配下にあった。

④c．誤文。二月革命で退位したのはルイ18世ではなくルイ=フィリップ。

⑤d．誤文。ヴィットーリオ=エマヌエーレ2世はサルデーニャ国王（位1849～61年）で，1861年イタリア統一の際にイタリア王となった。

⑥a．誤文。『チャイルド=ハロルドの遍歴』を著したのは，ギリシア独立戦争に参加したことでも知られるバイロン。ワーズワースはイギリスのロマン派の代表的詩人で，友人との共著『叙情歌謡集』で知られる。

Ⅲ 解答

イ―c ロ―b

①―c ②―b ③―a ④―b ⑤―c ⑥―d

◀解 説▶

《新石器時代～前漢時代の中国》

①難問。c．誤文。良渚文化は黄河中流ではなく長江下流域の新石器文化。

②b．誤文。青銅器は，農具ではなく主に武器・祭器として用いられた。

③やや難。a．誤文。周の武王が倒したとされるのは桀王ではなく殷の紂王。桀王は夏王朝最後の王とされる人物。

④b．誤文。孟子は性善説を唱えるとともに王道政治を説いた。

⑤c．誤文。統一後の秦は，郡県制を全土に適用した。

⑥d．誤文。武帝時代には，塩・茶ではなく，塩・鉄・酒の専売が行われた。

Ⅳ 解答

イ―b ロ―a

①―c ②―b ③―a ④―c ⑤―b ⑥―c

◀解 説▶

《イギリスのインド・東南アジア進出》

①c．誤文。ルイ14世に登用されて王立マニュファクチュアを創設したのはケネーではなくコルベール。ケネーは『経済表』を著した重農主義の祖。

②やや難。b．誤文。カーナティック戦争に勝利したイギリス東インド会社は，インド北西部ではなく南部の支配権を確立した。北西部に位置するパンジャーブ地方は，19世紀半ばのシク戦争を経てイギリスの支配下に置かれた。

③a．誤文。タージ=マハルを造営したのは，アウラングゼーブの父であるシャー=ジャハーン。
④c．誤文。インド大反乱鎮圧後，イギリスは藩王国を全てとりつぶしたのではなく存続させ，その支配者の協力でインドを間接支配した。
⑤難問。b．誤文。インド省は，イギリス領インドとインド藩王国を統治したイギリスの官庁で，インド総督ではなくインド大臣が省長を務めた。インド総督を長としたのはインド政庁である。
⑥やや難。c．誤文。錫鉱山の労働力として移住したのはインド人労働者ではなく中国人労働者。インド人労働者はゴムプランテーションの労働力となった。

V　解答

イ―d　ロ―a
①―b　②―b　③―a　④―d　⑤―b　⑥―d

◀解　説▶

≪現代アフリカ史≫
①b．誤文。アドワの戦い（1896年）はイタリアがエチオピアに敗北した戦い。その後イタリアは，イタリア=トルコ戦争（1911～12年）に勝利してオスマン帝国からトリポリ・キレナイカを獲得し，リビアと改称した。
②b．誤文。アルヘシラス国際会議は，第2次モロッコ事件ではなく第1次モロッコ事件解決のために開かれた。
④d．誤文。エリトリアを植民地化したのはフランスではなくイタリア。
⑤b．誤文。ネヴィル=チェンバレンはミュンヘン会談などで融和政策をとったイギリス首相（任1937～40年）。南アフリカ戦争（1899～1902年）時のイギリス植民地相ジョゼフ=チェンバレンの子である。なお，南アフリカ戦争時のイギリス首相はソールズベリ。
⑥やや難。d．誤文。アフリカ連合は，ASEAN（東南アジア諸国連合）ではなくEU（ヨーロッパ連合）をモデルとしている。

❖講　評

Ⅰ　中世ヨーロッパにおけるローマ教皇権の伸長に関連する大問。イングランドやビザンツ帝国など，中世ヨーロッパ世界から幅広く問われた。難問は見られず基本事項が多いため得点源としたい大問である。

Ⅱ　フランス革命期から二月革命期にかけてのヨーロッパがナショナリズム運動にも言及しながら問われた。6問ある誤文選択問題はいずれも誤りの部分がはっきりしているため対応しやすい。①フランス革命期の各政府の政策は比較的よく問われるテーマであるので，これを機会に復習しておきたい。

Ⅲ　新石器時代から前漢の武帝時代までの歴史を中心とした大問である。①中国の新石器文化に関する問題は難問で得点差が生じたと思われる。仰韶文化・竜山文化・河姆渡遺跡に加え，良渚文化と三星堆文化などの基本事項を押さえておかないと対応できない。③の周に関する問題も正解の選択肢にやや細かい内容が含まれていたが，こちらは消去法で対応可能であろう。

Ⅳ　18～20世紀のイギリスのインド・東南アジア進出を中心とした大問。②イギリス東インド会社とフランスとの戦いは正確な地理的知識が求められており，やや難であった。⑤イギリスによるインド統治も難問。⑥マレー半島に関する問題も細かく，得点差が生じやすい大問となった。

Ⅴ　現代アフリカ史を問うた大問である。学習が手薄になりがちな地域の現代史であるため得点に差が出たと思われる。また，選択肢に用語集の説明文レベルの内容が含まれるため，全体的な難度を高めている。

数学

1 解答

ア．$\dfrac{1}{5}$　イ．$2\sqrt{7}$　ウ．$\dfrac{5\sqrt{42}}{12}$　エ．$\dfrac{18}{7}$

オ．6　カ．4　キ．391

◀解　説▶

≪図形と計量，図形の性質，整数の性質≫

(1)　△ABC に余弦定理を用いると

$$\cos\angle ABC=\frac{6^2+5^2-7^2}{2\cdot 6\cdot 5}=\frac{12}{60}=\frac{1}{5}\quad \toア$$

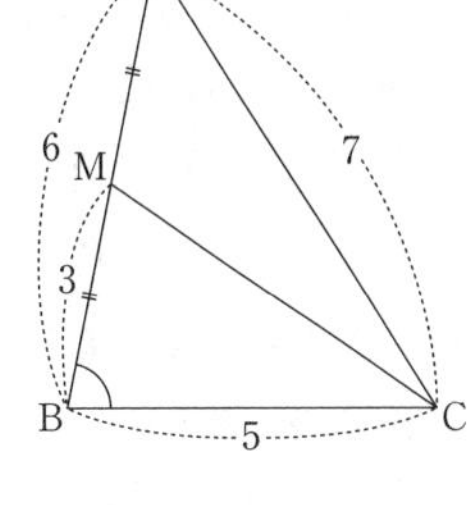

さらに，△BCM に余弦定理を用いると

$$\begin{aligned}CM^2&=3^2+5^2-2\cdot 3\cdot 5\cos\angle MBC\\&=9+25-30\cos\angle ABC\\&=34-30\cdot\frac{1}{5}\\&=28\end{aligned}$$

であるから，CM>0 より

$$CM=2\sqrt{7}\quad \toイ$$

$0<\angle ABC<\pi$ より，$\sin\angle ABC>0$ であるから

$$\sin\angle ABC=\sqrt{1-\cos^2\angle ABC}=\sqrt{1-\left(\frac{1}{5}\right)^2}=\frac{2\sqrt{6}}{5}$$

△BCM に正弦定理を用いると

$$2R=\frac{CM}{\sin\angle MBC}$$

であるから

$$R=\frac{CM}{2\sin\angle ABC}=\frac{2\sqrt{7}}{2\cdot\frac{2\sqrt{6}}{5}}=\frac{5\sqrt{42}}{12}\quad \toウ$$

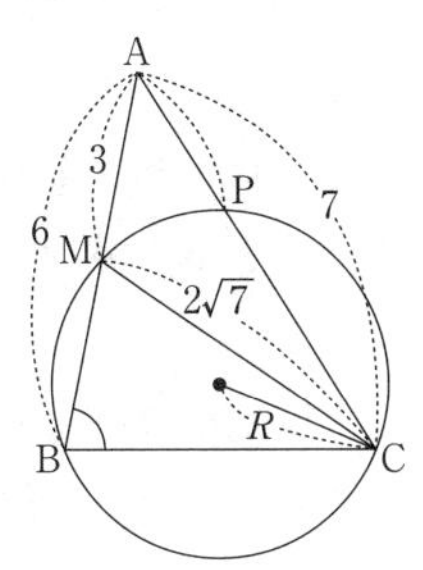

また，方べきの定理を用いると

$$AP\cdot AC=AM\cdot AB$$

であるから

$\mathrm{AP}\cdot 7 = 3\cdot 6$

$\mathrm{AP} = \dfrac{18}{7}$　→エ

(2)　(i)　a，b は自然数で，$a<b$ である。

a と b の和は 312 で，最大公約数が 12 であるから

$$\begin{cases} a+b=312 & \cdots\cdots① \\ a=12m,\ b=12n & \cdots\cdots② \end{cases}$$

と表される。ただし，m と n は互いに素である自然数で，$m<n$ である。

②を①に代入すると

$12m+12n=312$　すなわち　$m+n=26$

よって，$m+n=26$ かつ $m<n$ を満たし，m と n が互いに素である m，n の組 $(m,\ n)$ は

$(m,\ n)=(1,\ 25),\ (3,\ 23),\ (5,\ 21)$
$\qquad\qquad (7,\ 19),\ (9,\ 17),\ (11,\ 15)$

m，n の組 $(m,\ n)$ 1 つに対して，a，b の組 $(a,\ b)$ は 1 つあるから，求める a，b の組 $(a,\ b)$ は全部で

6 組　→オ

である。

(ii)　c，d は自然数で，$c<d$ である。

c，d の最大公約数は 23 で，最小公倍数が 1380 であるから

$$\begin{cases} c=23p,\ d=23q & \cdots\cdots③ \\ 23pq=1380 & \cdots\cdots④ \end{cases}$$

と表される。ただし，p と q は互いに素である自然数で，$p<q$ である。

④より

$pq=60=2^2\cdot 3\cdot 5$

よって，$pq=60$ かつ $p<q$ を満たし，p と q が互いに素である p，q の組 $(p,\ q)$ は

$(p,\ q)=(1,\ 60),\ (3,\ 20),\ (4,\ 15),\ (5,\ 12)$

したがって，c，d の組 $(c,\ d)$ は，③に代入して

$(c,\ d)=(23,\ 1380),\ (69,\ 460),\ (92,\ 345),\ (115,\ 276)$

ゆえに，求める c，d の組 $(c,\ d)$ は全部で

4 組　→カ

であり，$c+d$ の最小値は

$$391 \quad \to キ$$

である。

2 解答

ア．1　イ．3　ウ．-1　エ．n^2-n

オ．$(-1)^n$　カ．$(-1)^n+n^2-n$　キ．$\frac{1}{2}\{(-1)^n-1\}+\frac{1}{3}(n-1)n(n+1)$

◀解　説▶

≪図形と方程式，数列≫

(1)　$l: y=x+5$，$C: y=(x-3)(x-4)$

l と C の共有点の x 座標 a，b $(a<b)$ は，2式より y を消去すると

$$(x-3)(x-4)=x+5$$

$$x^2-8x+7=0$$

$$(x-1)(x-7)=0$$

$$x=1,\ 7$$

となるから

$$a=1 \quad \to ア,\quad b=7$$

また，領域 $D: \begin{cases} y \leqq x+5 \\ y \geqq (x-3)(x-4) \end{cases}$ は図1の網かけ部分。ただし，境界線は含む。

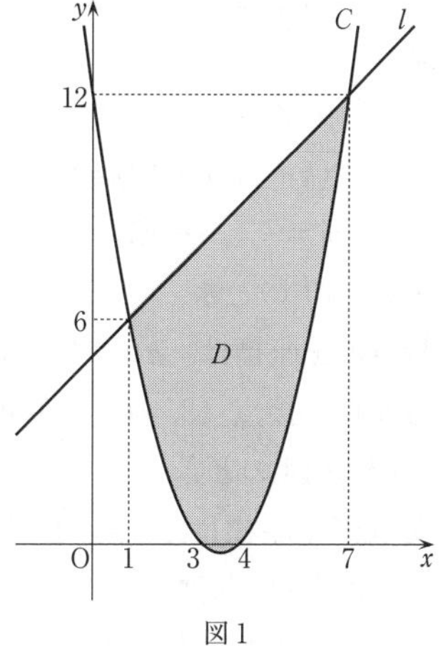

図1

$\frac{y-3}{x}=k$（k は実数）とおき

$$y=kx+3 \quad \cdots\cdots ①$$

と変形する。(①は傾きが k で，点 $(0,\ 3)$ を通る直線を表す)

直線①が領域 D と共有点をもつような傾き k の値の最大値と最小値を求めるとよい。

まず，k の最大値を求める。図2より，直線①が点 $(1,\ 6)$ を通るとき，k の値は最大となる。

よって，k，すなわち，$\dfrac{y-3}{x}$ の最大値は

$$\frac{6-3}{1}=3 \quad \to イ$$

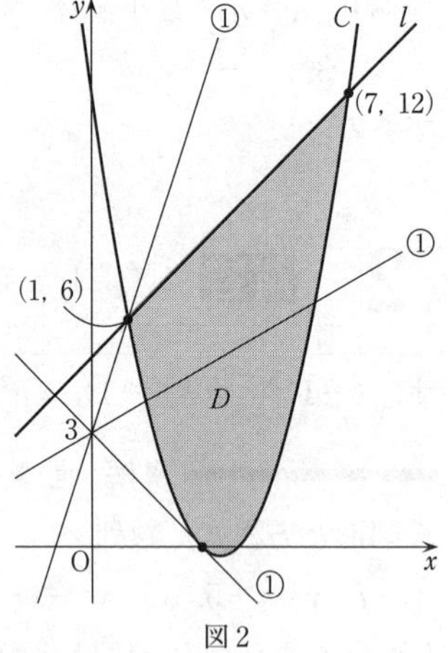

図2

次に，k の最小値を求める。

直線①と C が接するときの k の値を調べる。

2式より y を消去すると

$$(x-3)(x-4)=kx+3$$

$$x^2-(k+7)x+9=0 \quad \cdots\cdots②$$

となるから

$$(判別式)=\{-(k+7)\}^2-4\cdot1\cdot9=0$$

より

$$k^2+14k+13=0$$

$$(k+1)(k+13)=0$$

$$k=-1,\ -13$$

• $k=-1$ のとき

接点の x 座標は，$k=-1$ を②に代入すると $(x-3)^2=0$ となり，$x=3$ であるから，接点 $(3,\ 0)$ は領域 D に含まれる。

• $k=-13$ のとき

接点の x 座標は，$k=-13$ を②に代入すると $(x+3)^2=0$ となり，$x=-3$ であるから，接点 $(-3,\ 42)$ は領域 D に含まれない。

よって，図2より，直線①と C が $x>0$ の部分で接するとき k の値は最小となる。

したがって，k，すなわち，$\dfrac{y-3}{x}$ の最小値は

$$-1 \quad \to ウ$$

である。

(2)　$a_1=-1,\ a_{n+1}=-a_n+2n^2\ (n=1,\ 2,\ 3,\ \cdots) \quad \cdots\cdots①$

(i)　$f(n)=\alpha n^2+\beta n+\gamma \quad \cdots\cdots②$

$$a_{n+1}-f(n+1)=-\{a_n-f(n)\} \quad \cdots\cdots③$$

③は，①，②より

$$-a_n+2n^2-\{\alpha(n+1)^2+\beta(n+1)+\gamma\}=-\{a_n-(\alpha n^2+\beta n+\gamma)\}$$

$$(2-\alpha)n^2-(2\alpha+\beta)n-(\alpha+\beta+\gamma)=\alpha n^2+\beta n+\gamma$$

と整理できる。

この等式がすべての自然数 n について成り立つ条件は

$$\begin{cases}2-\alpha=\alpha\\-(2\alpha+\beta)=\beta\\-(\alpha+\beta+\gamma)=\gamma\end{cases}$$

であるから，これを解くと

$$\alpha=1,\ \beta=-1,\ \gamma=0$$

よって

$$f(n)=n^2-n\quad\rightarrow エ$$

(ii)　$b_n=a_n-f(n)$ とおくと，③は

$$b_{n+1}=-b_n$$

これより，数列 $\{b_n\}$ は，$f(1)=1^2-1=0$ に注意すると

初項 $b_1=a_1-f(1)=-1-0=-1$，公比 -1

の等比数列であるから

$$b_n=(-1)\cdot(-1)^{n-1}=(-1)^n\quad\rightarrow オ$$

(iii)　(i)，(ii)の結果より

$a_n-f(n)=(-1)^n$　すなわち　$a_n=(-1)^n+n^2-n$　→カ

また

$$\sum_{k=1}^{n}a_k=\sum_{k=1}^{n}\{(-1)^k+k^2-k\}$$

$$=\sum_{k=1}^{n}(-1)^k+\sum_{k=1}^{n}k^2-\sum_{k=1}^{n}k$$

$$=\frac{(-1)\{1-(-1)^n\}}{1-(-1)}+\frac{n(n+1)(2n+1)}{6}-\frac{n(n+1)}{2}$$

$$=\frac{1}{2}\{(-1)^n-1\}+\frac{n(n+1)}{6}\{(2n+1)-3\}$$

$$=\frac{1}{2}\{(-1)^n-1\}+\frac{1}{3}(n-1)n(n+1)\quad\rightarrow キ$$

3　**解答**　$f(x)=2x^2+\int_1^x g(t)\,dt$　……①

$$g(x)=2x+\int_0^2 f(t)\,dt \quad \cdots\cdots②$$

(1)　$\int_0^2 f(t)\,dt=k$　(k は定数)　……③

とおくと，②は

$$g(x)=2x+k \quad \cdots\cdots②'$$

さらに，①，②′ より

$$\begin{aligned} f(x)&=2x^2+\int_1^x (2t+k)\,dt \\ &=2x^2+\Big[t^2+kt\Big]_1^x \\ &=2x^2+(x^2+kx)-(1+k) \\ &=3x^2+kx-(k+1) \quad \cdots\cdots①' \end{aligned}$$

よって，①′，③より，k の値は

$$\int_0^2 \{3t^2+kt-(k+1)\}\,dt=k$$

$$\Big[t^3+\frac{k}{2}t^2-(k+1)t\Big]_0^2=k$$

$$8+2k-2(k+1)=k$$

$$k=6 \quad \cdots\cdots④$$

となるから

$$\int_0^2 f(t)\,dt=6 \quad \cdots\cdots(\text{答})$$

(2)　$h(x)=\int_1^x f(t)\,dt-g(x)+2$　……⑤

④を①′，②′ に代入すると

$$f(x)=3x^2+6x-7,\ g(x)=2x+6 \quad \cdots\cdots⑥$$

(i)　⑤，⑥より

$$\begin{aligned} h(x)&=\int_1^x (3t^2+6t-7)\,dt-(2x+6)+2 \\ &=\Big[t^3+3t^2-7t\Big]_1^x-2x-4 \\ &=(x^3+3x^2-7x)-(-3)-2x-4 \end{aligned}$$

$= x^3 + 3x^2 - 9x - 1$　……(答)

(ii)　$h'(x) = 3x^2 + 6x - 9 = 3(x^2 + 2x - 3) = 3(x+3)(x-1)$

$h(x)$ の増減は右のようになる。

x	$\cdots$	-3	$\cdots$	1	$\cdots$
$h'(x)$	$+$	0	$-$	0	$+$
$h(x)$	↗	極大	↘	極小	↗

よって

$$\left.\begin{array}{l}極大値\ h(-3) = 26\\ 極小値\ h(1) = -6\end{array}\right\}\ \cdots\cdots(答)$$

(3)　$y = f(x) + g(x) = (3x^2 + 6x - 7) + (2x + 6)$

$= 3x^2 + 8x - 1$

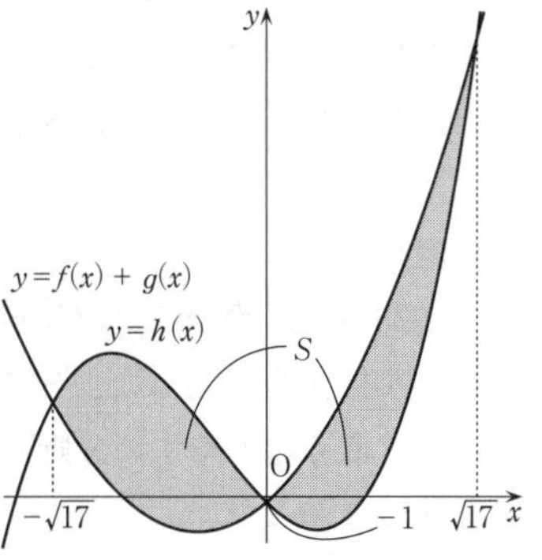

曲線 $y = h(x)$ と曲線 $y = f(x) + g(x)$ の共有点の x 座標は，2 式より y を消去して

$$x^3 + 3x^2 - 9x - 1 = 3x^2 + 8x - 1$$

$$x^3 - 17x = 0$$

$$x(x + \sqrt{17})(x - \sqrt{17}) = 0$$

$$x = 0,\ -\sqrt{17},\ \sqrt{17}$$

よって，求める面積 S は，図より

$$S = \int_{-\sqrt{17}}^{0} \{h(x) - (f(x) + g(x))\} dx + \int_{0}^{\sqrt{17}} \{(f(x) + g(x)) - h(x)\} dx$$

$$= \int_{-\sqrt{17}}^{0} \{h(x) - (f(x) + g(x))\} dx - \int_{0}^{\sqrt{17}} \{h(x) - (f(x) + g(x))\} dx$$

$$= \int_{-\sqrt{17}}^{0} (x^3 - 17x)\, dx - \int_{0}^{\sqrt{17}} (x^3 - 17x)\, dx$$

$$= \left[\frac{1}{4}x^4 - \frac{17}{2}x^2\right]_{-\sqrt{17}}^{0} - \left[\frac{1}{4}x^4 - \frac{17}{2}x^2\right]_{0}^{\sqrt{17}}$$

$$= -\left(\frac{1}{4}\cdot 17^2 - \frac{17}{2}\cdot 17\right) - \left(\frac{1}{4}\cdot 17^2 - \frac{17}{2}\cdot 17\right)$$

$$= \frac{289}{2}\ \cdots\cdots(答)$$

◀解　説▶

≪定積分で表された関数，3 次関数のグラフと放物線で囲まれた部分の面積≫

(1)　$\int_a^b f(t)\, dt$（a，b は定数）を含む関数を扱うときは，$\int_a^b f(t)\, dt$ は定数であるから，$\int_a^b f(t)\, dt = k$ とおいて考えるのが定石である。よって，

$\int_0^2 f(t)\,dt=k$ とおくことにより，まず，$f(x)$ と $g(x)$ を x，k の式で表した。k の値について，$\int_0^2 f(t)\,dt=k$ から k の方程式を作って求めるとよい。

(2)(i)　$h(x)$ は素直に $h(x)=\int_1^x f(t)\,dt-g(x)+2$ を計算して求めるとよい。

(ii)　$h'(x)$ を計算し，$h(x)$ の増減表を作成するとよい。

(3)　曲線 $y=h(x)$ と曲線 $y=f(x)+g(x)$ の共有点の x 座標と，2つのグラフを描くことにより2曲線の上下の位置関係を調べることがポイント。あとは定積分を用いて面積 S を立式し計算するとよい。

❖講　評

2023年度も例年通り空所補充形式2題，記述式1題の出題で，**1**・**2**は小問集合であった。また，難易度は2022年度と同じレベルではあるが，取り組みやすい分野，テーマだったと思われる。分量については変化はなかった。

1　(1)は図形と計量および図形の性質からの出題であった。最後の設問は方べきの定理を用いて求めるため，日頃から方べきの定理を使っているかで差がついたと思われる。(2)は整数の性質の最大公約数と最小公倍数から出題された。(i)，(ii)ともに組数を求めるとき，「互いに素」の条件を忘れて答える受験生が多かったと思われるのでかなり差がついたであろう。

2　(1)は図形と方程式の領域を用いた最大・最小の問題で，頻出タイプであった。ぜひ完答してほしい問題である。(2)は数列の漸化式の問題であった。見慣れない漸化式ではあったが丁寧な誘導がついているので完答したい問題である。

3　微・積分法からの出題であった。(1)は解法を知っていれば問題ないが，そうでなければ正解することはできない設問だったので差がついたと思われる。(3)の定積分の計算も複雑にならないので完答してほしい問題である。

頻出タイプの問題を中心に演習するとよいが，苦手な分野を作らないようにすることが大切である。

ほど難しい問題ではない。各設問の選択肢は、正解と誤答で明確な差異が設けられており、問題を解くうえでさほど難解さはない。内容に関する記述問題は、二〇二二年度にひき続いて箇所指摘のみだった。全体的にとりくみやすい問題である。

二　古文（中世）は仮名法語。二〇二二年度の『源氏物語』と比べると、やや読みやすい文章だった。ただ、仏教を説いた法語という特殊な文章で、ていねいな注が付されているが、「放逸無慚愧」「軽物」など、一部に注のないやや難しい語句もあって多少は読みづらい箇所もある。しかし、それらの的確な訳語がわからなくても文脈的な意味は類推されるので、読解に大きな支障となるほどではない。設問は古文問題として標準的。知識としての重要語句や語法・文法の設問はどれも標準的。また、他の設問についても、基本的な重要語句や語法など、着実に学習を積みあげてきた受験生には、どれも得点できたと思われる。二〇二一・二〇二二年度はなかった字数制限つき（十字以上十五字以内）の記述説明が出題されたが、やや難しい。全体的には標準的な設問なので、記述式の現代語訳および説明問題が、他の受験生と差がつく設問になった可能性がある。

よい。よって、〝長者でない人にも求めることがきっとできよう〟のように口語訳される。

問十一　空所直前に「仏菩薩は、世間の長者には変はりて」とある。さらにその前には「世間の長者は慳貪の心あるが故に、重宝なむどを求めむには、たやすく与ふべからざる」とある。「慳貪」は〝もの惜しみ、貪欲〟の意味。つまり、長者はもの惜しみするから高価なものを求めてもたやすく与えてくれないということを述べ、それに対しての「仏菩薩は……」である。してみると、仏菩薩は長者と違って何かを求めてくる者に対して受け入れる心があるという意味が想定される。救いを求める者を受け入れるのは思いやりの心。この意味の二字熟語を探すと、傍線部①に「聖賢の慈悲」という語句がある。よって、「慈悲」がふさわしい。

問十二　説明文は「……と願うのではなく、X べきだ」とあるから、空所に入る言葉は、何を願うべきかを考えて「……を願うべきだ」という表現として完成させるとよい。傍線部直前に「世間有為の寿福を祈ることをば嫌うて、無上道を願ふことをすすめ給へり」とあるところに着目する。前半の「世間有為の寿福を祈る」は説明文の「俗世の名誉や富を授けてほしいと願う」に対応する。そうではなく、「無上道を願ふ」人のために仏菩薩は人々の祈りをかなえるのである。傍線部⑥直後に「邪見放逸の人の……この誓ひをおこし給へるにあらず」とある。「この誓ひ」こそ「無上道を願ふ」人のための誓いであるから、その内容である「仏法修行の人、もし……修行の人をして退屈することなからしめむ」が願うべき内容になる。

❖講　評

現代文・古文一題ずつの大問計二題の出題である。文章量と設問量についてはほぼ例年どおりである。

一　現代文（評論）は、哲学的な視点から身体を論じた文章。難易度としてはおおむね二〇二二年度と同じだが、設問中に引用された西田幾多郎の文章を、選択肢ごとに読み解く点については、抽象度が高くやや難しいところもある。ただ、本文中で述べられた逸話と、それによって展開される主観と客観の関係性という主旨が理解できていれば、それ

ふ」なので意味から判断する。これは〝何ごとを祈り申しあげなさるのか〟と「かたはらに聞く人」が老尼公へ尋ねる言葉と理解するところ。したがって、「給ふ」は尊敬。尊敬は動作の主体を敬う。ここで祈っている主体は老尼公なので老尼公への敬意。よって、へが適当。

ⓒ、「かたはらに聞く人」からの問いかけを受けて老尼公が答えた言葉なので老尼公からの敬意。「侍り」には謙譲と丁寧がある。傍線部の「侍る」は「好み侍る」となっていて補助動詞。補助動詞の「侍り」は丁寧語である。丁寧語は会話の聞き手を敬うので「かたはらに聞く人」への敬意。よって、ニが適当。

問九　ここは老尼公が枇杷の種をなくしてほしいという些末な願いを観音に祈ったことについて言ったもの。したがって、傍線部のシク活用形容詞「をかし」は〝滑稽だ〟の意味がよい。またク活用形容詞「はかなし」は〝つまらない、取るに足らない〟の意味。ここから傍線部全体は〝滑稽でつまらないことと語り伝えている〟と口語訳される。直前に「誰も誰も枇杷を食する時は、核のうるさきことはあれども、観音に祈り申すまでのことにはあらずとて」として理由が述べられている。ク活用形容詞「うるさし」は〝煩わしい〟の意味。つまり、誰でも枇杷を食べるとき、種が煩わしいものだが、観音に祈るほどのことではないということを言っている。それをわざわざ観音に祈る老尼公のふるまいが大げさなので〈滑稽でつまらない〉ということになる。よって、このように理由を説明するホが適当。

問十　傍線部の「乞ひぬべし」は「乞ひ／ぬ／べし」と品詞分解される。ハ行四段活用動詞「乞ふ」は〝求める〟の意味。助動詞「ぬ」は、「乞ふ」の連用形「乞ひ」に接続しているので、完了・強意の助動詞である。推量系の「む」「べし」とともに用いられた場合は、強意として解するのがよく、〝きっと〜〟〝〜てしまう〟などと訳出するとよい。また、ここは長者に「軽物」を求めることについて言った箇所である。「軽物」は〝絹布〟の意味だが、もしその意味がわからなくても、傍線部後にある「重宝」との対比で考えて、「軽物」はたいしたことのないものといった意味で理解できればよい。してみると、ここはわずかな絹布のようなものだったら、わざわざ長者といった裕福な人にではなくても求めて得られるだろう、という文脈を読みとる必要がある。したがって、「べし」は可能として訳出すると

は〝ひねくれる〟などの意味。よって、ハが適当。
⑤、名詞「もろもろ」は〝たくさん〟の意味。よって、イが適当。
⑦、副詞「つらつら」は〝念入りに〟の意味。よって、ロが適当。
⑨、副詞「よも」は〝まさか、いくらなんでも〟の意味。よって、ロが適当。なお、「よも」は打消推量の助動詞「じ」と呼応する。

問六　口語訳すると〝修行の人に退屈することがないようにさせよう〟である。「退屈」は現代語とほぼ同じだが、ここでは、仏道修行することに退屈する、つまり修行が〝嫌になる〟という意味を表している。これをふまえると、口語訳の後半は〝嫌になることがないようにさせよう〟となるが、選択肢でこの訳出が反映されているのはハ「くじけないように仕向けよう」である。よって、ハが適当。なお、「なからしめむ」の意味だけでも、これを正しく解釈したものはハだけである。

問七　〔乙の回答〕の第二段落末尾に「末代の凡夫の祈ることのしるしなきこそ、しるしなりけれ（＝〝末代の凡夫が祈ることの効験がないことこそ、証拠であることよ〟）」とあった。これは、仏が人に対してたんに俗世上の望みをかなえてやらないのは、仏菩薩が衆生を救おうとしているためだという意味である（問二参照）。この意味について、第二段落以後で例え話などをまじえた補説が展開された。そして、その総括としてもう一度、第一段落末尾で述べた文言をくり返し、その考え方が説得力のあるものだとしめくくる。よって、〝もっともだ。当然だ〟の意味を表すニ「ことわりなり」が適当。

問八　ⓐ、回答者（乙）の語る言葉なので回答者（乙）からの敬意。「詣づ」は謙譲語なので動作の対象を敬う。ここは、老尼公が清水寺へ「詣で」たという文脈なので参詣した対象である清水寺（観音）への敬意。よって、ロが適当。
ⓑ、老尼公が祈っていた際、「かたはらに聞く人」が老尼公へかけた言葉なので「かたはらに聞く人」からの敬意。補助動詞「給ふ」には尊敬（四段）と謙譲（下二段）がある。ただし、ここは四段・下二段に共通する終止形「給

ロ「いふかひなき願ひ（＝〝取るに足りない願い〟）」・ニ「よしなき願ひ（＝つまらない願い）」に着目される。ただし、ロはその願いを「聖賢の慈悲といはまし（＝〝聖賢の慈悲と言えばいいのに〟）」としているので不適当。その願いを満たすことを「賢聖の慈悲といふべからず」と否定しているニが傍線部と同趣旨である。よって、ニが適当。なお、イ「おぼろけの願ひ」は〝並一通りの願い〟、ハ「あながちなる願ひ」は〝強引な願い〟、ホ「せめての願ひ」は〝無理な、切実な願い〟である。

問二　傍線部前に、人は、世間的な願いに満足すると、ますます執着が生じて「放逸無慚愧の心（＝ほしいままにふるまう恥知らずの心）」をおこすとある。したがって、仏は、人の俗世上の些末な願いをかなえることを本意としない。それは本当に衆生を救うことにならないからである。だから、逆説的に、凡夫の俗世上の望みをかなえないことが衆生を救うことになるという文脈を読みとること。よって、「衆生を救おうとしている」とするイが適当。

問三　A、「しるし／なり／けれ」と品詞分解される。「けれ」は助動詞「けり」の已然形。ここは一般論を述べている文脈なので文法的意味は過去でなく詠嘆である。選択肢では、「罪深く心憂きもの」の現状について語るホの「ける」が詠嘆でこれが適当。

B、「問ひ／けれ／ば」と品詞分解される。Aと同様に「けれ」は助動詞「けり」の已然形。ここは昔の老尼の逸話を語る地の文なので文法的意味は過去。物語の地の文にあるイの「ける」が過去として適当。なお、ロはク活用形容詞「めでたし」の已然形活用語尾。ハは四段活用動詞「おく」の已然形（命令形）の活用語尾に完了・存続の助動詞「り」の連体形がついたもの。ニはラ行四段活用動詞「あざける」の連体形の一部。

問四　イは〝見るに耐えないほど悲惨なこと〟。ロは〝他者を恨む気持が身心に深くしみていること〟。ハは〝遠まわしなやりかたでじわじわと責めたてること〟。ニは〝短い表現で相手をやりこめること〟。ホは〝忠告する言葉は耳障りなものであること〟。よって、ホが適当。

問五　④、「ひがめ／る」と品詞分解される。「る」は完了・存続の助動詞「り」の連体形。マ行四段活用動詞「ひがむ」

そう遠くない昔、一人の老いた尼君がいた。清水寺に参詣し、心をこめて礼拝をいたして、「どうか、大悲観音様、尼（＝私）が心に煩わしい（と思う）ものを早くなくしてくださいませ」と、くり返し申しあげた。かたわらで聞く人が、これをあやしんで、「何ごとを祈り申しあげなさるのか」と尋ねたところ、「尼が若かった時から、枇杷を好みますが、あまりに種が多いことが煩わしく思われるので、毎年五月のころは、ここへ参詣して、枇杷の種をなくしてくださいませと申しあげるけれども、まだ効験もない」と答えた。誰でも枇杷を食べる時は、種が煩わしいこと（で）はあるけれども、観音に祈り申しあげるまでのことではないとして、（この老尼公の話は）滑稽でつまらないことと語り伝えている。世の中を見ると、仏や神に参詣し経陀羅尼（＝教典や密教の呪文）を読んで身の上を祈る人も、まさか仏道のためではないだろう。ただ俗世の幸福を保ち、災厄を免かれようというためであると思われる。もしもその程度ならば、枇杷の種を（なくしてほしいと）祈った尼君をつまらないと言えようか（、いや、言えるはずがない）。

たとえば（ある）人が長者の家に行って、わずかな絹布を求めるようなものだ。その程度の所望ならば、長者でない人にも求めることがきっとできよう。そうであるけれども、俗世の長者は貪欲の心があるために、高価なものなどを求めるならば、たやすく（人に）与えるはずがないので、精いっぱいの所望として（人は）絹布を求めるとも言えるだろう。仏菩薩は、俗世の長者とは違って、慈悲が広大でいらっしゃるので、俗世に形ある物の幸福を祈ることを嫌って、仏道を願うことを勧めていらっしゃる。それなのに仏や神に参詣して、ただ俗世のことのみを祈る人は、長者の家に行ってわずかな絹布を求める人よりも、よりいっそう愚かであると申してよいだろう。

▲解　説▼

問一　「かやうの願ひ」は直前の「凡夫の願ふこと」を指している。「凡夫」は〝欲望や迷いにとらわれた人〟を意味する。つまり、そのような人の欲望や迷いからくる願いなど、「聖賢」＝「仏」はかなえないという文脈を読みとる必要がある。したがって、ここは「いはむや」を反語と解して、傍線部を口語訳すると、〝このような願望を満たすことを聖賢の慈悲と言えようか、いや、言えない〟となる。「凡夫の願ふこと」はつまらない些末な願望である。ここから、

〔乙の回答〕　仏菩薩の誓願はさまざまであるけれども、その本来の目的を求めると、ただ無始輪廻の迷衢（＝いつまでも六道という迷いの世界をめぐり続ける境遇）を（抜け）出て、本有清浄の覚岸（＝本来そなわっているはずの清らかな悟りの境地）に到達させようとするためである。そうであるのに、凡夫（＝欲望や迷いにとらわれた人）が願うことは、皆輪廻の原因（となるような願い）である。このような（凡夫の）願望を満たすことを聖賢の慈悲と言えようか（、いや、言えない）。そうではあるけれども、まず衆生の生欲（＝生きてゆくための欲望）に従って、しだいに（悟りの境地へ）引きこもうとして、かりに願いをかなえることがある。もし人が、世間の願い（＝俗世の些末な願望）が満足したことを誇って、いよいよ執着（の心）を生じて、ほしいままにふるまう恥知らずの心をおこすにちがいない者には、その願いをかなえることがあるはずはない。だから末代の凡夫が祈ることの効験がないことこそ、（仏菩薩が衆生を救おうとしている）証拠であることよ。

たとえば医者が病人を療治する時、あるいは苦い薬を飲ませ、あるいは熱い灸をすえろと言う。病人は愚かで、その意味（＝医者の病気を治そうという思い）を知らない。（そのため）「自分が療治を求めることは、身心の苦を止めようというためである。それなのに、今また（苦い薬や灸という）療治によっていっそう苦しみを加えた。この医者は慈悲のない人だ」と言うようなものだ。医者の慈悲がないのではない。病人の心がゆがんでいるのだ。諸経の終わりの流通分（＝それぞれの教典を世間に広く流布させることについて述べた部分）に至って、諸天善神が、願をおこして言うことには、「われらはこの持経の人（＝経文を信ずる人）を守護して、災難を除き、財宝を与え、病苦を救おう」とかいう。その趣旨を見ると、「仏法修行の人が、もし前世の行いによる因縁によって、多くの苦や災難にあって、修行の障害（になる）と（する）ならば、われらがその苦や災難を除いて、修行をしている人に（修行が）嫌になることがないように（＝くじけないように）させよう（＝仕向けよう）」というわけである。因果の道理をわきまえずほしいままにふるまう人が、仏法を修行せず、ただ俗世の名利を求め、災難を嫌う者のために、（仏が）この誓いをおこしなさったのではない。よくよく念入りにこれを思うと、末代の人の祈ることの効果がないのは、もっともなことである。

「他者に積極的に話しかけてリードしていかなければならない」が合致しない。

二

出典　夢窓国師『夢中問答集』〈上　仏菩薩の真の功徳〉

解答

問一　ニ

問二　イ

問三　A―ホ　B―イ

問四　ホ

問五　④―ハ　⑤―イ　⑦―ロ　⑨―ロ

問六　ハ

問七　ニ

問八　ⓐ―ロ　ⓑ―ヘ　ⓒ―ニ

問九　ホ

問十　長者でない人にも求めることがきっとできよう

問十一　慈悲

問十二　修行の障害を除いてほしいと願う（十字以上十五字以内）

◆全　訳◆

〔甲の質問〕　仏菩薩は皆一切衆生の願いを満たしなさろうという誓いがある。たとえ衆生の方から祈り求めなくても、苦しみがある者を、これ（＝苦しみ）を取り除いて、（仏菩薩は）楽を与えなさるはずだ。そうであるのに、末代の様子を見ると、（衆生が）心を尽くして祈っても、（願いが）かなうことがまれであることはどうしてか。

まざまな状況を説明できる論理が必要となる」とあり適当。ニの「『力』の概念は世界を貫く基本原理」は本文で言及されていないので不適当。ロは「時代を超えて常に通用……」と時間軸に限定する点が不適当。ハは「理性をもつ全ての人間にとって……」と、対象に対して「理性をもつ」と限定する点が不適当。ホは「普遍的な道徳観を……」とあるが、この文章で道徳観は問題にされていないので不適当。

問十一　傍線部後に『善の研究』の内容として、「過剰に統御された身体の……執着によるものであること」「統御された身体の……転換であること」と述べられていることに注目する。この文章で題材とされた、「話しかけ」がうまくできず体調を崩した学生は「既存の社会秩序に……適合するように自分に対して過剰な自己統御・自己演出を行って」（第六段落）いた。つまり、自己を客観化して、それを主観としての自己が客観化された自己を従わせようとして失敗し苦悩したのである。選択肢中で、主観と客観という関係性の視点から述べている内容を含むのはハである。ハの言葉を用いれば、客観化された自己という「外物を自己に従える」ことは「自己の真人格を実現するということ」にならない。「真の自己を見る」ためには、自己を主観と客観という区別を以て捉えるような「主観的空想」を「消磨し尽して」しまい、自己を「全然物と一致」させるように転換するとよい、というのが先述の問題文の述べるところと合致する。よって、ハの引用が適当。

問十二　「話しかけ」がうまくできず体調を崩した学生について「根本には自己の意志に基づいて身体を統御しうるしそれによって社会や他者をある程度リードしていけるという過信と執着がある」（第六段落）と述べられている。これは自己と他者をコントロールできるとする考えを言ったもの。さらに、筆者はその次段落で「過剰な自己統御と過信から放たれた」学生が「よそゆきではない」自身を見出したさまを述べる。「よそゆきではない」は不自然な生き方から脱したことである。以上の点をふまえると、ロの内容が合致する。イは「生に固執……満たされない欲望……生きる意志を否定……」など問題文で言及されていない内容を多く含んでいて合致しない。ハは「身体が生理学的に変化することが不可欠」が合致しない。ニは「『話しかけのレッスン』によるリラクゼーション」が合致しない。ホは

ったからということになる。「力み」を理由として説明している選択肢は、「不自然に力んでしまっていたから」とするイだけである。よって、これが適当。

問七　説明文に相当する部分を本文中に探すと、説明文前半「下痢によってこわばる身体がほどけ」は、傍線部Cを含む段落の「緊張してかたくこわばった身体が自らほどけた。ここでの下痢という生理的変化はこのことを意味する」に相当し、後半の「学生は〈空欄Ⅰ〉から解放された」は、同じく傍線部Cを含む段落の「そうした身体の変化・転換によって、この学生は過剰な自己統御と過信から放たれた」に相当する。この部分の「過剰な自己統御と過信」が字数に合い、適当。

問八　「よそゆき」は〝よそへ出かけること、外出のときに着る衣服〟の意味である。それが転じて、〝ふだんと異なるあらたまった言動〟の意味にも使われる。よって、正解はニ。

問九　「他人と話ができ」ない状態について、傍線部前に「この学生」が「他者が怖くて……生きづらかった」とある。このことは、第六段落にも「他者と向きあうのが実は怖くて、それを隠そうと無理に力んで」いた、また「過剰な自己統御・自己演出を行っていた」などとも述べられている。ここから導かれるのは、〈他人と話ができる〉とは、力んだり自己を抑えたり演出したりするのでなく、自然体であるということである。それができないことの前提には他者との関わりへの恐れがあるが、これは「自分の身体に不安や恐れを感じ」（第六段落）ているのであり、「強圧的な他者の態度」（イ）や「嫌悪感」（ホ）といった他に起因するものではない。よって、「自然体」で「直接相手に向き合うことができた」とするニが適当。前提を「恥ずかしがり屋」「不器用な人物」などとするロ・ハも不適当。

問十　傍線部E「現代の生きづらさをほどく力」について、竹内の「『話しかけのレッスン』」から「こわばる身体がほどける時に生きづらさをほどく力が現れる」という結論が導かれているが、この段落の冒頭で、「こうした事例は……特殊な出来事」として個別事例の限界を指摘している。この主張の妥当性を確かめるには、広範な事例を説明できるかどうか検討する必要がある。個別事例の限界にふれて説明しているのはイ・ニ。イは「個別の事例」を超えて「さ

け」ができず苦悩したあげく、下痢をして体調を崩してしまった。しかし、体調を崩した後、学生は「話しかけ」に成功する。この事例から、何とか苦境を克服しようと身体に緊張やこわばりのあったことが失敗の原因であり、自分の意志で身体を統御しうると考えることは、他者との関係性をとり結ぶことや真の自己を発現することにはならないという実態が見えてくる。自己が身体を統御できると考える意識から解放されて「身体がほどける」ことは生きづらさの転換であり、西田幾多郎が『善の研究』で説いたことにも通じる。

▲解　説▼

問三　脱文に「他者と交わる活力が戻ってきた身体」とあるので、直前には「話しかけ」の成功体験について述べられている必要がある。その条件にあうのはニ・ホ。さらに、脱文の冒頭は「この身体は」なので、本文中の「身体」についての記述の後に続く必要がある。ニの前に「学生の身体は……等身大の身体で……」とあるから、こちらが適当。

問四　空所前では話しかけかたがおかしいと思われる学生について述べられている。そこで、「話しかけのレッスンを一対一に変えて」みようと相手として選ばれたのが「ある女の人」である。その結果、名前を呼びかけられた「女の人は……」と続いていく文脈である。空所には、その前後で「その結果」という文脈を形成する接続詞が入ると考えられる。したがって、選択肢ではニ「そうすると」が適当である。

問五　何度レッスンを反復しても、「うまくいか」ない学生の様子を描写している箇所である。ものごとがうまく進展せず苦境に陥った状態を表す際に用いる表現は〈脂（油）汗を流す〉である。ここは〈流す〉のかわりに〈たれる〉を使っている。

問六　傍線部を含む段落に続く竹内敏晴の引用文章で、うまく「話しかけ」のできなかった学生が、それが成功した逸話が紹介される。その理由を竹内は「意気ごんでたものが、くずれたときに、初めて他人と話ができたということであるわけです」と述べる。さらに、その逸話を筆者が解説した次段落に「ゆえに竹内は……余分な力みが一気に抜け落ちて……話しかけができたと評価する」とある。したがって、「話しかけ」が「うまくいかない」のは「力み」があ

国語

一

出典　板橋勇仁『こわばる身体がほどけるとき――西田幾多郎『善の研究』を読み直す』〈第1章　現代の身体〉（現代書館）

解答

問一　ⓐ―ホ　ⓑ―ロ
問二　①かたひじ　②つきもの
問三　ニ
問四　ニ
問五　汗
問六　イ
問七　過剰な自己統御と過信
問八　ニ
問九　ニ
問十　イ
問十一　ハ
問十二　ロ

◆要　旨◆

竹内敏晴が実践した「話しかけのレッスン」で、積極性はあるが自己統御・自己演出の過剰な学生がうまく「話しか

2022年度

問題と解答

■学部個別日程：2月4日実施分

問題編

▶試験科目・配点

学部	教　科	科　　　　目	配　点
経済	外国語	コミュニケーション英語Ⅰ・Ⅱ・Ⅲ，英語表現Ⅰ・Ⅱ	200点
	選　択	日本史Ｂ，世界史Ｂ，「数学Ⅰ・Ⅱ・Ａ・Ｂ」のうちいずれか１科目選択	150点
	国　語	国語総合，現代文Ｂ，古典Ｂ（いずれも漢文を除く）	150点
人間福祉	外国語	コミュニケーション英語Ⅰ・Ⅱ・Ⅲ，英語表現Ⅰ・Ⅱ	200点
	国　語	国語総合，現代文Ｂ，古典Ｂ（いずれも漢文を除く）	150点
国際	外国語	コミュニケーション英語Ⅰ・Ⅱ・Ⅲ，英語表現Ⅰ・Ⅱ	250点*
	選　択	日本史Ｂ，世界史Ｂ，「数学Ⅰ・Ⅱ・Ａ・Ｂ」のうちいずれか１科目選択	150点
	国　語	国語総合，現代文Ｂ，古典Ｂ（いずれも漢文を除く）	150点

▶備　考

- 学部個別日程のうち，２月４日実施分（経済・人間福祉・国際学部）を掲載。
- 「数学Ｂ」は「数列，ベクトル」から出題する。

＊国際学部は，英語の基本配点200点を250点に換算する。

英語

(90分)

〔Ⅰ〕次の英文を読み、下記の設問（A～D）に答えなさい。

In the 19th century, people already knew that aluminum was the most common metal in the earth's crust, the top layer of the earth. They had even been able to extract the bluish-white metal from its *ores*, which are types of rocks containing metals in nature. But the cost of purifying aluminum was so high that Emperor Napoleon III of France only had his finest dinner spoons made of it in the 1860's. With aluminum ores, material scientists were in the position of having discovered a great (ア)treasure house of extremely useful metal without having found the key that would unlock it. When a method was found to purify the metal cheaply in 1886, aluminum became an important part of nearly every industry in the world.

Aluminum makes up between 7 and 8 percent of the earth's crust. Although it is so common, its existence was (　　1　　) for a long time. This is because it is never found in nature as a pure metal, but is instead combined with other chemical elements in compounds that are very hard to break down.

Aluminum compounds are found in many minerals, and all clay contains aluminum. Many of the most beautiful precious stones are basically (　　2　　) but colored aluminum compounds. For example, rubies are mostly aluminum oxide* with traces of other elements.

The most important ore of aluminum is bauxite**, a type of clay. It generally contains from 40 to 60 percent aluminum oxide.

The existence of aluminum was predicted in 1808 by the English scientist Sir Humphry Davy. (　　3　　), he was unable to solve the problem of extracting the metal from its ore. In 1825 the Danish scientist H. C. Oersted produced (イ)the first aluminum metal the world had ever seen—but in an amount too small even to conduct experiments. The German scientist Friedrich Woehler succeeded in extracting aluminum in powder form in 1845 and made the first discoveries about aluminum's properties.

Aluminum's career as a luxury item ended in 1886 with the simultaneous discoveries of Charles M. Hall in the United States and Paul Heroult in France. They had independently

(ウ)hit upon the same solution to the problem of cheaply converting aluminum ore into metal for everyday use. This is now known as the Hall–Heroult process.

The Hall–Heroult process is basically the same one used in today's two-step process of purifying aluminum. Bauxite ore is purified to produce aluminum oxide, a white powder, which is also called alumina. Alumina, in turn, must be further processed to produce aluminum. It was this second step that held back aluminum production for so many years.

Hall and Heroult found a way to separate alumina (4) aluminum and oxygen by using an electric current. About 2 kilograms of alumina are needed to make 1 kilogram of aluminum metal.

Aluminum's many characteristics combine to make it suitable for many products. One of its most important characteristics is its light weight. Aluminum weighs two thirds less than such common metals (5) iron or copper. Its lightness makes aluminum useful in the manufacturing of building materials, bus and truck bodies, and airplane parts.

Aluminum also conducts electricity well. For this reason, it has replaced copper for high-voltage electric transmission lines. Since it is lighter than copper, electric lines of aluminum need (6) supporting towers.

Because it is a good conductor of heat, aluminum makes good cooking tools, like pans. If just one edge of an aluminum pan is heated, the heat will spread evenly through the pan. (エ)With many other metals, "hot spots" that cause food to stick and burn may form.

Another important characteristic of aluminum is its resistance to wearing away. The protective coatings that iron and steel need, such as paint, are not necessary with aluminum.

*oxide：酸化物

**bauxite：ボーキサイト（水酸化アルミニウム鉱物の混合物）

設 問

A．本文中の空所（１～６）に入れるのに最も適当なものを、それぞれ下記（ａ～ｄ）の中から１つ選び、その記号をマークしなさい。

（1）	a．expected	b．not confirmed	c．not ignored	d．being aware of
（2）	a．something	b．anything	c．everything	d．nothing
（3）	a．However	b．Therefore	c．And so	d．As a result
（4）	a．onto	b．under	c．into	d．against
（5）	a．with	b．unlike	c．without	d．as
（6）	a．fewer	b．more	c．less	d．greater

出典追記：The New Book of Knowledge, Grolier, Inc

B．本文中の下線部（ア～エ）の文中での意味に最も近いものを、それぞれ下記（a～d）の中から1つ選び、その記号をマークしなさい。

（ア）treasure house

a．source to produce wealth

b．gorgeous palace

c．budget to build a magnificent house

d．golden building

（イ）the first aluminum metal the world had ever seen

a．the most valuable aluminum metal in the world

b．the aluminum metal of the highest quality that people had never seen

c．aluminum metal worth seeing among common materials

d．aluminum metal for the first time in history

（ウ）hit upon

a．smashed off

b．come up with

c．come out of

d．knocked off

（エ）With many other metals

a．Using aluminum in combination with other metals for a pan in cooking

b．With the help of a pan made of aluminum in cooking

c．If we don't use metals like aluminum for pans in cooking

d．In case aluminum is used for a pan in cooking

C．次の英文（a～i）の中から本文の内容と一致するものを3つ選び、その記号を各段に1つずつマークしなさい。ただし、その順序は問いません。

a．Aluminum is a kind of rare metal, and mostly exists on the surface of the earth.

b．Napoleon III was in favor of using spoons made of aluminum because they were not luxurious at his time.

c．The most important aluminum ore exists in the form of a clay in nature, and about half of it is aluminum oxide.

d．One of the features of aluminum ore is that it breaks down easily.

e. Aluminum was first found in nature by an English scientist named Humphry Davy in 1808.

f. The method of processing aluminum established toward the end of the 19th century is basically no different from the one used today.

g. Producing a certain amount of aluminum metal requires twice its weight in alumina.

h. Because aluminum is comparatively light, it has been used for airplanes but not for buildings.

i. It is advisable to use paint on aluminum for safety's sake.

D. 本文中の二重下線部 It was this second step that held back aluminum production for so many years. を日本語に訳しなさい。答えは記述式解答用紙の所定欄に記入しなさい。

〔Ⅱ〕「プロパガンダ」に関する次の英文を読み、下記の設問（A～D）に答えなさい。

A message that is intended primarily to serve the interests of the messenger—this is the basic definition of propaganda. It may also be defined as the spreading of information in order to influence public opinion and to control other people's beliefs. Information can be delivered in many ways. Schoolteachers try to give accurate information to their students, and television news broadcasts attempt to provide it for their (1). What separates propaganda from these is the quality of the information and the way it is used. All propaganda is a systematic effort to persuade. Thus, the (ア)issue is not the truth or falsehood of what is said. The propagandist gives a (2) message, emphasizing the good points of one position and the bad points of another. One of the most widely used forms of propaganda in the 20th century is the political speech. Politicians running for office try to project the best possible image of themselves while pointing out all the failings of their (イ)opponents.

Governments use propaganda to earn the support of their citizens. This is especially true in times of war, when governments want to encourage expressions of positive support, self-sacrifice, and cooperative spirit. The oldest surviving studies of propaganda by governments are manuals on state security in time of danger. They generally suggest that propaganda be aimed in two (3)—at citizens and at the enemy. The citizens must be persuaded that their cause is right and that they are capable of defeating the opponent. The enemy is condemned as evil and made to fear defeat. Propaganda intended to discourage and confuse enemy populations or troops is called psychological warfare.

Non-democratic governments have an advantage over democratic ones in using propaganda because they have (　4　) control over the means of mass communication. They can present firm and consistent messages to their publics with little fear of contradiction. Democratic nations do not have such complete control of the media. Their governments are forced, to a larger extent, to (ウ)deal in the open marketplace of ideas, where official propaganda can quickly be criticized by non-government sources. This lack of control, however, is not necessarily a disadvantage. Citizens of democracies are more supportive of their governments because they do not need to fear them. The benefit of this unrestricted flow of information is that it makes it (　5　) for the best ideas to survive in the long run.

In times of crisis, such as war, democratic governments can be just as effective in making propaganda as non-democratic ones. This was demonstrated during the two world wars. On the positive side, the president of the United States, Woodrow Wilson declared, "World War I is a war to end war and a war to make the world safe for democracy." Both of these goals proved to be illusions, but at the time they raised the level of public support for the war effort. On the negative side the US government promoted (エ)ethnic propaganda against the Germans, calling them Huns*—thereby suggesting they were uncivilized.

*Huns：フン族（第一・第二次世界大戦期におけるドイツ兵の蔑称）

設　問

A．本文中の空所（1～5）に入れるのに最も適当なものを、それぞれ下記（a～d）の中から1つ選び、その記号をマークしなさい。

（1）　a．audiences　b．employees　c．guests　d．suppliers
（2）　a．fair　b．secret　c．well-balanced　d．one-sided
（3）　a．directions　b．pieces　c．people　d．statuses
（4）　a．poorer　b．greater　c．milder　d．weaker
（5）　a．difficult　b．unnecessary　c．possible　d．irregular

B．本文中の下線部（ア～エ）の文中での意味に最も近いものを、それぞれ下記（a～d）の中から1つ選び、その記号をマークしなさい。

（ア）　issue
　a．point　b．item　c．outcome　d．publication

出典追記：Propaganda, Britannica Kids, Encyclopaedia Britannica Inc

（イ） <u>opponents</u>

a．political supporters　　b．political rivals

c．close colleagues　　d．double-tongued politicians

（ウ） <u>deal in</u>

a．buy in　　b．disturb　　c．gain　　d．operate in

（エ） <u>ethnic</u>

a．moral　　b．racial　　c．historical　　d．political

C．次の英文（a～e）の中から本文の内容と一致するものを２つ選び、その記号を各段に１つずつマークしなさい。ただし、その順序は問いません。

a．The word “propaganda” can be defined as the spreading of information which is made to reflect what the majority of people believe.

b．Politicians try to project a positive image of themselves in their speeches while not mentioning their rivals.

c．Governments choose to adopt a psychological strategy during wars with the purpose of discouraging and confusing the enemy.

d．The official information provided by democracies is shared in a free and open market, but no one can get easy access to it.

e．Not only non-democratic governments turn to propaganda: some democracies also spread false or offensive information about their enemies during a war.

D．本文中の二重下線部 <u>This is especially true in times of war</u> を、<u>This</u> が何を指すのかを明確にしながら、日本語に訳しなさい。答えは記述式解答用紙の所定欄に記入しなさい。

〔Ⅲ〕次の英文を読み、下記の設問（A～C）に答えなさい。

Under-slept employees are not only less productive, motivated, creative, happy, and effective, they may also be less moral. Studies in the workplace have found that employees who sleep six hours or less behave in a (ア)significantly worse way and are more likely to tell lies the following day than those who sleep six hours or more. Important work by Dr. Christopher Barnes, a researcher at the University of Washington, found that the less individuals sleep, the more likely they are to act dishonestly, for example, creating fake receipts. Barnes also discovered that under-slept employees try to (i)take credit for other people's successful work and are more likely to blame other people in the workplace for their own mistakes. Such behaviors are hardly a recipe for team building and a harmonious business environment.

Immoral behavior linked to a lack of sleep can be observed on the work stage in a different form, called "social loafing." The term refers to someone who, when group performance is being (イ)assessed, decides to make less effort when working in that group than when working alone. These individuals see an opportunity to be lazy and hide behind the hard work of others. They complete fewer aspects of the task themselves, and that work tends to be either wrong or of lower quality, by comparison with when they alone are being assessed.

(ii)Sleepy employees therefore choose the more selfish path when working in teams, using the dishonest approach of social loafing. Not only does this lead to lower group productivity, it can also create feelings of anger and offense among team members.

What is noteworthy in business is that many studies report harmful effects on business outcomes, as a result of (ウ)modest reductions in employees' sleep time. Even 20 to 60 minutes of sleep can make the difference between an employee who is honest, creative, and productive and (iii)one who is not.

If examining the effects of a lack of sleep in leaders and managers, the story is equally surprising. Ineffective leadership within any organization can have a lot of influential (エ)consequences on the group. We often think that a good or bad leader is good or bad every day—a stable characteristic. (iv)Not true. Differences in individual leadership performance vary dramatically from one day to the next, and the size of that difference goes far beyond the average differences from one individual leader to another. So what explains the ups and downs of a leader's ability to effectively lead, day to day? The amount of sleep they are getting is one clear factor.

出典追記：Why We Sleep : Unlocking the Power of Sleep and Dreams by Matthew Walker, Scribner

設　問

A. 本文中の二重下線部（ｉ～iv）の文中での意味に最も近いものを、それぞれ下記（ａ～ｄ）の中から１つ選び、その記号をマークしなさい。

（ｉ） take credit for other people's successful work

ａ. devote themselves to carrying out their survey successfully

ｂ. pay by credit card to get products others made

ｃ. steal the respect and honor others should gain

ｄ. succeed in their careers, working in a good environment

（ii） Sleepy employees

ａ. Office workers who are fully aware of their potential lack of sleep

ｂ. Office workers who are careful to get plenty of sleep every night

ｃ. Office workers who have a habit of taking a nap while working

ｄ. Office workers who sleep less than 6 hours per night

（iii） one who is not

ａ. an employee who is not honest, creative, and productive

ｂ. a productive worker who gets enough sleep every night

ｃ. a leader who does not work for the company with team members

ｄ. an employer who is not creative enough to invent anything useful

（iv） Not true.

ａ. Leaders should always try their best, regardless of their ability to work.

ｂ. Good leaders are not always good and bad leaders are not always bad.

ｃ. Bad people can never be expected to be good leaders.

ｄ. Good leaders do not have to do their best every day.

B. 本文中の下線部（ア～エ）の文中での意味に最も近いものを、それぞれ下記（ａ～ｄ）の中から１つ選び、その記号をマークしなさい。

（ア） significantly

ａ. negatively　　ｂ. currently　　ｃ. considerably　　ｄ. previously

（イ） assessed

ａ. refused　　ｂ. admired　　ｃ. dismissed　　ｄ. evaluated

(ウ) modest

a. humble b. slight c. a lot of d. enormous

(エ) consequences

a. reputations b. benefits c. impacts d. approvals

C. 次の問い（1～3）の答えとして最も適当なものを、それぞれ下記（a～d）の中から1つ選び、その記号をマークしなさい。

(1) What did the researcher at the University of Washington find out about sleep?

a. Under-slept workers tend to work harder than those who have the recommended hours of sleep per night.

b. Workers are the most productive when they sleep for six hours sharp a day.

c. Employees with a lack of sleep are likely to behave dishonestly at their workplaces.

d. Under-slept employees choose to work shorter than six hours a day to get more sleep.

(2) Which of the following is NOT true about social loafing?

a. People may work less hard on a team than when they work alone because an individual's performance is not considered.

b. Workers may try their best to be the most effective at their workplaces, whether they work in a group or alone.

c. Workers may avoid making an effort while taking advantage of others' hard work.

d. Social loafing may cause lower productivity and make the workplace less friendly for employees.

(3) What is mentioned about the effects of a lack of sleep in leaders?

a. Employees are likely to bring in more profits when they work with under-slept leaders.

b. Differences in performance between one leader and another are due only to the amount of sleep time they have.

c. Leaders impress their group members with the fact that they try to work hard to achieve their goals in spite of a lack of sleep.

d. Leaders' performances may decline due to a lack of sleep.

〔IV〕次の英文（1～10）の空所に入れるのに最も適当なものを、それぞれ下記（a～d）の中から1つ選び、その記号をマークしなさい。

（1）（　　　）of the warm weather, there is not enough snow for skiing this winter.

a. In spite　b. Instead　c. Despite　d. On account

（2）There will be little, (　　　) any, soup left over.

a. as　b. though　c. if　d. even

（3）I heard that Mr. Harris (　　　) jobs four times before coming to this firm.

a. had changed　b. have changed　c. was changed　d. changes

（4）When I was young, I was seldom (　　　) about taking up a new position in a new office.

a. excite　b. excited　c. excitement　d. exciting

（5）David must accidentally (　　　) the wrong flight in Detroit. He was not on the plane.

a. board　b. boarded　c. has boarded　d. have boarded

（6）Because the hotel was badly damaged in the typhoon last week, they will have (　　　) another place to stay.

a. finding　b. to find　c. been finding　d. been found

（7）I need to renew my passport, so I can't go anywhere overseas until I (　　　) a new one.

a. get　b. getting　c. got　d. will get

（8）It looks to me as if the young actor (　　　) experience in action movies.

a. lack　b. lacks　c. be lacking　d. is lack

（9）People working for IT companies might think that there is no (　　　) eye strain.

a. avoid　b. avoidance　c. avoiding　d. way of avoid

（10）We spent (　　　) as much money on research and development as we did last year.

a. less　b. more　c. one third　d. quarters

〔V〕 次の設問（A、B）に答えなさい。

設 問

A. 次の日本文（1、2）に相当する意味になるように、それぞれ下記（a～h）の語句を並べ替えて正しい英文を完成させたとき、並べ替えた語句の最初から２番目と６番目に来るものの記号をマークしなさい。

（1） 書面に書いておかないと、彼のするどんな約束も法的強制力はないかもしれない。

If you don't ( ) enforceable.

a. be　b. promises　c. in writing　d. he

e. makes　f. any　g. might not　h. get it

（2） 逮捕されたその二人がその後どうなったか、詳しいことは分からない。

No ( ) afterward.

a. became　b. one　c. what　d. arrested

e. of　f. knows exactly　g. the two　h. men

B. 次の日本文に相当する意味になるように英文の空所を埋めなさい。答えは、空所に入れる部分のみを記述式解答用紙の所定欄に記入しなさい。

トイレの標識は世界的にほぼ共通だから、どの国へ行っても迷うことはない。

Because signs indicating a restroom ( ).

〔Ⅵ〕次の会話文を読み、空所（1～10）に入れるのに最も適当なものを、それぞれ下記（a～d）の中から1つ選び、その記号をマークしなさい。

Lucy and Taro are university students and are talking about one of their friends, Beth.

Lucy: Hey, did you hear the good news about Beth?

Taro: No. What happened? I saw her yesterday, but she didn't say anything about it.

Lucy: On Twitter this morning, she wrote that she won the 2021 best student award. I talked to her before the second period class. She was thrilled about it.

Taro: We should (1) her achievement!

Lucy: Yeah, we should.

Taro: (2)?

Lucy: There were a few categories, I think. Like, it's important to be a leader on a sports team, and of a club. Obviously, grades are important, too. It helps to be a student with the (3) academic standing, like Beth.

Taro: (4) Beth was chosen. She gets really high grades. Professors always praise her in class for her ideas. She's also a captain of the basketball team, which won the State Championship for the first time in fifteen years. Plus, she (5) playing the clarinet in her local band. She is one of their best musicians. Beth deserves that award.

Lucy: It's incredible (6).

Taro: I know what you mean. I find it difficult to balance my classes with video game playing. She has brilliant time management skills. I can hardly decide (7) first to get everything done on time. I wish I could be more like Beth.

Lucy: Yes, I need those skills to become (8). Anyway, we should plan a surprise party for Beth. I want to congratulate her on receiving the award.

Taro: Yeah, we should. It's a great idea. I'll call Beth to (9) and check whether she will be available next week.

Lucy: Thanks. This has to be a surprise party, so (10) that she doesn't know we are planning this.

Taro: I'll tell Beth I need help with a math problem and ask her to come to my place. Knowing her, she'll be happy to help. You can count on me.

（1） a. exaggerate b. celebrate c. be careful about d. complain about

（2） a. When was the award established b. Why did Beth choose this university

c. Who was selected for the prize　　d. How did they decide the winner

(3) a. above　b. bottom　c. highest　d. lowest

(4) a. No way　b. No wonder　c. No longer　d. No doubt

(5) a. spends a lot of time　b. cannot find time for
c. let her team members get used to　d. has enough reason to object to

(6) a. how she can manage everything　b. that I wasn't chosen as a member
c. why you pointed out her mistakes　d. how much credits she earned

(7) a. who can be the best manager　b. what you can write about
c. when you should stop counting down　d. what should be dealt with

(8) a. the person I don't get along with　b. someone I want to meet
c. the person I really want to be　d. someone Beth is looking for

(9) a. award her the prize　b. ask how things are going
c. ask her to throw a party　d. get her out of trouble

(10) a. make sure　b. let out　c. put off　d. stay away

日本史

（60分）

〔Ⅰ〕次の1～10の文章について、a・bとも正しい場合はアを、aが正しくbが誤っている場合はイを、aが誤りでbが正しい場合はウを、a・bともに誤っている場合はエをマークしなさい。

1．a．飛鳥文化は、百済や高句麗、中国南北朝時代の文化の影響を多く受けている。主な美術作品には、法隆寺夢違観音像や中宮寺半跏思惟像などがある。

b．白鳳文化は、唐初期の文化の影響を受けた仏教文化が基調となっている。主な美術作品には、興福寺仏頭や法隆寺夢殿救世観音像などがある。

2．a．9世紀末、各地で発生した紛争の鎮圧には、国司から任命された押領使や追捕使が当たった。そのために国司であった藤原純友の反乱は政府に衝撃を与えた。

b．平将門の乱では、常陸・下野・上野の国府が攻め落とされたが、平貞盛ら東国の武士が鎮圧した。

3．a．半済令は軍事費調達のため、守護に一国内の荘園や公領の年貢の半分を徴発する権限を認めたものである。14世紀半ばに初めて発布された半済令は、1年限りのもので、近江・美濃・尾張の3国に限定されていた。

b．15世紀以降の荘園や公領では、代官を任命し、毎年一定の年貢の納入を請け負わせる地頭請が広く行われた。

4．a．豊臣秀吉は大名らのキリスト教入信を許可制にした。その後、バテレン追放令を出して、宣教師の国外追放を命じた。

b．豊臣秀吉は、全国統一後、ゴアのポルトガル政庁、マカオのスペイン政庁、高山国などに服属と入貢を求めた。

5．a．17世紀末以降、俵物（干し鮑・ふかひれなど）や昆布が、中国向けの主要な輸出品となった。そのため、蝦夷地や陸奥で漁業がさかんになった。

b．絹織物は、18世紀に高機の技術が西陣から地方に伝えられ、九州南部や東海地方には高級絹織物を生産する機業地が成立した。

6．a．19世紀前半には絵入りの本がさかんになった。滑稽本では、式亭三馬が『浮世風呂』を著した。また、人情本では、為永春水が『春色梅児誉美』を著した。

b．文化・文政期には、歌舞伎では、7代目市川団十郎などの人気役者や鶴屋南北らのすぐれた狂言作者が活躍した。そして、錦絵や出版物、地方興行などによって全国各地に伝えられた。

7．a．日本最初の衆議院議員総選挙では、旧民権派である民党が大勝し、第一回帝国議会では進歩党、立憲改進党が議席の過半数を占めた。

b．第2回総選挙に際して、第2次伊藤博文内閣は内務大臣品川弥二郎を中心に激しい選挙干渉を行ったが、民党の優勢を覆すことができず、伊藤内閣は第三議会終了後に退陣した。

8．a．ワシントン会議では、米・英・日・仏の間で、中国の主権尊重、中国の経済上の門戸開放・機会均等を定めた四国条約が結ばれた。その結果、日英同盟は破棄された。

b．ワシントン会議で成立した海軍軍縮条約の結果、米・英・日の主力艦保有量は五・五・三の比率とされた。またその後の日本では、陸軍の軍縮も実施された。

9．a．第二次世界大戦後、日本はアメリカ軍により事実上、単独占領下に置かれ、連合国軍最高司令官総司令部の指令・勧告に基づいて日本政府が統治を行う間接統治の方法がとられた。

b．連合国軍最高司令官総司令部は、治安維持法や特別高等警察の廃止、政治犯の即時釈放を指令したが、占領軍への批判はプレス・コードで禁止され、新聞などの出版物は事前検閲を受けた。

10．a．1970年代には二度の石油危機が生じた。第1次石油危機のきっかけは中東戦争であったが、第2次石油危機の原因となったのはイラン革命であった。

b．中曽根康弘内閣は、行財政改革を推進し、電電公社・専売公社・日本郵政公社・国鉄の民営化を行った。

〔Ⅱ〕次の文章Ａ・Ｂを読んで設問に答えなさい。もっとも適切な答えを一つマークしなさい。

Ａ．$_{a}$弥生時代には、農耕社会の成立とともに剰余生産物をめぐる争いが始まり、集落間の戦いを経て、強い集落が周辺の集落を統合し、「クニ」と呼ばれるまとまりをつくるようになった。「クニ」は各地に分立したが、$_{b}$分立した小国の間の争いをおさめるため諸国が共同し邪馬台国の卑弥呼が女王として立てられた。

３世紀半ばから後半になると、西日本を中心として$_{c}$各地に古墳が出現したが、とくに奈良盆地に巨大な古墳が多く、大和地方を中心に広範囲な政治連合が形成されたと考えられる。

$_{d}$6世紀のヤマト政権は有力豪族による連合政権的な性格を持っていたが、７世紀前半に唐が中国を統一し、朝鮮半島諸国との間で緊張が高まると、その影響を受けて、$_{e}$大王を中心とする中央集権的な統治体制をめざすようになった。

【設　問】

1．下線部ａに関して正しい文章を下記より選びなさい。

ア．前期には排水設備を必要とする乾田が多かったが、中・後期になると灌漑設備を必要とするが生産性にすぐれる湿田の開発が進んだ。

イ．収穫を感謝する祭の祭器に用いられる銅鐸は、主として九州北部で出土する。

ウ．農耕のみならず、狩猟や漁労もなお盛んに行われた。

エ．鋤や鍬の鉄製の刃先は普及しなかった。

2．下線部ｂについて、中国の歴史書と倭についての記述内容として正しい組合せを下記より選びなさい。

【中国の歴史書】

①『漢書』地理志　　②『後漢書』東夷伝　　③『魏志』倭人伝

【倭についての記述】

Ｘ　倭国では２世紀の終わりに大きな争乱が起こったが、争乱が収まった後、29国の小国連合ができた。

Ｙ　倭は100あまりの国に分かれており、朝鮮半島の楽浪郡に定期的に使者を送っていた。

Ｚ　倭の奴国の使者が光武帝から印綬を受け、帥升らが生口160人を安帝に献じた。

ア．①－Ｚ　②－Ｙ　③－Ｘ　　イ．①－Ｙ　②－Ｚ　③－Ｘ

ウ．①－Ｚ　②－Ｘ　③－Ｙ　　エ．①－Ｙ　②－Ｘ　③－Ｚ

3．下線部ｃに関して正しい文章を下記より選びなさい。

ア．出現期の大規模な前方後円墳の例として、奈良県の箸墓古墳や福岡県の石塚山古墳がある。

イ．前期の古墳からは、動物や人物をかたどった埴輪が出土する。

ウ．前期の古墳では、長い木棺が横穴式石室に納められていた。

エ．初期の古墳は小規模な古墳がまとまった群集墳が多かったが、やがて大規模な前方後円墳がつくられるようになった。

4．下線部ｄに関して、できごとが起こった順番として正しいものを下記より選びなさい。

① 筑紫国造磐井の乱が起こった。

② 蘇我馬子が物部守屋を滅ぼした。

③ 蘇我馬子が崇峻天皇を暗殺した。

ア．②－③－①　　イ．①－③－②　　ウ．①－②－③　　エ．③－①－②

5．下線部ｅに関して正しい文章を下記より選びなさい。

ア．中大兄皇子は中臣鎌足や蘇我倉山田石川麻呂の協力を得ながら乙巳の変を起こしたが、蘇我倉山田石川麻呂はその後滅ぼされた。

イ．中大兄皇子は天智天皇として都を難波に移し、庚午年籍を編成した。

ウ．孝徳天皇は朝鮮に大軍を派遣したが、白村江の戦いで唐・新羅連合軍に大敗した。

エ．大化の改新において、国造が持っていた部民や田地の調査が行われ、地方の行政組織として郷が置かれた。

B．　1651年徳川家光が死去し、子の［ f ］が４代将軍に就いた。［ f ］は1663年に［ g ］した。政権のはじめには、h家光を支えていた老臣が引き続き将軍を補佐していたが、後に酒井忠清が実権を握った。このころまでにi江戸幕府の統治機構が整備されて社会秩序は安定したが、諸藩においても支配機構を整備し、藩主権力の強化が図られた。儒教の理念を背景とし、j儒者を顧問として藩政改革に乗り出したところもあった。

【設　問】

6．空欄ｆの人物について誤った文章を下記より選びなさい。

ア．将軍職についたときは18才に達していなかった。

イ．明暦の大火の後に代替わりの武家諸法度を発した。

ウ．分割相続により田畑が細分化するのを防ぐため、分地制限令を発した。

エ．武家諸法度の第一条では「文武忠孝を励まし，礼儀を正すべき事」と規定した。

7．空欄ｇに該当する語句として正しいものを下記より選びなさい。

ア．殉死を禁止

イ．末期養子の禁を緩和

ウ．生類の殺生を禁止

エ．大名へ領知宛行状を一斉に発給

8．下線部 h に該当する人物を下記より選びなさい。

ア．松平信綱　イ．堀田正俊　ウ．柳沢吉保　エ．荻原重秀

9．下線部 i に関して、17世紀に存在していた江戸幕府の機関や役職として誤っているものを下記より選びなさい。

ア．老中　イ．京都所司代　ウ．関東取締出役　エ．大老

10．下線部 j に関して、17世紀に藩政改革に取り組んだ大名と支配していた藩の組合せとして正しいものを下記より選びなさい。

ア．細川重賢－熊本藩　イ．佐竹義和－秋田藩

ウ．保科正之－会津藩　エ．池田輝政－鳥取藩

〔Ⅲ〕次の史料A・Bを読んで設問に答えなさい。もっとも適切な答えを一つマークしなさい。なお史料は省略したり、書き改めたところがあります。

A．a後白河ノ御時兵革オコリテ奸臣世ヲミダル、（中略）頼朝一臂ヲフルイテ其乱ヲタイラゲタリ、（中略）東ヨリ西ヨリ其徳ニ伏セシカバ、b実朝ナクナリテモソムク者アリトハキコエズ、（中略）c頼朝高官ニノボリ、守護ノ職ヲ給、コレミナ法皇ノ勅裁也、（中略）義時久ク彼ガ権ヲトリテ、人望ニソムカザリシカバ、下ニハイマダキズ有トイフベカラズ、d一往ノイハレバカリニテ追討セラレンハ、上ノ御トガトヤ申ベキ

【設　問】

1．下線部 a の時代は白河上皇にはじまる院政期に含まれるが、院政期の出来事の説明として誤っているものを下記より選びなさい。なお、すべて正しい場合は「エ」をマークしなさい。

ア．白河上皇が法勝寺を造立し、その孫である堀河天皇が尊勝寺を造立するなど、大規模な造営事業が相次いだ。

イ．院やその周辺の人物に荘園の寄進が相次ぎ、また院分国の制度が広まり、院政を支える経済的基盤となった。

ウ．鳥羽上皇が娘である八条院に、後白河上皇が長講堂にそれぞれ伝えた荘園は、中世の天皇家の経済基盤となるほど、膨大なものであった。

2．下線部 b の人物が編纂したものとして正しいものを下記より選びなさい。

ア.『山家集』　イ.『新古今和歌集』　ウ.『拾遺愚草』　エ.『金槐和歌集』

3．下線部ｃに関連して、頼朝が新たに獲得した官位や権限についての説明として正しいものを下記より選びなさい。

ア．東海道・中山道の東国15カ国の支配権が認められた。

イ．頼朝は上洛して朝廷に迫り、国ごとに守護・地頭を任命する権限を獲得した。

ウ．荘園と国衙領から一段につき五升の兵粮米を徴収する権利を獲得した。

エ．鳥羽上皇から右近衛大将に任命され、その後、後白河法皇から征夷大将軍に任じられた。

4．下線部ｄに関連して、この時、「追討」の宣旨を出した天皇として正しいものを下記より選びなさい。

ア．後堀河天皇　イ．土御門天皇　ウ．順徳天皇　エ．仲恭天皇

5．この史料Aは、承久の乱から約120年後に北畠親房によって書かれた歴史書から引用したものである。その著作物として正しいものを下記より選びなさい。

ア.『水鏡』　イ.『神皇正統記』　ウ.『増鏡』　エ.『応仁記』

B．建武二年七月ニ［　e　］ノ息勝長寿丸、相模次郎［　f　］ト号ス、信濃国ノ勢ヲ語テ鎌倉へ責上ル、$_g$直義朝臣防戦スルト雖モ、無勢ノ間、鎌倉ヲ出テ成良親王ヲ具シ奉テ京都へ上ル、其時預ケ置キ奉ル兵部卿親王、（中略）伴ナイ奉ルニ及バズ打ケル、此親王ハ既ニ王子ヲ出テ（中略）$_h$天台座主ニ列リ賜シソカシ、（中略）$_i$元弘ノ乱ヲモ宗ト御張本有シソカシ

$_j$『保暦間記』

【設　問】

6．空欄ｅ・ｆに該当する語句の組合せとして正しいものを下記より選びなさい。

ア．ｅ：北条貞時・ｆ：北条高時

イ．ｅ：北条貞時・ｆ：北条時行

ウ．ｅ：北条時行・ｆ：北条貞時

エ．ｅ：北条高時・ｆ：北条時行

7．下線部ｇの人物は、のちに室町幕府において法に基づく政治を指導したと言われるが、武家法の根本法典とも言われた御成敗式目に記されている項目として誤っているものを下記より選びなさい。なお、すべて正しい場合は「エ」をマークしなさい。

ア．守護の職務規定

イ．地頭の年貢抑留に関する規定

ウ．女性による養子縁組

8．下線部hは天台宗を統括する役職であるが、その人物が所属する寺院として正しいものを下記より選びなさい。

ア．延暦寺　　イ．興福寺　　ウ．仁和寺　　エ．東大寺

9．下線部iの乱は元弘の変とも呼ばれる事件であるが、この乱の結果、即位することになった天皇として正しいものを下記より選びなさい。

ア．後醍醐天皇　　イ．光厳天皇　　ウ．光明天皇　　エ．崇光天皇

10．下線部jの史料は保元年間から暦応年間（1156〜1342年）にかけての歴史を叙述した歴史書であるが、この間の社会的変化として誤っているものを下記より選びなさい。なお、すべて正しい場合は「エ」をマークしなさい。

ア．武家社会では分割相続から単独相続が一般的になった。

イ．地方武士団では血縁的結合が薄れて、地縁的結合が重視されるようになりつつあった。

ウ．金融業者が蔵を構え、土倉（土蔵）と呼ばれるようになった。

〔Ⅳ〕次の文章を読んで設問に答えなさい。もっとも適切な答えを一つマークしなさい。

明治維新後の日本では、西洋の学問と教育制度の受容が進み、a文明開化をリードした。b高等・中等教育の確立に政府は早くから取り組み、その教壇に多くのc外国人を立たせた。d初等教育制度の安定化はやや遅れたが、e日露戦争の後には確立した。f近代自由主義や人権思想の受容も進み、自由民権運動などに大きな影響を与えた。

大正時代から昭和初期にかけて高等教育機関は大幅に増加し、またg社会運動の隆盛とともに自由主義教育も広がった。自然科学の分野では［　h　］による［　i　］など世界的な研究成果も大正時代には登場した。その後、j国内外の政治的緊張の高まりとともに学問と学校教育への統制が強まり、総力戦体制へ奉仕するものとなったが、戦後の日本はk教育の民主化と学問の自由の保障を基盤に飛躍的な復興を遂げた。

【設　問】

1．下線部aに関する出来事を時代順に並べたものとして、正しい組合せを下記より選びなさい。

ア．太陽暦（新暦）の採用→キリシタン禁制の高札の撤去→東京・横浜間の電信架設→廃刀令

イ．キリシタン禁制の高札の撤去→太陽暦（新暦）の採用→廃刀令→東京・横浜間の電信架設

ウ．太陽暦（新暦）の採用→東京・横浜間の電信架設→廃刀令→キリシタン禁制の高札の撤去

エ．東京・横浜間の電信架設→太陽暦（新暦）の採用→キリシタン禁制の高札の撤去→廃刀令

2．下線部bに関する説明として正しいものを下記より選びなさい。

ア．自由教育令の公布までは官立の女学校と女子師範学校の設立は認められていなかった。

イ．東京大学は江戸幕府が幕末に開いた医学所や蕃書調所の流れをくんで設立された。

ウ．大隈重信は東京師範学校の払い下げを受け、初の私学である東京専門学校を開校した。

エ．札幌農学校は屯田兵によるフランス式機械制大農法の普及を目的として開校された。

3．下線部ｃに関して、人名と日本での業績の組合せとして誤っているものを下記より選びなさい。

ア．ヘボン・医療　　イ．ボアソナード・刑法の起草

ウ．ジェーンズ・西洋美術　　エ．モッセ・地方自治制度の整備

4．下線部ｄに関する説明として誤っているものを下記より選びなさい。

ア．教育令は学校の設置単位を学区から町村単位とし、就学の義務を緩和した。

イ．森有礼文部大臣の時に公布された小学校令は中学校令・師範学校令・帝国大学令とまとめて学校令と総称されている。

ウ．大日本帝国憲法公布後に出された教育勅語により、忠君愛国が国民教育の基本に位置づけられた。

エ．日露戦争後、小学校の教科書は国定教科書となり、義務教育の期間も6年に延長された。

5．下線部ｅに関連する出来事を時代順に並べたものとして、正しい組合せを下記より選びなさい。

ア．北清事変→閔妃殺害事件→対露同志会の結成→大韓帝国の成立

イ．閔妃殺害事件→対露同志会の結成→大韓帝国の成立→北清事変

ウ．対露同志会の結成→閔妃殺害事件→北清事変→大韓帝国の成立

エ．閔妃殺害事件→大韓帝国の成立→北清事変→対露同志会の結成

6．下線部ｆに関する説明として誤っているものを下記より選びなさい。

ア．福沢諭吉は『学問のすゝめ』や『文明論之概略』を著した。

イ．加藤弘之はジョン・スチュアート・ミルの『自由論』を翻訳し、『自由之理』として刊行した。

ウ．中江兆民はルソーの『民約論』を翻訳し、『民約訳解』として刊行した。

エ．中村正直はスマイルズの『自助論』を翻訳し、『西国立志編』として刊行した。

7．下線部ｇに関連して、団体名とその結成に関わった人物の組合せとして誤っているものを下記より選びなさい。

ア．赤瀾会・市川房枝　　イ．黎明会・吉野作造

ウ．日本共産党・山川均　　エ．全国水平社・西光万吉

8．空欄ｈ・ｉに該当する語句の組合せとして正しいものを下記より選びなさい。

ア．ｈ：高峰譲吉・ｉ：オリザニンの抽出　　イ．ｈ：北里柴三郎・ｉ：ペスト菌の発見

ウ．ｈ：本多光太郎・ｉ：KS磁石鋼の発明　　エ．ｈ：長岡半太郎・ｉ：地磁気の測定

9．下線部ｊに関する説明として正しいものを下記より選びなさい。

ア．陸軍青年将校によって組織された桜会は、軍部政権樹立をめざしたクーデタを２度計画した。

イ．広田内閣の退陣後、陸軍大将の林銑十郎が総理大臣となり、大正時代から続く政党内閣が終了した。

ウ．抗日民族統一戦線の結成に対抗して日本政府は宣戦布告を行い、８年にわたる日中戦争が始まった。

エ．石橋湛山は『東洋経済新報』で満州事変にいち早く賛同し、「満州は日本の生命線」論をリードした。

10．下線部ｋに関する説明として誤っているものを下記より選びなさい。

ア．建国神話に依拠した日本の歴史の授業内容が、考古学的な史実に基づくものに改められた。

イ．国民学校の名称が小学校に改められ、義務教育期間も９年に延長された。

ウ．教育の地方自治をねらいとして、都道府県・市町村ごとに公選制の教育委員会が設けられた。

エ．左派の社会科学者を代表する団体として、日本学術会議が設立された。

世界史

（60分）

〔Ⅰ〕次の文中の［　　　］に最も適当な語を語群から選び、また下線部に関する問いに答え、最も適当な記号1つをマークしなさい。

①ルネサンスとは、14世紀から16世紀にかけて、イタリアから始まり、西ヨーロッパの各地で起こった一連の文化運動のことである。毛織物工業で栄えたフィレンツェでは、14世紀に新たな文芸が生まれ、トスカナ地方の口語で詩を書いた［　イ　］らが活躍した。15世紀には、有力商人メディチ家が芸術家の保護、学問の奨励に力を入れた。こうしたルネサンスの運動の基盤になっていたのが、古代ギリシア・ローマの古典研究を通して新しい人間の生き方を探求しようとした人文主義である。16世紀には、②ネーデルラントのエラスムスが『愚神礼賛』を著してカトリック教会の腐敗を風刺し、フランスではモンテーニュが［　ロ　］を著し宗教的な寛容を説いた。また、この時代には③科学と技術が大きく進歩し、特に天文学では地動説を唱える科学者たちにより新たな宇宙観が生まれた。

ルネサンスと並んでヨーロッパ世界に大きな変革をもたらしたのは宗教改革である。ドイツの④マルティン=ルターが贖宥状の効力を批判する「九十五カ条の論題」を発表したことに端を発した宗教改革の運動は、ドイツのみならず、西ヨーロッパの各地に波及した。ジュネーヴを拠点として改革を行った⑤カルヴァンは、独自の神学思想に基づいて厳格な神権政治を行い、西ヨーロッパの商工業者の間に賛同者を獲得していった。一方、カトリック教会の側も宗教改革の波に対抗して⑥対抗宗教改革を始めた。

[語　群]

イ　a．ジョット　b．ラブレー　c．トマス=モア　d．ダンテ

ロ　a．『エセー』　b．『カンタベリ物語』　c．『パンセ』　d．『方法序説』

[問　い]

①ルネサンスに関する記述として、誤りを含むものはどれか。

a．スペインでは、セルバンテスが『ドン=キホーテ』を著した。

b．フィレンツェのサンタ=マリア大聖堂は、ルネサンス初期を代表する建築である。

c．ドイツでは、ファン=アイク兄弟が「エラスムス像」を描いた。

d．ブリュージュでは北イタリア都市との交易により、北方ルネサンスが早くから始まった。

②ネーデルラントに関する記述として、誤りを含むものはどれか。

a．ネーデルラントを支配したスペイン王フェリペ２世はカトリックを強制した。

b．オラニエ公ウィレムが指導するオランダ独立戦争が起こった。

c．民衆の日常生活を描いた画家ブリューゲルの代表作に「農民の踊り」がある。

d．ネーデルラントではルター派がゴイセンと呼ばれた。

③科学に関する記述として、誤りを含むものはどれか。

a．ポーランドのコペルニクスは『天球回転論』で地動説を説いた。

b．ドイツのケプラーは天体観測に基づき惑星運行の法則を発見した。

c．地動説を唱えたジョルダーノ＝ブルーノは、宗教裁判で自説を撤回させられた。

d．ガリレイは地動説を擁護したが、ローマ教皇庁によって撤回を強要された。

④マルティン＝ルターに関する記述として、誤りを含むものはどれか。

a．「九十五カ条の論題」を発表した時の教皇はメディチ家出身のレオ10世である。

b．ザクセン選帝侯フリードリヒはヴォルムス帝国議会にルターを召喚した。

c．神への信仰だけによる救済を意味する信仰義認説を主張した。

d．当初ドイツ農民戦争を支持したが、後に農民たちを批判した。

⑤カルヴァンに関する記述として、誤りを含むものはどれか。

a．スイスのバーゼルで主著『キリスト教綱要』を出版した。

b．人間の救済が予め神によって決定されているという「予定説」を唱えた。

c．牧師と信徒の代表が教会を運営する司教制を導入した。

d．神から与えられた職業に励んだ結果としての蓄財を肯定した。

⑥対抗宗教改革に関する記述として、誤りを含むものはどれか。

a．イエズス会の創設にはマテオ＝リッチもザビエルと共に参加した。

b．イエズス会は教育活動や海外への布教活動に熱心に取り組んだ。

c．トリエントで開催された公会議で宗教裁判の強化が決まった。

d．反カトリック的内容の書物と著者を記した禁書目録が制定された。

〔Ⅱ〕次の文中の［　　］に最も適当な語を語群から選び、また下線部に関する問いに答え、最も適当な記号1つをマークしなさい。

1917年11月7日の革命で誕生したソヴィエト政権は、成立とほぼ同時に「平和に関する布告」で即時停戦を、「土地に関する布告」では地主からの土地の没収と国有化、農民の土地利用の自由を掲げて、民衆の期待に応える姿勢を鮮明にした。だが、新政権は内戦と干渉戦争に苦しみ、①戦時共産主義という収奪的政策を取らざるをえなかった。こうした状況下、政権の指導者②レーニンは世界革命推進のため③コミンテルンを結成、ソヴィエト政権も連邦制国家としての形を整え、1922年にはソヴィエト社会主義共和国連邦が成立した。

レーニンに続いて指導者になった④スターリンは、急速な社会主義建設と彼個人への権力の集中を進めていった。⑤独ソ戦・第二次世界大戦を勝ち抜いたことでスターリン個人の権威は強化されたが、その外交姿勢によって資本主義国との間の緊張が高まり冷戦が本格化した。

風向きが変わったのは1953年のスターリン死去後である。東西冷戦が緩和され、ソ連と資本主義国との間で平和共存が目指されることとなった。フルシチョフにより進められたこの転換は「雪どけ」とも呼ばれる。ただし、平和共存路線は社会主義諸国に動揺をひきおこした。ハンガリーでは社会主義体制からの離脱を求める運動がおこったが、ソ連が軍事介入し、首相を務めた［　イ　］が国外で処刑されるという事態が生じている。その後、緊張緩和を進めたフルシチョフが失脚し［　ロ　］がソ連共産党第一書記に就任すると、自由化や改革の動きを抑え、軍備拡張を進めたが、国内経済は停滞した。

長期にわたった停滞と緊張を克服して社会主義体制の刷新と民主化、平和な世界の構築への意思を固めたのが共産党書記長の⑥ゴルバチョフであった。彼が推進したペレストロイカと呼ばれる大胆な改革は、世界の期待を集め冷戦の終結も実現したが、国内では急進派や保守派との軋轢を生んだ。さらには、連邦内諸民族の独立志向にも火がついて、ついに連邦は解体へと向かうことになったのである。

[語　群]

イ　a．ゴムウカ　　b．ナジ=イムレ　　c．ホルティ　　d．ドプチェク

ロ　a．コスイギン　　b．ブレジネフ　　c．トロツキー　　d．エリツィン

[問　い]

①戦時共産主義に関する記述として、誤りを含むものはどれか。

a．中小工場が国有化された。　　b．コルホーズの建設が強行された。

c．農作物の強制徴発が実施された。　　d．労働義務制がしかれた。

②レーニンに関する記述として、誤りを含むものはどれか。

a．農民を基盤とする社会革命党を結成した。

b．ウクライナの独立を武力で阻止した。

c．四月テーゼを発表し臨時政府を批判した。

d．『国家と革命』や『帝国主義論』などの著作を発表した。

③コミンテルンに関する記述として、誤りを含むものはどれか。

a．モスクワで創設された。

b．当初は植民地など従属地域における民族解放運動を重視した。

c．反ファシズムの人民戦線戦術を採用した。

d．第二次世界大戦で勝利したのを契機に解散した。

④スターリンに関する記述として、誤りを含むものはどれか。

a．ソ連だけで社会主義が建設可能とする一国社会主義論を掲げた。

b．信教の自由を規定したスターリン憲法を発布した。

c．カイロ会談に参加し対日処理方針を定めた。

d．ソ連領東部の朝鮮人を中央アジアに強制移住させた。

⑤独ソ戦とその前後の出来事に関する記述として、誤りを含むものはどれか。

a．ソ連は、独ソ不可侵条約の秘密付属議定書によりダンツィヒを併合した。

b．アメリカが武器貸与法により、ソ連にも物資援助を行った。

c．スターリングラードの戦いでソ連が勝利し、戦況が転換した。

d．英ソ関係の改善が進み、英ソ相互援助協定が結ばれた。

⑥ゴルバチョフに関する記述として、誤りを含むものはどれか。

a．ソ連の初代大統領に就任した。

b．企業の自主権を拡大し、個人営業の自由を認めた。

c．新思考外交を唱え、中距離核戦力（INF）全廃条約に調印した。

d．制限主権論に基づき、東欧社会主義国にも改革への追随を求めた。

〔Ⅲ〕次の文中の［　　］に最も適当な語を語群から選び、また下線部に関する問いに答え、最も適当な記号1つをマークしなさい。

多様性に満ちた南アジア地域では、長い歴史のなかで様々な王朝が栄枯盛衰を繰り広げた。南アジアで最初に栄えた都市文明は①インダス文明で、その代表的な遺跡のひとつがモエンジョ゠ダーロである。宗教目的の浴場、さらには道路や下水道も整えられるなど、衛生的な都市であったとも言われる。インドを最初に統一した王朝は②マウリヤ朝で、その最盛期の王とされる［　イ　］王は、征服活動に対する反省から③仏教を厚く保護した。彼の死後にはバラモンからの反発、財政破綻、軍隊の弱体化を招いて帝国は分裂していった。マウリヤ朝の滅亡後、北インドではクシャーン人がクシャーナ朝を建てて④国際的な交流活動を展開して栄えたが、イランのササン朝の侵攻で弱体化すると、小国が乱立する状態となっていった。4世紀にグプタ朝が成立すると、この時期にはバラモン教と民間信仰が融合した⑤ヒンドゥー教が定着するとともに、インド古典文化が繁栄した。

グプタ朝が遊牧民エフタルの進出と地方勢力の台頭で衰退して以降、ヴァルダナ朝が成立したものの、一代の王による短命な王朝に終わり、インド各地に⑥地方王朝が分立する状態が長期化した。

紀元前後から数世紀にわたって、ヒンドゥー教を基盤とした社会が確立していった一方で、インド亜大陸には仏教を信仰する僧が往来して学びを深め、著書を残している。特に『大唐西域記』は唐の［　ロ　］の命令で玄奘が口述し、弟子が編集したもので、当時のインドの状況を知ることができる貴重な資料である。

[語　群]

イ　a．ハルシャ　b．アショーカ　c．チャンドラグプタ　d．カニシカ

ロ　a．中宗　b．徳宗　c．玄宗　d．太宗

[問　い]

①インダス文明に関する記述として、誤りを含むものはどれか。

a．メソポタミアの印章と同類の印章が発掘されている。
b．インダス文字は解読されていない。
c．王権の強さを示す壮麗な宮殿が建てられた。
d．大洪水や気候変動などが衰退の要因として指摘されている。

②マウリヤ朝に関する記述として、誤りを含むものはどれか。

a．インダス川流域におこった王朝である。
b．マガダ国の武将がナンダ朝を滅ぼして建てた。
c．パータリプトラを都とした。
d．石柱碑にはペルシアやギリシアの影響がみられる。

③仏教に関する記述として、誤りを含むものはどれか。

a．開祖のガウタマ=シッダールタはマハーヴィーラの尊称でも知られる。

b．マウリヤ朝の時代、セイロン（スリランカ）に布教が行われたとされる。

c．紀元前後には人々の救済のために修行に励む意義を説いた菩薩信仰が広まった。

d．7世紀頃からバクティ運動が盛んになる一方で、仏教は衰退していった。

④インドをめぐる国際的な交流活動に関する記述として、誤りを含むものはどれか。

a．季節風を利用した交易によってローマ帝国の金貨がもたらされた。

b．インドの胡椒や綿布がインド洋を通じて地中海世界にもたらされた。

c．『エリュトゥラー海案内記』はインド洋沿岸の港市や物産などを記している。

d．アジャンター石窟寺院にヘレニズムの影響を大きく受けた仏像がつくられた。

⑤ヒンドゥー教に関する記述として、誤りを含むものはどれか。

a．職業の世襲化や固定化と結びついた。

b．『マヌ法典』はヴァルナごとの権利や義務を体系化した。

c．ナーランダー僧院がヒンドゥー教の学院として栄えた。

d．チョーラ朝は数多くのヒンドゥー教寺院を造営した。

⑥インドの地方王朝に関する記述として、誤りを含むものはどれか。

a．南インドではドラヴィダ系の王朝が栄えた。

b．サータヴァーハナ朝はグプタ文化の摂取につとめた。

c．デカン高原のラーシュトラクータ朝は北インドにも進出した。

d．インド南端のパーンディヤ朝は海上交易により繁栄した。

〔Ⅳ〕次の文中の［　　］に最も適当な語を語群から選び、また下線部に関する問いに答え、最も適当な記号1つをマークしなさい。

17世紀初頭、オランダは①東インド会社を設立し、新たなアジア貿易の拠点獲得をめざす活動を本格化させた。ジャワ島への進出を試みたオランダは、同島西部を支配する［　イ　］と争ったすえ、バタヴィアを獲得した。オランダはバタヴィアを根拠地として②ポルトガルや現地の港市国家などとの争いを繰り広げ、17世紀半ばには中継交易港として繁栄するマレー半島南部の［　ロ　］をポルトガルから奪取して、東南アジア島嶼部における優位を確立した。17世紀末にはバタヴィアへの③華僑の流入が増加し、彼らを労働力とする砂糖の生産が盛んとなり、後には④コーヒーも主要な輸出品となった。オランダは、インドのコーチンや⑤セイロン（スリランカ）などにも商館を置いて中継貿易で利益を上げ、バタヴィアは「東洋の真珠」と称されるまでに発展した。その後、華僑による反乱や疫病の流行などもあって、貿易港としては衰退に向かったが、⑥オランダ領東インドの植民地行政の中心都市となり、現在のインドネシアの首都ジャカルタへと繋がるのである。

[語　群]

イ　a．マタラム王国　b．マジャパヒト王国　c．バンテン王国　d．シンガサリ朝

ロ　a．スラバヤ　b．ヴィジャヤ　c．マラッカ　d．パレンバン

[問　い]

①オランダ東インド会社に関する記述として、誤りを含むものはどれか。

a．アンボイナ事件でフランスの商館員を殺害した。
b．喜望峰以東において、条約締結の権限を有した。
c．株式会社の形態を採用した。
d．フランス軍のオランダ占領などにより、解散した。

②ポルトガルのアジア進出に関する記述として、誤りを含むものはどれか。

a．ペルシア湾口のホルムズ島を占領した。
b．明からマカオの居住権を認められた。
c．紅海を封鎖して、アラビア海の交易を独占した。
d．インドのゴアを占領し、20世紀半ばまで支配した。

③華僑に関する記述として、誤りを含むものはどれか。

a．東南アジアを主な移住先とし、その多くが華中の出身である。
b．故郷への送金や投資を盛んに行った。
c．マレー半島では大量の華僑が鉱山労働者として使役された。
d．孫文は華僑に働きかけ、清朝打倒のための支援を獲得した。

④コーヒーに関する記述として、誤りを含むものはどれか。

a．コーヒーを飲む習慣はアラビア半島で始まったとされる。

b．アジア三角貿易の主要商品の一つだった。

c．保険業で知られるロイズは、イギリスのコーヒーハウスから発展した。

d．パリのカフェでは文学や政治が議論され、ロベスピエールも利用客の一人であった。

⑤セイロン（スリランカ）に関する記述として、誤りを含むものはどれか。

a．チョーラ朝の軍事遠征を受けた。

b．北インドのアーリヤ系のタミル人が王国を建てた。

c．ウィーン会議の結果、イギリスの支配下に入った。

d．バンダラナイケがアジア初の女性首相となった。

⑥オランダ領東インドに関する記述として、誤りを含むものはどれか。

a．ジャワ戦争により、本国が財政難におちいった。

b．強制的に栽培させた商品作物を低い価格で買い上げる強制栽培制度を実施した。

c．19世紀前半にアチェ王国を支配下に置いた。

d．オランダ語による教育機関を設置した。

〔V〕次の文中の［　　］に最も適当な語を語群から選び、また下線部に関する問いに答え、最も適当な記号1つをマークしなさい。

20世紀の中国を代表する①政治家の一人となる毛沢東は、1893年、清朝の功臣②曾国藩や革命家黄興など多くの人材を輩出した湖南省に生を享けた。読書家であった毛は、③梁啓超や陳独秀らの主張に触れるなかで社会主義にも関心を寄せるようになる。1921年に上海で結成された中国共産党に参加し、党員としての活動を開始した。農村根拠地の拡大に尽力した毛は、1931年に［ イ ］を首都として樹立された中華ソヴィエト共和国臨時政府主席に就任したが、党内の紛争により失脚を余儀なくされる。しかし、長征や日中戦争を通じ党における指導権を確立し、中国国民党との間で生じた国共内戦にも勝利して、1949年に中華人民共和国の成立を宣言した。建国後、毛は党・国家の指導者として社会主義の急速な実現に固執するようになり、1950年代末には④「大躍進」を主導したが失敗に終わった。権威の失墜した毛は、1960年代半ばに⑤文化大革命を発動する。これにより国家主席の［ ロ ］や副首相の⑥鄧小平を失脚に追い込んで実権を回復したが、社会は大きく混乱した。中国の国際的地位の低下を憂慮した毛はアメリカなどとの関係改善を進めたものの、文化大革命を終結させぬまま、1976年に世を去った。

[語　群]

イ　a．井崗山　b．延安　c．遵義　d．瑞金

ロ　a．胡耀邦　b．劉少奇　c．趙紫陽　d．華国鋒

[問　い]

①20世紀の中国の政治家に関する記述として、誤りを含むものはどれか。

a．李大釗はマルクス主義の紹介に尽力し、中国共産党の創立に貢献した。

b．武漢国民政府を率いた汪兆銘は、中国国民党左派に属した。

c．張学良は西安事件を起こし、蔣介石に抗日を求めて受け入れさせた。

d．段祺瑞は大総統として日本からの二十一カ条の要求を受け入れた。

②曾国藩に関する記述として、誤りを含むものはどれか。

a．威海衛を基地とする北洋艦隊を編制した。

b．同治中興以後の洋務運動の担い手の一人であった。

c．湘軍を組織し太平天国の鎮圧を指揮した。

d．直隷総督や内閣大学士を務めた。

③梁啓超に関する記述として、誤りを含むものはどれか。

a．戊戌の変法の一翼を担い、科挙の廃止を実現した。

b．西太后ら保守派のクーデタにより失脚し、日本に亡命した。

c．その著述は中国のみならず、朝鮮やベトナムでも読まれた。

d．袁世凱の皇帝即位に反対した。

④「大躍進」に関する記述として、誤りを含むものはどれか。

a．農村では人民公社の設立が進められた。

b．土法高炉が大量に設けられ、鉄の増産が図られた。

c．その失敗により第1次五カ年計画も放棄された。

d．数千万人の餓死者が出たと推計されている。

⑤文化大革命に関する記述として、誤りを含むものはどれか。

a．紅衛兵が組織され、知識人や党幹部に迫害を加えた。

b．林彪ら4名からなる「四人組」が推進の中心となった。

c．周恩来を追悼する市民が、天安門広場で警官隊と衝突した。

d．都市部の多くの学生が農村に移住させられ労働に従事した。

⑥鄧小平に関する記述として、誤りを含むものはどれか。

a．青年時代、フランスで働きながら学んだ。

b.「南巡講話」を行い、改革・開放政策再開を後押しした。

c. 陳水扁総統との間で、経済交流を中心に台湾との関係を深めた。

d. イギリスとの間で香港返還に合意した。

数学

（60分）

〔1〕　次の文章中の $\boxed{}$ に適する式または数値を，解答用紙の同じ記号のついた $\boxed{}$ の中に記入せよ．途中の計算を書く必要はない．

（1）　以下のようなデータがあり，変量 Y の中央値は 7 である．ただし，a は整数である．変量 X の分散は $\boxed{ア}$ であり，$a=\boxed{イ}$ である．また，変量 X, Y の相関係数を r とすると，$r=\boxed{ウ}$ である．ただし，$\boxed{ア}$, $\boxed{イ}$, $\boxed{ウ}$ は数値である．

X と $\frac{1}{2}Y$ の相関係数は $\boxed{エ}$, $10-X$ と Y の相関係数は $\boxed{オ}$ である．ただし，$\boxed{エ}$, $\boxed{オ}$ については，当てはまるものを下の ①～⑨ から 1 つずつ選べ．

個人番号	1	2	3	4	5	6	7	8
X	4	6	4	4	6	6	10	8
Y	7	5	5	6	8	a	9	9

① $-10r$　② $-\sqrt{2}r$　③ $-r$　④ $-\frac{r}{2}$　⑤ 0

⑥ $\frac{r}{2}$　⑦ r　⑧ $\sqrt{2}r$　⑨ $10r$

（2）　$n=1, 2, 3, \ldots$ に対して，4 進法で表された $(n+4)$ 桁（けた）の数 a_n があり，a_n の上位 4 桁（けた）は 2022 でそれ以降は 0 が n 個だけ連続して並んでいる．4 進数 a_1 を 10 進法で表すと $\boxed{カ}$ であり，2 進法で表すと $\boxed{キ}_{(2)}$ である．4 進数 a_n を 10 進法で表して考えると，a_n の正の約数の個数は $\boxed{ク}$ 個ある．

〔2〕 次の文章中の □ に適する式または数値を，解答用紙の同じ記号のついた □ の中に記入せよ．途中の計算を書く必要はない．

(1) 実数 a, b があり，$a^2+b^2=4$, $a \geqq 0$, $b \geqq 0$ を満たして変化している．このとき，$P=a^2-2\sqrt{3}ab-b^2$ の最大値と最小値を求めよう．$a=2\cos x$ $\left(0 \leqq x \leqq \dfrac{\pi}{2}\right)$ とおくと，P は $\sin 2x$ と $\cos 2x$ を用いて $P=$ [ア] と表される．よって，P の最大値は [イ]，最小値は [ウ] である．また，P が最小値をとるとき，$(a,b)=$ [エ] である．

(2) 平面上に四角形 OACB があり，$\overrightarrow{\mathrm{OA}}=\vec{a}$, $\overrightarrow{\mathrm{OB}}=\vec{b}$ とおくと，$\overrightarrow{\mathrm{OC}}=\dfrac{6}{7}\vec{a}+\dfrac{3}{7}\vec{b}$ を満たしている．対角線 OC, AB の交点を D とすると，k を実数として $\overrightarrow{\mathrm{OD}}=k\overrightarrow{\mathrm{OC}}$ が成り立ち，$k=$ [オ] である．直線 OA, BC の交点を E とすると，$\overrightarrow{\mathrm{OE}}=$ [カ] $\vec{a}$ である．また，四角形 OACB の面積が 12 であるとき，△ACE の面積は [キ] である．

〔3〕 p を実数とする．座標平面上に $C_1 : y=x+2-|x-p|$ の表すグラフと放物線 $C_2 : y=x^2$ があり，C_1 上の点 $\mathrm{P}(p, p+2)$ は不等式 $y>x^2$ の表す領域にある．また，C_1 と C_2 の 2 つの交点を $\mathrm{Q}(\alpha, \alpha^2)$, $\mathrm{R}(\beta, \beta^2)$ とする．ただし，$\alpha<\beta$ とする．このとき，次の問いに答えよ．

(1) p の取りうる値の範囲を求めよ．

(2) α, β を p を用いて表せ．

(3) 直線 QR の傾きが 1 のとき，p の値を求めよ．

(4) p が (3) で求めた値であるとき，C_1 と C_2 で囲まれた図形の面積を求めよ．

ロ　斎宮から大将への手紙は、女別当が代わって書いた。
ハ　斎宮が伊勢への出立前に内裏に向かった際、大将は同行しなかった。
ニ　六条御息所は二十歳の時に夫である東宮に先立たれた。
ホ　斎宮は帝に不吉なまでの美しさを感じながら別れの櫛を受け取った。

問十四　以下の「作品名……作者名」の組み合わせのうち正しいものはいくつあるか。次のイ～ホから一つ選び、その符号をマークしなさい。

『土佐日記』……紀貫之
『蜻蛉日記』……藤原兼家母
『枕草子』……紫式部
『源氏物語』……清少納言
『更級日記』……菅原道真女

イ　一つ　　ロ　二つ　　ハ　三つ　　ニ　四つ　　ホ　五つ

イ　重き病して、死なむとする心地にも
ロ　命尽きぬと聞こしめすとも、後のこと思しいとなむな
ハ　夜半うち過ぐるほどになむ、絶えはてたまひぬる
ニ　この頼もし人は行く先短かりなむ
ホ　死に入る魂のやがてこの御骸(から)にとまらなむ

（すべて『源氏物語』による）

問十　傍線部⑭「申の刻」とあるが、（Ⅰ）「申」の読みを記しなさい。また、（Ⅱ）「申の刻」が相当する現代のおよその時刻として最も適当なものを次のイ～ホから一つ選び、その符号をマークしなさい。

イ　八時頃　　ロ　十二時頃　　ハ　十六時頃　　ニ　二十時頃　　ホ　二十四時頃

問十一　傍線部⑯の和歌に詠われた心情の説明として最も適当なものを次のイ～へから一つ選び、その符号をマークしなさい。

イ　思い出すまいとしても東宮と過ごした昔が心に浮かんできてしまう。
ロ　思い出すまいとしても父と過ごした昔が心に浮かんできてしまう。
ハ　思い出すまいとしても母と過ごした昔が心に浮かんできてしまう。
ニ　考えまいとしても斎宮との今日の別れが心に浮かんできてしまう。
ホ　考えまいとしても母との今日の別れが心に浮かんできてしまう。
へ　考えまいとしても帝との今日の別れが心に浮かんできてしまう。

問十二　傍線部⑱「しほたれさせたまひぬ」を現代語訳しなさい。

問十三　問題文の内容と合致しないものを次のイ～ホから一つ選び、その符号をマークしなさい。

イ　斎宮は幼いので、母が伊勢まで同行してくれることをただうれしいと思った。

ホ　我が身が情けなくなるにつれて

問四　傍線部⑥「聞こえ」は誰に対する敬意を表しているか。最も適当なものを次のイ～ホから一つ選び、その符号をマークしなさい。

イ　大将　　ロ　六条御息所　　ハ　斎宮
ニ　世の人　　ホ　国つ神

問五　傍線部⑦「鳴る神」とは何か。漢字一字で記しなさい。

問六　傍線部⑧の和歌に詠われた心情の説明として最も適当なものを次のイ～へから一つ選び、その符号をマークしなさい。

イ　神に思いやりがあるならば親子は別れずに済んだと断言してほしい。
ロ　神に思いやりがあるならば男女は別れずに済んだと断言してほしい。
ハ　遺恨を残したまま親子が別れていくことを神に承知しないでほしい。
ニ　遺恨を残したまま男女が別れていくことを神に承知しないでほしい。
ホ　思いが尽きぬのに親子が別れねばならないものなのか神に裁定してほしい。
へ　思いが尽きぬのに男女が別れねばならないものなのか神に裁定してほしい。

問七　傍線部⑩「内裏」と同じ場所を指す漢字二字の言葉を問題文から抜き出して記しなさい。

問八　傍線部⑫「見ずなりぬるこそねたけれ」、⑰「うるはしうしたてたてまつりたまへるぞ」に助動詞はいくつ含まれるか。最も適当なものを次のイ～ホからそれぞれ一つずつ選び、その符号をマークしなさい（同じ符号を二回用いてもよい）。

イ　一つ　　ロ　二つ　　ハ　三つ　　ニ　四つ　　ホ　五つ

問九　傍線部⑬「なむ」と文法的に同じものを次のイ～ホから一つ選び、その符号をマークしなさい。

⑤　さらぬ
イ　帰らない
ロ　取るに足らない
ハ　多くの
ニ　祓をしない
ホ　それ以外の

⑨　なほざりごと
イ　別れを惜しむ態度
ロ　些末な決まり事
ハ　その場限りの言葉
ニ　重要な儀式
ホ　神への誓い

⑪　人わろき
イ　不体裁な
ロ　意地悪な
ハ　意気地がない
ニ　覇気がない
ホ　道理に合わない

⑮　いつき
イ　自分の側に置き
ロ　大切に育て
ハ　入内させ
ニ　狙いどおりにし
ホ　心苦しく思い

問二　傍線部①「おしなべての列」の解釈として最も適当なものを次のイ～ホから一つ選び、その符号をマークしなさい。
イ　整然とした行列　　ロ　目も惹かぬ容貌　　ハ　並一通りの恋人
ニ　伊勢下向の同行者　　ホ　口先だけの男

問三　傍線部③「ほど近くなるままに」の解釈として最も適当なものを次のイ～ホから一つ選び、その符号をマークしなさい。
イ　伊勢への出立が迫るにつれて
ロ　大将との関係が深まるにつれて
ハ　娘と過ごす時間が増えるにつれて
ニ　非難の声が寄せられるにつれて

ゆしきまで見えたまふを、帝御心動きて、別れの櫛奉りたまふほど、いとあはれにて⑱しほたれさせたまひぬ。

（注）
＊御文…大将から六条御息所への手紙。
＊男…大将。
＊不定なりつる御出立…未定であった母六条御息所の同行。
＊御祓…斎宮として出立するための身を清める儀式。
＊長奉送使…斎宮に随従する勅使。
＊院…大将の父であり、故東宮の兄でもある桐壺院。
＊かけまくもかしこき御前にて…「申すも恐れ多い御前に」の意。神事にちなみ、あえて仰々しい言葉遣いをしている。
＊木綿につけて…神事にちなんだ趣向。
＊女別当…斎宮寮の女官。

問一　傍線部②④⑤⑨⑪⑮の意味として最も適当なものを次のイ～ホからそれぞれ一つずつ選び、その符号をマークしなさい。

②　あはあはしう
イ　はかなく
ロ　縁が薄く
ハ　軽々しく
ニ　白々しく
ホ　慌ただしく

④　際
イ　場合
ロ　身分
ハ　程度
ニ　最期
ホ　境目

世の人は、例なきことと、もどきもあはれがりもさまざまに聞こゆべし。何ごとも、人にもどきあつかはれぬ④際(きは)は安げなり。なかなか、世にぬけ出でぬる人の御あたりは、ところせきこと多くなむ。

十六日、桂川にて＊御祓(はらへ)したまふ。常の儀式にまさりて、＊長奉送使(ちやうぶそうし)など、⑤さらぬ上達部も、やむごとなくおぼえあるを選(え)らせたまへり。＊院の御心寄せもあればなるべし。出でたまふほどに、大将殿より例の尽きせぬことども⑥聞こえたまへり。「＊かけまくもかしこき御前にて」と＊木綿(ゆふ)につけて、「⑦鳴る神だにこそ、

⑧八洲(しま)もる国つ御神(みかみ)もこころあらば飽かぬ別れの仲をことわれ

思うたまふるに、飽かぬ心地しはべるかな」とあり。いと騒がしきほどなれど、御返りあり。宮の御(おほむ)をば、＊女別当(にょべたう)して書かせたまへり。

国つ神空にことわる仲ならば⑨なほざりごとをまづやたださむ

大将は、御ありさまゆかしうて、⑩内裏にも参らまほしく思せど、うち棄てられて見送らむも⑪人わろき心地したまへば、思しとまりて、つれづれにながめゐたまへり。宮の御返りのおとなおとなしきを、ほほ笑みて見ゐたまへり。御年のほどよりはをかしうもおはすべきかなとただならず。かうやうに、例に違へるわづらはしさに、かならず心かかる御癖にて、いとよう見たてまつりつべかりしいはけなき御ほどを、⑫見ずなりぬるこそねたけれ、世の中定めなければ、対面するやうもあり⑬なむかし、など思す。

心にくくよしある御けはひなれば、物見車多かる日なり。⑭申の刻に、内裏に参りたまふ。御息所、御輿に乗りたまへるにつけても、父大臣の限りなき筋に思し心ざして⑮いつきたてまつり給ひしありさま変りて、末の世に内裏を見たまふにも、もののみ尽きせずあはれに思さる。十六にて故宮に参りたまひて、二十にて後れたてまつりたまふ。三十にてぞ、今日また九重を見たまひける。

⑯そのかみを今日はかけじと忍ぶれど心のうちにものぞかなしき

斎宮は十四にぞなりたまひける。いとうつくしうおはするさまを、⑰うるはしうしたてたてまつりたまへるぞ、いとゆ

左右される。

ハ　ピエール・バイヤールの考えによれば、芸術に対する理解は、同じ嗜好を持つ者との対話よりもむしろ嗜好の異なる他者との対話を通じて深められてゆく。

ニ　ピエール・バイヤールの考えによれば、芸術の好みは個人的なものであると同時に集団的なものであり、芸術談義は自らの政治的アイデンティティーを確認するための手段のひとつである。

ホ　ピエール・バイヤールによれば、「内なる図書館」の集団的なすれ違いが起こった場合、どちらか一方の集団の「内なる図書館」の内容を他方のそれに合わせて修正する必要がある。

ヘ　ピエール・バイヤールの考えによれば、人が自分の愛好する芸術を否定された時に傷つくのは、それが自らのアイデンティティーの一部である「内なる図書館」に対する中傷と同義であるからである。

二

次の文章は『源氏物語』「賢木」巻の一節である。東宮妃であった六条御息所は、東宮の没後、大将（光源氏）と恋仲になった。しかし、大将の態度が煮え切らぬため、その関係を諦め、斎宮に選ばれた娘とともに伊勢に下向することを決意する。これを読んで、後の問に答えなさい。

*御文、常よりもこまやかなるは、思しなびくばかりなれど、またうち返し定めかねたまふべきことならねば、いとかひなし。*男は、さしも思さぬことをだに、情けのためにはよく言ひつづけたまふべかめれば、まして①おしなべての列(つら)には思ひきこえたまはざりし御仲の、かくて背きたまひなむとするを、口惜しうもいとほしうも思しなやむべし。旅の御装束よりはじめ人々のまで、何くれの御調度など、いかめしうめづらしきさまにて、とぶらひきこえたまへど、何とも思されず、②あはあはしう心うき名をのみ流して、あさましき身のありさまを、今はじめたらむやうに、③ほど近くなるままに、起き臥し嘆きたまふ。斎宮は、若き御心に、*不定(ふぢやう)なりつる御出立(いでたち)のかく定まりゆくを、うれしとのみ思したり。

ことか。その説明として最も適当なものを次のイ～ホから一つ選び、その符号をマークしなさい。

イ　クラシック・ピアノの専門家がモンクの曲を正確なリズムとタッチで録音し直したことは、アフリカの一部族が『ハムレット』に登場する「亡霊」を「ゾンビ」に置き換えたことと同様の、集団的な「物語の書き換え」であるということ

ロ　モンクがクラシック・ピアノの曲をあえてツタナく演奏したことは、「亡霊」の概念を持たないアフリカの一部族が『ハムレット』の内容の一部を自分たちに理解しやすいかたちに書き直したことと同様の、集団的な「物語の書き換え」であるということ

ハ　クラシック・ピアノの専門家が、彼らの常識から外れたモンクの演奏を聴いて爆笑するのは、「亡霊」の概念を持たないアフリカの一部族が『ハムレット』の内容の一部を理解できなかったことと同様の、「集団的勘違い」であったということ

ニ　クラシック・ピアノの専門家が、彼らの常識から外れたモンクの演奏を理解できなかったことは、「亡霊」の概念を持たないアフリカの一部族が『ハムレット』の内容の一部を理解できなかったことと同様の、「集団的勘違い」であったということ

ホ　クラシック・ピアノの専門家が、彼らの常識から外れたモンクの演奏を理解できなかったことは、アフリカの一部族が、「内なる図書館」の違いゆえに『ハムレット』を全く理解できなかったことと同様の、「集団的勘違い」であったということ

問十三　本文の内容と合致するものを次のイ～ヘから一つ選び、その符号をマークしなさい。

イ　ピエール・バイヤールによれば、私たちの芸術の嗜好は生まれ育った個人的な生活環境以上に、社会的な環境から強い影響を受けている。

ロ　ピエール・バイヤールによれば、人が「内なる図書館」を持ちうるかどうかは、その人の生まれ育った文化環境に

問九　傍線部D「こうした事例について、私自身の興味深い経験を紹介しておこう」とあるが、「こうした事例」を説明するために著者が紹介している「経験」とは何か。最も適当なものを次のイ～ホから一つ選び、その符号をマークしなさい。

イ　二人のピアニストの演奏の「聴き比べ」をした際、曲を聴かせる順番によって聴衆の反応ががらりと変わった、という経験

ロ　二人のピアニストの演奏の「聴き比べ」をした際、聴衆の多くはジャズ・ピアニストの演奏を聴いて一瞬の沈黙の後に爆笑した、という経験

ハ　二人のピアニストの演奏の「聴き比べ」においては、総じてクラシックの専門家よりも一般の聴衆の評価の方が的を射ていた、という経験

ニ　二人のピアニストの演奏の「聴き比べ」をした際、クラシックの専門家とそれ以外の聴衆のあいだで評価が大きく分かれた、という経験

ホ　二人のピアニストの演奏の「聴き比べ」をした聴衆は、皆一様にクラシック・ピアニストの演奏よりもジャズ・ピアニストの演奏を評価した、という経験

問十　傍線部E『ハムレット』をはじめとするシェイクスピアの作品を日本語に翻訳し、『小説神髄』を著して近代日本文学の成立に大きな影響を与えた作家の名前を、次のイ～ホから一つ選び、その符号をマークしなさい。

イ　夏目漱石　ロ　二葉亭四迷　ハ　森鷗外
ニ　樋口一葉　ホ　坪内逍遙

問十一　傍線部F「物語のなかの不穏当な箇所」とは、具体的にはどのような部分か。問題文から十六字以上二十字以内で抜き出しなさい。

問十二　傍線部G「モンクの録音をめぐって起こっていたのは、このエピソードと同種のすれ違いだった」とはどういう

ハ　人は芸術作品を鑑賞する際、潜在的な感情価を目覚めさせる作品にしか新しさを感じないということ
ニ　芸術体験において、人は芸術家が見聞きしたことを追体験しているにすぎないということ
ホ　人は芸術作品を鑑賞する際、内に秘めた暗い感情に救済の光をあてるものにしか反応しないということ

問五　傍線部B「話が噛み合わず」とあるが、物事が「噛み合わ」ないことを意味する漢字二字の熟語を問題文の【甲】以降から探し、その読みをひらがなで記しなさい。

問六　傍線部C「内なる図書館」に含まれる本の例として、適当でないものは以下のⓐ～ⓔのうちいくつあるか。次のイ～ホから一つ選び、その符号をマークしなさい。

ⓐ　あらすじしか知らない本
ⓑ　一度読んだが、内容を覚えていない本
ⓒ　友人に勧められたが、まだ読んでいない本
ⓓ　子供の頃に読んだことのある絵本
ⓔ　見たことも聞いたこともない本

イ　一つ　　ロ　二つ　　ハ　三つ　　ニ　四つ　　ホ　五つ

問七　空欄Ⅰ、Ⅱに入る言葉をそれぞれ四字と二字で記しなさい。

問八　空欄Ⅲに入る言葉として、最も適当なものを次のイ～ホから一つ選び、その符号をマークしなさい。

イ　新しい料理の発見は、新しい星の発見よりも人類を幸福にする
ロ　食は芸術か、音楽か。思うに、料理の食膳はこのうえなく精妙な一幅の絵に似ている
ハ　どんなものを食べているか言ってみたまえ。君がどんな人であるかを言いあててみせよう
ニ　芸術に天才があるとすれば、料理にも天才がなければならない
ホ　生きるために食べるべきで、食べるために生きるべきではない

問二　傍線部④「小股が切れ上がって」、⑦「換骨奪胎」の意味として最も適当なものを次のイ～ホからそれぞれ一つずつ選び、その符号をマークしなさい。

④　小股が切れ上がって

イ　すっきりと粋にまとまっていて
ロ　派手に脚色されていて
ハ　手堅く無難にまとまっていて
ニ　大胆に省略されていて
ホ　さりげなく潤色されていて

⑦　換骨奪胎

イ　過去の名作の表現を、現代の技術で細部に至るまで忠実に再現すること
ロ　他者の作品の着想や形式を借りつつ、表現を変えて自分なりの作品につくり変えること
ハ　他者の作品から構想や文章などを盗んで、自作の一部に組み入れること
ニ　過去の名作の着想や形式を組み合わせて、新しい作品をつくりだすこと
ホ　他者の作品を真似つつ、そこに風刺やユーモアの要素を加えて、新たな作品をつくりだすこと

問三　傍線部⑤「ツタナい」、⑥「トッピョウシ」、⑧「ヘンキョク」のカタカナの部分を漢字にし、送り仮名を含めて記しなさい。

問四　傍線部A「パウル・ベッカーは次のように述べている」とあるが、パウル・ベッカーが述べていることの内容として最も適当なものを次のイ～ホから一つ選び、その符号をマークしなさい。

イ　芸術体験において、人はあらかじめ自分の中にあるものを認識しているだけだということ
ロ　人は芸術作品を鑑賞する際、他者の作品評価を追認しているだけだということ

もの、書物についての論じかた、想像界と現実との境界設定などについての観念も含まれている」。そして実は同じような「集団的勘違い」が、音楽の場合にもしばしば生じている。受信機が反応する箇所だけをピックアップして聴き、同調しない箇所は無視する、そんな聴き方が集団的に生じるのである。

今にして思えば[G]モンクの録音をめぐって起こっていたのは、このエピソードと同種のすれ違いだったのだろう。

（岡田暁生『音楽の聴き方』より）

（注）＊ブリア・サヴァラン…美食家として知られるフランスの政治家。
＊ガーシュイン…二〇世紀アメリカの作曲家、ピアニスト。

問一　傍線部①、②、③のカタカナの部分を漢字で書いたとき、傍線部に同一の漢字を使うものを次のイ～ホからそれぞれ一つずつ選び、その符号をマークしなさい。

①　一コウ
イ　試コウ錯誤　　ロ　景気動コウ　　ハ　コウ唐無稽
ニ　コウ顔無恥　　ホ　コウ言令色

②　生トク的
イ　家賃のトク促　　ロ　彼はトク実な人だ　　ハ　作家の記した文章トク本
ニ　事実隠トクの疑い　　ホ　説明を聞いてトク心がいく

③　杓シ定規
イ　山シ水明　　ロ　容シ端麗　　ハ　獅シ奮迅
ニ　シ離滅裂　　ホ　恐悦シ極

モンクの録音を聴かせると常に、一瞬の驚きの沈黙の後で全員が爆笑し、その後は皆、何かに魅入られたように一心に耳を澄ませる。いつも、いや二回の例外を除いて、これまでいつもそうだった。そしてこの「二回の例外」とは実は、ピアノ（言うまでもなくクラシック）の先生の集まりで話をしたときのことだったのである。最初のクラシック・ピアニストの演奏はもちろん合格。だがモンクの演奏を聴かせてみても、どうも反応が悪い。「どちらの方がお気に召しましたか？どちらがいいと思いましたか？」と尋ねてみると、（考えてみれば当然なのだが）全員がクラシック・ピアニストの方がよかったと言う。

ここでも大変参考になるのは、バイヤールの議論である。彼は「内なる図書館」のすれ違いが集団的に起きる場合があることを指摘し、その例としてアフリカのさる部族にE『ハムレット』の内容を紹介しようとした人類学者の報告を挙げる。つまり彼らは、決してこのドラマをまったく理解出来ないというわけではないのだが、時として予測もつかなかったような箇所において、致命的な意思疎通の齟齬が生じる。例えば彼らには手で触れることの出来る化け物、つまり「ゾンビ」の概念はあっても、触れることの出来ない「亡霊」というものがどうしても想像出来ない。そしてハムレットの父の亡霊が現れる箇所においてことごとく、物語理解をほとんど不可能にしてしまうようなすれ違いが生じることになるというのである。

バイヤールいわく、「彼らが耳にしているのは、『ハムレット』の物語ではなく、その物語のなかで、家族や死者のありかたについての彼らの表象に適合し、その正当性を確認させてくれる部分なのである。一方、適合する部分がない場合、F物語のなかの不穏当な箇所は、考慮されないか、変更される。すなわち『ハムレット』〔中略〕が〔彼らの〕〈内なる書物〉とできるだけ合致するよう変更される」。かみ砕いて言えば、物語は彼らによって⑦換骨奪胎され、一種のトランスクリプション（⑧ヘンキョク）が生じるというわけだ。しかも物語の書き換えは、ここでは集団的に行なわれる。「〈内なる書物〉は、ティヴ族の場合、個人的であるより集団的である。それは彼らの文化一般にかかわる表象から成っており、そこには家族関係や死後の世界に関して彼らが共有している観念が含まれている。それだけではない。そこには読書その

中の有名な一節だが、音楽についても同じことが当てはまるはずである。

【甲】「内なる図書館」とは、私と周囲環境との関わりの歴史にほかならない——このことが示唆するように、嗜好や相性は必ずしも個人的なものではない。本人は純粋に自分の自発的な好みだと信じていても、それは物心ついて以来の、周囲環境からの絶え間ない刷り込みによって形成されてきたもの、その意味で社会的なものである可能性は高い。

[D]こうした事例について、私自身の興味深い経験を紹介しておこう。大学の授業などで、いわゆる音楽の「様式感」と身体性の関係について説明するとき、必ず聴かせることにしている二枚のCDがある。一つは伝説的なジャズ・ピアニスト、セロニアス・モンクの自作自演。もう一つは、同じ曲をジョアンナ・マクレガーというクラシックのピアニストが演奏している録音。曲は「モンクス・ポイント」で、前者は『ソロ・モンク』、後者は『American Piano Classics』というアルバムに入っている。この「聴き比べ」で最初にかけるのは、いつもクラシック・ピアニストの録音の方と決めている。タッチは清潔で粒が揃っており、リズム感もシャープだが③杓シ定規ではなく、④小股が切れ上がってお洒落そのもの。クレッシェンドやデクレッシェンドの陰影は完璧な滑らかさで、まるで*ガーシュインのようだ。何も悪いところはない。皆「ふーん」というような顔をして聴いている。

ところが続いてモンクの録音を聴かせた途端、オーディエンスの空気がいつも一変する。突如としてそこには異次元空間が出現するのだ。ドタ足で行儀悪くペタペタと歩くような右手のタッチは、少なくともクラシックの常識からすれば、いかにもたどたどしく⑤ツタナい。ジャズ・ファンにはおなじみの、モンクの好きな下降する全音音階のパッセージでは、何度弾いても指がもつれる。左手のブギウギ風のリズムは貧乏ゆすりしているみたいだし、おまけに⑥トッピョウシもないところで急停止／急発進を繰り返すものだから、リズムは奇妙にひきつって、まるで「どこかの少しいかれたおじさん」が弾いているようだ。にもかかわらず、この演奏がひとたび鳴り響き始めるやいなや、すべての音が強烈な生命力をもって聴く者の耳に焼きつけられるのである。

この奇跡のような音楽を聴いた後で、最初のクラシック・ピアニストの演奏を覚えている者など、もはや誰もいまい。

それは成っているという。そして互いの「内なる図書館」が食い違っている人間同士が論じ合うと、①一コウに B話が噛み合わず、「耳の聞こえない者どうしの対話」になってしまう。しかも具合が悪いことに、この「内なる図書館」は私たちの読書ノート、つまり単なる客観的な――その意味で私たちがそれを冷静に論じることの出来る――記録であるだけではない。この図書館こそ、「少しずつわれわれ自身を作り上げてきたもの、もはや苦しみを感じさせることなしにはわれわれと切り離せないもの」、つまり自分自身の履歴書だというのである。この「C内なる図書館」が、私たちの考える「相性の良し悪しを規定する感性の受信機」と極めて近い概念であることは、言うまでもない。

芸術の嗜好についての議論において、本来それは「蓼［Ⅰ］好き好き」の「たかだか芸術談義」でしかないはずなのに、なぜ私たちはしばしばかくも憤激したり傷ついたりするのかを、バイヤールは次のように説明する。

「われわれが何年もかけて築き上げてきた、われわれの大切な書物を秘蔵する〈内なる図書館〉は、会話の各瞬間において、他人の〈内なる図書館〉と関係をもつ。そしてこの関係は摩擦と衝突の危険を孕んでいる。というのも、われわれはたんに〈内なる図書館〉を内部に宿しているだけではないからである。〔中略〕われわれの〈内なる図書館〉の本を中傷するような発言は、われわれのアイデンティティーの一部となったものにたいする攻撃として、ときにわれわれをもっとも深い部分において傷つけるのである」。

これまでどういう本（音楽）に囲まれてきたか。どのような価値観をそこから植えつけられてきたか。それについて、どういう人々から、どういうことを吹き込まれてきたか。一見②生トク的とも見える「相性」は、実は人の「内なる図書館」の履歴によって規定されている。それは今や自分の身体生理の一部となっているところの、私たちがその中で育ってきた環境そのものなのだ。だからこそ芸術談義における相性の問題は、時として互いの皮膚を傷つけるような摩擦を惹き起こしもするし、反対にそれがぴったり合ったときは、あんなにも嬉しいのだろう。［Ⅱ］が相性、されど相性。「相性の良し悪し」は、私たち一人一人のこれまでの人生そのものに関わってくる問題だとも言えよう。芸術鑑賞の下部構造はこういうものによって規定されている。「［　Ⅲ　］」とは*ブリア・サヴァラン『美味礼讃』の

国語

（七五分）

一　次の文章を読んで、後の問に答えなさい。

二〇世紀初頭のドイツで活躍した切れ者の音楽評論家パウル・ベッカーは次のように述べている。（A）
「ある芸術作品が私に働きかけるか否かは、ひとえに私がそれを既に自分の中に持っているかどうかにかかっている。一見新しく見えるものも、実はこれまで意識してこなかったものが突如として意識されるようになっただけ、以前から暗がりの中でまどろんでいた内面の領域に突如として光が当たっただけなのだ。私が感じたり、見たり、聴いたりするのは、私の中に既にあるものだけなのである。それが私自身の一部である場合にのみ、芸術作品は私にとって生き生きしたものとなるのである。それは潜在的な感情価の目覚めなのであって、決して絶対的な意味で新しいものではない」。

自分の感性の受信機の中にあらかじめセットされていない周波数に対して、人はほとんど反応出来ない。相性がぴったりの音楽との出会いとは、実はこれまで知らなかった自分との出会いなのかもしれないのだ。

芸術体験におけるこうした「相性」の問題について、フランスの文学理論家ピエール・バイヤールが、とても示唆に富んだことを書いている。彼によれば、誰もが「内なる図書館」を持っていて、これまでに読んだ本、読んだけれど忘れてしまった本、噂に聞いたことがある本、どこかでその批評を読んだことのある本などについての諸々の記憶の断片から、

解答編

■英語■

I　**解答**　A．(1)―b　(2)―d　(3)―a　(4)―c　(5)―d　(6)―a

B．(ア)―a　(イ)―d　(ウ)―b　(エ)―c

C．c・f・g

D．この第2工程が，アルミニウムの製造を長年にわたって妨げてきたのである。

◆全　訳◆

≪アルミニウムという金属≫

19世紀には，人々はアルミニウムが地球の一番上の層である地殻に最も多く含まれる金属であることをすでに知っていた。金属を含む天然の岩石の一種である鉱石からその青白い金属を取り出すことも可能であった。しかし，アルミニウムの精錬にはコストがかかり，1860年代にはフランスの皇帝ナポレオン3世のみがアルミニウムを使用した最高級のディナースプーンを所有していた。アルミニウム鉱石について，材料科学者は非常に有用な金属の大宝庫を発見したものの，それを開ける鍵が見つかっていない状態に置かれていた。1886年，アルミニウムを安価に精錬する方法が発見されると，アルミニウムは世界のほとんどあらゆる産業で重要な役割を果たすようになった。

アルミニウムは地殻の7，8％を占めている。これだけありふれた存在でありながら，長い間その存在が確認されていなかった。なぜなら，純粋な金属としては自然界では見られず，非常に分解しにくい化合物として他の化学元素と結合して存在するからだ。

アルミニウムの化合物は多くの鉱物に含まれており，粘土はすべてアルミニウムを含んでいる。最も美しい宝石の多くは，基本的に有色のアルミニウム化合物にほかならない。例えば，ルビーはほとんどが他の元素がわずかに含まれた酸化アルミニウムである。

アルミニウムの最も重要な鉱石は，粘土の一種であるボーキサイトである。それは，一般に酸化アルミニウムを40～60％含んでいる。

アルミニウムの存在は，1808年にイギリス人科学者ハンフリー=デービー卿によって予言されていた。しかし，彼はその鉱石からその金属を取り出すという問題を解決することはできなかった。1825年，デンマーク人科学者H.C.オーステッドが，世界初のアルミニウム金属を製造したが，その量はあまりにも少なく実験を行うことすらできなかった。1845年，ドイツ人科学者フリードリッヒ=ヴェーラーがアルミニウムを粉末で取り出すことに成功し，アルミニウムの性質について初めて明らかにした。

1886年にアメリカのチャールズ=M.ホールとフランスのポール=エルーが同時になした発見によって，アルミニウムの高級品としての歴史は幕を閉じた。彼らは，アルミニウム鉱石を安価に普段使いできる金属に変えるという問題に対して，同じ解決策をそれぞれ独自に見出したのだ。これが現在ホール・エルー法と呼ばれるものである。

ホール・エルー法は，基本的に現在のアルミニウム精製の2段階処理と同じものである。ボーキサイト鉱石は精製され，白い粉である酸化アルミニウムが作られ，それはアルミナとも呼ばれる。アルミナはまた，アルミニウムを製造するためにさらに処理されなければならない。この第2工程が，長年にわたってアルミニウムの製造を妨げてきたのである。

ホールとエルーは，電流でアルミナをアルミニウムと酸素に分離する方法を発見した。1kgのアルミニウム金属を作るには，約2kgのアルミナが必要である。

その多くの特性によってアルミニウムは多くの製品の使用に適している。最も重要な特徴のひとつは，その軽さである。アルミニウムは鉄や銅などの一般的な金属と比べると，3分の2程度の重さしかない。その軽さによって，アルミニウムは建材やバス・トラックの車体，航空機の部品の製造などに役立っている。

また，アルミニウムは電気をよく通す。そのため，銅に代わって高圧送電線に使われている。銅より軽いので，アルミ電線は支柱が少なくてすむのだ。

アルミニウムは熱伝導率が高いので，フライパンなどの調理器具に適している。アルミニウムのフライパンは，片方の縁を加熱するだけで，熱が均一に伝わる。他の多くの金属では，食材がくっついたり焦げついたりする「ホットスポット」ができることがあるのだ。

また，アルミニウムは摩耗しにくいというのも重要な特徴である。塗装などの鉄や鋼では必要な保護膜が，アルミニウムでは必要がない。

◀解　説▶

A．⑴直前の Although で接続された「アルミニウムがありふれた存在である」との文と逆接の内容にするには，b を選択して「長い間その存在が確認されていなかった」とすればよい。

⑵直後のルビーの例は，宝石がアルミニウムの化合物であることの具体例である。よって，d を選択して nothing but ～「～にすぎない」とすればよい。

⑶空所の前後で，イギリス人科学者ができたこととできなかったことが記述されている。よって逆接関係を示す a が正答となる。

⑷ separate *A* into *B*「*A* を *B* に分ける」で c が正答となる。

⑸ such は as と呼応して as 以降に具体例を例示する。

⑹直前にアルミニウムは従来の銅と比べて軽量であるとの記述があるので supporting towers「支柱」は少なくてすむ。可算名詞に対応した a が正答となる。

B．㈠ treasure house「宝物庫」で，本文ではアルミニウム鉱石という非常に有用な金属の源を指す。よって，b や d などの実際の建物ではなく a．「富の源泉」が正答となる。

㈡下線部訳は「世界が初めて目にしたアルミニウム金属」となり d．「史上初のアルミニウム金属」が正答となる。

㈢下線部を含む文の主語 they は，前述の２人の科学者であり，the same solution「同じ解決策」を hit upon「思いついた」のであるから b．come up with ～「～を思いつく」が正答となる。

㈣ With many other metals「多くの他の金属（を用いて）では」直前にアルミニウムは熱が均一に伝わるとあり，アルミニウムのフライパンでは食材が焦げつくホットスポットができないことがわかる。よって c．「もし，調理でフライパンにアルミニウムのような金属を使わなければ」が正答となる。

C．a．「アルミニウムは希少金属の一種で，そのほとんどが地表に存在している」

アルミニウムが希少金属であれば，第1段第1文（In the 19th …）のように「地殻に最も多く含まれ」ないので，本文の記述に反する。

b．「ナポレオン3世がアルミ製のスプーンを愛用したのは，当時は贅沢品ではなかったからだ」

第1段第3文（But the cost …）の「精錬にはコストがかかり」「最高級のディナースプーン」との記述に反する。

c．「最も重要なアルミニウム鉱石は，自然界では粘土の形で存在し，その約半分は酸化アルミニウムである」

第4段（The most important … percent aluminum oxide.）の記述に合致する。

d．「アルミニウム鉱石の特徴のひとつに，分解しやすいということがある」

第2段最終文（This is because …）の「（アルミニウムは）非常に分解しにくい化合物として他の化学元素と結合して存在する」との記述に反する。

e．「アルミニウムは，1808年にイギリスの科学者ハンフリー=デービーによって初めて自然界で発見された」

第5段第1文（The existence of …）で「アルミニウムの存在が予言されていた」とあるが「自然界で発見した」わけではない。よって本文の記述に反する。

f．「19世紀末頃に確立されたアルミニウムの加工方法は，基本的に現在用いられているものと変わりない」

第7段第1文（The Hall-Heroult process …）の記述に合致する。

g．「ある量のアルミニウム金属を作るには，その重量の2倍のアルミナが必要だ」

第8段最終文（About 2 kilograms …）の「1kgのアルミニウム金属を作るには，約2kgのアルミナが必要である」との記述に合致する。

h．「アルミニウムは比較的軽いので，航空機には使われているが，建物には使われていない」

第9段最終文（Its lightness makes …）の「その軽さによって，アルミニウムは建材の製造に役立っている」との記述に反する。

i.「安全のため，アルミニウムには塗料を使うのが望ましい」

最終段最終文（The protective coatings …）の「塗装などの保護膜がアルミニウムでは必要ない」との記述に反する。

D. いわゆる強調構文である。hold back「引き止める」 for so many years「長年にわたって」 以上をまとめて解答とする。

II 解答

A. (1)—a (2)—d (3)—a (4)—b (5)—c

B. (ア)—a (イ)—b (ウ)—d (エ)—b

C. c・e

D. 国民の支持を得るために政府がプロパガンダを利用するということは特に戦争中に当てはまる。

◆全　訳◆

≪プロパガンダについて≫

主に伝達者の利益になるように意図されたメッセージ——これがプロパガンダの基本的な定義である。また，それは世論に影響を与え，他人の信念を操作するために情報を広めることとも定義される。情報はさまざまな方法で伝えられる。学校の教師は生徒に正確な情報を与えようとし，テレビのニュース放送は視聴者に正確な情報を提供しようとする。プロパガンダをこれらと区別するのは，情報の質とその使われ方である。すべてのプロパガンダは，説得するための組織的な企てだ。したがって，問題は語られていることが真実か虚偽であるかではない。プロパガンダを行う者は一方的なメッセージを伝え，ある立場の良い点を強調し，別の立場の悪い点を強調するのだ。20世紀に最も広く用いられたプロパガンダの形のひとつは，政治的な演説である。選挙に立候補する政治家たちは，対立候補の欠点をすべて指摘しながら，自分たちのイメージをできるだけよく見せようとする。

政府は国民の支持を得るためにプロパガンダを利用する。このことは特に戦時中に当てはまり，政府は積極的な支持，自己犠牲，協力精神の表現を奨励したいのである。政府によるプロパガンダの研究で現存する最も古いものは，緊急時における国家安全保障に関するマニュアルである。それらは一般的にプロパガンダが2つの方向，つまり市民と敵に向けられていることを示している。市民は，自分たちの大義は正しく，相手を打ち負かすことができると説得されなければならない。敵は悪として非難され，敗北を恐れるように仕向けられる。敵の集団や部隊を落胆させ，混乱させることを目的としたプロパガンダは，心理戦と呼ばれる。

非民主主義政府はマスコミをより統制できるので，民主主義政府よりもプロパガンダを使う上で有利である。彼らは否認されることをほとんど恐れることなく，国民に確固とした一貫したメッセージを提示することができる。民主主義国家はメディアをそのように完全にコントロールすることはできない。民主主義国の政府は，より多くの面において，政府のプロパガンダが政府以外の情報源からすぐに批判されるような思想の開かれた市場で活動しなければならない。しかし，このように統制ができないことは，必ずしも不利な点ではない。民主主義国の市民は，政府を恐れる必要がないため，政府をより支持するようになる。このように情報の流れに制限がないことのメリットは，長期的に見て最も優れた考えが生き残ることを可能にすることにある。

戦争のような危機的状況では，民主的な政府も非民主的な政府と同じくらい効果的にプロパガンダを行うことができる。このことは，2つの世界大戦で実証された。肯定的な側面では，アメリカのウッドロウ=ウィルソン大統領は「第一次世界大戦は戦争を終わらせるための戦争であり，世界を民主主義のために安全にするための戦争である」と宣言した。この2つの目標はいずれも幻想であることが判明したが，当時は国民の戦争への支持を高めた。否定的な側面として，アメリカ政府は，ドイツ人をフン族と呼び，それによって彼らが未開人であることを示す人種的プロパガンダを展開した。

◀解　説▶

A. (1)直前の it は accurate information を指しており，テレビのニュース放送が正確な情報を伝えようとするのは a.「視聴者」である。

(2)直後に「ある立場の良い点を強調し，別の立場の悪い点を強調する」と具体例が述べられている。よって d.「一方的な」が正答となる。

(3)直後に「つまり，市民と敵に」と言い換え表現があるので，a を選択し in two directions「2方向に」とするとよい。

(4)第3段第3文（Democratic nations do …）に「民主主義国家はメディアをそのように完全にコントロールすることはできない」とある。よって，非民主主義政府についての空所を含む文では逆の意味になるようにｂを選択するとよい。

⑸情報の流れに制限がないことで，長期的に見て最も優れた考えが生き残ることがｃ．「可能な」となると考えると文意に合う。

Ｂ．㋐issue「争点」でａ．「論点」が正答となる。

㋑opponents「敵対者」でｂ．「政敵」が正答となる。

㋒dealは「商う，活動する」で，deal in ～で「～で活動する」となる。よってｄが正答となる。

㋓ethnic「民族の，人種の」で，ｂが正答となる。

Ｃ．ａ．「『プロパガンダ』という言葉は，大多数の人々が信じていることを反映するように作られた情報を広めることと定義することができる」

第１段第１文に「プロパガンダの基本的な定義は主に伝達者の利益になるように意図されたメッセージである」とあり，プロパガンダとは大多数の人々ではなく発信者の意図が反映されたものである。よって誤りである。

ｂ．「政治家は演説の中で，政敵に言及せずに自らの良い印象を与えようとする」

第１段最終文（Politicians running for …）の「対立候補の欠点をすべて指摘しながら」の内容に反する。よって誤りである。

ｃ．「政府は戦争中，敵を落胆させ混乱させるために心理戦略をとることを選択する」

第２段第２文（This is especially …）に戦時中，政府はプロパガンダを活用するとあり，そのプロパガンダには敵に向けられた心理戦も含むと第２段最終文（Propaganda intended to …）にある。よって本文の記述と一致する。

ｄ．「民主主義国家が提供する公の情報は，自由で開かれた市場で共有されるが，誰も簡単にアクセスすることはできない」

第３段最終文（The benefit of …）に「情報の流れに制限がない」とあり，民主主義国家では情報を発信し知る権利があることがわかる。よって矛盾する。

ｅ．「非民主主義国の政府だけがプロパガンダを利用するのではない。民主主義国の中にも，戦争中に敵に関する誤った，あるいは攻撃的な情報を流すものがある」

第 4 段第 1 文（In times of …）に「戦争のような危機的状況では，民主的な政府も非民主的な政府と同じくらい効果的にプロパガンダを行うことができる」とあり，本文の記述と一致する。

D．まず，This の内容は直前の「政府は国民の支持を得るためにプロパガンダを利用する」ことである。be true of ～「～に当てはまる」 times「時代」 以上をまとめて解答とする。

Ⅲ　解答

A．(i)－c　(ii)－d　(iii)－a　(iv)－b

B．(ア)－c　(イ)－d　(ウ)－b　(エ)－c

C．(1)－c　(2)－b　(3)－d

◆全　訳◆

≪睡眠不足の影響≫

睡眠不足の従業員は，生産性，モチベーション，創造性，幸福感，効率性が低いだけでなく，道徳性も低い可能性がある。職場での研究によると，睡眠時間が 6 時間以下の従業員は，6 時間以上の従業員に比べ，翌日，著しく態度が悪く，嘘をつく可能性が高いことがわかっている。ワシントン大学の研究者であるクリストファー＝バーンズ博士の重要な研究によると，人は睡眠時間が短いほど，偽の領収書を作成するなど，不正な行動をとる可能性が高いことが判明した。また，バーンズは，睡眠不足の従業員は他人の手柄を自分のものにする，あるいは職場での自分の失敗を他人のせいにする傾向があることも明らかにした。このような行動は，チーム構築や調和のとれたビジネス環境の構築につながるとは言い難い。

睡眠不足に起因する不道徳な行動は，仕事の場で別の形態でも見られ，それは「ソーシャル・ローフィング（社会的手抜き）」と呼ばれる。これは，集団での成果が評価されるとき，一人で仕事をするときより集団で仕事をするときは努力をしないことにしている人のことを指す。このような人は，怠けるチャンスを捉えて他の人の努力の陰に隠れる。このような人は，自分一人が評価されているときと比較して，自分自身で作業を仕上げる部分が少なく，その作業も間違っていたり，質が低かったりする傾向がある。

そのため，睡眠不足の従業員はチームで仕事をする際に，より利己的な道を選び，ソーシャル・ローフィングという不誠実な方法をとる。これはグループの生産性の低下につながるだけでなく，チームメンバーの間に怒りや不快感を生じさせることもある。

ビジネスにおいて注目すべきは，従業員の睡眠時間がわずかに減少した結果としてビジネスの成果に悪影響があるという多くの研究報告があることだ。たとえ20〜60分の睡眠でも，誠実で創造的で生産的な従業員とそうでない従業員の違いを生む可能性がある。

リーダーや管理職の睡眠不足の影響を調べてみると，同じように驚くべきことがわかる。どのような組織においても，効果的でないリーダーシップはグループに対して多くの影響力のある結果をもたらす。私たちは，良いリーダーはいつもいいし，悪いリーダーはいつも悪い，つまり変わることのない特性であると考えがちだ。そうではない。個々のリーダーシップの良し悪しの差は日によって大きく異なり，その差の大きさは個々のリーダーの平均的な差をはるかに超えている。では，リーダーの効果的に統率する能力が日々浮き沈みすることを説明するものは何だろうか。睡眠時間の長短が，その明らかな要因のひとつなのだ。

◀解　説▶

A．(i)「他人の成功の名誉を奪う」　他人の手柄を横取りするという意味でc．「他人が得るべき尊敬と名誉を盗む」が意味的に最も近い。

(ii)「睡眠不足の従業員」　第1段で6時間が睡眠不足の基準として用いられている。よって，d．「一晩につき睡眠時間が6時間以下の従業員」が意味的に最も近い。

(iii)「そうではない者」　one は関係詞 who がついていることからもわかるように an employee であり，not 以降は直前の honest, creative, and productive が省略されている。よって a．「正直でも創造的でも生産的でもない従業員」が意味的に最も近い。

(iv)「真実ではない」　直前の内容の否定である b．「良いリーダーが常にいいとは限らないし，悪いリーダーが常に悪いとは限らない」が意味的に最も近い。

B．(ア) significantly「著しく」で c．considerably が正答となる。

(イ) assessed「評価される」で d．evaluated が正答となる。

(ウ) modest「控えめな」で b．slight「わずかな」が正答である。

(エ) consequences「結果」で c．impacts「影響」が正答となる。

C. (1)「ワシントン大学の研究者は，睡眠についてどのようなことを発見したか」

c.「睡眠不足の従業員は，職場で不誠実な行動をとりがちである」が第1段第3・4文（Important work by … their own mistakes.）の記述と合致する。

(2)「ソーシャル・ローフィングについて，正しくないものは次のどれか」

ソーシャル・ローフィングについては第2段に記述があり，b.「従業員は集団であれ一人であれ，職場で最も効率的に働こうと努力するかもしれない」が記述に反する。

(3)「リーダーの睡眠不足の影響について，どのように言及されているか」

d.「睡眠不足でリーダーのパフォーマンスが低下することがある」が最終段最終3文（Differences in individual … one clear factor.）の記述と合致する。なお，選択肢のbはonlyを用いて，パフォーマンスの差が睡眠の量「だけ」によるとしている点で不適である。

Ⅳ 解答

(1)— d (2)— c (3)— a (4)— b (5)— d (6)— b
(7)— a (8)— b (9)— c (10)— c

◀解　説▶

(1)「暖冬のため，この冬はスキーをするための雪が少ない」

the warm weather は後半部分の「雪が少ない」ことの理由である。On account of ～「～のために」

(2)「たとえ残ったとしても，スープはほとんど残らないでしょう」

if any「たとえあったとしても」

(3)「この会社に来るまでにハリスさんは4回転職していると聞いています」

時制の問題で，転職は heard より以前に起こったことなので過去完了形である a. had changed が正答となる。

(4)「若いころは，新しい職場で新しい職務につくことに，あまりワクワクしなかった」

be excited about ～「～にワクワクする」

(5)「デイビッドは，たまたまデトロイトで乗る便を間違えたに違いない。彼は飛行機に乗っていなかった」

must have *done*「～したに違いない」

(6)「先週の台風でホテルが大きな被害を受けたため，彼らは別の宿泊先を探さなければならない」

have to *do*「～しなければならない」

(7)「パスポートを更新しなければならないので，新しいパスポートを取得するまで私は海外に行くことができない」

時と条件を表す副詞節では未来形は用いることはできない。なお，new one の one は前出の passport を指す。

(8)「この若手俳優にはアクション映画の経験が不足しているように私には見える」

「不足している」ことは実際の話なので仮定法ではない。as if 節であっても必ずしも仮定法をとるわけではない。

(9)「IT 企業に勤めている人は，眼精疲労は避けられないと思っているかもしれない」

there is no *doing*「～することはできない」

(10)「我々が研究開発に費やした費用は昨年の３分の１だった」

倍数表現は比較の直前に挿入する。one(-)third「３分の１」

V　解答

A．(1)２番目：c　６番目：e

(2)２番目：f　６番目：g

B．〈解答１〉(Because signs indicating a restroom) are much the same all over the world, no matter which country you go to, you will never get lost(.)

〈解答２〉(Because signs indicating a restroom) are almost universal, wherever you go in the world, you shouldn't have trouble finding one(.)

◀解　説▶

A．(1)(If you don't) get it in writing any promises he makes might not be (enforceable.)

make promises「約束をする」は，いわゆる関係詞の目的格省略で処理して解答とする。in writing「書面で」

(2)(No) one knows exactly what became of the two arrested men (afterward.)

what became of～「～はどうなったか」 間接疑問文として処理する。
B．文頭に接続詞であるBecauseが指定されているので，和文の前半，後半とも節を用いて解答する。〈解答2〉は和文の後半部分を「トイレを見つけるのに困らない」と読み替えた。この場合，特定のトイレではないので，不定代名詞oneで受ける。have trouble *doing*「～するのに困る」

Ⅵ 解答

(1)―b　(2)―d　(3)―c　(4)―b　(5)―a　(6)―a
(7)―d　(8)―c　(9)―b　(10)―a

◆全　訳◆

≪大学生同士の会話≫

大学生のルーシーとタロウは，友人の一人であるベスのことを話している。

ルーシー：ねえ，ベスのいい知らせを聞いた？

タロウ　：いや，どうしたんだい？　昨日，彼女に会ったけど，何も言ってなかったよ。

ルーシー：今朝ツイッターで，2021年度最優秀学生賞を受賞したって書いていたの。2限目の前に話をしたの。彼女はとても喜んでいたわ。

タロウ　：お祝いしないとね！

ルーシー：うん，そうだね。

タロウ　：受賞はどうやって決めたの？

ルーシー：いくつかのカテゴリーがあったと思うわ。例えば，スポーツチームやクラブでリーダーになることが重要なの。もちろん，成績も重要だわ。ベスのように学業優秀な学生であることは有利よね。

タロウ　：ベスが選ばれたのも不思議じゃないね。彼女は本当に成績がいいしね。教授はいつも授業で彼女のアイデアを褒めているよ。また，彼女はバスケットボールチームのキャプテンで，15年ぶりに州のチャンピオンになったよ。さらに，地元のバンドで長い時間クラリネットも吹いているよ。彼女はそこで最高のミュージシャンの一人だよ。ベスはこの賞にふさわしいね。

ルーシー：彼女は何でもこなせてすごいよね。

タロウ　：言いたいことわかるよ。僕も授業とゲームを両立させるのは難しいもの。彼女は時間の管理能力に長けているよね。僕なんか，何を先にやればすべてが時間内に終わるのか，なかなか判断がつかないもの。ベスみたいになれたらな。

ルーシー：ええ，私が本当に目指す人間になるためには，そのスキルが必要だわ。とにかく，ベスのためにサプライズパーティーを企画しなくちゃね。私は彼女の受賞をお祝いしたいわ。

タロウ　：そうだね。それは素晴らしい考えだね。ベスに電話して状況を聞いて，来週に都合がつくかどうか確認するよ。

ルーシー：ありがとう。サプライズパーティーにするから，この計画があることを彼女に知られないようにしてね。

タロウ　：ベスに数学の問題で困っていることを伝えて，僕の家に来てもらうことにするよ。彼女のことだから，喜んで助けてくれるよ。任せといて。

◀解　説▶

⑴ her achievement「彼女の業績」はベスの最優秀学生賞の受賞で b.「～を祝う」が適当である。

⑵直後にルーシーが賞の選考基準について述べている。よって d.「どのように受賞者を決めたのか」が適当である。

⑶ standing は「状態」で，academic standing は「学業成績」である。受賞に有利となるには c が適当である。

⑷直前のルーシーの発言からベスが受賞にふさわしいことがわかるので，b. No wonder ～「～は当然だ」が適当である。なお，d. No doubt「疑いがない」はベスの受賞について疑っているわけではないので不適である。

⑸消去法で選ぶとよい。ベスはクラリネットを演奏しているわけであるから a が正答である。spend *A* *doing*「～して *A*（時間）を過ごす」

⑹直後にタロウが時間管理の難しさを述べている。よって a を選択して「彼女がすべてのことをこなせること（やり方）は素晴らしい」とするとよい。

⑺タロウは直前にベスの時間管理の素晴らしさについて述べ，直後にベスのようになりたいと述べている。よって d を選択して「何を最初にしたらいいか判断がつかない」とすれば文意が通る。

(8)消去法で選ぶ。ベスは理想の学生であるのでｃ．「私が本当に目指す人間」が正答となる。

(9)タロウはベスの予定を聞こうとしているので，ｂ．「状況がどのようであるかを聞く」が正答となる。

(10)直前にベスのお祝いはサプライズパーティーとある。よって，ベスに計画を知られてはならない。ａ．make sure ～「～を確実にする」が正答となる。

❖講　評

2022年度も，大問6題の出題であった。読解，文法・語彙，語句整序，英作文，会話文で構成されている。読解の中にも文法・語彙・構文の知識を問うものが含まれている。

読解：Ⅰ～Ⅲの英文は，全体としてほぼ例年通りの分量で，すべて受験生が興味をもって読める論旨明快な文章であった。設問は空所補充，同意表現，内容真偽，内容説明，英文和訳が出題されている。内容真偽問題の選択肢は英文の出題のみ。英文和訳は，Ⅰでは強調構文の理解，Ⅱでは指示語の内容説明が要求された。空所補充問題では単語の意味と語法の知識および文脈把握力がバランスよく問われている。標準的な語彙力・文法力はもちろん，該当段落や文全体の要旨に気を配り大きく選択肢を見る力も必要である。

文法・語彙：Ⅳは短文の空所補充。動詞の語法をはじめ文法の知識をまんべんなく問う出題である。Ⅴ－Ａの語句整序は，(1)関係詞の目的格省略，(2)分詞形容詞の理解や熟語の知識が問われた。

英作文：Ⅴ－Ｂの和文英訳は複合関係詞，基本的な語彙の知識が問われた。

会話文：Ⅵの空所補充は，会話の流れに沿った応答文を選ぶ力と合わせて語彙・文法力も問われている。

全体として2022年度も，多様な問題構成の中で基本的な英語の運用能力を問う出題であった。設問は基本的なものが多く選択肢をしっかりと吟味したうえで確実に得点したい。基本的な知識を確実にものにしたうえで，柔軟に問題に対処する力を養うことが大切である。

日本史

I　解答

1ーエ　2ーウ　3ーイ　4ーイ　5ーイ　6ーア
7ーエ　8ーウ　9ーア　10ーイ

◀解　説▶

≪古代～近現代の小問集合≫

1．a．誤文。「法隆寺夢違観音像」は飛鳥文化ではなく白鳳文化の作品である。法隆寺は飛鳥文化を代表する寺院であるが，所蔵されている美術品の中には夢違観音像のほか，阿弥陀三尊像（橘夫人念持仏）や金堂壁画など白鳳文化の作品もあるので注意しよう。b．誤文。「法隆寺夢殿救世観音像」は白鳳文化ではなく飛鳥文化の作品である。

2．a．誤文。藤原純友はもと国司（伊予掾＝三等官）で，反乱を起こしたのは 9 世紀末ではなく 10 世紀半ばであった。b．正文。平将門は従弟の「平貞盛」や下野押領使藤原秀郷らによって討たれた。

3．a．正文。「14 世紀半ばに初めて発布された半済令」は足利尊氏が発令した 1352 年の観応の半済令である。b．誤文。代官請の説明である。鎌倉時代の地頭請や室町時代の守護請もその一種であるが，「15 世紀以降」は室町時代なので「地頭請」ではなく守護請とすべきところである。

4．a．正文。豊臣秀吉は大名の入信を許可制にし，一般人は自由とした。バテレン追放令では宣教師に対し 20 日以内の国外追放を命じた。b．誤文。「マカオ」はポルトガルの拠点である。スペイン政庁が置かれたのはフィリピンのマニラである。

5．a．正文。「蝦夷地や陸奥で漁業がさかんになった」背景には，河村瑞賢の東廻り航路（1671 年）や西廻り航路（1672 年）など海運ルートの整備があった。b．誤文。「九州南部や東海地方」が誤り。高級絹織物を生産する機業地が成立したのは桐生（上野・群馬県）や足利（下野・栃木県）などの北関東である。なお，東海地方は綿織物が発達した。

6．a．正文。人情本の為永春水は天保の改革で処罰されたことを覚えておこう。b．正文。やや難問。「7 代目市川団十郎」は多彩な芸をこなし，歌舞伎十八番（市川家が得意とする演目）を定めた。また「鶴屋南北」と組んで写実性の強い生世話物で人気を博した。

7．a．誤文。「進歩党」が誤り。正しくは立憲自由党である。300 議席中，立憲自由党と立憲改進党で 171 議席を占めた。なお，進歩党は 1896 年に立憲改進党を中心に結成された政党である。b．誤文。「第 2 次伊藤博文内閣」が誤り。第 2 回総選挙において内務大臣の品川弥二郎が選挙干渉を行ったときの内閣は第 1 次松方正義内閣である。松方内閣はその責任が問われ第三議会終了後に退陣した。

8．a．誤文。「中国の主権尊重，中国の経済上の門戸開放・機会均等を定めた」のは九カ国条約。また同条約によって破棄されたのは石井=ランシング協定である。なお，「米・英・日・仏の間で」結ばれた「四国条約」は太平洋問題を調整するための条約である。b．正文。「陸軍の軍縮」は宇垣一成陸相（加藤高明内閣）によって 4 個師団が削減された。

9．a．正文。日本が間接統治であったのに対し，同盟国ドイツは米・英・仏・ソに分割占領され，直接軍政下に置かれた。b．正文。「治安維持法や特別高等警察の廃止，政治犯の即時釈放」を人権指令という。またプレス=コード（新聞発行綱領）に違反した場合，記事の筆者と編集責任者は命令違反で軍事裁判にかけられた。

10．a．正文。第 1 次石油危機は 1973 年の第 4 次中東戦争が，第 2 次石油危機は 1979 年のイラン革命が契機となった。b．誤文。「日本郵政公社」の民営化は小泉純一郎内閣のもとで進められた（郵政民営化法，2005 年）。

Ⅱ 解答

1―ウ　2―イ　3―ア　4―ウ　5―ア　6―エ
7―ア　8―ア　9―ウ　10―ウ

◀解　説▶

≪弥生時代～ヤマト政権，文治政治≫

1．ウ．正文。弥生時代には「狩猟や漁労も」行われた。ア．誤文。「乾田」と「湿田」が逆さまである。イ．誤文。「銅鐸」は主に畿内から出土する。「九州北部」から出土するのは主に銅矛や銅戈である。エ．誤文。弥生後期になると鉄製の刃先をもつ鋤や鍬が普及した。

2．イが正解。①『漢書』地理志には，Y：100 余国の小国の分立や定期的に楽浪郡に朝貢していた紀元前 1 世紀頃の倭の様子が記されている。②

『後漢書』東夷伝には，Ｚ：57年の奴国王の朝貢や107年の帥升らの朝貢の様子が記されている。③『魏志』倭人伝には，Ｘ：邪馬台国連合の様子が記されている。

3．ア．正文。「福岡県の石塚山古墳」の判断が難しい。墳丘長約120mの出現期の前方後円墳の一つである。なお，「奈良県の箸墓古墳」は墳丘長280mで出現期最大の前方後円墳である。イ．誤文。「前期の古墳」は円筒埴輪が多い。「動物や人物をかたどった」形象埴輪は中期以降に多くなる。ウ．誤文。「横穴式石室」は後期に増加する。前期は竪穴式石室である。エ．誤文。「群集墳」が増加するのは後期である。

4．ウが正解。①527年，②587年，③592年である。よって①―②―③の順になる。

5．ア．正文。蘇我倉山田石川麻呂は新政権で右大臣となったが，649年に異母弟の蘇我日向（ひむか）の讒言で謀反の疑いをかけられ，中大兄皇子に攻められて自殺した。イ．誤文。「難波」ではなく近江大津宮。難波宮（難波長柄豊碕宮）に遷都したのは孝徳天皇である。ウ．誤文。「孝徳天皇」ではなく斉明天皇と中大兄皇子である。エ．誤文。「郷」ではなく評。郷は律令制下の里を715年に改称した行政単位である。

6．エ．誤文。空欄ｆの人物は徳川家綱。史料は1683年の武家諸法度天和令で，発令したのは5代将軍徳川綱吉である。

7．アが正解。やや難問。文治政治を進める4代将軍家綱は「1663年」に殉死を禁止した。イ．「末期養子の禁を緩和」したのは家綱の時代であるが，1651年のことである。ウ．5代将軍綱吉の時代のことである。エ．「大名へ領知宛行状を一斉に発給」したのは家綱であるが，1664年のことである。

8．アが正解。「家光を支えていた老臣」は松平信綱である。3代将軍徳川家光に仕えて老中となり，島原の乱（1637～38年）を鎮定するなどの活躍をした。家綱時代には慶安の変（由井正雪の乱）の鎮定や明暦の大火後の江戸復興などに尽力した。伊豆守と称し頭脳明晰であったことから「知恵伊豆」と呼ばれた。なお，イ．堀田正俊は5代将軍綱吉を支えた大老。ウ．柳沢吉保は5代将軍綱吉の側用人。エ．荻原重秀は5代将軍綱吉時代に勘定奉行として元禄金銀を鋳造した人物。

9．ウが正解。「関東取締出役」は11代将軍徳川家斉時代の1805年に設置されたものなので，「17 世紀」には存在していない。

10．ウが正解。保科正之は 17 世紀半ばに活躍した会津藩主。4 代将軍家綱を後見して幕政を支え，また初代会津藩主として新田開発や殖産興業など藩政改革に尽力した。なお，ア．熊本藩主の細川重賢は 18 世紀に活躍した名君の一人。イ．秋田藩の佐竹義和は 18 世紀後半から 19 世紀前半に活躍した名君の一人。エ．池田輝政は「鳥取藩」ではない。16 世紀後半から 17 世紀前半に活躍した名将で，播磨姫路藩主となり中世以来の姫路城を大改築して完成させた人物。

III 解答

1―ア　2―エ　3―ウ　4―エ　5―イ　6―エ
7―エ　8―ア　9―イ　10―エ

◀解　説▶

≪中世の争乱≫

1．ア．誤文。「孫」が誤り。堀河天皇は白河上皇の子である。

2．エが正解。源実朝が編纂したのは『金槐和歌集』。「金」は鎌倉の鎌の偏，「槐」は大臣の意味（実朝は右大臣であった）。『鎌倉右大臣家集』ともいう。後鳥羽上皇ともつながりが深く，藤原定家から和歌を学んだ。『新古今和歌集』の影響を受けてはいるが，対照的な万葉調の力強い歌も多い。

3．ウ．正文。1185 年に地頭が設置されたときの権限。なお，兵粮米徴収をめぐり混乱が生じたためこの権限は翌年停止された。ア．誤文。「中山道」ではなく東山道である。イ．誤文。「守護」は国ごとだが「地頭」は荘園・国衙領ごとである。

エ．誤文。源頼朝を右近衛大将に任命したのは「鳥羽上皇」ではなく後白河法皇。また征夷大将軍に任じたのは「後白河法皇」ではなく後鳥羽天皇である。

4．エが正解。やや難問。承久の乱（1221 年）のときの「天皇」なので仲恭天皇である。乱後に廃位されアの「後堀河天皇」に代わったことを思い出そう。仲恭天皇はウの「順徳天皇」の子で後鳥羽上皇の孫にあたる。4 歳で即位し，在位は 70 日余りであった。なお，イの「土御門天皇」は後鳥羽上皇の子で順徳天皇の兄，乱には無関係であったが自ら土佐に配流となった。

5．イが正解。北畠親房の歴史書は『神皇正統記』。南朝の後村上天皇に献上された史書で，神国思想や大義名分論を基調に南朝の正統性を述べている。

6．エが正解。史料の「建武二年」「鎌倉へ責上ル」と語群の組合せなどから中先代の乱を想起しよう。北条時行は最後の得宗北条高時の子。「建武二年」(1335 年）に北条時行は北条氏残党らと「信濃国」で挙兵し，鎌倉の足利「直義」を攻め破ったが，関東に下った足利尊氏に敗れ殺された。

7．エが正解。すべて正しい。御成敗式目は 1232 年に 3 代執権北条泰時が制定した鎌倉幕府の基本法。頼朝以来の先例と武家の道理を成文化したもの。室町幕府でも基本法典として存続した。ア．「守護の職務規定」は第三条，イ．「地頭の年貢抑留に関する規定」は第五条，ウ．「女性による養子縁組」は第二十三条に規定されている。

8．アが正解。「天台宗」の総本山である寺院を選べばよい。「天台座主」は比叡山延暦寺の貫主（最高職)。第 3 代円仁から正式な職となり，平安後期以降は皇族・公家出身者が補任された。九条家出身の慈円（著書に『愚管抄』）などが有名である。

9．イが正解。元弘の変（1331 年）はアの「後醍醐天皇」の討幕挙兵事件。「光厳天皇」は元弘の変で隠岐に配流された後醍醐天皇に代わり，鎌倉幕府（北条高時）によって持明院統から擁立された天皇。北朝の初代天皇とされ，弟のウの「光明天皇」は建武の新政崩壊後，足利尊氏に擁立された北朝第 2 代の天皇である。

10．エが正解。すべて正しい。保元年間から暦応年間は平安末期から室町初期にあたる。ア．鎌倉後期から御家人社会では分割相続による土地の細分化で経済的に疲弊するものが増えたため，嫡子への単独相続へと切り替わっていった。イ．単独相続の影響から嫡子に従属できない庶子が増え，地方武士団では内部対立が起こり，南北朝の動乱がそれを助長した。よって血縁的結合より地縁的結合を強めるようになった。ウ．鎌倉期に借上と呼ばれた金融業者は室町期に土倉と呼ばれるようになった。

Ⅳ　解答

1ーエ　2ーイ　3ーウ　4ーエ　5ーエ　6ーイ
7ーア　8ーウ　9ーア　10ーエ

◀解　説▶

≪近現代の教育と学問≫

1．エが正解。やや難問。東京・横浜間の電信架設（1869 年）→太陽暦（新暦）の採用（1872 年）→キリシタン禁制の高札の撤去（1873 年）→廃刀令（1876 年）の順である。

2．イ．正文。東京大学の設立（1877 年）は江戸幕府の昌平坂学問所・蛮書和解御用・種痘館などが幾度か改変された組織の流れをくんでいる。ア．誤文。「自由教育令の公布」は 1879 年。「女学校」は 1872 年，「女子師範学校」は 1874 年に設立されているので「認められていなかった」は誤り。ウ．誤文。「東京師範学校の払い下げ」「初の私学」が誤り。大隈重信は明治十四年の政変（1881 年）で参議を罷免されると，翌年「東京専門学校（現：早稲田大学）」を創設した。なお，東京専門学校以前に福沢諭吉の慶応義塾（1858 年）や新島襄の同志社英学校（1875 年）などが創立されている。エ．誤文。札幌農学校は北海道大学農学部の前身であり，1876 年にアメリカ式の大農場制度を移植するために開設された。

3．ウが正解。やや難問。ジェーンズはアメリカの軍人。1871 年に創設された熊本洋学校の御雇い外国人教師として英語・数学・歴史・地理など多教科を教えた。また聖書の講義も行い薫陶を受けた生徒たちは熊本バンドを結成した。教え子に海老名弾正・徳富蘇峰らがいる。

4．エ．誤文。やや難問。小学校の教科書が国定教科書となったのは 1903 年なので日露戦争前。なお，義務教育年限が 6 年になったのは 1907 年である。

5．エが正解。閔妃殺害事件（1895 年）→大韓帝国の成立（1897 年）→北清事変（1900 年）→対露同志会の結成（1903 年）の順である。

6．イ．誤文。「加藤弘之」ではなく中村正直。加藤弘之は明六社に参加し天賦人権論を主張した政治学者。後には『人権新説』を著し国権論を唱えた。また 1877 年に東京大学が創立されると初代総理となった。

7．アが正解。「赤瀾会」（1921 年）は山川菊栄や伊藤野枝らが結成した女性社会主義者の団体。「市川房枝」は 1920 年に新婦人協会を設立した女性運動家。

8．ウが正解。「本多光太郎」による「KS磁石鋼の発明」は1917年（大正時代）である。ア．「高峰譲吉」（明治・大正時代）は消化薬のタカジアスターゼや強心薬のアドレナリンを創製した化学者。「オリザニンの抽出」は鈴木梅太郎（明治～昭和前期）である。イ．組合せは正しいが，「北里柴三郎」の「ペスト菌の発見」は1894年で明治時代である。エ．「長岡半太郎」（明治～昭和前期）は原子構造の研究で有名。「地磁気の測定」に寄与したのは田中館愛橘である。

9．ア．正文。桜会は橋本欣五郎ら参謀本部の中堅将校を中心とする陸軍の秘密結社。民間右翼の大川周明らと結び三月事件・十月事件（1931年）で軍事政権樹立を企てたがいずれも未遂に終わった。イ．誤文。「大正時代から続く政党内閣が終了した」のは1932年に犬養毅首相が殺害された五・一五事件である。ウ．誤文。1937年7月の盧溝橋事件を契機とする日中戦争では「宣戦布告」をしていない。エ．誤文。「石橋湛山は『東洋経済新報』」で一貫して小日本主義（植民地放棄論）を唱え，軍部の動きを批判して満州事変に反対した。

10．エ．誤文。「左派の社会科学者」が誤り。日本学術会議は科学者の内外に対する代表機関として1949年に発足した。会員は全国の科学者によって公選された「あらゆる分野の科学者」210人で構成された。

❖講　評

例年大問5題（解答個数50個）であったが，2022年度は大問4題（解答個数40個）になった。

Ⅰ　定番の2文の正誤判定問題。政治・外交・文化などの内容で構成されている。9・10が現代史からの出題であった。誤文を判断しやすい問題が多いので見落としのないように注意したい。2．a．判断しにくい問題である。3．b．代官請の形態として地頭請や守護請があることと，「15世紀以降」から室町時代の出来事として判断できるかがポイント。6．b．「7代目市川団十郎」の判断はやや難問。10．b．民営化された公共事業体の名が羅列されているので「日本郵政公社」を見落とさないように注意したい。

Ⅱ　A．弥生時代の小国の分立から大化の改新までの政治史を中心とした問題。B．文治政治をテーマにした問題である。選択式は誤文が判断しやすいのでミスは許されない。3．アの「石塚山古墳」の判断に迷うところであるが消去法で解答できる。配列法の4は西暦年がわからなくても流れを思い出せれば解答できる。7．ア・イ・エがいずれも家綱時代なのでやや難問である。

Ⅲ　A．承久の乱（『神皇正統記』），B．中先代の乱（『保暦間記』）をテーマにした問題。教科書などに掲載されている有名史料とはいえないが，設問は基本的内容である。1．「子」か「孫」か漢字1字の判断なので注意力が必要。3．注意深く読まないとイとウで迷ってしまう。4．承久の乱のときの天皇を認識できているかがポイント。9．イの「光厳天皇」とウの「光明天皇」の区別ができているかが勝負どころである。

Ⅳ　明治維新から戦後の民主化までの教育や学問をテーマにした問題。文化史を中心に構成されているが，政治や戦争に関する内容も問われている。設問の多くは平易であるが，点差のつきやすい問題である。1．廃刀令が最後とわかればアとエに絞り込んで解答できる。2．アの誤文判定がやや難しい。3．ジェーンズの業績はやや難問。4．教育史の類似の問題が2021年度に配列法で出題されている。8．イの「北里柴三郎」の「ペスト菌の発見」が明治時代であることを認識していないと迷うところである。10．エの「日本学術会議」の内容を判断できるかがポイントである。

世界史

I 解答

イ―d　ロ―a

①―c　②―d　③―c　④―b　⑤―c　⑥―a

◀解　説▶

≪ルネサンス・宗教改革≫

①c．誤文。ファン=アイク兄弟はフランドルの画家である。「エラスムス像」を描いたのはドイツ出身のホルバインである。

②d．誤文。ネーデルラントでは，ルター派ではなくカルヴァン派がゴイセンと呼ばれた。

③c．誤文。ジョルダーノ=ブルーノは宗教裁判でも自説の撤回を拒否したため異端とされ，投獄されたのち火刑に処された。

④b．誤文。ヴォルムス帝国議会にルターを召喚したのは，ザクセン選帝侯フリードリヒではなく皇帝カール5世である。フリードリヒはヴィッテンベルク大学を創始した人物で，ルターを保護し，宗教改革を支持した。

⑤c．誤文。司教制はカトリック教会における監督制度である。カルヴァンは長老が教会の管理・運営を行う長老主義を導入した。

⑥やや難。a．誤文。イエズス会はイグナティウス=ロヨラやフランシスコ=ザビエルを中心に1534年に創設された。マテオ=リッチの入会は1571年である。

II 解答

イ―b　ロ―b

①―b　②―a　③―d　④―c　⑤―a　⑥―d

◀解　説▶

≪ソ連の歴史≫

①b．誤文。コルホーズは戦時共産主義（1918～21年）ではなく，1928～32年にかけての第1次五カ年計画のなかで建設が強行された。

②やや難。a．誤文。レーニンが結成したのは社会革命党ではなく，ロシア社会民主労働党の左派であるボリシェヴィキ。

③d．誤文。コミンテルンの解散は1943年で，独ソ戦開始（1941年）後

にソ連が連合国との協調関係を重視したことなどが理由である。
④c．誤文。スターリンはカイロ会談に参加していない。カイロ会談はアメリカのフランクリン=ローズヴェルト，イギリスのチャーチル，中華民国の蔣介石によるもので，対日処理方針などが討議された。
⑤a．誤文。現ポーランド領のダンツィヒ（グダンスク）は，第二次世界大戦初期にソ連ではなくドイツにより併合された。
⑥d．誤文。制限主権論はブレジネフが掲げた主張。ゴルバチョフが進めたペレストロイカのなか，制限主権論は放棄され，東欧社会主義圏への内政干渉は否定された。

Ⅲ　解答

イ－b　ロ－d
①－c　②－a　③－a　④－d　⑤－c　⑥－b

◀解　説▶

≪インダス文明～グプタ朝≫
①c．誤文。インダス文明の遺跡から大規模な宮殿跡は見つかっていない。
②a．誤文。マウリヤ朝はインダス川ではなくガンジス川流域におこった王朝で，アショーカ王の時代には南部を除くインド統一をはたした。
③a．誤文。マハーヴィーラはジャイナ教の開祖ヴァルダマーナの尊称である。ガウタマ=シッダールタは釈迦やブッダ（仏陀）などとも呼ばれる。
④d．誤文。アジャンター石窟寺院は純インド的なグプタ様式であり，ガンダーラ美術で見られたヘレニズムの影響は見られなくなった。
⑤c．誤文。ナーランダー僧院はヒンドゥー教ではなく仏教の学院で，唐の玄奘や義浄もここで学んだ。
⑥b．誤文。サータヴァーハナ朝は前1世紀～後3世紀の王朝で，4世紀～6世紀半ばのグプタ朝よりも前の時代である。

Ⅳ　解答

イ－c　ロ－c
①－a　②－c　③－a　④－b　⑤－b　⑥－c

◀解　説▶

≪オランダのアジア進出≫
①a．誤文。アンボイナ事件でオランダの商館員は，フランスではなくイギリスの商館員を殺害した。

②やや難。c．誤文。ポルトガルはオスマン帝国の進出により紅海の封鎖には成功せず，ムスリム商人やインド商人から関税や通行税を徴収するにとどまった。

③a．誤文。華僑には福建省や広東省など華南の出身者が多かった。

④b．誤文。アジア三角貿易はイギリス・インド・中国の間で行われ，アヘン・茶・綿織物などが主要商品であった。

⑤b．誤文。タミル人はアーリヤ系ではなくドラヴィダ系で，現在も南インドやセイロン（スリランカ）に居住している。

⑥c．誤文。オランダは 19 世紀後半からアチェ王国との間でアチェ戦争（1873〜1912 年）を行い，これに勝利して 20 世紀初頭に同国を支配下に置いた。

V　解答

イ―d　ロ―b

①―d　②―a　③―a　④―c　⑤―b　⑥―c

◀解　説▶

≪毛沢東の生涯≫

①d．誤文。大総統として二十一カ条の要求を受け入れたのは段祺瑞ではなく袁世凱である。北洋軍閥の段祺瑞は，袁世凱の死後に北京政府の実権を握った人物である。

②a．誤文。威海衛を基地とする北洋艦隊を編制したのは曾国藩ではなく李鴻章である。

③a．誤文。梁啓超は康有為などとともに戊戌の変法を進めたが，科挙の廃止は光緒新政の中で 1905 年に実現されたものである。

④c．誤文。「大躍進」政策は，1958 年からの第 2 次五カ年計画で掲げられたスローガンである。

⑤b．誤文。「四人組」は毛沢東夫人の江青のほか，王洪文・張春橋・姚文元の 4 名からなる。軍人の林彪はこの中に含まれない。

⑥c．誤文。陳水扁が台湾総統に就任したのは 2000 年で，鄧小平は 1997 年に死亡している。

❖講　評

Ⅰ　ルネサンスと宗教改革に関して出題された大問である。⑥の「マテオ=リッチ」がイエズス会に入会したタイミングはやや難しかったが，消去法で正解にたどり着けただろう。基本事項が多く，得点源としたい大問である。

Ⅱ　ロシア革命からソ連解体までの歴史を中心とした大問である。経済政策や指導者の事績に関しては深い理解が問われている。②はレーニンがウクライナ独立を阻止したことや彼の著作までは学習が及んでいなかったかもしれず，正誤の判定がやや難しい。

Ⅲ　インダス文明からグプタ朝期までのインド史を中心とした大問である。⑥の「ラーシュトラクータ朝」は受験生にとってはなじみの薄い王朝名であっただろうが，消去法で正解を導き出したい。インドの文化・宗教史は頻出であり，確実に学習を進めたい。

Ⅳ　17世紀以降のオランダのアジア進出を中心とした大問である。②のポルトガルの紅海封鎖に関する問題はやや難易度が高いが，一部の教科書には記述がある。教科書の精読をベースとした学習が効果的である。

Ⅴ　毛沢東の生涯を軸としたリード文で，清末から文化大革命期の中国史を問う大問である。この時期の重要人物の思想・事績がやや詳しく問われ，全体に難易度がやや高めであった。現代史もおろそかにせず学習を進めたい。

数学

1　解答　ア．4　イ．7　ウ．$\frac{3}{4}$　エ―⑦　オ―③

カ．552　キ．1000101000　ク．$8(n+1)$

◀解　説▶

≪データの分析，整数の性質≫

(1)　変量 X の平均値を $\bar{x}$，分散を $s_X{}^2$，変量 Y の平均値を $\bar{y}$，分散を $s_Y{}^2$ とし変量 X，Y の共分散を s_{XY} とする。

まず，a の値を調べる。

変量 Y の中央値は，データが 8 個あるから

$$\frac{(\text{小さい方から 4 番目の値})+(\text{小さい方から 5 番目の値})}{2}$$

で求められる。

$a \leqq 6$ のとき

　小さい方から 4 番目の数は 6，5 番目の数は 7 であるから中央値は

　$\frac{6+7}{2}=6.5$ となる。

$a=7$ のとき

　小さい方から 4 番目の数と 5 番目の数はともに 7 であるから中央値は 7 となる。

$a \geqq 8$ のとき

　小さい方から 4 番目の数は 7，5 番目の数は 8 であるから中央値は

　$\frac{7+8}{2}=7.5$ となる。

変量 Y の中央値は 7 より

　　$a=7$　→イ

変量 X の平均値 $\bar{x}$ と変量 Y の平均値 $\bar{y}$ は

$$\bar{x}=\frac{4+6+4+4+6+6+10+8}{8}=\frac{48}{8}=6$$

$$\bar{y}=\frac{7+5+5+6+8+7+9+9}{8}=\frac{56}{8}=7$$

以上から，次の表を得る。

個人番号	X	Y	$X-\bar{x}$	$Y-\bar{y}$	$(X-\bar{x})^2$	$(Y-\bar{y})^2$	$(X-\bar{x})(Y-\bar{y})$
1	4	7	−2	0	4	0	0
2	6	5	0	−2	0	4	0
3	4	5	−2	−2	4	4	4
4	4	6	−2	−1	4	1	2
5	6	8	0	1	0	1	0
6	6	7	0	0	0	0	0
7	10	9	4	2	16	4	8
8	8	9	2	2	4	4	4
計	48	56	0	0	32	18	18

変量 X の分散 $s_X{}^2$ と変量 Y の分散 $s_Y{}^2$ は

$$s_X{}^2=\frac{32}{8}=4 \quad \to ア, \quad s_Y{}^2=\frac{18}{8}=\frac{9}{4}$$

変量 X，Y の共分散 s_{XY} は

$$s_{XY}=\frac{18}{8}=\frac{9}{4}$$

よって，変量 X，Y の相関係数 r は

$$r=\frac{s_{XY}}{s_X \cdot s_Y}=\frac{\frac{9}{4}}{\sqrt{4}\cdot\sqrt{\frac{9}{4}}}=\frac{3}{4} \quad \to ウ$$

また，X と $\frac{1}{2}Y$ の相関係数を r_1 とすると

$r_1=r$　(⑦)　→エ

さらに，$10-X$ と Y の相関係数を r_2 とすると

$r_2=-r$　(③)　→オ

(注)　エ，オについては次の事柄の(＊)を用いて求めている。

2つの変量 x，y に対し，a，b，c，d を定数として新しい変量 X，Y を

$X=ax+b$，$Y=cy+d$　($a\neq0$ かつ $c\neq0$)

と定めるとき，次が成り立つ。

- 平均値について：$\overline{X}=a\overline{x}+b$，$\overline{Y}=c\overline{y}+d$
- 分散について：${s_X}^2=a^2{s_x}^2$，${s_Y}^2=c^2{s_y}^2$
- 標準偏差について：$s_X=|a|s_x$，$s_Y=|c|s_y$
- 共分散について：$s_{XY}=acs_{xy}$
- 相関係数について：$r_{XY}=\begin{cases} r_{xy} & (ac>0 \text{ のとき}) \\ -r_{xy} & (ac<0 \text{ のとき}) \end{cases}$ ……(＊)

(2)　条件より

$$a_n=2022\underbrace{000\cdots\cdots0}_{n\text{ 個}}{}_{(4)}\quad(n=1,\ 2,\ 3,\ \cdots)$$

これより，$a_1=20220_{(4)}$ であるから，4 進数 a_1 を 10 進法で表すと

$$\begin{aligned}2\times4^4+2\times4^2+2\times4&=512+32+8\\&=552\quad\to\text{カ}\end{aligned}$$

であり，2 進法で表すと

$$2\times4^4+2\times4^2+2\times4=1\times2^9+1\times2^5+1\times2^3$$

と変形できるから

$$1000101000_{(2)}\quad\to\text{キ}$$

4 進数 a_n を 10 進法で表すと

$$\begin{aligned}a_n&=2\times4^{n+3}+2\times4^{n+1}+2\times4^n\\&=2^{2n+7}+2^{2n+3}+2^{2n+1}\\&=2^{2n+1}(2^6+2^2+1)\\&=2^{2n+1}\cdot69\\&=2^{2n+1}\cdot3\cdot23\end{aligned}$$

であり，a_n の正の約数の個数は

$$(2n+2)\times2\times2=8(n+1)\text{ 個}\quad\to\text{ク}$$

ある。

2　**解答**　ア．$-4\sqrt{3}\sin2x+4\cos2x$　イ．4　ウ．-8

エ．$(1,\ \sqrt{3})$　オ．$\dfrac{7}{9}$　カ．$\dfrac{3}{2}$　キ．2

◀解　説▶

≪三角関数，ベクトル≫

(1)　$a^2+b^2=4$，$a\geqq 0$，$b\geqq 0$ と $a=2\cos x$ $\left(0\leqq x\leqq\dfrac{\pi}{2}\right)$ より

$$b^2=4-a^2=4-4\cos^2 x=4(1-\cos^2 x)=4\sin^2 x$$

$$b=2\sin x$$

と表せるから

$$\begin{aligned}P&=a^2-2\sqrt{3}ab-b^2\\&=4\cos^2 x-2\sqrt{3}\cdot 4\sin x\cos x-4\sin^2 x\\&=4\cdot(\cos^2 x-\sin^2 x)-8\sqrt{3}\cdot\frac{\sin 2x}{2}\\&=4\cos 2x-4\sqrt{3}\sin 2x\\&=-4\sqrt{3}\sin 2x+4\cos 2x \quad \to ア\\&=-4\cdot 2\sin\left(2x-\frac{\pi}{6}\right)\\&=-8\sin\left(2x-\frac{\pi}{6}\right)\end{aligned}$$

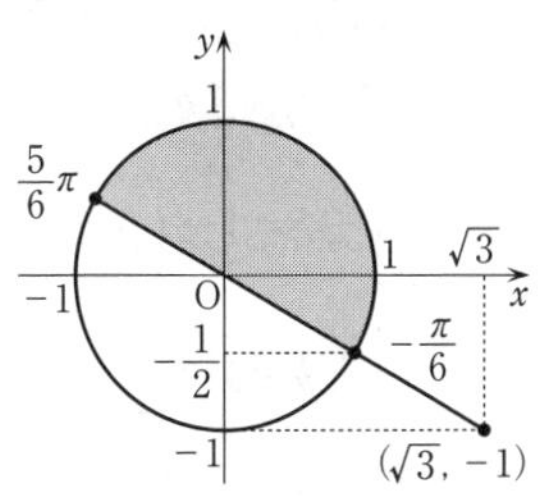

$0\leqq x\leqq\dfrac{\pi}{2}$ より，$-\dfrac{\pi}{6}\leqq 2x-\dfrac{\pi}{6}\leqq\dfrac{5}{6}\pi$ であるから

$$-\frac{1}{2}\leqq\sin\left(2x-\frac{\pi}{6}\right)\leqq 1$$

ゆえに　　$-8\leqq-8\sin\left(2x-\dfrac{\pi}{6}\right)\leqq 4$

よって，$-8\leqq P\leqq 4$ となるから

　　P の最大値は 4　→イ，最小値は -8　→ウ

また，P が最小となるのは，$2x-\dfrac{\pi}{6}=\dfrac{\pi}{2}$ のとき，すなわち $x=\dfrac{\pi}{3}$ のときである。

したがって，P が最小値をとるときの a，b の値は

$$(a,\ b)=\left(2\cos\frac{\pi}{3},\ 2\sin\frac{\pi}{3}\right)=(1,\ \sqrt{3})\quad \to エ$$

(2)　$\overrightarrow{OD}=k\overrightarrow{OC}$（$k$ は実数）に $\overrightarrow{OC}=\dfrac{6}{7}\vec{a}+\dfrac{3}{7}\vec{b}$

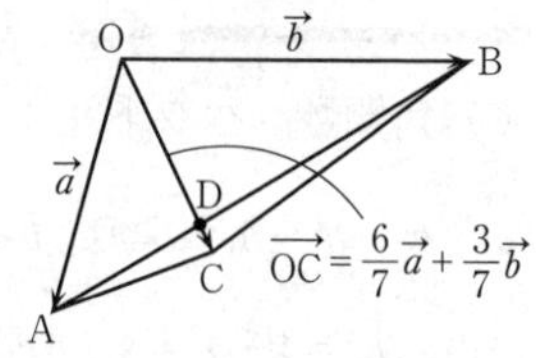

を代入して

$$\overrightarrow{OD}=k\left(\frac{6}{7}\vec{a}+\frac{3}{7}\vec{b}\right)$$

$$=\frac{6}{7}k\vec{a}+\frac{3}{7}k\vec{b}\quad\cdots\cdots①$$

点Dは対角線 AB 上にあるから，l を実数として

$$\overrightarrow{AD}=l\overrightarrow{AB}$$

と表せる。これより

$$\overrightarrow{OD}-\overrightarrow{OA}=l(\overrightarrow{OB}-\overrightarrow{OA})$$

$$\overrightarrow{OD}=(1-l)\vec{a}+l\vec{b}\quad\cdots\cdots②$$

$\vec{a}\neq\vec{0}$，$\vec{b}\neq\vec{0}$，$\vec{a}\not\parallel\vec{b}$ であるから，①，②より

$$\begin{cases}\dfrac{6}{7}k=1-l\\[2mm]\dfrac{3}{7}k=l\end{cases}$$

これを解いて

$$l=\frac{1}{3},\quad k=\frac{7}{9}\quad\to オ$$

点Eは直線 OA 上にあるから，s を実数として

$$\overrightarrow{OE}=s\overrightarrow{OA}=s\vec{a}\quad\cdots\cdots③$$

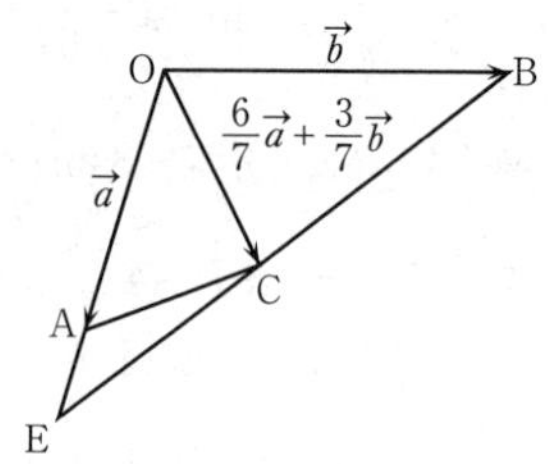

と表せる。

点Eは直線 BC 上にあるから，t を実数として

$$\overrightarrow{BE}=t\overrightarrow{BC}$$

と表せる。これより

$$\overrightarrow{OE}-\overrightarrow{OB}=t(\overrightarrow{OC}-\overrightarrow{OB})$$

$$\overrightarrow{OE}=(1-t)\overrightarrow{OB}+t\overrightarrow{OC}$$

$$=(1-t)\vec{b}+t\left(\frac{6}{7}\vec{a}+\frac{3}{7}\vec{b}\right)$$

$$=\frac{6}{7}t\vec{a}+\left(1-\frac{4}{7}t\right)\vec{b}\quad\cdots\cdots④$$

$\vec{a}\neq\vec{0}$，$\vec{b}\neq\vec{0}$，$\vec{a}\not\parallel\vec{b}$ であるから，③，④より

$$\begin{cases} s=\dfrac{6}{7}t \\ 0=1-\dfrac{4}{7}t \end{cases}$$

これを解いて

$$t=\frac{7}{4},\quad s=\frac{3}{2}$$

③より　　$\overrightarrow{\mathrm{OE}}=\dfrac{3}{2}\vec{a}$　→カ

よって

$$\overrightarrow{\mathrm{OE}}=\frac{3}{2}\overrightarrow{\mathrm{OA}},\quad \overrightarrow{\mathrm{BE}}=\frac{7}{4}\overrightarrow{\mathrm{BC}}$$

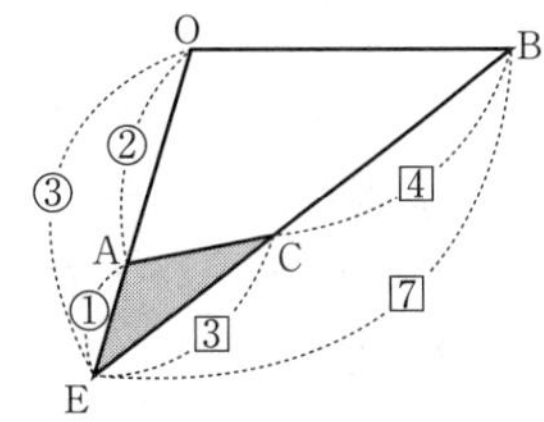

となるから

$$\begin{cases} \mathrm{EA}:\mathrm{EO}=1:3 \\ \mathrm{EC}:\mathrm{EB}=3:7 \end{cases}$$

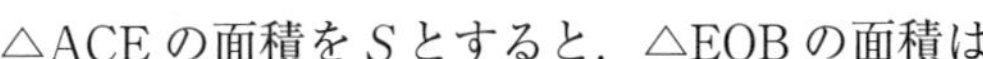
△ACE の面積を S とすると，△EOB の面積は

$$3\times\frac{7}{3}\times S=7S$$

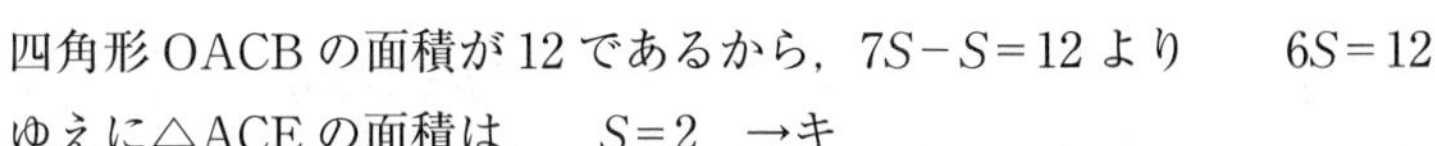
四角形 OACB の面積が 12 であるから，$7S-S=12$ より　　$6S=12$

ゆえに△ACE の面積は　　$S=2$　→キ

（注）　上の問題については，次の事柄を用いている。

$$\frac{(\triangle\mathrm{OLM}\text{ の面積})}{(\triangle\mathrm{OAB}\text{ の面積})}=\frac{a\times p}{b\times q}$$

証明は次のようになる。

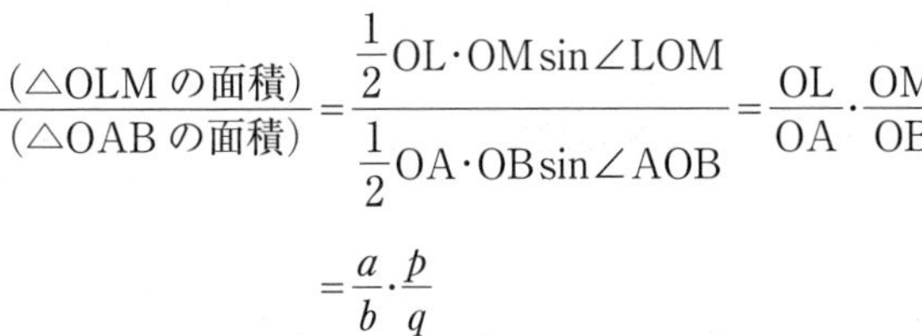

$$\frac{(\triangle\mathrm{OLM}\text{ の面積})}{(\triangle\mathrm{OAB}\text{ の面積})}=\frac{\frac{1}{2}\mathrm{OL}\cdot\mathrm{OM}\sin\angle\mathrm{LOM}}{\frac{1}{2}\mathrm{OA}\cdot\mathrm{OB}\sin\angle\mathrm{AOB}}=\frac{\mathrm{OL}}{\mathrm{OA}}\cdot\frac{\mathrm{OM}}{\mathrm{OB}}$$

$$=\frac{a}{b}\cdot\frac{p}{q}$$

3　解答　$C_1: y=x+2-|x-p|$, $C_2: y=x^2$

(1)　C_1上の点 $\mathrm{P}(p,\ p+2)$ は不等式 $y>x^2$ の表す領域にあるから

$$p+2>p^2 \quad \text{すなわち} \quad p^2-p-2<0$$

が成り立つ。

よって，p の取りうる値の範囲は，$(p+1)(p-2)<0$ より

$$-1<p<2 \quad \cdots\cdots(\text{答})$$

(2)　$\mathrm{Q}(\alpha,\ \alpha^2)$，$\mathrm{R}(\beta,\ \beta^2)$ $(\alpha<\beta)$ は C_1 と C_2 の2つの交点。

$$y=\begin{cases} x+2-\{-(x-p)\}=2x+2-p & (x<p \text{ のとき}) \\ x+2-(x-p)=2+p & (x\geqq p \text{ のとき}) \end{cases}$$

• $x<p$ のとき

$y=x^2$ と $y=2x+2-p$ の交点の x 座標を求める。

$x^2=2x+2-p$ より

$$x^2-2x+p-2=0$$
$$x=1\pm\sqrt{3-p}$$

$-1<p<2$ より，$2<1+\sqrt{3-p}<3$ であるので，$p<1+\sqrt{3-p}$ である。

$x=1-\sqrt{3-p}$ について

$$(\sqrt{3-p})^2-(1-p)^2=-p^2+p+2=-(p+1)(p-2)>0$$

より，$\sqrt{3-p}>|1-p|\geqq 1-p$ であるので，$p>1-\sqrt{3-p}$ である。

以上より，$x<p$ $(-1<p<2)$ のとき

$$x=1-\sqrt{3-p} \quad (<0)$$

• $x\geqq p$ のとき

$y=x^2$ と $y=2+p$ の2式から y を消去して

$$x^2=2+p$$
$$x=\pm\sqrt{2+p}$$

(1)より $-\sqrt{2+p}<p<\sqrt{2+p}$ であるので，$x\geqq p$ のとき

$$x=\sqrt{2+p} \quad (>1)$$

よって，$\alpha<\beta$ より

$$\alpha=1-\sqrt{3-p},\ \beta=\sqrt{2+p} \quad \cdots\cdots① \quad \cdots\cdots(\text{答})$$

(3)　直線 QR の傾きは，①より

$$\frac{\beta^2-\alpha^2}{\beta-\alpha}=\frac{(\beta+\alpha)(\beta-\alpha)}{\beta-\alpha}=\alpha+\beta=1-\sqrt{3-p}+\sqrt{2+p}$$

直線 QR の傾きが 1 のとき

$$1-\sqrt{3-p}+\sqrt{2+p}=1 \quad すなわち \quad \sqrt{2+p}=\sqrt{3-p}$$

が成り立つ。

よって，p の値は $2+p=3-p$ より

$$p=\frac{1}{2} \quad \cdots\cdots(答)$$

(4)　(3)の結果より

$$C_2: y=\begin{cases} 2x+\dfrac{3}{2} & \left(x<\dfrac{1}{2} のとき\right) \\ \dfrac{5}{2} & \left(x\geqq\dfrac{1}{2} のとき\right) \end{cases}$$

であり

$$\alpha=1-\sqrt{\frac{5}{2}},\ \beta=\sqrt{\frac{5}{2}}$$

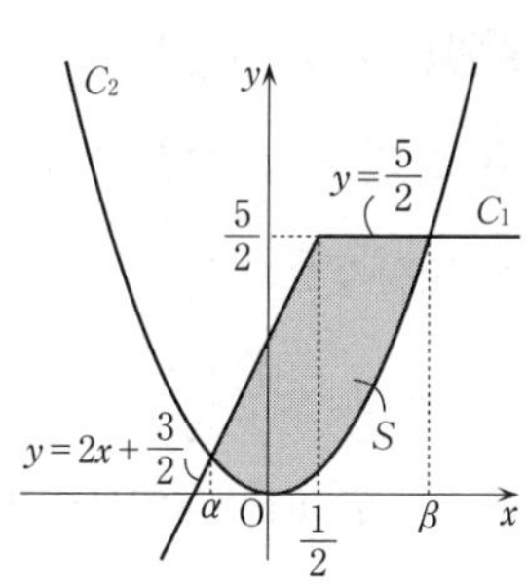

C_1 と C_2 で囲まれた図形の面積を S とおくと，右図より

$$S=\int_{\alpha}^{\frac{1}{2}}\left\{\left(2x+\frac{3}{2}\right)-x^2\right\}dx+\int_{\frac{1}{2}}^{\beta}\left(\frac{5}{2}-x^2\right)dx$$

$$=\int_{\alpha}^{\frac{1}{2}}\left\{-(x-1)^2+\frac{5}{2}\right\}dx+\int_{\frac{1}{2}}^{\beta}\left(-x^2+\frac{5}{2}\right)dx \quad \cdots\cdots(*)$$

ここで，$\int_{\alpha}^{\frac{1}{2}}\left\{-(x-1)^2+\frac{5}{2}\right\}dx$ で表される面積を $y=-(x-1)^2+\frac{5}{2}$ を x 軸方向に -1 だけ平行移動させて考えると，$\int_{-\beta}^{-\frac{1}{2}}\left(-x^2+\frac{5}{2}\right)dx$ で表される面積と同じになり，さらに，$y=-x^2+\frac{5}{2}$ のグラフは y 軸に関して対称であるから，$\int_{-\beta}^{-\frac{1}{2}}\left(-x^2+\frac{5}{2}\right)dx=\int_{\frac{1}{2}}^{\beta}\left(-x^2+\frac{5}{2}\right)dx$ となる。((注 1)参照)

よって，$\int_{\alpha}^{\frac{1}{2}}\left\{-(x-1)^2+\frac{5}{2}\right\}dx=\int_{\frac{1}{2}}^{\beta}\left(-x^2+\frac{5}{2}\right)dx$ となるから，求める面積 S は，$(*)$より

$$S=2\int_{\frac{1}{2}}^{\beta}\left(-x^2+\frac{5}{2}\right)dx$$

$$=2\left[-\frac{1}{3}x^3+\frac{5}{2}x\right]_{\frac{1}{2}}^{\beta}$$

$$=2\left\{\left(-\frac{1}{3}\beta^3+\frac{5}{2}\beta\right)-\left(-\frac{1}{24}+\frac{5}{4}\right)\right\}$$

$$=2\left(\frac{5}{3}\sqrt{\frac{5}{2}}-\frac{29}{24}\right)$$

$$=\frac{20\sqrt{10}-29}{12}\quad\cdots\cdots(答)$$

別解　いま，C_1 と C_2 で囲まれた図形の面積を S とすると，S は下図のように T_1 と T_2 に分けられる。すると，$\mathrm{Q}\left(1-\sqrt{\frac{5}{2}},\ \frac{7}{2}-\sqrt{10}\right)$，$\mathrm{R}\left(\sqrt{\frac{5}{2}},\ \frac{5}{2}\right)$ であるので

$$T_1=\frac{1}{2}\cdot\left(\sqrt{\frac{5}{2}}-\frac{1}{2}\right)\cdot(\sqrt{10}-1)=\frac{11-2\sqrt{10}}{4}$$

また，T_2 については直線 QR と放物線 C_2 で囲まれた図形の面積であるので

$$T_2=\int_{\alpha}^{\beta}\{-(x-\alpha)(x-\beta)\}dx$$

$$=\frac{1}{6}(\beta-\alpha)^3$$

$$=\frac{(\sqrt{10}-1)^3}{6}=\frac{-31+13\sqrt{10}}{6}$$

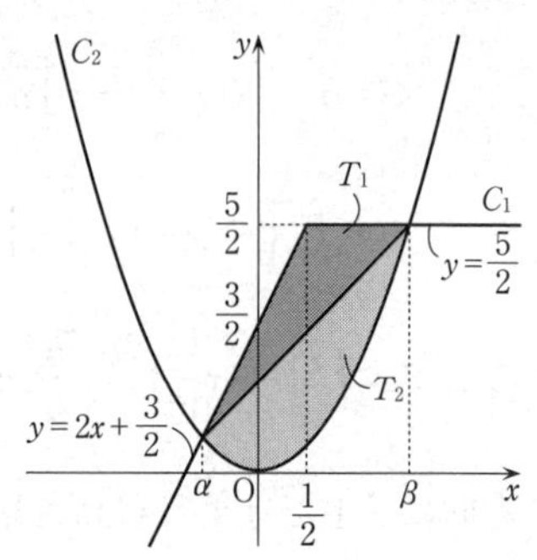

以上より，求める面積 S は

$$S=T_1+T_2$$

$$=\frac{11-2\sqrt{10}}{4}+\frac{-31+13\sqrt{10}}{6}$$

$$=\frac{20\sqrt{10}-29}{12}$$

（注1）　$\displaystyle\int_{\alpha}^{\frac{1}{2}}\left\{-(x-1)^2+\frac{5}{2}\right\}dx=\int_{\frac{1}{2}}^{\beta}\left(-x^2+\frac{5}{2}\right)dx$ について図示すると，次のようになる。

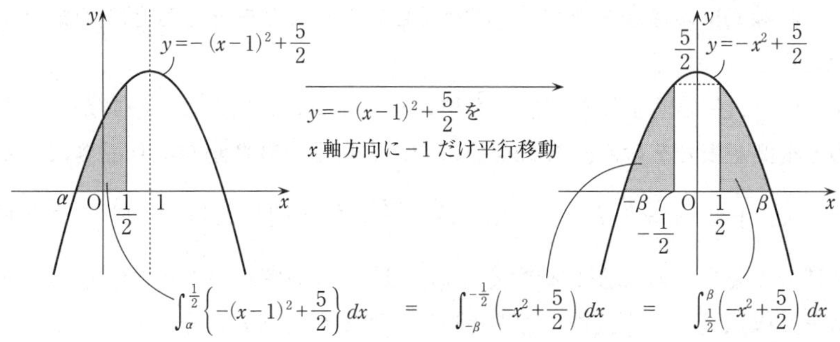

（注 2）（＊）は，公式 $\int(x+a)^n dx=\frac{1}{n+1}(x+a)^{n+1}+C$（$C$ は積分定数）を用いて，普通に計算してもよいが，計算が面倒である。

$$S=\left[-\frac{1}{3}(x-1)^3+\frac{5}{2}x\right]_{\alpha}^{\frac{1}{2}}+\left[-\frac{1}{3}x^3+\frac{5}{2}x\right]_{\frac{1}{2}}^{\beta}$$

$$=\left(\frac{1}{24}+\frac{5}{4}\right)-\left\{\frac{5}{6}\sqrt{\frac{5}{2}}+\frac{5}{2}\left(1-\sqrt{\frac{5}{2}}\right)\right\}+\left(-\frac{5}{6}\sqrt{\frac{5}{2}}+\frac{5}{2}\sqrt{\frac{5}{2}}\right)-\left(-\frac{1}{24}+\frac{5}{4}\right)$$

$$=\frac{20\sqrt{10}-29}{12}$$

◀解　説▶

≪折れ線のグラフと放物線で囲まれた図形の面積≫

(1)「点 $(a,\ b)$ が不等式 $y>f(x)$ の表す領域にあるとき，$b>f(a)$ が成り立つ」ことを用いて p の取りうる値の範囲を求めた。

(2) まず，次の事柄を用いて C_1 が表す方程式に含まれる絶対値記号を外した。　$|X|=\begin{cases}X & (X\geqq 0\text{ のとき})\\ -X & (X<0\text{ のとき})\end{cases}$

α は $y=x^2$ と $y=2x+2-p$ $(x<p)$ の交点の x 座標であるから，2 式より y を消去して得られる 2 次方程式の小さい方の解となる。一方，β は $y=x^2$ と $y=2+p$ $(x\geqq p)$ の交点の x 座標であるから，2 式より y を消去して得られる 2 次方程式の大きい方の解となるが，小さい方の解か大きい方の解かの判別は，$-1<p<2$ に注意して C_1 と C_2 のグラフを描いてみるとすぐわかる。

(3)　直線 QR の傾きをまず α, β で表してみることを考えると(2)の結果が使える。

(4)　C_1 と C_2 で囲まれた図形の面積の立式については難しくないが，交点の x 座標が根号を含んだ複雑な値のため定積分の計算がかなり面倒になる。そこで，$y=-x^2+\frac{5}{2}$ と $y=-(x-1)^2+\frac{5}{2}$ の位置関係と積分区間に着目して積分すると，計算がしやすくなる。また，〔別解〕のように，求める面積を△PQR と，直線 QR と放物線 C_2 に囲まれた部分に分けて考える方法もある。

❖講　評

2022 年度も 2021・2020 年度と同様，空所補充形式 2 題，記述式 1 題の出題で，**1**・**2** は小問集合であった。また，難易度としては 2021 年度と同じレベルであった。つまり，例年通りのレベルという印象である。分量については変化はなかった。

1　(1)はデータの分析からの出題であった。対策をしていなかった受験生には難しかったと思われる。後半の変量の変換の問題は公式を知っていたかどうかで差がついただろう。(2)は整数の性質の n 進法が出題された。この分野を苦手にしている受験生は多いので，苦労したかもしれない。

2　(1)は三角関数の問題で，与えられた式をすべて 2 倍角で表した後，三角関数の合成をするという頻出のタイプであった。したがって，完答してほしい問題であった。(2)は平面ベクトルの問題で，1 つのベクトルを 2 通りで表して解くという(1)同様頻出のタイプであった。これもぜひ完答してほしい問題であった。

3　「図形と方程式」と「積分法」が融合した問題で，(1)があまりなじみのない解法で答えを求める設問だったので差がついたと思われる。(4)は相当上手に計算しないと正解に至らないだろうが，(3)までは解いてほしい。

頻出問題を中心とした演習をするとよいが，苦手な分野を作らないことを心がけよう。

す。ここはたいそう美しい斎宮を形容している。その美しさに帝の心は動いたと物語られている。「斎宮は帝に不吉なまでの美しさを感じ」は人物関係が逆転した内容説明である。よって、合致しない。

問十四　選択肢で正しいものは〈『土佐日記』……紀貫之〉のみ。なお、『蜻蛉日記』は藤原道綱母。『枕草子』は清少納言。『源氏物語』は紫式部。『更級日記』は菅原孝標女。

❖講　評

現代文・古文一題ずつの大問計二題の出題である。現古ともに、文章量と設問量についてはほぼ例年どおりである。

一　現代文（評論）は、音楽や物語を事例としてとりあげた芸術論。具体例なども示されていてやや読みやすい文章だった。文章中でくり返される「内なる図書館」という抽象的な用語を正確に理解する必要があるが、さほど難解なことを言っているわけではない。各設問の選択肢は、正解と誤答でわりと明確な差異を設けており、問題を解くという観点からさほど難解さはない。内容に関する記述問題は、箇所指摘のみだった。設問内容に着目すると、例年同様、全体的に取り組みやすい問題である。

二　古文（中古）の『源氏物語』は、かなり本格的な中古文なので難しい。ていねいな(注)が付されているが、「もどき」または「もどきあつかふ」など、一部に(注)のないやや難しい表現もあって、多少は読みづらい箇所もある。ただし、設問は古文問題として標準的。設問では頻出重要語ではないものも一部含まれるが（「あはあはし」「列（つら）」など）、正解を導く着眼点はわかりやすいので、難問と言えるほどのものではない。他の設問についても、基本的な重要語句や語法に着眼点をおいたものとなっており、着実に学習を積みあげてきた受験生には、どれも得点できたと思われる。全体的に標準的な設問なので、記述式の現代語訳が、他の受験生と差がつく設問になった可能性がある。

の意味。「じ」は打消推量・打消意志の助動詞だが、ここは、詠み手の六条御息所が「そのかみ」のことを「かけじ」と言っているから、打消意志で解するのがよい。動詞「忍ぶ」は〝隠す、堪える、人目を避ける〟といった意味。ここは、昔のできごとを「かけじ」として「忍ぶれど」、心のなかは「かなしき」と言っているので、「忍ぶれど」は〝堪えるけれど〟のような訳出になる。選択肢ニ～ホは気にかけまいとしても心に浮かぶのが、どれも「今日の別れ」として現在のものとなっているので不適当である。御息所が気にかけまいとするのは「そのかみ（＝〝昔〟）」のことなので、イ～ハから選ぶ。歌の直前で、御息所は十六歳で東宮に入内し、二十歳で東宮に先立たれたと物語られている。したがって、御息所が気にかけまいとしたのは亡くなった東宮のこと。よって、イが適当である。

問十二　動詞「しほたる」は〝涙を流す〟の意味。使役・尊敬の助動詞「さす」については、「しほたる」という動作の主体が帝であることから尊敬。直下の尊敬の補助動詞「たまふ」とあわせて「させたまふ」で二重尊敬となっている。「ぬ」は四段活用動詞「たまふ」の連用形に接続しているので完了・強意の助動詞「ぬ」である。

問十三　イ、第一段落に「斎宮は、若き御心に、不定なりつる御出立のかく定まりゆくを、うれしとのみ思したり」とある。「不定なりつる御出立」は（注）から「母六条御息所の同行」だとわかる。よって、合致する。

ロ、第二段落に斎宮から大将への歌（＝手紙）は女別当の手によるものだとある（→問四参照）。よって、合致する。

ハ、第三段落に「大将は、御ありさまゆかしうて、内裏にも参らまほしく思せど、……思しとまりて」とある。「御ありさま」は斎宮と六条御息所が内裏から出立する様子を言ったもの。よって、合致する。

ニ、第四段落に「十六にて故宮に参りたまひて、二十にて後れたてまつりたまふ」とある。「故宮」は、後に亡くなるので「故」とあるが、東宮のことである。そして、「二十にて後れ」とはその東宮に「後れ」ということ。動詞「後る」には〝先立たれる〟の意味がある。よって、合致する。

ホ、第五段落に「斎宮は十四に……いとゆゆしきまで見えたまふを、帝御心動きて」とある。十四歳になった斎宮は「ゆゆしきまで」に「見え」る様子だったと描写されている。「ゆゆし」は不吉と言えるくらいに甚だしいさまを表

する、②飽きる〟の意味。否定の「飽かぬ」は〝①もの足りない、②飽き（ることが）ない〟となるが、慣用表現として〝名残惜しい〟の意味もある。ここは、大将が別れる六条御息所を思う心情なので、この〝名残惜しい〟の意味がよい。「ことわる」は、名詞「ことわり」（＝〝道理、理屈〟）」を動詞化した語で、〝説明する、判断する、裁く〟といった意味である。恋仲にある二人がなぜ名残惜しい別れをしなければならないのか、神に「ことわれ（＝〝説明してくれ〟）」と詠んでいる。この「ことわれ」に着目すると、選択肢では「裁定してほしい」とするホ・へが適当。それを男女の別れという視点から説明するへが最も適当である。

問七　「九重」は〝幾重にも重なること〟の意味以外に、〝宮中〟または〝都〟の意味がある。

問八　⑫、「見／ず／なり／ぬる／こそ／ねたけれ」と品詞分解される。このなかで助動詞は、打消の「ず」（この「ず」は連用形）と完了・強意の「ぬ」（この「ぬる」は連体形）の二つである。

⑰、「うるはしう／したて／たてまつり／たまへ／る／ぞ」と品詞分解される。このなかで助動詞は、完了・存続の「り」（この「る」は連体形）の一つである。

問九　傍線部「なむ」の直前はラ変動詞「あり」の連用形。連用形に接続している「なむ」は、完了・強意の助動詞「ぬ」の未然形「な」に推量などの助動詞「む」がついたものである。選択肢で連用形に接続しているのは、ニ（「短かり」は形容詞「短し」の連用形）である。よって、ニが適当である。なお、イはナ変動詞「死ぬ」の未然形「死な」に推量の助動詞「む」がついたもの。ロは動詞「いとなむ」の一部。ハは係助詞。ホは未然形に接続する願望の終助詞。

問十　「申（さる）」は十二支の九番目で、時刻を表すときは午後四時ごろ（およびその前後二時間）を指し、方角を表すときは西南西を指す。

問十一　歌を口語訳すると、〝昔のことを今日は気にかけまいと堪えるけれど、心の内ではもの悲しい〟となる。訳出上注意する語句は次のとおり。名詞「そのかみ」は〝昔、当時〟の意味。動詞「かく」は〝気にかける、心にかける〟

⑨、「なほざり」は〝いいかげんなこと〟の意味。選択肢ではハ「その場限りの言葉」が適当である。
⑪、形容詞「人わろし」は〝体裁が悪い、みっともない〟の意味。選択肢ではイ「不体裁な」が適当である。
⑮、動詞「いつく」は〝大切に育てる、大切に世話をする〟の意味。選択肢ではロ「大切に育て」が適当である。

問二　「列」は、〝つらなるもの〟の意味だが、どのような〝つらなったもの〟かを具体的に言おうとすれば、さまざまに訳出できる。ここは、〝総じて、並一通り〟の意味である「おしなべて」に着目すると、ハが適当だとわかる。

問三　「ほど」は、〝程度〟の意味だが、何の〝程度〟かを具体的に言おうとすれば、さまざまに訳出できる。したがって、ここは文脈から何が「近くなる」のかを理解する。傍線部前で描写されているのは、大将と恋仲になったことで「あはあはしう心うき名をのみ流して、あさましき（＝〝軽々しくうわついた評判ばかりを流して、情けない〟）」ことになったという六条御息所の後悔のような心情である。都を離れるに際して、それが思い出される御息所はあらためて「起き臥し嘆き」という思いになっている。したがって、「ほど近くなる」は〝都を離れることが近くなる〟または〝伊勢へ出立することが近くなる〟の意味である。そのような解釈をとっているイが適当である。

問四　敬語としての「聞こゆ」は謙譲語で〝申しあげる〟の意味。ここは大将が相手に向けて歌を詠んだことを「聞こえ」と言っている。謙譲語の敬意の対象は動作の相手・受け手。歌の内容は大将と恋仲になった六条御息所への心情であり、「例の尽きせぬことども」を訴えるものであるが（→問六参照）、返歌は御息所からではなく、「御返りあり。宮の御をば、女別当して書かせたまへり」（「御」は「御歌」のこと）とあるように、斎宮から、しかも代筆であった。また代筆した「女別当」については（注）に「斎宮寮の女官」とある。したがって、大将が詠みかけた相手はロ「六条御息所」であるが、御息所は私的な色恋沙汰として返事をするのを避け、斎宮の出立に対する公的な見舞いとしてあしらっていると考えられ、御息所の思慮深い態度を示すものである。よって、解答としてはロが適当である。

問六　歌を口語訳すると、〝八島を守る国の神も心があるならば、（私たちは）名残惜しい別れをしなければならない仲なのか裁定をしてほしい〟となる。訳出上注意する語句は次のとおり。「もる」は〝守る〟の意味。「飽く」は〝①満足

参内なさる。御息所が、御輿にお乗りになったことにつけても、父大臣がこのうえない方面（＝后の位）にとお望みになって大切に育て申しあげなさった境遇が変わって（しまい）、晩年に宮中を御覧になるにつけても、ものばかり尽きることなく（＝何もかもが）しみじみと悲しく思わずにはいらっしゃれない。（御息所は）十六歳で故東宮に入内なさって、二十歳で（東宮に）先立たれ申しあげなさる。三十歳で、今日また宮中を御覧になった（思いを詠んだ御息所の歌）。

昔のことを今日は気にかけまいと堪えるけれど、心の内ではもの悲しい。

斎宮は十四歳におなりだった。とてもかわいらしくていらっしゃる様子を、きちんと装いたて申しあげなさったのが、とても並々ならず美しくお見えになるのを、帝は御心が動いて、別れの櫛を挿しておあげになる際は、とてもしみじみと悲しくて涙をお流しになった。

▲解　説▼

問一　②、形容詞「あはあはし」は〝うわついている、軽薄だ〟の意味。選択肢ではハ「軽々しく」のみが適当である。ただ、「あはあはし」は頻出重要古語ではないので文脈から考えることもできる。ここは、直後に「心うき名をのみ流して（＝〝うわついた評判ばかりを流して〟）」とあるので、この表現ともっとも結びつく意味がハだとわかる。

④、名詞「際」は限界点や程度などを表して〝限界（点）、程度、時〟といった訳語がある。選択肢は、どれも何らかの意味で限界（点）や程度を表すものばかり。したがって、文脈判断から正解を選ぶ。ここは、母を伴い伊勢に下向することについて、世間から非難や同情をされる（＝「もどきもあはれがりも……聞こゆ」）斎宮のことが直前で物語られている。そして、そういう「際」でなければ気楽だ（＝「安げなり」）とある。したがって、「際」は人の立場や身の上のこととわかるので、ロ「身分」が適当である。

⑤、連語「さらぬ」は「さあらぬ」の略で〝そうでない〟の意味。選択肢ではホ「それ以外の」が適当である。なお、イ「帰らない」は、「去らぬ」からの訳出だが、この文脈にはあわない。また、選択肢にはないが、動詞「避る」の否定「避らぬ」もある。

情けない身のありさまを、今（気づき）始めたようなように（＝今さらのように）、（伊勢下向の）出立が迫るにつれて、起きても寝てもお嘆きになる。斎宮は、幼い御心に、未定であった（母六条御息所の同行のための）御出立がこのように定まってゆくのを、うれしいとばかりお思いになった。世間の人は、（斎宮への母の同行など）先例のないことと、非難も同情もさまざまに申しあげているにちがいない。何ごとも、人に非難され噂されない身分は気楽である。かえって、世に抜きん出た人の御身辺は、窮屈なことが多く（あるものだ）。

十六日、桂川で御祓いをなさる。いつもの儀式よりまさって（みごとで）、長奉送使など、それ以外の上達部も、高貴で評判の良い者をお選びになった。院の御心づかいもあるからであるにちがいない。お出ましになるときに、大将殿からいつものように尽きることのない言葉の数々を申しあげなさった。「申すも恐れ多い御前に」と木綿に（文を結び）つけて、「雷でさえ（思いあう仲をひき裂くことはないものですが）、

八島を守る国の神も心があるならば、（私たちは）名残惜しい別れをしなければならない仲なのか裁定をしてほしい。

思いますに、名残惜しい心地がしますなあ」とある。とてもあわただしいときであるけれど、御返事がある。（返事は御息所からではなく）斎宮の御歌を、女別当に（代筆で）お書かせになっている。

国の神が空で裁定する（二人の）仲であるならば、（あなたの）その場限りの言葉をまずただすでしょう。

大将は、（出立の）御様子を見たくて、宮中にも参内したくお思いになるけれど、ふり捨てられて見送るようなのも不体裁な心地がなさるので、思いとどまりなさって、所在なげにもの思いをしてじっとしていらっしゃった。斎宮の御返事が大人びているのを、ほほ笑んで御覧になった。御年齢のころあいよりは（斎宮が）美しくていらっしゃるにちがいないなあと心穏やかでない。このように、ふつうと違ったわずらわしいこと（＝やっかいな事情のある恋）に、かならず心を動かす（大将の）御癖であって、とてもよく拝見できた（斎宮の）幼い御時分を、見なくなった（＝見ずじまいになった）のは悔しいが、世の中は無常だから、（また斎宮と）対面することもきっとあるだろうよ、などとお思いになる。

奥ゆかしく情趣のある（御息所と斎宮の）御様子なので、見物の車が多い日だ。申の刻（＝午後四時ごろ）に、宮中に

問三　イ
問四　ロ
問五　雷
問六　へ
問七　九重
問八　⑫―ロ　⑰―イ
問九　ニ
問十　(Ⅰ)さる　(Ⅱ)―ハ
問十一　イ
問十二　涙をお流しになった
問十三　ホ
問十四　イ

◆全　訳◆

（大将から六条御息所への）御手紙が、いつもより心のこもっているのは、（御息所も大将へとふたたび）心が傾きなさるほどであるけれど、またあらためて（心を）きめかねなさってよいことでもないので、とてもどうにもならない。男（＝大将）は、それほどお思いにならないことをさえ、恋情のためにはうまく言い続けなさるにちがいないようなので、まして並一通りの恋人（と同様）とはお思い申しあげなさらなかった御仲（の御息所）が、こうして背を向け（て自分から離れ）ていらっしゃろうとするのを、残念にもいたわしくも思い悩みなさるにちがいない。旅の御装束をはじめとして女房たちのものまで、何やかやと御調度（の品々）など、盛大にみごとな様子にして、（大将は御息所のために）お世話申しあげなさるけれど、（御息所は）何ともお思いにならず、（大将との仲で）軽々しくうわついた評判ばかりを流して、

穏当」と言っているものと考えられる。したがって、前段落内において「ハムレットの父の亡霊が現れる箇所においてことごとく、物語理解をほとんど不可能にしてしまう」とある部分に着目すると、傍線部に対応する具体的な部分は「ハムレットの父の亡霊が現れる箇所」（十六字）であるとわかる。

問十二「すれ違い」については問十一で確認したことと関連する。ティヴ族の例では、『ハムレット』を「まったく理解出来ないというわけではないのだが」、彼らの精神的背景に存在しない「亡霊」が物語られると、「致命的な意思疎通の齟齬が生じる」のだった。モンクの録音の例についても同じことで、「クラシックの常識からすれば」、野卑な奏法による右手のタッチやひきつったようなリズムといった演奏はクラシック・ピアノの先生たちには理解できないことだったのである。こういった内容で説明しているニが適当である。なお、ホも、常識から外れたという視点から説明しているが、こちらは（ティヴ族が）「『ハムレット』を全く理解できなかった」としている点が不適当である。

問十三　バイヤールの引用に「われわれの〈内なる図書館〉の本を中傷するような発言は、われわれのアイデンティティーの一部となったものにたいする攻撃として、ときにわれわれをもっとも深い部分において傷つける」とある。この内容に即した説明をしているへが合致した内容である。なお、イは「個人的な生活環境以上に、社会的な環境から」が不適当。ロは「『内なる図書館』を持ちうるかどうか」が不適当。ハは「むしろ嗜好の異なる他者との対話を通じて深められ」が不適当。ニは「芸術談義は自らの政治的アイデンティティーを確認するための手段」が不適当。ホは（一方の「内なる図書館」を他方の「内なる図書館」に）「修正する必要がある」が不適当。

二

出典　紫式部『源氏物語』＜賢木＞

解答

問一　②－ハ　④－ロ　⑤－ホ　⑨－ハ　⑪－イ　⑮－ロ

問二　ハ

いる」と説明されている。つまり、ある本について、記憶の有無にかかわらず一度でもその内容がなんらかの形で自身にとりこまれた本を「内なる図書館」と言っている。選択肢では、ⓔはまったく認知されていない本であり、これが「適当でないもの」にあたる。ⓒは「友人に勧められた」が本文中の「噂に聞いたことがある」に相当するため不可。

問七　Ⅰ、「蓼食う虫も好き好き」は〝人の好みはさまざまで一概には言えない〟ということ。

Ⅱ、直後の「されど」と呼応していることから、〝取るに足りない〟という気持ちを表す「たか（が）」が入る。

問八　この段落の前半で、本・音楽の「相性」の問題について「どういう人々から、どういうことを吹き込まれてきたか」という後天的な経緯を問題にしている。そして、それは「人の『内なる図書館』の履歴によって規定され」、「育ってきた環境そのもの」だと述べられている。つまり、人の「相性の良し悪し」を知ることは、その人が育ってきた環境などがわかるということになる。それは、本・音楽だけでなく食についても同じだと考えられる。したがって、どのような食を好むかがわかれば、その人の育ってきた環境がわかるということになる。よって、この内容を述べているハが適当である。

問九　「こうした」とは、傍線部前の「嗜好や相性は……周囲環境からの絶え間ない刷り込みによって形成されてきたもの」を指している。問八とも関連するが、人の「相性の良し悪し」は「育ってきた環境」に規定されるということだ。筆者が紹介する事例は、大学の学生とクラシックのピアノの先生に同じ音楽を聴かせた場合の反応である。つまり、クラシック音楽の環境で育ってきた者とそうでない者とでは、同じ音楽に対して反応（相性）の相違が見てとれるという「事例」の紹介である。したがって、選択肢では同じ音楽に対して二者の「あいだで評価が大きく分かれた」と説明するニが適当である。

問十一　この段落では『ハムレット』という物語を「アフリカのさる部族」（「ティヴ族」と後出）がどのように受けとめたか、という前段落の内容について説明している。傍線部は、ティヴ族にとって理解または想像できない箇所を「不

◆要　旨◆

ある芸術作品が自身に働きかけるものがあるか否かは、意識の有無にかかわらず、それを自身の中に持っているかどうかによるものだと、音楽評論家のパウル＝ベッカーは言う。また、文学理論家のピエール＝バイヤールは、自身の環境から育まれた「内なる図書館」を誰しもが持っていて、「内なる図書館」の本への中傷は、アイデンティティーへの攻撃と同じだと感じて深い部分が傷つけられたことになると述べている。「内なる図書館」が異なる集団のあいだでは、ある種の芸術対象について集団的なすれ違いが起こり、その対象の一部が理解されないか、その集団の「内なる図書館」に合致するように、芸術対象について理解の書き換えが行われる場合がある。

▲解　説▼

問二　④、「小股が切れ上がる」は〝背丈がすらりとして小粋なさま〟の意で、人の容姿について言うが、ここはピアノ演奏について比喩的に用いている。

⑦、「換骨奪胎」は〝先人の作品の表現法を借りつつ、語句だけを変えるなど、新しい工夫を加えて独自の作品に作り上げること〟の意。

問四　傍線部は「……次のように述べている」だが、その「述べている」内容は次行から「　　」で引用された数行の部分になる。したがって、設問は「　　」の要点にあたる内容を問うている。この冒頭部分で「ある芸術作品が私に働きかけるか否かは、ひとえに私がそれを既に自分の中に持っているかどうかにかかっている」と述べられている。その後も、「感じたり、見たり、聴いたりするのは、私の中に既にあるもの」などとしてくり返されている。つまり、一つの芸術体験において、人がそこから何かを感じ取るのは、すでに自分の中にその何かを持っていてそれを再認識するだけなのだということになる。選択肢ではこの内容を説明しているイが適当である。

問六　傍線部のある段落で「内なる図書館」については、「これまでに読んだ本、読んだけれど忘れてしまった本、噂に聞いたことがある本、どこかでその批評を読んだことのある本などについての諸々の記憶の断片から、それは成って

国語

一

出典　岡田暁生『音楽の聴き方』〈第一章　音楽と共鳴するとき—「内なる図書館」を作る〉（中公新書）

解答

問一　①―ロ　②―ホ　③―ハ

問二　④―イ　⑦―ロ

問三　⑤拙い　⑥突拍子　⑧編曲

問四　イ

問五　そご

問六　イ

問七　Ⅰ、食う虫も　Ⅱ、たか

問八　ハ

問九　ニ

問十　ホ

問十一　ハムレットの父の亡霊が現れる箇所

問十二　ニ

問十三　ヘ

//////////////////// · memo · ////////////////////

教学社 刊行一覧

2025年版 大学赤本シリーズ

374大学556点
全都道府県を網羅

国公立大学（都道府県順）

全国の書店で取り扱っています。店頭にない場合は，お取り寄せができます。

1 北海道大学（文系－前期日程）
2 北海道大学（理系－前期日程） 医
3 北海道大学（後期日程）
4 旭川医科大学（医学部〈医学科〉） 医
5 小樽商科大学
6 帯広畜産大学
7 北海道教育大学
8 室蘭工業大学／北見工業大学
9 釧路公立大学
10 公立千歳科学技術大学
11 公立はこだて未来大学 総推
12 札幌医科大学（医学部） 医
13 弘前大学 医
14 岩手大学
15 岩手県立大学・盛岡短期大学部・宮古短期大学部
16 東北大学（文系－前期日程）
17 東北大学（理系－前期日程） 医
18 東北大学（後期日程）
19 宮城教育大学
20 宮城大学
21 秋田大学 医
22 秋田県立大学
23 国際教養大学 総推
24 山形大学 医
25 福島大学
26 会津大学
27 福島県立医科大学（医・保健科学部） 医
28 茨城大学（文系）
29 茨城大学（理系）
30 筑波大学（推薦入試） 医 総推
31 筑波大学（文系－前期日程）
32 筑波大学（理系－前期日程） 医
33 筑波大学（後期日程）
34 宇都宮大学
35 群馬大学 医
36 群馬県立女子大学
37 高崎経済大学
38 前橋工科大学
39 埼玉大学（文系）
40 埼玉大学（理系）
41 千葉大学（文系－前期日程）
42 千葉大学（理系－前期日程） 医
43 千葉大学（後期日程） 医
44 東京大学（文科） DL
45 東京大学（理科） DL 医
46 お茶の水女子大学
47 電気通信大学
48 東京外国語大学 DL
49 東京海洋大学
50 東京科学大学（旧 東京工業大学）
51 東京科学大学（旧 東京医科歯科大学） 医
52 東京学芸大学
53 東京藝術大学
54 東京農工大学
55 一橋大学（前期日程）
56 一橋大学（後期日程）
57 東京都立大学（文系）
58 東京都立大学（理系）
59 横浜国立大学（文系）
60 横浜国立大学（理系）
61 横浜市立大学（国際教養・国際商・理・データサイエンス・医〈看護〉学部）
62 横浜市立大学（医学部〈医学科〉） 医
63 新潟大学（人文・教育〈文系〉・法・経済科・医〈看護〉・創生学部）
64 新潟大学（教育〈理系〉・理・医〈看護を除く〉・歯・工・農学部） 医
65 新潟県立大学
66 富山大学（文系）
67 富山大学（理系） 医
68 富山県立大学
69 金沢大学（文系）
70 金沢大学（理系） 医
71 福井大学（教育・医〈看護〉・工・国際地域学部）
72 福井大学（医学部〈医学科〉） 医
73 福井県立大学
74 山梨大学（教育・医〈看護〉・工・生命環境学部）
75 山梨大学（医学部〈医学科〉） 医
76 都留文科大学
77 信州大学（文系－前期日程）
78 信州大学（理系－前期日程） 医
79 信州大学（後期日程）
80 公立諏訪東京理科大学 総推
81 岐阜大学（前期日程） 医
82 岐阜大学（後期日程）
83 岐阜薬科大学
84 静岡大学（前期日程）
85 静岡大学（後期日程）
86 浜松医科大学（医学部〈医学科〉） 医
87 静岡県立大学
88 静岡文化芸術大学
89 名古屋大学（文系）
90 名古屋大学（理系） 医
91 愛知教育大学
92 名古屋工業大学
93 愛知県立大学
94 名古屋市立大学（経済・人文社会・芸術工・看護・総合生命理・データサイエンス学部）
95 名古屋市立大学（医学部〈医学科〉） 医
96 名古屋市立大学（薬学部）
97 三重大学（人文・教育・医〈看護〉学部）
98 三重大学（医〈医〉・工・生物資源学部） 医
99 滋賀大学
100 滋賀医科大学（医学部〈医学科〉） 医
101 滋賀県立大学
102 京都大学（文系）
103 京都大学（理系） 医
104 京都教育大学
105 京都工芸繊維大学
106 京都府立大学
107 京都府立医科大学（医学部〈医学科〉） 医
108 大阪大学（文系） DL
109 大阪大学（理系） 医
110 大阪教育大学
111 大阪公立大学（現代システム科学域〈文系〉・文・法・経済・商・看護・生活科〈居住環境・人間福祉〉学部－前期日程）
112 大阪公立大学（現代システム科学域〈理系〉・理・工・農・獣医・医・生活科〈食栄養〉学部－前期日程） 医
113 大阪公立大学（中期日程）
114 大阪公立大学（後期日程）
115 神戸大学（文系－前期日程）
116 神戸大学（理系－前期日程） 医
117 神戸大学（後期日程）
118 神戸市外国語大学 DL
119 兵庫県立大学（国際商経・社会情報科・看護学部）
120 兵庫県立大学（工・理・環境人間学部）
121 奈良教育大学／奈良県立大学
122 奈良女子大学
123 奈良県立医科大学（医学部〈医学科〉） 医
124 和歌山大学
125 和歌山県立医科大学（医・薬学部） 医
126 鳥取大学 医
127 公立鳥取環境大学
128 島根大学 医
129 岡山大学（文系）
130 岡山大学（理系） 医
131 岡山県立大学
132 広島大学（文系－前期日程）
133 広島大学（理系－前期日程） 医
134 広島大学（後期日程）
135 尾道市立大学 総推
136 県立広島大学
137 広島市立大学
138 福山市立大学 総推
139 山口大学（人文・教育〈文系〉・経済・医〈看護〉・国際総合科学部）
140 山口大学（教育〈理系〉・理・医〈看護を除く〉・工・農・共同獣医学部） 医
141 山陽小野田市立山口東京理科大学 総推
142 下関市立大学／山口県立大学
143 周南公立大学 新 総推
144 徳島大学 医
145 香川大学 医
146 愛媛大学 医
147 高知大学 医
148 高知工科大学
149 九州大学（文系－前期日程）
150 九州大学（理系－前期日程） 医
151 九州大学（後期日程）
152 九州工業大学
153 福岡教育大学
154 北九州市立大学
155 九州歯科大学
156 福岡県立大学／福岡女子大学
157 佐賀大学 医
158 長崎大学（多文化社会・教育〈文系〉・経済・医〈保健〉・環境科〈文系〉学部）
159 長崎大学（教育〈理系〉・医〈医〉・歯・薬・情報データ科・工・環境科〈理系〉・水産学部） 医
160 長崎県立大学 総推
161 熊本大学（文・教育・法・医〈看護〉学部・情報融合学環〈文系型〉）
162 熊本大学（理・医〈看護を除く〉・薬・工学部・情報融合学環〈理系型〉） 医
163 熊本県立大学
164 大分大学（教育・経済・医〈看護〉・理工・福祉健康科学部）
165 大分大学（医学部〈医・先進医療科学科〉） 医
166 宮崎大学（教育・医〈看護〉・工・農・地域資源創成学部）
167 宮崎大学（医学部〈医学科〉） 医
168 鹿児島大学（文系）
169 鹿児島大学（理系） 医
170 琉球大学 医

2025年版　大学赤本シリーズ

国公立大学 その他

171 〔国公立大〕医学部医学科 総合型選抜・学校推薦型選抜※ 医 総推
172 看護・医療系大学〈国公立 東日本〉※
173 看護・医療系大学〈国公立 中日本〉※
174 看護・医療系大学〈国公立 西日本〉※
175 海上保安大学校／気象大学校
176 航空保安大学校
177 国立看護大学校
178 防衛大学校 総推
179 防衛医科大学校（医学科） 医
180 防衛医科大学校（看護学科）

※No.171～174の収載大学は赤本ウェブサイト（http://akahon.net/）でご確認ください。

私立大学①

北海道の大学（50音順）

201 札幌大学
202 札幌学院大学
203 北星学園大学
204 北海学園大学
205 北海道医療大学
206 北海道科学大学
207 北海道武蔵女子大学・短期大学
208 酪農学園大学（獣医学群〈獣医学類〉）

東北の大学（50音順）

209 岩手医科大学（医・歯・薬学部） 医
210 仙台大学 総推
211 東北医科薬科大学（医・薬学部） 医
212 東北学院大学
213 東北工業大学
214 東北福祉大学
215 宮城学院女子大学 総推

関東の大学（50音順）

あ行（関東の大学）

216 青山学院大学（法・国際政治経済学部－個別学部日程）
217 青山学院大学（経済学部－個別学部日程）
218 青山学院大学（経営学部－個別学部日程）
219 青山学院大学（文・教育人間科学部－個別学部日程）
220 青山学院大学（総合文化政策・社会情報・地球社会共生・コミュニティ人間科学部－個別学部日程）
221 青山学院大学（理工学部－個別学部日程）
222 青山学院大学（全学部日程）
223 麻布大学（獣医、生命・環境科学部）
224 亜細亜大学
226 桜美林大学
227 大妻女子大学・短期大学部

か行（関東の大学）

228 学習院大学（法学部－コア試験）
229 学習院大学（経済学部－コア試験）
230 学習院大学（文学部－コア試験）
231 学習院大学（国際社会科学部－コア試験）
232 学習院大学（理学部－コア試験）
233 学習院女子大学
234 神奈川大学（給費生試験）
235 神奈川大学（一般入試）
236 神奈川工科大学
237 鎌倉女子大学・短期大学部
238 川村学園女子大学
239 神田外語大学
240 関東学院大学
241 北里大学（理学部）
242 北里大学（医学部） 医
243 北里大学（薬学部）
244 北里大学（看護・医療衛生学部）
245 北里大学（未来工・獣医・海洋生命科学部）
246 共立女子大学・短期大学
247 杏林大学（医学部） 医
248 杏林大学（保健学部）
249 群馬医療福祉大学・短期大学部
250 群馬パース大学 総推
251 慶應義塾大学（法学部）
252 慶應義塾大学（経済学部）
253 慶應義塾大学（商学部）
254 慶應義塾大学（文学部） 総推
255 慶應義塾大学（総合政策学部）
256 慶應義塾大学（環境情報学部）
257 慶應義塾大学（理工学部）
258 慶應義塾大学（医学部） 医
259 慶應義塾大学（薬学部）
260 慶應義塾大学（看護医療学部）
261 工学院大学
262 國學院大學
263 国際医療福祉大学 医
264 国際基督教大学
265 国士舘大学
266 駒澤大学（一般選抜T方式・S方式）
267 駒澤大学（全学部統一日程選抜）

さ行（関東の大学）

268 埼玉医科大学（医学部） 医
269 相模女子大学・短期大学部
270 産業能率大学
271 自治医科大学（医学部） 医
272 自治医科大学（看護学部）／東京慈恵会医科大学（医学部〈看護学科〉）
273 実践女子大学 総推
274 芝浦工業大学（前期日程）
275 芝浦工業大学（全学統一日程・後期日程）
276 十文字学園女子大学
277 淑徳大学
278 順天堂大学（医学部） 医
279 順天堂大学（スポーツ健康科・医療看護・保健看護・国際教養・保健医療・医療科・健康データサイエンス・薬学部） 総推
280 上智大学（神・文・総合人間科学部）
281 上智大学（法・経済学部）
282 上智大学（外国語・総合グローバル学部）
283 上智大学（理工学部）
284 上智大学（TEAPスコア利用方式）
285 湘南工科大学
286 昭和大学（医学部） 医
287 昭和大学（歯・薬・保健医療学部）
288 昭和女子大学
289 昭和薬科大学
290 女子栄養大学・短期大学部 総推
291 白百合女子大学
292 成蹊大学（法学部－A方式）
293 成蹊大学（経済・経営学部－A方式）
294 成蹊大学（文学部－A方式）
295 成蹊大学（理工学部－A方式）
296 成蹊大学（E方式・G方式・P方式）
297 成城大学（経済・社会イノベーション学部－A方式）
298 成城大学（文芸・法学部－A方式）
299 成城大学（S方式〈全学部統一選抜〉）
300 聖心女子大学
301 清泉女子大学
303 聖マリアンナ医科大学 医
304 聖路加国際大学（看護学部）
305 専修大学（スカラシップ・全国入試）
306 専修大学（前期入試〈学部個別入試〉）
307 専修大学（前期入試〈全学部入試・スカラシップ入試〉）

た行（関東の大学）

308 大正大学
309 大東文化大学
310 高崎健康福祉大学
311 拓殖大学
312 玉川大学
313 多摩美術大学
314 千葉工業大学
315 中央大学（法学部－学部別選抜）
316 中央大学（経済学部－学部別選抜）
317 中央大学（商学部－学部別選抜）
318 中央大学（文学部－学部別選抜）
319 中央大学（総合政策学部－学部別選抜）
320 中央大学（国際経営・国際情報学部－学部別選抜）
321 中央大学（理工学部－学部別選抜）
322 中央大学（5学部共通選抜）
323 中央学院大学
324 津田塾大学
325 帝京大学（薬・経済・法・文・外国語・教育・理工・医療技術・福岡医療技術学部）
326 帝京大学（医学部） 医
327 帝京科学大学 総推
328 帝京平成大学 総推
329 東海大学（医〈医〉学部を除く－一般選抜）
330 東海大学（文系・理系学部統一選抜）
331 東海大学（医学部〈医学科〉） 医
332 東京医科大学（医学部〈医学科〉） 医
333 東京家政大学・短期大学部 総推
334 東京経済大学
335 東京工科大学
336 東京工芸大学
337 東京国際大学
338 東京歯科大学
339 東京慈恵会医科大学（医学部〈医学科〉） 医
340 東京情報大学
341 東京女子大学
342 東京女子医科大学（医学部） 医
343 東京電機大学
344 東京都市大学
345 東京農業大学
346 東京薬科大学（薬学部） 総推
347 東京薬科大学（生命科学部） 総推
348 東京理科大学（理学部〈第一部〉－B方式）
349 東京理科大学（創域理工学部－B方式・S方式）
350 東京理科大学（工学部－B方式）
351 東京理科大学（先進工学部－B方式）
352 東京理科大学（薬学部－B方式）
353 東京理科大学（経営学部－B方式）
354 東京理科大学（C方式、グローバル方式、理学部〈第二部〉－B方式）
355 東邦大学（医学部） 医
356 東邦大学（薬学部）

2025年版　大学赤本シリーズ

私立大学②

357 東邦大学（理・看護・健康科学部）
358 東洋大学（文・経済・経営・法・社会・国際・国際観光学部）
359 東洋大学（情報連携・福祉社会デザイン・健康スポーツ科・理工・総合情報・生命科・食環境科学部）
360 東洋大学（英語〈3日程×3カ年〉）
361 東洋大学（国語〈3日程×3カ年〉）
362 東洋大学（日本史・世界史〈2日程×3カ年〉）
363 東洋英和女学院大学
364 常磐大学・短期大学 総推
365 獨協大学
366 獨協医科大学（医学部） 医

な行（関東の大学）

367 二松学舎大学
368 日本大学（法学部）
369 日本大学（経済学部）
370 日本大学（商学部）
371 日本大学（文理学部〈文系〉）
372 日本大学（文理学部〈理系〉）
373 日本大学（芸術学部〈専門試験併用型〉）
374 日本大学（国際関係学部）
375 日本大学（危機管理・スポーツ科学部）
376 日本大学（理工学部）
377 日本大学（生産工・工学部）
378 日本大学（生物資源科学部）
379 日本大学（医学部） 医
380 日本大学（歯・松戸歯学部）
381 日本大学（薬学部）
382 日本大学（N全学統一方式−医・芸術〈専門試験併用型〉学部を除く）
383 日本医科大学 医
384 日本工業大学
385 日本歯科大学
386 日本社会事業大学 総推
387 日本獣医生命科学大学
388 日本女子大学
389 日本体育大学

は行（関東の大学）

390 白鷗大学（学業特待選抜・一般選抜）
391 フェリス女学院大学
392 文教大学
393 法政大学（法〈Ⅰ日程〉・文〈Ⅱ日程〉・経営〈Ⅱ日程〉学部−A方式）
394 法政大学（法〈Ⅱ日程〉・国際文化・キャリアデザイン学部−A方式）
395 法政大学（文〈Ⅰ日程〉・経営〈Ⅰ日程〉・人間環境・グローバル教養学部−A方式）
396 法政大学（経済〈Ⅰ日程〉・社会〈Ⅰ日程〉・現代福祉学部−A方式）
397 法政大学（経済〈Ⅱ日程〉・社会〈Ⅱ日程〉・スポーツ健康学部−A方式）
398 法政大学（情報科・デザイン工・理工・生命科学部−A方式）
399 法政大学（T日程〈統一日程〉・英語外部試験利用入試）
400 星薬科大学 総推

ま行（関東の大学）

401 武蔵大学
402 武蔵野大学
403 武蔵野美術大学
404 明海大学
405 明治大学（法学部−学部別入試）
406 明治大学（政治経済学部−学部別入試）
407 明治大学（商学部−学部別入試）
408 明治大学（経営学部−学部別入試）
409 明治大学（文学部−学部別入試）
410 明治大学（国際日本学部−学部別入試）
411 明治大学（情報コミュニケーション学部−学部別入試）
412 明治大学（理工学部−学部別入試）
413 明治大学（総合数理学部−学部別入試）
414 明治大学（農学部−学部別入試）
415 明治大学（全学部統一入試）
416 明治学院大学（A日程）
417 明治学院大学（全学部日程）
418 明治薬科大学 総推
419 明星大学
420 目白大学・短期大学部

ら・わ行（関東の大学）

421 立教大学（文系学部−一般入試〈大学独自の英語を課さない日程〉）
422 立教大学（国語〈3日程×3カ年〉）
423 立教大学（日本史・世界史〈2日程×3カ年〉）
424 立教大学（文学部−一般入試〈大学独自の英語を課す日程〉）
425 立教大学（理学部−一般入試）
426 立正大学
427 早稲田大学（法学部）
428 早稲田大学（政治経済学部）
429 早稲田大学（商学部）
430 早稲田大学（社会科学部）
431 早稲田大学（文学部）
432 早稲田大学（文化構想学部）
433 早稲田大学（教育学部〈文科系〉）
434 早稲田大学（教育学部〈理科系〉）
435 早稲田大学（人間科・スポーツ科学部）
436 早稲田大学（国際教養学部）
437 早稲田大学（基幹理工・創造理工・先進理工学部）
438 和洋女子大学 総推

中部の大学（50音順）

439 愛知大学
440 愛知医科大学（医学部） 医
441 愛知学院大学・短期大学部
442 愛知工業大学 総推
443 愛知淑徳大学
444 朝日大学 総推
445 金沢医科大学（医学部） 医
446 金沢工業大学
447 岐阜聖徳学園大学 総推
448 金城学院大学
449 至学館大学 総推
450 静岡理工科大学
451 椙山女学園大学
452 大同大学
453 中京大学
454 中部大学
455 名古屋外国語大学 総推
456 名古屋学院大学 総推
457 名古屋学芸大学 総推
458 名古屋女子大学 総推
459 南山大学（外国語〈英米〉・法・総合政策・国際教養学部）
460 南山大学（人文・外国語〈英米を除く〉・経済・経営・理工学部）
461 新潟国際情報大学
462 日本福祉大学
463 福井工業大学
464 藤田医科大学（医学部） 医
465 藤田医科大学（医療科・保健衛生学部）
466 名城大学（法・経営・経済・外国語・人間・都市情報学部）
467 名城大学（情報工・理工・農・薬学部）
468 山梨学院大学

近畿の大学（50音順）

469 追手門学院大学 総推
470 大阪医科薬科大学（医学部） 医
471 大阪医科薬科大学（薬学部） 総推
472 大阪学院大学 総推
473 大阪経済大学 総推
474 大阪経済法科大学 総推
475 大阪工業大学 総推
476 大阪国際大学・短期大学部 総推
477 大阪産業大学 総推
478 大阪歯科大学（歯学部）
479 大阪商業大学 総推
480 大阪成蹊大学・短期大学 総推
481 大谷大学 総推
482 大手前大学・短期大学 総推
483 関西大学（文系）
484 関西大学（理系）
485 関西大学（英語〈3日程×3カ年〉）
486 関西大学（国語〈3日程×3カ年〉）
487 関西大学（日本史・世界史・文系数学〈3日程×3カ年〉）
488 関西医科大学（医学部） 医
489 関西医療大学 総推
490 関西外国語大学・短期大学部 総推
491 関西学院大学（文・法・商・人間福祉・総合政策学部−学部個別日程）
492 関西学院大学（神・社会・経済・国際・教育学部−学部個別日程）
493 関西学院大学（全学部日程〈文系型〉）
494 関西学院大学（全学部日程〈理系型〉）
495 関西学院大学（共通テスト併用日程〈数学〉・英数日程）
496 関西学院大学（英語〈3日程×3カ年〉） 新
497 関西学院大学（国語〈3日程×3カ年〉） 新
498 関西学院大学（日本史・世界史・文系数学〈3日程×3カ年〉） 新
499 畿央大学 総推
500 京都外国語大学・短期大学 総推
502 京都産業大学（公募推薦入試） 総推
503 京都産業大学（一般選抜入試〈前期日程〉）
504 京都女子大学 総推
505 京都先端科学大学 総推
506 京都橘大学 総推
507 京都ノートルダム女子大学 総推
508 京都薬科大学 総推
509 近畿大学・短期大学部（医学部を除く−推薦入試） 総推
510 近畿大学・短期大学部（医学部を除く−一般入試前期）
511 近畿大学（英語〈医学部を除く3日程×3カ年〉）
512 近畿大学（理系数学〈医学部を除く3日程×3カ年〉）
513 近畿大学（国語〈医学部を除く3日程×3カ年〉）
514 近畿大学（医学部−推薦入試・一般入試前期） 医 総推
515 近畿大学・短期大学部（一般入試後期） 医
516 皇學館大学 総推
517 甲南大学 総推
518 甲南女子大学（学校推薦型選抜） 新 総推
519 神戸学院大学 総推
520 神戸国際大学 総推
521 神戸女学院大学 総推
522 神戸女子大学・短期大学 総推
523 神戸薬科大学 総推
524 四天王寺大学・短期大学部 総推
525 摂南大学（公募制推薦入試） 総推
526 摂南大学（一般選抜前期日程）
527 帝塚山学院大学 総推
528 同志社大学（法、グローバル・コミュニケーション学部−学部個別日程）

2025年版　大学赤本シリーズ　No. 492
関西学院大学（神学部・社会学部・経済学部・国際学部・教育学部－学部個別日程）

2024年7月10日　第1刷発行
ISBN978-4-325-26551-1
定価は裏表紙に表示しています

編　集　教学社編集部
発行者　上原 寿明
発行所　教学社
〒606-0031
京都市左京区岩倉南桑原町56
電話　075-721-6500
振替　01020-1-15695
印　刷　太洋社